철학의 눈으로 한국의 오늘을 본다

2005년 한국철학회 춘계학술대회

철학의 눈으로 한국의 오늘을 본다

[한국철학회 편]

철학과현실사

머리말

   우리는 철학의 역사에서 이론과 실천의 우위론 논쟁을 볼 수 있다. 또 철학이 세계의 해석이냐 변혁이냐의 논의도 있었다. 철학함에 있어서 향외적 또는 향내적 태도의 차이도 있었다. 본질과 실존의 대결도 만만치 않았다. 철학자들은 논의의 진지함에서 한치의 양보도 없었다. 때문에 철학자들이 상대를 극복해야 하는 양상을 보이기도 했다. 하지만 이론 없는 실천이나 해석이 간과된 변혁은 무모할 것이다. 또 객관적 세계를 도외시한 자아 탐닉이나 그 역도 미흡한 태도일 것이요, 본질이든 실존이든 어느 한 쪽에 경도되는 것은 철학함의 편협일 수도 있다.

   이제 우리는 한 철학자의 입장에 초점을 맞추지 않고 철학자 일반의 과제에 주목해보자. 고도의 과학적 지식은 인류의 생활을 더욱 유익하게 한다. 높은 수준의 예술은 인간의 삶을 행복하게 해준다. 종교는 사람의 영혼을 정화시킨다. 그렇다면 철학은 인간의 삶과 사회적 현실에 어떤 영향을 주는가? 다시 말해 종교와 예술 그리고 과학이 하는 것처럼, 인류를 위한 철학의 기여는 무엇인가 물어야 한다. 반세기 넘게 성숙한 한국의 철학과 한국의 철학자들이, 최소한 한국의 현실에 대해 무슨 기여를 해야 하는

지 반성할 시점에 이른 것이다.

기여의 방법은 단답이 아닐 것이다. 한국철학회는 '철학의 눈으로 한국의 오늘을 진단'하려는 결심을 했다. 진단은 처방을 위한 전제적 행위며, 따라서 철학적 진단은 우리 현실을 위한 의미 있는 기여가 될 것이다. 한국의 현실 여러 곳 여러 영역에서 이상 징후가 감지되고 있으며, 이런 문제들에 대한 근원적이고 통합적인 인식은 기피할 수 없는 철학자들의 책무다.

❧ 거리에 나가 행인들에게 물어보자. 지금 이 나라의 정치하는 모습들이 마음에 드느냐고. 많은 사람이 고개를 저을 것이다. 우리 주변에서 양심이 튼튼한 사람이 많더냐고 물어보자. 대개는 고개를 흔들 것이다. 가난과의 싸움은 끝났는지, 그래서 살맛이 나는지 물어보자. 십중팔구는 냉소로 답할 것이다. 우리 사회에 종교적 신심이 살아 숨쉬는가 묻는다면 망설임 없이 답할 자 적을 것이다. 이런 우리 사회 현실을 목도하며 철학자가 휴일을 가질 수는 없는 일이다. 이렇게 불행감이 팽배한 사회를 치유하여 보람을 느끼는 사회로 전환하는 데 철학자들이 기여해야 한다. 그리고 앞으로 우리의 이상과 현실의 추이에 따라 기여의 내용과 무게는 달라질 수 있을 것이다.

❧ 2005년 봄 학술 대회에 우리 시대의 절박하고 당면한 문제들을 심도 있게 간파하고 대안을 제시한 발표자와 토론자 여러분의 노고에 감사드린다. 특히 학술 대회를 조직하고 논문들을 모아 한 권의 세련된 책으로 출판하기까지 수고한 학회 관계자에게 감사드린다.

2005년

성 진 기

철학의 눈으로 한국의 오늘을 본다
차 례

철학의 눈으로 한국의 오늘을 본다

차 례

철학의 눈으로 한국의 오늘을 본다
차 례

철학의 눈으로 한국의 오늘을 본다

차 례

2008년 세계철학자대회를 준비하면서

김 여 수

반갑습니다.

한국철학회의 성진기 회장님과 김동식 연구이사님께서 저에게
기조 발표의 영광을 주셨습니다. 짐작컨대 2008년 한국에서 열릴
예정인 제22차 세계철학자대회 준비 상황에 대한 회원 여러분의
궁금증을 풀어드리라는 분부가 아닌가 생각하고 있습니다.

작년 2004년 한국철학회 춘계 발표회에서 2008년 세계철학자
대회에 대하여 1차 보고를 드린 바 있습니다. 2003년, 유럽의 끝
이기도 하고 아시아의 끝이기도 한, 터키의 이스탄불에서 8일간
에 걸쳐 열렸던 제21차 세계철학자대회에서 차기 대회, 즉 제22차
세계철학자대회를 대한민국 서울에서 개최하기로 결정하였습니다.
1900년에 프랑스 파리에서 제1차 대회를 했던 오랜 전통의 세계 철
학계 최대의 행사는 처음으로, 적어도 지리적으로는 서구 문명의
궤도 밖으로 내보내는 결정이니 만큼 격론이 벌어질 수밖에 없었습
니다. 더구나 우리의 경쟁 도시가 세계의 많은 사람이 철학의 발원

지라고 생각하고 있는 아테네였기에 더욱 그랬습니다.

세계철학자대회는 국제철학회연맹(FISP : International Federation of Philosophical Societies)과 개최국의 철학회가 공동으로 주관하는 세계 철학계의 가장 큰 잔치입니다. 대회의 '과학적 측면(scientific aspect)'은 FISP의 집행위원회에서, 대회의 조직적 측면은 당사국의 조직위원회가 맡게 되어 있습니다. 대회의 전체적 주제는 집행위원회에서 회원 단체의 제안을 토대로 하여 결정하는 것으로 되어 있습니다. 그리고 그 주제를 구현하기 위하여 각세 명의 연사가 발표하는 네 개의 전체 회의(plenary session)와 유사한 구조를 가진 다섯 개의 심포지아가 열리게 됩니다. 이들 전체 회의와 심포지아의 세부적 주제와 연사는 FISP 집행위원회가 지명하는 다섯 명, 주최국 조직위원회가 지명하는 다섯 명의 위원으로 구성된 프로그램위원회에서 결정합니다. 그런데 프로그램위원회의 의장은 FISP 집행위원회 측에서 지명하도록 되어 있기 때문에, 만약 집행위원회와 조직위원회 사이에 주제나 연사 문제에 첨예하게 대립할 때는 의장이 결정권을 행사하게 됩니다.

제22차 세계철학자대회의 대주제는 2004년 봄 코펜하겐에서 열린 집행위원회에서 "오늘날 철학을 다시 생각한다(Rethinking Philosophy Today)"로 결정되었습니다. 2008년 대회가 문명적 전환기를 맞고 있는 시점에서, 최초로 유럽 문화권 밖에서 열린다는 점을 감안하여 우리 조직위원회도 이 주제 채택에 적극적으로 임했습니다.

조직위원회 활동의 다음 단계는, 제1차 프로그램위원회를 4월 20일부터 22일까지 3일간 서울에서 개최하는 일이었습니다. 우리 철학계의 전폭적인 지원과 조직위원회의 사무총장인 서울대의 김기현 교수와 한성일 간사의 헌신적 노력에 힘입어 국제학술회의와 더불어 이 회의를 성공적으로 마무리할 수 있었습니다.

  이 회의에서 2008년 서울 대회의 구조를 2003년 이스탄불대회의 틀을 그대로 유지하기로 하였습니다. 전체 주제를 구체화하고 심화시킬 수 있는 네 개의 전체 회의와 다섯 개의 심포지아를 구성하기로 하고 그 소주제들에 대해 합의를 이루었습니다. 그리고 50여 개의 전공 분야 분과 회의(sessions)를 둠으로써 세계의 철학자들이 각자의 관심 분야에서 연구 성과를 발표하고 같은 전공 분야의 철학자들과 토론할 수 있게 하였습니다. 또한, 서울 대회에서는 불교철학, 유교철학, 도학철학 등 동아시아 전통에 대한 분과와 중국, 일본, 인도 등의 아시아 제국에서 이루어지고 있는 철학적 논의에 대해서도 심층적 논의가 가능하도록 독립적인 분과를 신설하기로 하였습니다.
  전체 회의와 심포지아의 주제를 잠시 소개해드리면,

Ⅰ. 도덕, 사회, 정치철학을 다시 생각하며 : 민주주의, 정의 그리고 지구촌 윤리
    (Rethinking Moral, Social, Political Philosophy : Democracy, Justice
    and Global Ethics)
Ⅱ. 형이상학과 미학을 다시 생각하며, 실재, 아름다움, 삶의 의미
    (Rethinking Metaphysics and Aesthetics : Reality, Beauty, and Meaning
    of Life)
Ⅲ. 인식론, 과학 기술철학을 다시 생각하며 : 지식과 문화
    (Rethinking Epistemology, Philosophy of Science and Technology :
    Knowledge and Culture)
Ⅳ. 철학사와 비교철학을 다시 생각하며 : 전통, 비판 그리고 대화
    (Rethinking History of Philosophy and Comparative Philosophy :
    Tradition, Critique and Dialogue)

  다섯 심포지아 주제로 합의된 것은 다음과 같습니다.

I. 갈등과 관용(Conflict and Tolerance)
II. 세계화와 코즈모폴리터니즘(Globalization and Cosmopolitanism)
III. 생명 윤리, 환경 윤리와 미래 세대(Bioethics, Environmental Ethics and Future Generation)
IV. 전통, 근대, 탈근대 : 동서양의 관점(Tradition, Modernity and Post Modernity :Eastern and Western Perspectives)
V. 한국에서의 철학(Philosophy in Korea)

서울 대회의 날짜는 2008년 7월 29일부터 8월 4일 또는 5일까지로 잠정 합의하였습니다. 이것은 2008년 8월 8일부터 시작하여 24일까지 진행되는 북경올림픽 일정과 중복을 피하고, 한국과 아시아, 유럽 및 미주 대학들의 학사 일정을 최대한 고려한 선택이었습니다만, 앞으로 이러한 날짜 선정이 어떤 문제점을 내포하고 있는지에 대해서는 지속적으로 검토해야 할 것 같습니다. 대회의 공식 언어는 관례대로 영어, 프랑스어, 독일어, 러시아어, 스페인어입니다. 주최 국어인 한국어가 물론 공식 언어에 포함됩니다. 서울 대회가 아시아권에서 열린다는 점을 감안하여 중국어를 여기 포함하기로 함으로써, 모두 7개의 공식 언어가 사용됩니다.

앞으로 조직위원회는 2006년 또 한 차례의 프로그램위원회를 개최하고, 이번 회의에서 결정한 주제들에 대한 연사, 토론자, 사회자들을 인선하여야 하는 어려운 일을 앞두고 있습니다. 그리고는 전체 회의, 심포지아, 전공 분야별 발표 논문들을 취합하여 그 학문적 주제적 적절성과 질의 충족 여부를 심사해야 하는 방대한 작업도 조직위원회가 앞으로 해야 할 핵심적인 일입니다. 물론 2008년 여름 성공적 제22차 세계철학자대회를 치르기 위한 필수적 과정의 일부입니다.

이 자리를 빌려 제1차 한국 측 프로그램위원회 위원으로 헌신적 노력을 아끼지 않으신 서강대의 강영안 교수, 이화여대의 김혜숙 교수, 경희대의 허우성 교수 그리고 서울대의 김기현 교수의 노고에 깊은 감사의 말씀을 드립니다. 또한, 한국철학회의 제22차 세계철학자대회 서울 유치 결정에서부터 유치 활동, 그 이후 조직위원회의 활동을 통해 시종일관 열성적인 지원을 해주신 정대현 한국철학회 전 회장, 엄정식 전 회장, 김형철 전 사무총장을 위시하여 한국철학계의 여러 동지들께도 감사의 말씀을 드립니다.

이러한 합의를 이끌어내는 과정에서 핵심적 쟁점은 "오늘날 철학을 다시 생각한다"는 전체 주제에서 '다시 생각한다'를 얼마나 적극적으로 이해할 것인가 하는 문제였습니다. 유럽이 인류 문명의 기준으로 확실하게 자리잡아가던 1900년에 파리에서 최초의 모임을 했던 세계철학자대회(World Congress of Philosophy)의 전통을 지켜나가야 할 의무가 FISP에게도 있다는 것은 이해할수 있을 만한 일이라고 생각합니다. 그러나 21세기를 맞이한 지5년이 지난 오늘, 특히 문화다원주의와 상대주의가 문화적 정통교리처럼 대두되고 있는 오늘, 한 특정 전통에 의해 가려져 왔던 다른 문명의 철학적 전통을 어떻게 하면 좀더 진지하게 세계 철학 담론의 한 부분으로 이끌어내느냐 하는 것은 우리 조직위원회가 고민해야만 하는 핵심적 과제라는 것 또한 분명합니다. 그것은 단지 문화 유산으로서의 전통뿐만 아니라, 오늘날 살아 있는 철학적 담론을 말하는 것입니다. 이러한 문제에 대해 솔직하고 개방적인 논의 없이 세계철학자대회의 전통만을 지켜나간다는 것은 세계 철학계의 발전을 위해서 바람직하지 않을 뿐 아니라, 역사상 최초로 유럽 문명권 밖에서 열리는 이 거대한 행사의 의의를 올바로 살리지 못하리라는 것이 우리 조직위위원회 측 위원들의 한결같은 생각이었습니다. 그리고 내가 그동안 접촉한 많은 서구 철학자와 여타 문명권 소속 철학자들의 생각이기도 합니다. 앞으로 준비 과정에서 이러한 문제 의식이 좀더 분명하게 주제화되고 프로그램위원회 위원들 사이에 공유될 수 있도록 힘써야 하겠습니다.

이 문제는 세계의 철학하는 사람들이 개별적으로 또는 문화 집단의 일원으로서 간직하고 있는 철학관과 깊이 연관된 문제입니다. 우리가 가지고 있는 철학관은 19세기 말 우리의 근대화 과정과 무관하지 않습니다. '철학'이라는 낱말은 일본의 근대화 과정에서 19세기 후반에 니시 아마네(西周)가 philosophia라는 이름으로 서양에서 이루어진 지적 탐구의 전통을 지칭하기 위해 만든 한자 조어였다는 것은 여러분들에 의해 지적되었습니다. 이 일본 철학자의 조어는 한자가 학술 매체가 되었던 나라에서 그대로 받아들여졌고, 이인재(李寅梓)가 philosophia를 최초로 체계적으로 소개하면서 우리나라에도 낯익은 단어가 되었습니다. 그러면서 철학 하면 서양철학으로 이해되었으며, 여타 전통은 철학이라는 학문의 틀 밖에서 명맥을 유지해가는 상황이 벌어졌습니다. 오늘날도 이러한 정황이 완전히 극복되었다고는 볼 수 없을 것 같습니다.

우리는 19세기 후반의 궁핍하고도 당혹스러운 상황으로부터 20세기말까지, 어떤 의미에서는 오늘날까지도 민족 자존의 회복과 절대 빈곤으로부터의 해방을 위한 투쟁 과정에서 서양으로부터 많은 교훈과 영감을 구했고, 1960년대 이후에 이룩한 경제 발전에 힘입어 20세기 중 이른바 후진국에서 선진국의 문턱까지 진출한 몇 안 되는 나라가 되었습니다. 이러한 급속한 변화가 가능했던 가장 큰 이유는 우리의 마음속에 문화적 백지 상태가 자리 하고 있었다는 점일 것입니다. 우리의 마음속에서 유교 문화를 바탕으로 하는 전통 문화는 19세기 후반 문명 충돌에서의 참담한 패배와 조선 왕조의 명예롭지 않은 몰락과 불가피하게 연결되어 있으며, 우리 민족의 역사적 삶의 터전인 아시아 대륙은 냉전 체제 속에서 사려져버린 금기의 땅이 되었습니다. 이러한 상황 속에서 우리에게 상대적 풍요와 새로운 자신감을 가져다준 산업 사회의 규범과 제도는 적극적으로 때로는 무분별하게 수용되고 내면화되었습니다. 불확실성과 회의에 직면했을 때 우리는 서구적 문화 모델에 의지하여 방향과 방안을 얻으면 되었습니다. 한때 우리 사회의 논쟁은 대체로 서구 문화 모델이 제시한 방향의 발전을 가로막는 전통적 세계관에 함축된 가치, 규범, 태도 등을 가려내고 이를 조절하는 과제를 둘러싼 것이었습니다. 나 자신을 포함한 우리 중 많은 사람이 이 논쟁에 참여했고, 또 주도적으로 이끌어간 분들도 있었던 것으로 기억하고 있습니다.

그러나 오늘의 세계는 사뭇 다릅니다. 세계철학자대회가 처음 열렸던 1900년대와 비교했을 때 많은 지각 변동이 있었습니다. 그 중에서도 저는 2008년 세계철학자대회와 관련하여 두 가지 점을 강조해서 말씀드리고 싶습니다.

그 하나는, 오늘날 산업 문명과 민주주의의 융기와 발전의 바탕을 이루면서 원동력이 되어왔던 일련의 관념과 가치들이 한때 자명했던 적실성과 타당성을 잃어가고 있다는 것입니다. 오늘날 세계 철학계의 근대성, 탈근대성, 보편주의, 다문화주의 등의 자못 혼란스러운 논의도 이러한 지적 상황을 반영하고 있다고 생각합니다. 16세기부터 시작하여 유럽의 일부 사회들은 개인주의, 합리주의, 과학주의, 진보에 대한 믿음을 토대로 한, 하나의 설득력 있는 문화 종합을 만들어내는 데 성공하였으며, 그것은 그들이 수세기에 걸쳐 이룩해낸 경제 번영과 민주주의와 사회 정의의 토대가 되었습니다. 이렇게 탄생한 세계의 물질적, 지적 설득력이 우리를 포함한 대다수 민족과 사회들로 하여금 근대화, 결국 서구화의 깃발 아래 자신들의 전통적 진리와 삶의 방식을 기꺼이 포기하게끔 했던 것입니다.

그런데 이러한 인류 사회의 발전과 번영을 이루는 데 이바지했던 문화 종합이, 이제는 한때 자명했던 설득력과 적실성이 점차 약화되어 가고 있다는 것을 많은 사람이 느끼고 있습니다. 오늘날 서구적 문화 모델이 보여주고 있는 상대적 정체성과 쇠퇴는 여러 요인의 우연적 조합의 결과는 아니라고 생각됩니다. 오히려 그것은 서구 팽창주의 산업 문명의 핵심에 놓여 있는 일련의 가치와 관념들에 내재한 긴장과 모순 때문이라는 점이 점점 분명해지고 있습니다.

우리가 주목하는 또 하나의 거대한 변화는 19세기 말 곤혹스러운 상황에서 떠밀려 시작된 서양화로서의 근대화 과정이 서서히 막을 내리고 있다는 점입니다. 큰 틀에서 보면, 그것은 우리 한국뿐만 아니라 중국을 포함한 동아시아 문명권 전체에서 일어나고 있는 변화라고 생각합니다. 일본의 근대화, 한국을 비롯한 아시아 호랑이들의 산업화 그리고 지금 진행되고 있는 중국의 경제 발전 모두가 서구적 문화 모델의 확장 과정으로 보는 시각도 있습니다. 그러나 근대화 과정을 서양 모방과 탈아시아의 틀 속에서 보았던 일본이나, 숨가쁜 변화의 과정 속에서 성찰의 계기가 아직도 성숙하지 않은 중국의 경우와는 달리, 우리에게는 오늘날 서구적 모델, 서구적 문화 종합에 대한 문제가 너무나 첨예하게 삶의 문제로 드러나고 있습니다. 서양화로서의 근대화 과정에서 우리의 목표는 뚜렷했습니다. 그것을 넘어선 우리 삶의 모습은 혼란스럽기만 합니다. '2만 달러 시대', '선진 대열의 진입' 등 한때 화려했던 구호들이 자명했던 설득력과 호소력을 잃은 지 오래입니다. 그 자리를 대신할 수 있는 다른 어떤 상징도 나타나고 있지 않습니다. 근대화 과정에서 우리의 자연스러운 준거점이 되었던 서구의 문화 종합은 더 이상 인류의 생존과 번영을 이끌어줄 확실한 지침을 제공하지 못하고 있습니다. 그리고 이를 대체할 만한 설득력 있는 새로운 문화 종합도 아직 나타나고 있지 않습니다. 정치적 오염과 1990년대 말 아시아 환난으로 퇴색되었습니다만, 1980년대와 1990년대 초에 활발하게 진행되었던 '아시아적 가치'에 대한 논의도 새로운 문화 종합의 과제에 대한 초기적 인식의 표출이었다고 생각합니다.

우리 앞에 놓여 있는 과제는 실로 많습니다.
아마도 가장 큰 논란거리는 환경과 지속 가능성에 대한 인식을 토대로 한 인간과 자연의 관계의 근본적 재조정의 문제가 아닐까 생각합니다. 자연의 정복자가 아닌 좀더 포용적인 인간과 자연과의 관계 정립은 절실합니다. 그것은 우리 인간으로 하여금 과학 기술을 포함한 경제를 관리하면서 자연의 다양성과 안정성을 지속시켜줄 수 있는 그러한 인간과 자연의 관계를 담아야 합니다. 동시에 그것은 세계 대부분 지역에서 아직도 해결되지 않은 빈곤과 저발전의 문제에 대한 해법을 제시할 수 있는 구상이어야 합니다. 앞으로 크나큰 과제는, 자연의 통제를 넘어서 어떻게 하면 생태계 내에서 우리의 생존과 번영을 보장해줄 수 있도록, 우리 경제가 적절하게 운용될 수 있도록 우리 자신을 효과적으로 통제

할 수 있겠느냐가 될 것입니다.

　인간의 자기 통제 능력은 삶의 의미의 문제와도 밀접하게 연결되어 있습니다. 인간의 번영을 물질적 부의 축적이라는 차원에서 바라보는 태도는 더욱 총체적인 관점으로 대체되어야 합니다. 인간 실존의 여러 다른 차원에서의 만족과 성취들 사이에서 균형을 도모하고 조정할 수 있는 관점이 필요하다고 생각됩니다. 우리 마음의 내적 만족을 물질적 만족과 동일하거나 더 높은 수준에 둘 수 있어야 합니다. 이성과 감정, 양과 질, 미래와 과거가 각기 적합한 위치에서 존중되는 그러한 관점이 무엇보다 필요하다고 생각합니다.

　문명사적 대전환의 과정에서 제기되는 또 하나의 핵심적 과제는 국가적 차원에서 뿐만 아니라 지구적 차원에서의 사회 정의의 문제입니다. 세계 경제의 총량적 증가에도 불구하고 문명사적 대전환의 과정에서 제기되는 또 하나의 핵심적 과제는, 국가적 차원에서 뿐만 아니라 지구적 차원에서의 사회 정의의 문제입니다. 세계 경제의 총량적 증가에도 불구하고, 사회 안에서 뿐만 아니고 사회와 국가 간의 경제적 불평등은 오히려 심화되고 있다는 것을 경제학자들은 수치로 제시하고 있고, 우리는 그것을 실감하고 있습니다. 개인주의와 사회 정의의 문제는 사회적 유대를 붕괴시키고 개인과 국가, 사회 간의 마찰의 원천이 됩니다. 우리가 받아들이고 있는 정의관이 과연 이러한 문제들을 다루기에 적합한지 더욱 심각한 고민과 노력이 적실한 시점입니다.

　사회 정의의 문제는 서구 문명의 중추를 형성해온 공격적 개인주의를 더 적정하게 재조정하는 문제와도 맞물려 있습니다. 개인의 더 많은 자유와 권리가 보장되는 사회상과, 공동체가 우선하는 사회상의 차이의 긴장과 갈등은 우리의 시각에서 새롭게 정의되어야 할 문제임이 틀림없습니다. 하나의 공동체는 경쟁과 협동을 함께 필요로 합니다. 창의성과 진보를 위해서 필요한 경쟁 또 구성원들의 원자화를 지양하는 연대를 제고시키기 위해서는 공동체적 협동이 필수적입니다. 우리의 과제는 개인과 공동체의 권리, 경쟁 그리고 협력의 변증법에서 적절한 평형점을 찾아내는 일일 것입니다.

위에서 열거한 몇 가지 과제들은 문명적 전환기인 오늘, 철학하는 우리 모두에게 부과되는 많은 문제 중 일부에 불과합니다. 이러한 문제들은 모두 세계 철학계에서 이미 지난 20~30년 동안 주제화되어 다루어진 문제들입니다. 우리 한국철학계에서도 이러한 문제들에 대하여 수준 높은 논의가 많이 이루어져 왔습니다. 특히 우리가 세계철학자대회 한국 개최의 꿈을 키우기 시작한 1990년대에는 여러분이 이러한 작업에 심혈을 기울여온 것으로 알고 있습니다. 그 대표적 예가 철학연구회가 주관했던 '동서철학의 융합: 총서'라고 생각됩니다. 1990년대 말의 금융 위기를 거치면서 그 추진 동력이 조금은 약화된 것이 사실이지만, 이제 다시 힘을 모아 새로운 역사적 현실에 걸맞고 미래를 이끌어나갈 수 있는 문화 종합을 만들어내는 데 우리의 역할을 해야 할 것입니다. 그것이 바로 2008년 세계철학자대회를 맞아 우리 철학계가 해야 할 일이 아닌가 생각합니다.

동서고금을 막론하고 모든 중요한 철학은 생존과 번영 그리고 인간다운 삶의 실현을 위한 유효 적절한 문화 종합의 탐색의 일환으로 이해될 수 있습니다. 문화 종합의 과업에 대한 철학의 기여는 때로는 잊혀진 과거와 전통의 소리에 귀 기울임으로써, 때로는 아직 분명치 않은 생각들을 정교화함으로써, 그리고 때로는 오늘날 도처에 산재한 여러 가지 생각들을 정합적이고 역동적인 전체로 만들어냄으로써 이루어진다고 생각합니다. 서구중심주의, 이슬람중심주의, 아시아중심주의 같은 낡은 사유의 틀은 극복해야 할 19세기와 20세기의 유산입니다.

2008년 한국에서 열릴 제22차 세계철학자대회는 바로 이러한 모든 철학적 전통에 활짝 열려 있는, 인류의 생존과 번영의 실현을 위한, 새로운 문화 종합의 창출을 위한 한마당이 되어야 합니다. 우리가 추구하는 것은 서구적인 것, 동양적인 것 그리고 여타의 전통을 포괄하면서 넘어서는, 어느 서양 철학자가 말한 대로 '그 중심은 도처에 있으면서 주변은 어디에도 없는' 그러한 철학함이고 문화 종합의 모색입니다.

제1분과
한국적 사회 현상

저발전 영역으로서의 한국 정치와 시민적 역동성
— 정치 없는 정치학과 한국 정치

홍 윤 기

1. 한국 정치와 정치학에 정치가 있는가 : '한국 정치'와 '한국정치학'의 첫째 특징

　제5공화국이라고 불리던 전두환 정권의 위세가 절정에 달했던 1983년 9월에 제1판이 나오고 그 다음해 3월에 제2판이 나왔던 정치학자 김학준 선생의 『한국정치론(韓國政治論)』은[1] 해방 이후 당시까지 약 40년 동안 축적되었던 한국 정치학계의 연구 성과를 분야별로 개괄한 책이었다. 그때부터 20년이 조금 넘은 2005년 현재의 시점에서 보면, 이 책은 한국 정치를 알려는 학문적 시도에 관해 여러모로 생각하게 만드는 흥미로운 점을 몇 가지 가지고 있다.

　이 책에서 김학준 선생은 '정치(政治. politics)', 그 중에서도 '한국 정치(Corean politics)'에 관해 무엇을 알아야 하는가를 정하기

---

1) 김학준, 『韓國政治論. 연구의 현황과 방향』(한길사, 1984. 3, 제2판 / 1983. 9, 제1판).

위해, 예나 지금이나 이 방면 연구에서 한국보다 앞섰다고 하는 미국 정치학계에서 통용되는 정치학 서술 체계의 "정치의 소분야들"에 크게 의존하였다. 우선적인 참조 대상으로 선정된 것은 1975년에 발간된 그린스타인과 폴스비의 8권짜리 핸드북이었다.[2] 김학준 선생은 이 미국 책에 관해 이런 결론을 내리고 있었다. 즉, "이 목록을 보건대, 미국 정치학으로서는 마땅히 다뤄야겠으나 한국 정치의 분석에서는 크게 연관성이 없는 대상들이 있다. 연방제도론이나 인종 정책 등이 그 대표적인 예들이다. 그러나 이 목록을 통해 우리가 시사받을 수 있는 것은 한국 정치를 분석함에 있어서 ① 방법론의 문제 ② 미시적 정치 이론 ③ 거시적 정치 이론 ④ 비정부 차원의 정치 ⑤ 정부의 기구와 과정 ⑥ 정책과 정책 결정 ⑦ 국제 정치와 한국 등의 분야 선정을 고려할 수 있다는 것이다."[3]

그리고 나서 김학준 선생은 당시로서는 가장 대표적인 정치학 개론서로서, 국내의 정치학자 7인과 1명의 사회학자가 공동 집필

---

2) Fred I. Greenstein / Nelson W. Polsby (eds.), *Handbook of Political Science* (Reading, Ma. : Addison-Wesley Pub. Co., 1975). 이 책은 정치학의 범위와 기본 이론(정치학의 학문적 성격, 정치 연구의 논리, 고전적·현대적 정치철학, 정치 연구 언어, 정치적 평가), 미시적 정치 이론(정치심리학, 정치사회화, 정치적 충원, 그룹 이론), 거시적 정치 이론(정치 발전, 정부와 반대파, 전제주의 정권과 권위주의 정권, 집단적 선택의 이론, 혁명과 집단적 폭력, 사회 구조와 정치), 비정부 차원의 정치(정치 참여, 여론과 투표, 이익 단체, 정당), 정부의 제도와 과정(헌법, 연방 제도, 행정부, 입법부, 사법부, 관료 기구), 정책과 정책 결정(정책학 : 정보와 평가 기능, 경제 정책의 결정, 과학 정치, 복지 정책, 인종 정책, 비교 도시 정책, 외교 정책, 정책 효과 분석), 정치 연구의 전략(문헌과 통계 자료, 사례 연구, 계량정치학, 실험과 모의 실험, 사회 조사, 형식 이론, 미래 연구), 국제 정치(국제관계론, 연구 용어, 세계 정치 체제, 국가 안보 문제, 국제적 상호 의존과 통합, 국제법) 등의 8개 대주제와 48개 세부 주제를 다루었다(김학준, 위의 책, 27-29쪽 참조).
3) 위의 책, 29쪽(강조 필자).

한 박영사 판 『한국정치론』을 소개하였다. 이 책은 박정희의 유신 체제가 가장 위력을 발휘하던 1976년에 초판이 나왔는데, 1979년 10·26 사태 이후 유신 체제에 관한 부분이 수정되고 제5공화국 부분이 추가되어 1982년에 전정판(全訂版)이 나온 것으로 되어 있다. 이 책은 「한국 정치의 상황적 조건과 역사적 맥락」(김운태), 「한국 정치 문화」(김운태, 이영호), 「한국 정부 형태」(윤근식, 김운태), 「한국 정치 과정」(윤형섭), 「한국 행정 과정」(백완기), 「한국 정치의 지도 이념과 영도자」(한승조), 「한국 정치 발전의 유형과 근대화 과정」(한승조, 김대환, 안병영), 「통일·외교 정책」(윤근식), 「북한의 정치 과정」(안병영) 등 총 9개 장으로 분류된 38개 소주제로 틀이 짜였다.4) 이 책에 관해 김학준 선생은 다음과 같이 촌평했다. 즉, "이상에서 살핀 바와 같이 이 책은 한국 정치의 소분야들을 고루 잘 다루고 있어서 적어도 형태에서는 '표준적 교과서'라고 불리기에 충분하다. 다만 아쉬운 것은 정당에 대한 지면 배당이 비교적 적었다는 점, 정치적 의사 소통에 대한 지면의 배려가 너무 약했다는 점, 정치 지도층을 다룸에 있어서 그것을 사실상 대통령에 한정시켰다는 점, 정책 결정 과정에 대한 지면이 적었다는 점 등등이다."5)

참으로 흥미롭게도 당시 한국 정치에 대한 이 '표준적 교과서'에서 한승조 교수가 집필한 것으로 되어 있는 제6장 「한국 정치의 지도 이념과 영도자」, 그리고 한승조, 김대환, 안병영 교수 등이 쓴 제7장 「한국 정치 발전의 유형과 근대화 과정」은 유신 체제, 영도자, 새마을운동, 경제 성장 등을 한국 정치의 "지도 이념"이라든지 한국 정치의 "발전" 또는 "근대화"의 증거로 지목하고 있다. 다시 말해서 이것은 한국의 지도적 정치학자들이 적어도 1980년

---

4) 위의 책, 32-33쪽.
5) 위의 책, 33쪽(강조 필자).

대까지는 (아마 지금까지도 그럴지 모르지만) 독재 정권의 '통치' 행위를 별다른 문제 의식 없이 '정치'라는 범주에 포함시켜 이해했다는 뜻이다. 하지만 여기에서 정치의 개념을 이해하는 일과 관련하여 이 현상을 관찰한 김학준 선생 자신도 — 그 지점까지 생각이 미쳤는지는 잘 모르겠지만 — 선생의 비판적 지적대로 정당, 정치적 의사 소통, 정치 지도층, 정책 결정 과정에 대한 기술이 거의 없을 정도로, 아니 더 정확하게 말하자면 그런 기술이 거의 불가능할 정도로 정치 내용이 빈곤했던 당시 한국 최고 권력자들의 행태를 과연 '정치'라는 활동 범주에 포함시키는 것이 적절한지에 관해서는 전혀 근본적인 통찰을 행하지 않고 있다. 한국 정치의 표준적 개론서에서 '정치 활동'과 판이하게 다른 성격을 가진 유신, 영도자, 새마을운동, 경제 성장 등을 공공연하게 정치 범주에 넣어 무비판적으로 기술했다는 것은 이 개론서의 집필자들, 특히 그 제6장과 제7장의 집필자들이 아주 단순소박하게 '권력자의 권력 행사' 또는 기껏해야 '최고 권력자의 통치 행위'를 정치 현실의 중심으로 이해했음을 보여준다. 즉, 한국 정치가나 정치학자들의 정치관은 상당 기간 동안 아주 통속적이고도 (부정적 의미에서) 대중적인 수준에서 벗어나지 못했던 것이다.

그런데 정치적인 것을 이렇게 권력자 중심으로 파악하고 있는 개론서의 또 다른 특징은 권력 개념 그 자체에 관해서 일체 학문적인 언급이나 접근을 하지 않는다는 것이다. 정치학 개론서에서 권력 개념6) 또는 권력 의식을7) 정치학의 핵심 문제로 보는 것은

---

6) 정치 권력을 정치학의 핵심 문제로 보고 교과서 서술의 첫 주제로 삼은 대표적 저술로는, 1969년에 초판이 나오고 1977년에 전정판이 나오면서 상당 기간 한국 정치학계의 대표적 정치학 개론서로 꼽혔던 연세대 정치학과 李克燦 교수의 『政治學』(서울 : 법문사, 1978, 전정중판, 총 598쪽)이 있다. 그런데 이 책은 2001년 1월로 제6전정판까지 내면서 총 785쪽으로 확대되었는데, "우리나라에서 '정치'에 대해 한소리 하는 사람들이 거의 다 경전으로 삼고 있는 '바이블'에

한국 정치학계에서는 원론적 통설이었다. 이 점에서 1980년대 당시 한국 정치학계의 대표주자들이라는 분들이 집필했다는 이『한국정치론』은 우선, 김학준 선생 자신도 집필자로 참여하여 1978년에 서울대 정치학과에서 발간하였고, 1970년대와 1980년대에 걸쳐 서울대 정치학과의 공식 개론서였던『신정치학개론』과[8] 비교할 때, 정치 현상을 파악하는 학문 의식에서 상당한 퇴행을 보였다고 해야 한다.『신정치학개론』제3편에서 김영국 선생은 권력을 "정치학의 핵심 문제"로 규정하면서 권력은 "구체적인 형태와 아울러 인간의 신조 또는 이념을 갖추고 있다"고 지적하였다.[9] 하지만『한국정치론』을 두고 김학준 선생은 이런 측면에 관해 전혀 주의를 환기시키지 않았다.

  한국 정치학에 대한 김학준 선생의 개관이 있은 지 다시 20년쯤 지난 1999년에 한국정치학회는 "그동안 서구적 정치 이론과 접근 방법을 무비판적으로 수용하고 적용함으로써 나타난 학문적 '외래화'를 지양하고, 정치학의 '한국화'를 정착시키기 위안 이론과 방법의 개발에 역점을 둔다"는[10] 문제 의식 아래, 해방과 건국을 대략적 기점으로 하여 한국정치학 50년을 회고하는 각종

해당하는 책"이라는 세평을 얻고 있다(setmefri님, '정치학의 바이블', http://www.yes24.com/Goods/FTGoodsView.aspx?goodsNo=103250&CategoryNumber=001001014010001).

7) 권력 의식을 핵심 문제로 본 대표적 저술로는 白尙健,『政治學講義』(서울 : 박영사, 1979. 3, 초판4쇄 ; 1976. 12 초판).

8) 金榮國・具永祿・裵成東・李洪九・崔明・崔昌圭・金學俊,『新政治學槪論』, 서울대 사회과학대학 정치학과 집필(서울 : 서울대 출판부, 1978. 10). 이 책은 이미 1975년에 같은 필자들이 같은 학과에서 발간하였던『정치학개론』의 전면 증보판이라고 되어 있다(i-ii쪽에 실린 개정판 서문 참조).

9) 金榮國,「政治權力論」, 위의 책, 95쪽.

10) 김유남,「서문」, 김유남 엮음,『한국 정치 연구의 쟁점과 과제』(서울 : 한울, 2003. 11, 초판2쇄), 3쪽.

학술 회의와 연구 발표회를 개최하였다. 그런데 이런 행사들의 결과물들을 다시 한 번 훑어보았을 때 ─ 개별 결과물들에 들인 연구자들의 탁월한 노력이나 그 질적 성취도와 상관없이 ─ 역시 지울 수 없이 드는 인상은 '한국 정치'에 대한 '한국정치학계'의 의식이 여전히 '권력자들의 통치 행위 또는 정책 활동'에[11] 주목하는 수준을 크게 벗어나지 못했다는 것이다. 그리고 한국 정치학 자체의 학문적 성격이나 특질 및 수준에서의 독자성도 '한국적임(being Corean)' 또는 '한국스러움(Coreaness)'을 주장하기에는 크게 미흡한 것으로 반성되었다. 1999년 당시 한국정치학회의 학술 행사 결과를 총괄하면서 당시 회장이었던 단국대 정치외교학과 김유남 교수는 다음과 같은 평가를 내렸다. 즉,

> "한국정치학회의 학문적 영역에서 매우 중요한 위치를 차지하는 한국 정치 연구는 특히 서구적 경험에 기초한 외래 정치 이론과 접근 방법에 상당한 불편을 경험하지 않을 수 없었으며, 아울러 이에 대한 불만도 적지 않았다. 하지만 뚜렷한 대안이 제시되지는 못했다. 이는 한국 정치를 설명하는 데 독자적인 이론과 방법을 개발하지 못했음을 의미했다. 다소 심하게 자책하는 자기 비하적 반성이 될지는 모르나

---

11) 그래서 위의 책의 한글 제목을 적은 겉 표지 바로 아래에서 '한국 정치'의 영어 번역을 The Korean *Politics*가 아니라 The Korean *Polity*로 한 것은 ─ 그 점을 과연 의식했는지 여부를 떠나 ─ 상당히 적절한 어휘 선택으로 보인다. 위의 책의 내용은 식민지 시대부터 20세기말의 민주화 과정까지 대한민국 국가의 집권자와 지배층을 중심으로 그 정책 활동의 공과를 역사적으로 광범위하게 논하는 것이다. 여기에 실린 10개 논문들의 필자와 제목은 다음과 같다. 김동택, 「식민지 시대 연구의 쟁점과 과제」; 김일영, 「농지 개혁을 둘러싼 신화의 해체」; 백운선, 「이승만 통치의 평가 : 분단과 민주주의」; 김세중, 「박정희 산업화 체제의 역사적 이해」; 강문구, 「한국 민주화 경로에 대한 비판적 탐색」; 김용복, 「1997년 경제 위기와 경제 개혁 : 쟁점과 평가」; 유석춘·장상철, 「재벌 정책의 정치 경제」; 조찬래, 「한구 현대사에서 보수와 진보」; 김재한, 「지역주의 문제의 진단과 처방」; 오일환, 「한국 권력 구조의 변천과 과제」.

한국정치학은 지난 반세기 동안 한국 정치와 마찬가지로 미국에 매우 의존적이었다는 사실을 숨길 수 없을 것이다."12)

그런데 독재자의 일방적 권력 행사를 정치로 개념화시켜주는 한국 정치 개론서는 말할 것도 없고, 그런 연구 의식의 모태가 되는 미국 정치학 개론서 역시 '권력' 그 자체에 관해서는 심층적 이해를 시도했던 것 같지 않다. 이것은 곧 한국 정치와 한국 정치학, 나아가 미국 정치학이 정치와 정치학의 핵심 주제인 권력에 접근하는 연구 의식에서 정치 권력에 관한 의식 그 자체, 그리고 심지어 정치 자체에 대한 학문적 의식까지 이중적으로 결여되어 있었다는 것을 보여준다.13) 즉, 한편으로 한국 정치와 한국 정치학은 권력 작용이 정치 현상을 압살할 정도로 과잉해 있었던 상태조차 그것을 '권력 현상'으로 개념화시킬 수 있는 실천적 용기나 학문적 정직성을 보여주지 못했다. 그리고 다른 편에서 한국 정치와 한국 정치학은 적어도 그 주도적 문제 의식에서 '권력 현상에 대한 이해'를 정치 활동과 연구의 핵심 주제로 적극적으로 부상시키지 않았다.

정치를 곧 '권력자의 권력 행사'로 보는 가운데 형성된 대중적 정치관은 민주화 단계에 이르러서는 정치를 '정치가의 권력 행사'로 보는 쪽으로 연장되고, 한국 정치와 정치학에서는 정치 그 자

---

12) 김유남, 「서문」, 김유남 엮음, 『한국정치학 50년. 정치 사상과 최근 연구 분야를 중심으로』(서울 : 한울, 2001. 3), 4쪽.

13) 미국 정치학에서도 권력 현상에 관한 치밀한 관심의 부족이 지적된다. 이미 1950년대에서 1970년대에 걸쳐 데이비드 이스튼은 "사회적 권력의 분배에 관한 신뢰할 만한 지식(reliable knowledge about the distribution of social power)"의 부재가 "미국 정치학의 황막함(the malaise of American political science)"을 야기한다고 비판하였다. Easton, David, *The political system. An inquiry into the state of political science* (New York : Alfred A. Knopf Inc., 1971, re. ed. ; 1953, ist.), 41쪽.

체에 대한 대중적 불신과 자기 혐오증이 증식되는 것을 부당하게 방치해왔다. 정치란 권력자나 정치가만 하는 것이 아니라 특정 정치 공동체에 소속한 구성원 모두가 개입하고 참여해야 할 공적 활동이라는 것은 아직도 한국 정치와 정치학에서 실천적으로나 학문적으로 완전히 의식화되지 않은 미개발 개념에 속한다. 한마디로 한국 정치와 한국 정치학의 가장 첫 번째 특징은 '권력'에 대한 정확한 이해와 올바른 '정치 의식'의 빈곤이다. 좀더 개념적으로 이 단언을 심화시키면, 한국 정치와 한국 정치학의 가장 큰 문제는 자기 행태를 적절하게 포착할 수 있는 정치 의식과 정치철학이 아직도 태부족하다는 것이다.

2. 정치철학을 통한 정치 현실에의 접근과 정치 공동체(국가), 정치 활동, 권력 작용 그리고 공적 영역의 정치 현실

1987년의 6월 항쟁 이래 가속도로 진행되어 왔던 제도적 민주화의 결과 한국 정치와 정치학은 분명히 한국 정치를 이해하는 데에 개념적으로 풍요로워졌고 분석에서 더욱 정직하게 된 것은 사실이다. 2004년에 나온 정영태 교수의 한국정치론은 드디어 정치를 "국가 권력을 매개로 한 지배-피지배 관계 또는 권력 관계"라고 정의하는 가운데,14) 한국 정치를 "한국 사회에서 국가 권력을 둘러싸고 벌어지는 개인·집단 간의 대립·갈등·협력과 해결 방안을 과학적으로 연구하는 정치학의 한 분야"로 규정할 수 있었다.15) 그럼에도 불구하고 정치 현상뿐만 아니라 그것들을 가능하게 하는 정치 근거 또는 정치 활동의 기본적 토대에까지 한

---

14) 정영태, 『한국 정치의 희망 찾기』(인하대 출판부, 2004. 2), 19쪽.
15) 위의 책, 17쪽.

국 정치학의 눈길이 충분히 미친 것 같지는 않다. 정치철학을 논란의 여지없이 아주 온건하게 "정치적 사안들의 본성(the nature of political things)과 올바르거나 좋은 정치적 질서(the right, or the good, political order)를 제대로 인식하고자 하는 시도"[16] 정도로 이해하면서 정치와 관련된 기본 요인들을 적출하여 그 바닥까지 내려간다면 우리는 다음과 같은 물음에 대한 대답이 정치며, 그것에 대한 학문적 탐구가 정치학이라고 대답해야 할 것이다. 즉,

[1. 정치 활동 및 정치에 관한 인식의 대상 현장으로서 당대의 정치 공동체 또는 '국가'] 정치 활동 또는 정치 현상의 최종적 지평으로 되어 있는 정치의 기본 단위로서 '국가'는 어떻게 그리고 어떤 의미에서 정치 활동 또는 정치 현상의 현장으로 이해되는가? 분명히 이 답은 국가를 다른 어떤 것도 아닌 정치 공동체(political community)로 파악하는 것에서 찾아진다. 이때 정치 공동체라고 하면 막스 베버의 정의에서 규정된 의미를 그대로 계수해도 무방할 것이다. 즉, "절대적으로 불변적이고 반드시 그 경계가 확정되는 것은 아니지만 어떻게 하든지 그 경계를 규정할 수 있는 일정 영역과 그 영역 안에 영속적으로 또는 일시적으로 거주하는 여러 인간들의 행위에 대한 물리적 힘 또는 좀더 통상적으로 무력의 준비에 의해 질서지어진 지배를 그 공동체의 참여자들의 수중에 확보하려는 공동체 행위의 주체"를 말한다.[17] 아무리 사회적 분화가 급속하고 다양하게 전개되는 현대 사회라도 사회 안의 모든 생활 과정이 일차적으로 국가라는 정치 공동체의 조건 안에서 진행된다면, 국가는 그 안에 사는 모든 생활인을 공동체 단위(예를 들어 polis)의 같은 구성원인 것처럼 의제적으로

---

16) Strauss(1959).
17) 막스 베버, 『정치 권력의 구조』, 베버(1972), 175쪽.

상정할 수밖에 없다. 문명의 기축 시대 이래 정치와 정치 의식에서 국가는 어떤 경우에도 '전제된 공동체'다. 따라서 정치는 '국가'라는 정치 공동체를 유지하는 것에서부터 그것을 확대하거나 붕괴시키는 결과들과 관련된 일체의 활동을 포괄한다.

[2. '정치적인 것'의 특이성] 이런 국가 안에서 이루어지는 '정치 활동' 또는 정치 현상이란 도대체 무슨 동기에 의해 어떤 형태로 이루어지는 인간 활동인가? 어떤 경우에도 정치적 활동은 '경제적' 업무 수행이나 '법적' 판단과 구별되는 '인간들 사이의 각종 관계들 그 자체'에 대한 인위적·창조적 조정의 문제다. 따라서 정치적 활동은 어떤 경우에도 '인간 대 인간'의 대면 관계를 원형으로 출발하여 '실천 의지적 기획에 의한 그 관계들의 접속, 단절, 확장 또는 변경 등을 통하여 그러저러한 관계 안에서 각 인간의 행태나 의지가 변화하는 것(change of human behaviour or will in such and such relations)을 지향'한다.[18]

[3. 정치 활동의 핵심으로서 '권력'의 반복적 작동 과정, 즉 생성, 발전, 정체, 소멸] — 이런 정치 활동의 핵심으로서 '권력'은 인격적 행위의 특정 속성인가 아니면 정치 구조의 작용 요인인가? 권력의 구성 요건은 무엇인가? 이 답은 권력(power)을 단순한 강제력(force)과 혼동하지 않은 데서 구해져야 한다. 권력은 그것이

---

18) Robert Dahl, "Power as the Control of Behaviour", in : Lukes(1986), 40쪽의 사전적 정의가 이 점에서 특히 시사적이다. 즉, 다알에 따르면, "현대 사회과학에서 권력이라는 용어는, 하나 또는 그 이상의 단위체들(수용단위체 R)의 행태가 몇 가지 주변 정황에서 다른 단위체들(통제단위체 C)의 행태에 의존하게끔(depend on) 되는 사회적 단위체들 사이의 관계들의 부속 집합들(subsets of relations among social units)"을 가리킨다. 그런데 다알은 래스웰과 카플란처럼(Lasswell / Kaplan, 1969, 74-75)처럼 의존의 양상을 오직 '가열한 제재'로 국한시키게 되면 권력의 의미가 지나치게 협소해진다고 경계한다(같은 글, 41쪽).

가장 폭압적으로 행사되는 경우에도 권력 행사의 대상이 되는 인간의 복종에 의거한 순응(assimilation) 또는 동의(agreement)로써 정당성(legitimacy)을 지향하는 그 어떤 지배 관계(relation of domination)다. 다시 말해 권력은 "정치 단체에 의해 규제되는 공동체 행위의 정당성에 대한 신념"의 일반적 인정 정도에 따라 억압(repression)에서 합의(consensus)에 이르는 광범한 스펙트럼의 지배 양태에 귀착하는[19] 모든 인적, 물적, 조직적 요인들의 구조적 편제라는 관점에서 통찰되어야 할 인간 관계의 작동 방식이다. 권력은 정치 공동체 자체의 유지와 방어에서부터 그 공동체 안과 밖에 새로운 생활 관계를 창출하는 데 투입할 인적, 물적, 조직적, 인식적 자원을 총체적으로 동원하기 위해 공동체 구성원의 의지를 집약시킬 수 있는 정당성의 신념과 집중적 실천 행위를 조직함으로써 대단히 광범하고 다변적인 적용 범위, 강도 및 현출 양태를 갖는다. 따라서 권력은 가장 온화한 연성형 권력일 경우에도 그 집행은 "준엄하다."[20]

[4. 공적 활동의 특징적 속성으로서 정치적인 것] 인간의 일련의 일상적 행위 가운데 그 어떤 행위가 '특정적으로 정치적(specifically political)' 행위라고 특징화된다면 그 행위를 바로 정치적 행위로 만드는 가장 핵심적인 요인, 즉 '정치적인 것'의 근거는 어디에 있는가? 그 해답은 정치적인 것은 어떤 경우에도 '사적인(private)' 작용이 아니라는 것이다. 그것은 가장 사적인 방식이나 태도에 의해 집행되는 경우에서도 실천적으로 '공적인(public)' 함축을 갖는다. 따

---

19) 베버, 앞의 글, 178쪽.
20) 권력이 억압적이지 않을 경우에도 그 가혹성이 상실되는 것은 아닌 점에 착안한 권력 통찰은 미셸 푸코, 『성의 역사 1. 앎의 의지』(서울 : 나남출판, 1999)에서 제시한 권력의 다변형성 기술(poly-morformous technique)에서 가장 예리하게 드러난다.

라서 특정 행위가 '정치적'이 되는 것은 그것이 공적으로 현출하면서 인간들의 주목과 동의 및 그에 따른 세력의 형성이 이루어질 때다.[21] 따라서 정치의 활성화를 통해 정치 공동체의 활동적 잠재력을 극대화시키고자 한다면 그 공동체의 구성원이 자신의 정치적 욕구 또는 정치 능력을 가장 자연스럽게 구조적으로 분출하고 충족시킬 수 있는 '공적 영역(public sphere, Öffentlichkeit)'을 공동체의 공적 재화로서 공동체 인프라 안에 장착할 수 있어야 한다.[22]

따라서 이 모든 점들을 고려할 때 정치(政治)란, 공적 영역의 토대와 연관되는 권력의 행사를 통해 정치 공동체인 국가 안에서 그 구성원들 사이에 각종 생활 관계를 지배적으로 창출하여 그들의 다양한 생활 욕구를 충족시켜나가는 공적 활동이다. 이런 의미에서의 정치 안에 국가적 지배자가 피지배자의 생활에 영향을 미치는 각종 조치를 실행해가는 '통치(統治. governing)'가 포함되는 것은 분명하다. 그러나 통치를 바로 정치 행위와 등치시킬 수 없는 점 또한 정치 개념의 이념형적 의의상 분명하다.

3. 정치에서 '한국적인 것' : 국가정치 관계의 이중 역할

정치를 바로 이렇게 국가 공동체를 토대로 벌어지는 권력의 공적 결집과 그 행사로 볼 때 과연 그 붕괴 국면의 조선 왕조 국가, 대한민국 나아가 북한을 포함한 한국 현대사 전반의 공동체적 행위 담당자들에 걸쳐 과연 의미 있는 인간적 또는 사회적 활동으

---

21) 한나 아렌트, 『인간의 조건』(서울 : 한길사, 1996. 8), 제5장 「행위」 참조.
22) 위르겐 하버마스, 『사실성과 타당성』(서울 : 나남출판, 2000. 8), 제8장 「시민사회와 정치적 공론장」 참조.

로서 '정치'라는 현상이나 활동이 제대로 시행되었는지를 비판적으로 검토할 필요가 있다. 그리고 과연 정치 행위로 분류되는 그런 활동 양태들 가운데 어느 것이 과연 '한국적인' 또는 '한국에 특정적인(Corea-specific)' 정치 행태로 파악될 수 있는지도 확인할 필요가 있다. 그런데 정치에 대한 이런 관점에서 한국 정치사를 조망하면 대단히 흥미로운 사태가 발견된다. 다시 말해, 한국의 정치학자들이 제대로 묻지는 않았지만, 우리는 한국 정치사에서 국가와 정치의 관계가 자신들이 생각하는 것만큼 결코 이의의 여지없이 당연하지는 않았다는 것을 눈치챌 수 있다.

(1) '한국정치사상사'라는 제목을 단 거의 모든 저서들은 한국사 전반에 걸쳐 정치사 또는 정치사상사를 구성할 수 있다고 전제한다.[23] 그러나 그 저서들에서 정치 현상으로 포착한 상당수 인물의 활동은 정치라기보다는 통치나 행정에 가깝다.[24] 이것은 고대 그리스나 로마처럼 원초적 형태의 시민 공화국 체제 없이 부족 국가에서 바로 왕조 국가로 발전한 한국 고대사 및 중세사의 특징상 불가피한 결과다. 하지만 고조선과 부여 그리고 고구려에서 본격화된 한국사의 다수 왕조 국가들이 실질적으로는 부족 연합적인 성격을 내장하고 있다는 것은 조선시대부터 본격화된 지배층 공론 정치가 쉽사리 정착할 수 있는 긍정적 선행 조건은 되었음을 추정하게 한다. 그러나 어떤 경우에도 현대 이전의 한국 정치사상사를 현대적 민주주의의 원형으로 이해하는 것은 현재 중심주의에 매몰된 과잉 해석이다.[25] 분명한 것은 한국 정

23) 김우녕, 『한국정치사상사』(대구 : 이문출판사, 1995. 3) ; 박충석, 『한국정치사상사』(서울 : 삼영사, 1982. 5) ; 신복룡, 『한국정치사상사』(서울 : 나남출판, 1997. 8) ; 이영춘, 『한국정치사상사』(서울 : 집문당, 2002. 9).
24) 특히 이재석, 「단군 신화와 정치적 사유」, 이재석 외, 『한국정치사상사』(서울 : 집문당, 2002. 9), 제1장.
25) 특히 한민족의 형성기에서부터 민주 정치 사상이 있었던 것처럼 가정하고 들

치사를 구성하는 학계의 역사 의식 역시 통치나 정책 활동을 정치와 동일시하는 개념적 무자각성을 아직 완전히 떨치지는 못했다는 것이다.

(2) 그러나 현대 한국이 전개되기 직전 시기의 조선에서는 왕조 국가 체제가 기본이긴 하였어도 적어도 명령-복종의 일방적 지배 관계로만 규정할 수 없는 권력 기관 내의 의사 결정 과정, 그리고 그런 절차적 체계와 권력 행사의 정당성에 관한 명확한 권력관과 정치관이 있었다. 조선 왕조 체제에는 이런 과정을 통해 국가의 존립 근거와 국가 활동 목표 그리고 의사 결정 과정에 대한 제도적 질서 체계가 당시 지배적이었던 유교 이념에 따라 명확하게 체계적으로 정립되어 있었다. 다시 말해 조선시대는 왕조 국가 체제 안에서 그야말로 단순히 지배자의 통치나 관료적 행정을 넘어 '정치 영역'의 고유한 기능을 작동시키는 거의 준(準)공적 영역을 자각적으로 설정하였다.[26] 이른바 사대부 체제를 근간으로 하는 유교적 통치 이념은 치국(治國)이라 불린 국가 경영 활동을 통해 예치(禮治) 질서를[27] 유지, 확장, 심화시키는 것을

어오는 조휘각, 『한국정치사상사』(서울 : 인간사랑, 2004. 11)의 경우가 그렇다.

26) 고대에서 현대까지 한국 정치 사상을 총괄하고자 하는 야심찬 기획으로 공동 집필된 한국·동양정치사학회 편, 『한국정치사상사. 단군에서 해방까지』(서울 : 백산서당, 2005. 9)는 조선 지배 체제의 정치적 특징을 "유교적 공론 정치"로 개념화하여(제10장) 세종대에 세워진 국가 운영의 공치적 기틀로 부각시키고 있다(제3편 「조선시대 : 정치와 도덕의 긴장」 및 제4편 「조선시대 : 전쟁의 충격과 사상의 대립」 참조). 이른바 조선 망국의 가장 중요한 원인으로 꼽히는 당쟁이 실제로는 이런 공론 정치의 표출로서 조선 국가의 유지에 상당한 기여를 했다는 가설은 점차 설득력을 얻고 있다. 특히 이태진, 『조선시대 정치사의 재조명』(서울 : 태학사, 2003. 4) 중 「당쟁을 어떻게 볼 것인가」와 「후기 이조 당쟁사에 관한 일 고찰」 참조. 그리고 조선 왕조 국가의 사대부 정치의 실상에 관한 조선 전기 자료들로는 강광식·손문호·박현모·이익주, 『한국정치사상사 문헌 자료 연구(Ⅰ)』, 한국학중앙연구원 편(서울 : 집문당, 2005. 6)을 참조.

27) 예치 질서가 유교 정치의 이상적 목표임을 중국사의 맥락에서 분석하여 그

인간의 의미 있는 활동으로 간주하였다.[28] 이 예치 체계는 바로 이런 정치적 성격의 활동을 자기 실현의 이상적 양식으로 내면화시킨 다수의 유교적 활동가들을 제도적으로 양성하는 것을 국가 운영의 한 요인으로 장착하고 있었다.[29] 바로 이런 활동 시스템을 통해 축적된 내적 역량을 활용하여 조선은 외교와 군사에서 성공적인 대응 방안을 창출함으로써 봉건제 국가로서 조·일전쟁(임진왜란)과 조·금전쟁(병자호란)이라는 동북 아시아 차원의 대변혁 국면을 뚫고 나가는 데 성공할 수 있었다. 이 시기에 우리는 다수의 유교적 활동가들을 현재적 의미에서 어느 정도 '정치가'로 분류하되, 일종의 통치적 정치가(governing statesman)로 성격지울 수 있을 것으로 보인다. 이 시기를 대상으로 우리는 이 글 서두에서 제시했던 정치학의 학적 의식에 어느 정도 근접한 형태로 '유교정치학(Confucian politics)'이라는 것을 학문적으로 구성할 수 있다.

(3) 그러나 조선 왕조 말기에서 대한제국을 거쳐 일제 강점기에 이르는 시기를 고찰해보면 우리는 권력 관련 활동으로 간주되는 한국인의 일체의 활동을 어떤 경우에도 정치학 또는 정치의 체계에 맞추어 학문적으로 서술할 수 없다는 것을 깨달을 수 있을 것이다. 그 원인은 자명하다. 정치 활동의 토대가 되는 '국가'라는 조직적 배경 기구 자체가 우리에게 주어져 있지 않았기 때문

이념형을 추출한 시도로는 미조구치 외, 『중국의 예치 시스템』(서울 : 청계, 2001. 5)을 참조.

28) 조선 국가가 운영한 예치 체제의 사상적 기반의 정착화 과정에 관해서는 고영진, 『조선중기예학사상사』(서울 : 한길사, 1995. 7) 참조.

29) 예학 사상이 조선 왕조 국가 체제에 국가적으로 관철되어 민중 의식으로까지 삼투되는 과정과 그것이 근대 국면에서 해체되는 양상을 '전통화-탈전통화의 복합 교착'으로 분석한 연구로는 홍윤기, 「역사 자산으로서 한국 유교 재해석의 잠재력 ― 전통화-탈전통화의 복합 교착 관점에서 본 한 고찰」, 『철학사상』 제12권(서울 : 서울대 철학사상연구소, 2001. 6), 3-34쪽 참조.

이다. 정치와 관련하여 이 시기에 우리에게 가능한 것은 민족 차원에서 '국가 만들기(making state)'를 예정하는 가운데 시도된 사상적 구상과 실천적 저항 및 혁명적 활동을 정치 사상과 정치 운동으로 분류하는 것이다. '없는 국가 또는 상실한 국가(absent or lost state)'를 토대로 '현존하는 국가'로서 일제 강점 체제와 벌인 투쟁 과정을 한-일 간의 국제 관계 현상으로 분류할지 아니면 국내 정치 현상으로 개념화할 것인지에는 논란의 여지가 있다. 그리고 나아가, 현존하는 국가가 부재한 상태에서 권력과 지배의 향방을 놓고 벌어진 투쟁을 정치 활동으로 간주할 수 있을지 없을지도 인식상으로는 상당한 논란거리다. 하지만 분명한 것은 '**국가 부재 시기의 정치학**'이 온당한 의미에서의 정치 현상, 즉 전업적이면서도 사회적으로 그 순기능이 인정된 정치 활동가를 제도적으로 공인하는 가운데 이루어지는 일은 결코 아니라는 것이다. 국가 권력 또는 국가 주권을 획득하기 위해 벌린 일련의 활동은 분명히 정상 국가 체제 안에서의 정치 활동을 위한 필수적 선행 조건임에는 분명하지만, 투쟁 조직과 그로 인해 조성된 연대 공간이 자연스럽게 정치적 공적 영역으로 발전하는 것이 아님은 20세기 피압박 민족 해방 투쟁에서 빈번하게 확인되는 비극적 현상이었다.

(4) 이른바 해방 이후의 시기를 보면 우리는 국가와 정치의 관계에서 이중적인 의미를 가진 현상이 나타난다는 것을 관찰할 수 있다. 우선 무엇보다 중요한 것은 해방 이후 건국을 앞두고 과거 항일을 했든 친일을 했든 설 것으로 기대되는 독립 국가를 예상하는 가운데 그야말로 정치인들이 사방에서 충원되기 시작함으로써 **본격적으로 정치 현상이 일상 현상으로 출현하기 시작했다**는 점이다. 따라서 정치라는 측면에서 해방이 함축하는 가장 중요한 의미는 '**국가 주권**'이라는 '**모태 권력**'이 주어짐으로 인해 그야말로 온갖 종류의 정치적 활동의 근거와 지표가 마련됨으로써

이 사회 안에 본격적으로 '공적 정치 행위를 가능하게 하는 정치 영역(political sphere)'의 토대가 마련되었다는 것이다. 분명히 이 독립 국가의 모든 권력은 국민 주권에 그 원천을 둘 것이기 때문에, 그 국민 주권을 가동하기 위해 정치적 의사 결정을 둘러싼 치열한 경쟁, 구체적으로 주기적이고도 지속적인 각종 '선거'가 기대되고 예고되고 또 보장되어 있었다. 따라서 국민 주권을 근거로 선거를 실시하고, 그 선거의 결과에 따라 국민 대표자 회의, 즉 (제헌) 의회를 구성하면서 거기에서 행정 권력을 산출하는 제도 계열은 그 자체가 정치 영역을 전제해야 하는 것이기도 했다. '아직은 통치되지 않는 우리 국가'를 가운데 두고서야 한국 사회는 진정한 의미에서 정치 활동을 의미 있는 사회 활동의 하나로 체험하게 되었다. 이제 권력은 조선총독부와 같은 외재 권력자가 아니라 정치적으로 활성화된 국민들에게서 나오게 되었고, 정책이 공적 의사 결정 과정을 통해 이루어지는 원초적 체험들이 급속하게 축적되었다. 그러나 선거민주주의(ballot democracy)를 핵심으로 하는 최소민주주의(minimal democracy)를 정치적 동력으로 내장한 대한민국 국가와 그 출발에서 대한민국과 형식적으로 거의 유사한 내부 국가 구성의 경로를 밟은 북한 국가 체제에서 '정치'가 시민의 공적 활동으로 발전하는 것을 불가능하게 만드는 거대한 단절 사태들이 파상적으로 밀어닥쳤다.

— 대한민국과 북한이 건국된 지 채 2년도 안 된 시점에 일어난 전쟁은 그 자체가 결과적으로는 사실상의 건국 전쟁이 되었다. 이 전쟁을 통해 남북한에서 분단 국가 체제는 완전히 공고화되면서 이 두 신생 분단 국가 내부에서 '정치' 현상을 (북한의 경우) 전면적으로 종식시키거나 (대한민국의 경우) 크게 약화시키는 결과를 빚었다. 분단 주도 세력이 권력을 장악한 이 남북한 국가들

안에서 민주주의에 대한 국가적 거부 또는 방해는 단순히 민주주의뿐만 아니라 정치 그 자체의 압살 또는 교란이었다.

— 민족 분단을 통한 **남북한 분단 국가** 체제는 남한의 이승만에 의해 처음 공식적으로 발상되었고(1946년 6월 3일의 정읍 선언),[30] 북한의 김일성에 의해 전쟁으로 공고화되었으며(6·25), 미국의

---

30) 이승만의 정읍 선언이 있기까지 남북한 및 미국-소련 사이에는 어느 쪽 책임이 더 있고 없고를 따지기 힘든 복잡한 사태 전개가 있었다. 소련이 점령한 북한 땅에서는 남한 쪽 정치 세력이나 미국과 아무런 논의 없이 일제 잔재 세력에 대한 철저한 인적 청산과 사회주의 체제 수립을 염두에 둔 체제 구축 작업이 일방적으로 그리고 대대적으로 진행되었다. 북쪽의 이런 움직임은 분명히 이승만뿐만 아니라 김구까지 포함한 남한 우파 세력 및 미군정 당국으로부터 북한 단독 정부 수립 또는 더 심하게는 소비에트 연방 가입을 위한 사전 포석으로 의심받을 여지가 있었다("근래 우리 동포 중에는 우리나라를 어느 이웃 나라의 연방에 편입하기를 소원하는 자가 있다 하니, 나는 그 말을 차마 믿으려 아니하거니와 만일 진실로 그러한 자가 있다 하면, 그는 제정신을 잃은 미친 놈이라고밖에 볼 길이 없다." 김구(1997), 424쪽). 그렇지만 스탈린에게 한반도 신탁통치를 제안하여 남북한 분할 점령을 일찌감치 굳히려는 듯한 인상을 먼저 준 쪽은 미국이었는데, 조선의 신탁 통치를 합의한 1945년 12월의 모스크바 삼상회담이 마치 완전 독립의 유예처럼 『동아일보』와 『조선일보』에 의해 오보되면서 일어난 대규모 민중 소요 앞에서 미국은 신탁통치안과 무관한 듯한 이중적 처신을 보임으로써 스탈린의 심한 불만을 샀다. 결국 1946년 서울에서 열린 두 차례의 미소공동위원회가 상호 불신만 확인하고 결렬되자 그 즉시 5월에 하지의 정치 고문 굿펠로는 워싱턴의 국무성, 전쟁성, 해군성에 남한만의 단독 정부 수립을 제안하였고, 굿펠로와 "아주 가까운 사이였던" 이승만은 미국이 "내부적으로 검토"하고 있던 단정안을 "공개적으로 언명"함으로써 남북한 어떤 정치 세력도 입 밖에 꺼내지 못했던 민족 분단 체제 성립의 돌아올지 못한 첫 발걸음을 확실하게 새겼다(박명림(1996), 240-243쪽). 이승만의 이런 언사는 6·25에 대한 김일성의 관계와 아주 유사하다. 즉, 6·25 이전에 이미 남북한 사이에는 38선을 경계로 '사실상' 내전 상태에 있었지만 남북한 관계를 완전한 전쟁 관계로서 부정적인 쪽으로 한 단계 비약시킨 '역사적으로 획기적인(historically epoch-making)' 계기는 김일성의 공식적인 전쟁 '선언'과 '결행'이었다. 바로 이 점에서 정치 공동체 구성원들의 의식과 활동 조건에 비가역적 행위 원칙을 각인시키는 '정치적 선언'의 유효적 성격이 확인된다.

개입으로 돌이킬 수 없이 심화되고, 박정희 체제에 와서 그 위세의 절정에 도달한 한국 현대 정치사의 중심 코드였다. 이 분단 확정을 통한 건국 완성 전쟁으로 인해 지속적으로 가장 큰 이익을 본 세력은 뜻밖에도 당시의 한반도 정세와 전혀 무관한 위치에 있었던 제2차 대전 패전국들, 즉 일본과 독일이었다. 이들은 한국전쟁을 통해 조성된 뜻밖의 전쟁 수요로 전후 복구와 경제 부흥의 물적 기반을 급속하게 확충할 수 있었다. 미국은 자기 역사에서 처음으로 승리를 거두지 못한 전쟁을 치르긴 했지만 국제적 냉전 구도에서 '공산 세력'을 영구적으로 한반도 중허리에 묶어두는 전략적 이점을 지킬 수 있었다. 남북한의 분단 주도 세력은 전쟁을 통해 권력 위치를 현저하게 보강함으로써 그들 국가가 입은 피해의 직접적 당사자가 되지는 않았다. 그러나 결과적으로 볼 때, 뒤에 기술하겠지만, 대한민국은 전쟁의 결과 조성된 여러 사회적 조건에서 장기적으로는 북한보다 훨씬 유리한 위치에 서게 되었다. 이에 반해 북한은 전후 초기 약 20년은 남한보다 우월한 복구력과 성장력을 발휘할 수 있었으나, 스스로가 일으킨 전쟁의 반사 효과로 인해 장기적으로는 지속 가능한 국가 동력, 즉 인민의 활력을 반영구적으로 전시 농성 체제에 결박시킴으로써 자신이 도발한 6·25의 최대 피해자가 되었다.

— 전쟁 시기와 점차 멀어지던 1960년대의 대한민국 국가는 박정희 치하에서 전쟁과 안보 이외에 정치를 거부할 또 하나의 국가 목표를 찾아냈다. 그것은 경제 최우선주의로서 안보에서 남은 모든 국가 활동은 경제 성장을 위해 동원되었고, 정치는 비능률과 비효율의 표상으로 완전히 제도적으로 압살되었다. 이런 발상으로 인해 안보 국가와 경제 국가로서 대한민국의 전형을 가장 잘 보여주는 '긴급조치'는 1974년 1월 8일 제1호와 2호를 필두로

시작되어 대통령 박정희가 격살된 후인 1979년 12월 8일에 이르기까지 만 5년 11개월 총 1669일에 걸쳐 꼬리를 물고 발포되었다. 약 6년에 걸친 이 시기는 해방 60년을 운위하는 현재의 시점에서 보면 한국에서 현대 정치가 시행된 총 기간의 10%에 해당되는 시간량을 차지한다. 그리고 이 기간 가운데 가장 길게 4년 7개월 지속된 긴급조치 9호야말로 긴급조치를 둔 유신 체제의 의도를 집대성한 가장 강력한 상시법이었다. 현재의 관점에서 보면 자유 민주주의의 기초 상식에도 미치지 못하는 위의 조항들은 긴급조치를 가동시키는 몸통으로서 이른바 '유신 체제'라는 것의 구조가 대체적으로 드러난다.

1) 우선 긴급조치를 전면에 가동시킨 유신 체제는 대한민국 국민의 일상적 행위 중에서도 '의사 소통 행위(communicative action)' 자체의 철저한 통제(control), 더 나아가 그것의 원천적 억압(repression)을 의도하는 일종의 '전체주의적 독재 체제'이기를 의도했다.

2) 의사 소통 행위의 통제는 그 행위가 이루어지는 모든 생활 영역에 대한 '위계적 감시 감독 체제'의 가동을 근간으로 한다. 이때 특히 주요 감시점은 언론사, 대학 및 기업체로서 사실상 의견과 여론이 형성되고 순환되는 사회의 공적 영역 그 자체의 폐쇄이고, 이 공적 영역이 전적으로 국가 권력 기구의 하부 조직으로 흡수되는 것을 목표로 한다. 즉, 유신 체제의 궁극적 목적은 '사회의 전면적 국유화'였다.

3) 따라서 국가 기구는 '국민을 위해' 존재하고 가동된다기보다는 '국민에 대해' 일차적으로는 그들의 통제를 위해, 그 다음에는 다른 어떤 목적에 따라 그들을 동원하기 위해 존재하는 조작 기구였다. 이 조작 기구의 최상층부에는 중앙정보부와 대통령 경호실을 핵심으로 두고, 보안사령부가 밀착 통제하는 군부, 검찰, 경찰, 국세청 등 이른바 정보력, 물리력, 금력을 장악한 대통령 직속

의 권력 기관이 위치하였다. 그리고 국민에 대한 직접 통제 현장의 최일선에는 '행정부' 산하의 모든 행정 기관이 포진하고, 그다음에는 '사법부' 산하의 각급 법원이 그 법적 뒤처리를 감당하였다. 긴급조치의 시행 과정에서 입법부인 국회는 사실상 권력가동선에서 배제되었으며, 당시의 유신 헌법 제53조 ⑥항의 국회의 긴급조치 해제 건의권 행사는 대통령 직속 의원인 유정회가이미 의석의 3분의 1을 확실하게 선점하고, 중선거구제로 인해여당이 다시 총 의석의 3분의 1을 예약할 수 있었던 당시 국회구조에서 사실상 불가능했다. 그러므로 유신 체제의 가장 큰 특징은 '최소민주주의 수준에서조차 정치의 완전한 종말 그리고 국가 기구의 전면적 행정 명령 체제화'였다.

— 유신 체제에서 모든 억압 기구를 인수하여 그 연장선 위에서 출발한 제5공화국 역시 국가보안법을 상시적으로 적용하는 안보 국가 체제로 운용되었다. 결국 정치를 가능하게 만든 그 조건, 즉 국가의 성립과 발전이 바로 정치를 불가능하게 만드는 조건으로 작용하는 이 모순적 상생 상태는 항상 정치적으로 해결되거나조정될 수 있는 기제를 갖지 못한 채, 그로 인해 형성된 억압 요인을 감당해야 하는 국민 저변층으로부터 직접적으로 정치적 도전을 야기했다. 다시 말해서 북한은 말할 것도 없고 대한민국 국가는 적어도 1997년의 15대 대통령 선거 때까지는 그것이 내장하는 '정치 영역'을 통해 국가 운영의 주도적 담당자와 그 작동 패러다임을 지속시키거나 변경시켜본 적이 없는 것이다.

그러나 정치에서 대단히 불운했던 대한민국의 역사가 전반적으로 부정적이었던 것은 결코 아니었다. 이른바 '압축 성장'으로표현되는 우리 대한민국의 '발전'을 '국가 차원에서' 그야말로 압축적으로 요약하자면, 20세기 동안 우리는 비록 민족은 반쪽이 되었지만, 제국주의 식민지 지배에서 벗어나 현대적인 독립적 국민국가를 '건국'했으며, 세계 10위권의 경제 규모를 달성한 '산업화'를 이룩했고, 아시아에서 가장 선진적인 '민주화'를 성취했으며, '정보화'를 선도하였고, 21세기 초엽 현재 '세계화'에 능동적으로 대처하려는 중이다. 그런데 대한민국 발전에 얽힌 담론을 시대 순으로 그 키워드만 배열해보면 두 가지 특성이 뚜렷하게 나타난다.

우선 첫째, 대한민국의 발전 동선(發展動線)은 그 발전 이전에 국가와 사회를 관통하는 위기축(危機軸)과 어김없이 얽혀 갔다. 그리고 더욱 중요한 것은, 하나의 발전은 어김없이 그 다음 위기의 조건이 된다는 것이다. 다시 말해서, 적어도 대한민국 현대사에서 발전과 위기는 결코 다른 것이 아니라 서로가 서로의 조건으로서 작용해왔다.

우리나라가 해방을 맞은 조건, 즉 외세 의존과 민족 해방 전선의 분열은 그대로 6·25의 원인이 되었다. 6·25는 아주 역설적으로 남북한 국가의 체제적 기초를 엄청나게 강화시켰다. 어쩌다가 아주 우연적으로 남북한 국가 안에 편입된 한민족 구성원들은 전쟁 이후에야 비로소 자신들이 어느 나라 국민인지를 확실하게 알게 되었다.

그러나 분단 상황에서 엄청난 군비 부담을 지고 굴러가는 이 신생 국가는 자체 역량으로 빈곤을 해결할 수 없었다. 이른바 대외 의존적 발전 노선은 자본과 자원의 빈곤이라는 우리나라 빈곤의 절대적 원인 요인을 당시까지 형성되어 있던 세계 시장과의 교류를 통해 해결하자는 발상에서 시도되었다.[31] 분명한 것은 마

---

31) 박정희 체제에서 추동했던 산업화 정책이 성공했던 요인에는 여러 가지가 있지만, 현재 같았으면 결코 누리지 못했을 결정적 외부 요인으로는 당시 한국

위기 동선	20세기 전반	해방기	1950□ 1960년대	1960□ 1980년대	1990□ 2000년대	21세기
	제국주의 강점	한국전쟁	빈곤 경제	전체주의	IMF 환란	세계화

발전 동선	해방	건국 완성	산업화	민주화	정보화	?
		1950□ 1960년대	1960□ 1980년대	1990□ 2000년대	21세기	

[표-1] 20~21세기 대한민국 발전-위기 동선 교착 상황

치 과거 식민지 시대의 종속 상황을 반복하는 것 같은 이런 산업화가 그 덕분에 나아질 것처럼 보였던 삶의 의미를 송두리째 부정하는 전체주의 독재의 기반이 되었다는 사실이다. 산업화를 가능하게 만든 권력은 그 자체가 곧 국민에 대하여 삶의 풍부한 실현을 저해하는 구조적 요인으로 작용하였다.[32]

의 보호주의 정책에 아주 관대했으면서도 자국 시장은 거의 무한정으로 개방해 준 미국의 교역 정책이 있었다. "한국은 냉전에 따른 미국의 안보 정책 및 동북아시아와의 재정적 연계와 관련된 유리한 국제 경제 상황 속에서 상당한 이득을 거두었다. 한국 수출품에 대한 미국 시장의 지속적인 개방과 박정희의 경제적 보호주의에 대해 미국이 보여준 관용은 박정희가 이용한 많은 이점 중의 하나였다(그러나 이러한 상황은 1980년대에 종결되었으며, 1997년의 경제 위기는 이러한 상황 변화를 가장 잘 보여주는 실례다)." 김형아, 『박정희의 양날의 선택』(서울 : 일조각, 2005. 10), 29-30쪽.

32) "유신 체제는 본질적으로 정부 기구를 전시와 유사한 상태로 바꾸고자 하는 박정희의 메커니즘이었다. 이는 한편으로는 대미 의존도를 최소한으로 줄이면서 다른 한편으로는 중앙 집권적 통치 체제를 최대화하려는 목적을 가지고 있었다. 이처럼 의심할 여지 없이 담대한 목적 뒤에는 박정희와 그의 고문들의 방위 산업과 관련된 중화학 공업화에 대한 야심찬 계획이 숨어 있었다"(김형아, 위의 책, 239쪽). "한국의 '대통령 지시'가 독특한 것은, 이 대통령 지시에 의해서 중화학 공업 3두 정치가 유신 헌법이 박정희에게 부여한 것만큼이나 독재적인 권한을 행사할 수 있었다는 점이다. 오원철에 의하면, 이러한 방식을 택하게 된 것은 그가 박정희에게 중화학 공업 정책을 유신 개혁 하에서 최우선 정책으로 선언하라고 권고했기 때문이었다. 이에 따라 중화학 공업화 3두 정치의 권한은 유신

4·19혁명 이래 거의 4반세기를 이어온 민주화 투쟁은 독재 권력 안에서 창출된 산업화를 통해 독재 권력이 전혀 의도하지 않았던 민주주의의 물질적, 인적 기반을 만나면서 비로소 대한민국의 현실이 되었다. 그러나 이 민주주의는 성숙한 민주주의가 아닌 가운데 반독재 세력뿐만 아니라 시장경제적으로 제대로 훈련받지 않은 거대 자본 및 순수 자본의 힘까지 방면하는 결과를 가져왔다. 1997년의 외환 위기는 독재 권력의 비호 아래 성장한 재벌과 순수 자본이 세계 시장의 구조를 제대로 습득하지 못하였기 때문에 초래되었다.

하지만 참으로 다행스럽게도 그 위기는 국민 경제 그 자체의 위기 또는 과거 독재 체제로의 복고로 귀결되지 않았다. 1997년의 외환 위기 국면에서 비로소 대한민국의 헌정 체제가 제대로 가동하기 시작하였다. 대한민국 시민은 '더 많은 민주주의(more democracy)'를 원하여 건국 50년 만에 처음으로 헌법이 정한 정치적 제도에 따라 정권을 교체하였다. 김대중 정권에서 역점적으로 추진한 정보화는 정보 경제와 아울러 정보 사회의 공적 영역과 한국 민주주의의 가장 역동적인 공론 집단을 생성시켰다.[33] 그러나 이 정보화로 인해 야기된 20세기말의 한국 경제의 구조 변화는 더 이상

체제의 흥망과 그 궤를 같이했다. 즉, 한편으로는 보기 드문 고도의 경제 성장을 기록한 '한국형 모델'의 공업화를 설계해냈지만, 다른 한편으로는 그 엄격한 방식 때문에 지지를 잃었다"(같은 책, 284쪽). "그의 궁극적인 목적은 자신의 체제를 유지하는 것이었다. … 요약하자면 박정희 시대의 급속한 한국형 공업화 모델은 상공부 테크노크라트들이 주도한 개발 엘리트에 의해 계획되고 시행된 정책의 결과물이었다. 이 과정에서 박정희가 정치적 이익을 얻지 않았다는 것은 아니다. 그가 종신은 아닐지라도 장기적으로 대통령직을 유지하기 위해 계획을 세웠던 것은 확실해보인다. 그러나 박정희는 그보다 더 큰 야망을 가지고 있었다. 그는 자신의 궁극적인 목표, 즉 공업화된 근대 한국을 이루고자 했다. 그리고 박정희는 자신의 개인적 야망과 국가의 이익이 합해진 이 목표가 오직 유신 체제 혹은 '한국식'으로만 성취될 수 있다고 믿었다"(같은 책, 339-340쪽).
33) 홍윤기(2005).

'일국적(一國的) 시각에서의 경제 운영'을 허용하지 않는 것으로 판명났다. 그럼에도 불구하고 한국 경제와 사회의 작동 방식은 21세기 초두인 현재 아직 압도적으로 '대한민국 한 나라'에서의 자기 완결성을 전제하는 발상에서 벗어나지 못하고 있다. 당연히 세계화는 한국에 대해 아직은 발전적 성과가 아니라 오히려 한국에 비자발적 적응을 강요하는 위기 조건으로 다가온다.

4. 위기론적 발전관("발전은 고차적 위기의 생성 과정이다") : 발전 국가로서의 대한민국의 발전 추진체 및 발전 주체의 불연속적 교체와 발전성과의 연속적 누적

발전이 위기를 낳고 위기가 발전의 계기가 되는 그런 사태가 주기적으로 진행되는 한국 현대사의 특징을 인정한다면, 우리는, 적어도 한국 차원에서는 이 절 앞에서 언급했던 발전에 대한 목적론적 또는 구원론적 고정 관념만은 고쳐야 한다. 즉, 발전은 그 어떤 안정된 균형 상태를 종점으로 한 일직선적 성장을 통해 그것이 이루어지는 사회 전체의 생활 수준이나 삶의 질을 전반적으로 향상시키는 긍정적이기만 한 과정이 아니다. 한 국가나 사회에서 선택하는 발전은 특정적일 수밖에 없으며 그 때문에 목표의 선택은 전략적으로 이루어질 수밖에 없다. 따라서 '발전'이라는 것을 국가나 사회 운영의 기본 방식으로 선택할 경우 선택적으로 정립된 목표가 집중적으로 추구될 수밖에 없으며, 그 결과 발전이 이루어지는 그런 국가나 사회에서는 필연적으로 과잉 발전의 분야와 저발전 영역이 불균등하게 산재된다. 그러므로 '발전 국가(developmental state)' 또는 '발전 사회(developmental society)'는 안정과 균형의 상태가 아니라 과잉 발전과 저발전 그리고 집중 발전 등의 상태들이 불안정과 불균형 속에서 모순적으로 공존하는 위기 상태를 항상적인 질서 상태로 감내하기로 결단한 국가나 사회 형태인 것이다. 즉, 발전은 항상 위기의 발전(development of crisis)이며, 위기적 발전(critical development)이다.

그런데 발전이 그 어떤 목표 상태에의 안착이라기보다 위기의 연속적 발생이라고 한다면 그렇게 위기들이 연속적으로 도래하는 국가나 사회 그 자체가 과연 온전하게 존속할 수 있을까? 바로 이 지점에서 발전을 선택한 국가나 사회의 발전 추진자들의 정치적 성격, 그리고 그 발전 목표에 대한 전략적 선택의 질이 문제된다. 그것은 발전이 그 목표 선택에서 언제나 선택적이니 만큼, 그 선택에서 배제된 목표나 세력에서 제기되는 저항 요인을 제압하거나 흡수할 수 있는 방안의 선택과도 직결된다. 그 상황은 다음과 같다.

(1) 대한민국이 독립 국가가 되었을 때 당시 대통령 이승만이나 친일파가 주종을 이룬 그의 추종 세력은 그 독립한 대한민국이 해야 할 일에 관해 명확한 비전을 갖지 못했다. 건국 투쟁에서 그들은 북한과 그 동맹 세력인 소련의 정치적, 군사적 공세에 맞서 자기들을 지켜줄 가장 든든한 세력을 대한민국 국민이 아니라 미국에서 찾았다. 그런데 이런 종속적 상황 안에서도 이승만 세력의 지배 아래서는 장차 대한민국 국가와 사회가 발전을 추진하는 데 유리한 조건으로 작용할 세 가지 중요한 일이 이루어졌다. 그 하나는 1949년의 농지 개혁이었고, 다른 하나는 1950년의 6·25전쟁이었으며, 또 다른 하나는 민간에 의한 교육 투자 장려였다.

1945년에 광복이 되었을 때 약 300만 호에 달하던 조선의 농가 중에 소작농은 46%, 자·소작 겸농은 34%, 그리고 자작농은 20%에 지나지 않았다.[34] 북한은 이미 1947년에 무상 몰수 무상 분배

---

34) 박기혁 편,『한국농지제도연구보고서』(한국토지경제연구소, 1966), 29쪽. 박진환, 「박정희 대통령의 근대화와 경제적 지도 원리」, 善州文化硏究所,『朴正熙 大統領과

의 토지 개혁을 실시하고, 그것에 바탕하여 남한 민중에 대한 정치 공세를 강화하였으며, 그 효과는 상당하다고 평가되었다. 이런 상황에서 이승만 정부는 농지 개혁을 서둘러 경자유전(耕者有田)과 유상 몰수 유상 분배(有償沒收有償分配)의 원칙 아래 1949년에 경작지에 대한 분배를 강행하고 지주들에게는 5년 동안 몰수당한 땅값을 상환해주는 지가증권을 발행하였다. 그러나 지가증권을 나눠준 첫 해인 1950년 전쟁이 발발하였고, 남한 경제는 초토화되었으며, 전쟁중에 발생한 악성 인플레로 지주들의 지가증권은 그 가치가 폭락하였다. 이에 따라 농촌을 배경으로 근대화에 가장 끈질기게 저항할 수도 있었을 지주 계급들이 사회 경제적으로 일거에 몰락하였다. 다시 말해서 이승만의 농지 개혁은 정치적으로는 농민을 앞세운 좌파 세력의 직접적 "인민 혁명"은 막았으면서도[35] 사회적으로는 인민 혁명에 준하는 효과를 거둠으로써 사실상 수동 혁명의 양상을 띠었다. (바로 이 때문에 한국은 향후 아무리 어려운 난국이 닥쳐도 최소한 라틴아메리카화되는 사태만은 피할 수 있게 되었다.) 농지 개혁으로 자작농이 된 대부분의 농민들은 농촌 사회에서 상대적으로 평등해지면서 전보다는 약간 개선된 생활을 누릴 수 있었고, 그 결과 이승만은 농촌에서의 지지를 담보로 상당 기간 가부장적 독재를 실시할 수 있었다. "농지 개혁과 전쟁을 거치면서 보수화, 탈정치화되기 시작한 농민들은 1950년대 내내 이승만의 수동적 지지 기반을 형성하였다. 이승만 정부가 전시 중에는 물론이고 전후에도 계속 농업 희생적인 경제 정책을 폈고, 이 때문에 이들의 경제적 형편이 다시 악화됐다. 그럼에도 불구하고 이들은 이승만에 대한 수동적

韓國의 近代化』(구미 : 금오공과대 선주문화연구소, 1999. 10), 74쪽에서 재인용.
35) 김성, 「1949년 농지개혁법 제정 : 인민 혁명을 막은 이승만의 승부수」, 『한국인의 성적표』(조선일보사, 1996)(박진환, 위의 글, 같은 쪽에서 재인용).

지지를 철회하지 않았다."[36] 대한민국 현대 정치사에서 오랫동안 전형적인 유권자 투표 성향으로 꼽혔던 여촌야도(與村野都) 양상은 1970년대까지만 해도 인구의 다수를 점했던 농민층과 농촌에 대한 수구 정권들의 온정주의적 정책에서 기인한다. 북한은 사회주의 혁명의 기치 아래 통일 전쟁을 감행했지만, 당시로서는 거의 준(準)사회주의적 성격의 것이라고 인지되었던 사회 경제적 이득, 즉 농민 지위의 향상, 전근대적 지주 계급의 일소의 계급 구조 재조정의 사회적 이득을 본 것은 역설적으로 남한 사회였다. 그리고 비록 이승만은 가부장적 독재 체제에 안주했고, 원조 경제에 의존하는 한심한 경제 운영을 하였지만, 초등학교에서 고등학교에 이르는 보통 교육을 실시하고, 사립 대학의 설립을 장려하여 국민적 차원에서 교육 수준을 급속히 높였다. 바로 이렇게 기초 교육 부분에서는 국가가 선도하고 고등 교육 부분에서는 민간 부분이 배경이 되어 어느 면에서는 이승만 시대의 '교육 혁명'이라고도 할 수 있는 교육 수준의 급속한 향상을 통해 — 이승만의 정치적 의도와는 전혀 반하게 — 4 · 19 시민 혁명을 가능하게 만든 의식 기반과 그 후의 경제 성장이 가능했던 인적 자원이 마련되었다. 전후 시대를 이끌어간 이승만의 가부장적 독재 체제는 건국과 국가 유지를 제외하고 괄목할 만한 적극적 업적이 별로 눈에 띄지 않는 것으로 알려져 있지만, 사후적으로 점검해보았을 때 그 당시 '우골탑'이라고 냉소되면서도 전국민을 끌어들였던 고등 교육 열풍을 선도로 하여 국민 교육 체제의 근간이 되는 교육 투자가 집중적으로 그리고 자발적으로 이루어진 것은 역사적으로 주목받아야 마땅하다. 1950년대 교육의 양적 성장을 보여주는 다음 통계표는 필자가 1950년대를 '대한민국 교육 혁명기'로 명명

---

36) 김일영, 「농지 개혁을 둘러싼 신화의 해체」, 김유남 엮음, 『한국 정치 연구의 쟁점과 과제』(서울 : 한울, 2003), 105쪽.

할 중요한 근거를 제시할 것으로 믿는다.

연 도 구 분	1945	1955	1964
국민학교	1,382	2,959	4,744
중□고등학교	85	748	1,066
대학교	8	87	143
총 학생수(a)(단위 : 천명)	1,475	3,794	5,953
총 인구(b)(단위 : 천명)	16,000	21,500	28,000
학생 비율(a/b)(단위 : %)	9	18	21

[표-2] 1950년대의 교육 인프라 성장 상황[37]

(2) 비록 헌법에서 명목적으로 도입한 의회 민주주의는 서구적이었다고 할 수 있어도, 폭압적인 정권에 대한 항거는 보편적이었으며, 이 명목적인 의회 정치권을 기반으로 대한민국 국가 안에서는 국가와 독립적인 의사 소통 구조를 운영할 수 있는 최소한의 시민사회적 현장이 유지되었다.

(3) 대한민국을 발전 국가로 운영하고자 하는 의식적인 기획은 4·19 시민 혁명 이후 제2공화국에서 마련되었지만, 발전 국가로의 도약은 5·16 이후 박정희에 의해 권력 유지와 강화를 위한 수단이자 정당성 근거로서 본격적으로 감행되었다. 그는 아주 의식적으로 군부를 정점으로 하여 관료, 재벌 그리고 친일에 뿌리를 둔 정치인들을 전면에 배치한 발전 추진체를 편성하고, 국가 기구를 집중적으로 발전 기구로 재조직하였다. 그러나 그의 가장 중요한 결정은 '반공', 즉 북한과의 대결을 대전제로 하여 '안보'와

---

37) 이한빈, *KOREA : Time, Change, and Administration* (Honolulu : East-West Center Press, 1968), 49, 348쪽에서 재인용.

'경제'를 대북 투쟁과 국가 발전의 전략적 목표로 선택한 것이었다. "일하며 싸우고 싸우면서 건설하자!"는 것은 박정희 시대를 특징짓는 대표적 국가 슬로건 중의 하나였다.

경부고속도로 기공식에 참석한 박 전 대통령(1968. 5. 11)(『정부기록사진집』 7권)[38]

　박정희는 당시로서는 가장 효율적으로 근대화된 조직이었던 군을 모델로 총사령관 1인의 지휘에 전체 병력이 일사분란하게 전략적 목표를 달성해가는 행정 명령식 합리성에 입각하여 경제 성장과 안보제일주의를 밀어붙였다. 그러면서 그는 통치의 효율, 좀더 정확하게 말하자면 자기 권력의 유지와 강화의 효율을 극대화하기 위해 국민의 생활 세계와 정신 세계까지 자신의 독재적 통제 아래 포섭시키려고 시도하였다. 국민교육헌장, 유신헌법, 긴

38) 김영배 기자, 「"박정희, 그래도 경제는 잘했다?" … 오해와 진실」, 『한겨레21』 (http://www.hani.co.kr/section-004000000/2005/02/0040000002005020113190 01.html)에서 재취록.

급조치에 이르는 일련의 연속적 강제 명령 행위는 사회와 공론 영역의 완전한 국가 예속을 기하고, 명령 실행의 강제성과 효율성을 극대화하는 일종의 전체주의적 행태였다. 이 과정에서 박정희는 그가 전혀 의도하지 않았던 두 가지 사태가 자신의 통치권 안에서 진행되고 있다는 것을 거의 주목하지 않았다.

— 우선 박정희 시대 약 18년에 걸쳐 경이적인 경제 성장에도 불구하고 대외 무역에서는 단 한 번도 흑자를 기록한 해는 없었지만, 규모 면에서는 급속히 팽창한 산업화 과정에서 박정희가 편중해서 키운 재벌을 정점으로 현대적 의미에서 '사회의 계급적 분화'가 급속하게 진행되었고, 이 구조는 향후 한국 사회에 어떤 정책이 실시되더라도 사회적 통합과 합의를 기하는 데 심대한 장애 요인이 되었다. 이른바 정경 유착의 원조로서 박정희 권력과 재벌의 결속은 한국의 기업 구조까지도 위계적으로 편성하여 결국 그 어떤 과오가 있더라도 한국 경제 전체가 재벌에 의존하지 않을 수 없게 만드는 양극화 구조가 고착화되기 시작하였다.

— 박정희는 경제에서 대외 의존도를 엄청나게 높였으면서도 사회적으로 통용되는 국민 정신 또는 국가 의식은 거의 자폐적인 차원에 머물게 만들었다. 그는 '선진 조국'이라는 목표에 대해 이중적인 기준을 적용하였다. 외국을 상대로 돈은 개방적으로 벌되, 같은 국민에 대한 처우는 대단히 폐쇄적이고 억압적이었다. 그러나 외국, 그것도 선진국과의 교역이 폭증하는 가운데 이런 이중적인 기준을 지속적으로 유지하기란 거의 불가능하였다.

(4) 박정희 체제의 징후적 특징은 사실 이중성에 있었지만, 이런 이중성의 극치는 제5공화국의 체제 운영 방식이었다. 박정희

가 철저하게 통제적으로 운영하였던 시장은 제5공화국의 자유주의적 개혁파 경제 관료들에 의해 경쟁 기제를 조장하는 쪽으로 새삼 강화되었다. 그러나 한편으로는 올림픽 유치 같은 대외적 개방의 극치가 선보이면서도, 다른 한편으로는 학원과 노동 현장 그리고 잠재적 시민사회 영역에 대해서는 극도의 탄압이 가해졌다. 수많은 의문사와 종래에는 박종철 고문 사건 같은 데서 알 수 있듯이 '살인 정권'이라는 별칭은 결코 비유어가 아니었다. 하지만 한국 경제는 바로 이 제5공화국 정권 아래서 사상 처음으로 대외 무역에서 엄청난 흑자를 기록하였고, 당시로서는 최대의 호황을 누렸으며, 박정희 식 경제 운영의 아킬레스건이었던 대외 채무를 안정된 수준에서 통제하는 데 성공하였다. 그러나 경제에서의 이런 성공이 더 이상 정권의 안전판이 될 수는 없었다. 정권의 포악성과 이중성이 박종철 고문 사건과 친인척 비리 사건들로 적나라하게 노출되면서 당시 한국 국가 발전 요망 항목에서 항상 부수적으로 취급되었던 영역, 즉 '정치에서의 발전' 문제가 전면에 부각되기에 이르렀고, 민주주의의 회복은 그 대안으로 제기되었다.

이승만 → 박정희 → 전두환, 그리고 약간은 노태우로 이어지는 한국 현대사의 독재자 계보는 당사자들의 의식적인 지명으로 이어진 것이 아니었다. 누구도 자신의 후계자를 몰랐다. 전두환은 비록 노태우를 지명할 수 있었지만, 적어도 정치적으로는 노태우 후임 대통령이 자신의 계승자라고 하기에는 어려운 사태를 맞아야 했다. 따라서 한국 현대사에서 큰 획을 긋는 이 세 독재자들은 모두 자기 자신을 위해 전임자와의 경쟁을 의식하면서 자신의 통치적 개성을 살리기 위해 획기적으로 다른 정책들을 실시하고자 하였다. 중요한 것은 이 세 사람의 시도가 전부 자기 정권의 유지를 보장하는 쪽으로 결판나지는 않았다는 것이다. 그러나 이들 독재자의 존재와 강성함은 한국 사회 구성에는 큰 영향을 미쳤다.

─ 우선 첫째, 이들 독재자들의 개인적 운명은 아주 불운하였지만 이들의 독재를 통해 사회적, 정치적 지배층으로 올라선 군부, 재벌, 관료, 언론인 그리고 영남 지역주의 세력은 적어도 21세기 초두인 현재에 이르기까지는 이 사회의 기득권층으로서 여전히 막강한 사회 권력을 행사한다. 이들은 거스를 수 없는 민주화의 대세에 타협하면서 그대로 조성된 비폭력 상황에서 민주화의 또 다른 수혜자로 전신하였다.

　─ 둘째, 이들은 과거 독재자를 앞세워 성공했던 그런 발전의 구조와 방식이 오늘날에도 여전히 통용된다고 믿고 있으며, 바로 그런 의미에서 미래를 향한 대담한 개혁적 기획을 항상 불가능하게 만드는 수구 세력의 핵심이 되어 왔다.

　─ 그리고 셋째, 이들은 자신들의 굳건한 존립을 통해 기존의 민주화 세력, 개혁 세력 그리고 그들의 존재가 아니었더라면 민주주의와 자유의 교육을 좀더 폭넓게 체험했을 한국 사회 후속 세대에 대해 여전히 위력적인 존재로서 그들의 인생 행로를 자신들의 세력이나 가치에 맞추도록 타협을 유도한다. 다시 말해서 이들의 존재에 대한 별도의 의식은 여전히 민주주의적 상상력의 자유로운 만개를 방해하고 좀더 자유로운 상태를 지향하는 의식을 자폐적으로 자기 신상에 묶어둔다.

5. 신사회 동력 : 2002년 대선 결과의 재음미

　한국 정치에서 분명한 것은 이제 어떤 경우에도 '정치 영역'을 더욱 풍부하게 발전시키지 않고는 각개약진 식으로 진행되어온 각종 발전의 누적분을 서로의 발전 조건으로 재조정하고 배열하는 일이 불가능하다는 것이다. 지금까지 국가 차원에서 기획한 발전의 모양들은 모두 단선적이었다는 데 그 특징이 있다. 그것이 군부 정권이든 아니면 민주화 정권에서든 발전의 기획은 단일화될 수 있는 목표의 달성에 초점이 맞춰졌다.

국가 기구 차원에서 과거와 같은 단일되고 집중된 목표 설정이 어려워진 민주화 시대에 와서도 다른 분야나 생활 영역과의 의사 소통 없이 고립적으로 발전을 기획하거나 아니면 발전의 구상 자체를 아직 엄두도 내지 못하는 분야도 여전히 남아 있다. 그러나 단선적 형태의 발전 기획 또는 그런 형태의 산발적인 진행은 사회를 계속 균열시키는 새로운 모순들의 급속한 생성과 그로 인한 갈등의 다변화를 따라잡지 못한다. 발전과 발전 사이의 의사 소통적 연계는 우리의 생활 영역이 고립되어 있을 때는 거의 불필요했고 무의미하기도 했다. 그러나 우리는 2002년의 두 사건, 즉 한일 월드컵에서의 국민적 응원 축제와 제16대 대통령 선거를 통해, 정확하게 설정된 목표만 제시되면 이 사회에 거의 자발적으로 발전을 추진하는 동력이 창출된다는 것을 목격한 바가 있다.

'2002년 체제'란 아직 2002년 대선을 통해 확인된 우리 사회의 새로운 가능성들과 조건들을 바탕으로 예감되고 기대되는 그 무엇에 대한 개념적 선취일 뿐이다. 거기에 상응할 실질적 구성 요인들은 미처 반성되지 못한 상태에서 가공되지 않은 채로 2005년 현재 여전히 우리의 피부를 떠나지 않은 생경험(生經驗)으로 우리 주변에 산재해 있다. 2002년 12월 19일 대한민국 제16대 대통령 선거에서 노무현 후보의 당선은 단지 새 대통령의 등장, 새 정책들의 실시, 아니면 국정 기조의 변화 이상의 의미를 가졌다.

대한민국 정치권에서 예외적 인물로 취급받던 노무현을 거의 50%에 가까운 지지율로 대통령으로 만든 2002년 12월의 선거 혁명의 역동성의 근원과 구조는 대한민국 건국을 전후하여 이 나라의 정치와 사회를 움직여왔던 힘과 질적인 면에서 근본적으로 달랐다. 주기적으로 이루어지는 정권 교체나 집권자 교대 또는 보수권에서 다시 들고 나오는 세대 갈등 등의 단편적 관점에서만 보면 12월 선거 혁명에서 노무현 승리의 다양한 요인들과 그 복잡한 작용을 제대로 파악할 수 없다. 그리고 비록 선거에서 지긴 했지만 15대 선거 때보다 약 15% 이상(약 150만 표) 더 득표한 극우 수구 세력이 그 엄청난 지지표에도 불구하고 정치적 주도권에 대한 상실감을 5년 전보다 더 심하게 체감하는 정황도 제대로 설명할 수 없다.

선거(선거일) \ 득표 순위	1위	2위	3위
13대 (1987. 12. 16.)	노태우 36.6% (828만2738표)	김영삼 28.0% (633만7581표)	김대중27.1% (611만3375표)
14대 (1992. 12. 18.)	김영삼 42.0% (997만2332표)	김대중 33.8% (804만284표)	정주영 16.3% (368만67표)
15대 (1997. 12. 18.)	김대중 40.3% (1032만6275표)	이회창 38.7% (993만5718표)	이인제 19.2% (492만5691표)
16대 (2002. 12. 19.)	노무현 48.9% (12,01만 4,277표)	이회창 46.6% (11,44만 3,297표) [2.3% : 57만 980표]	권영길 3.9% (95만 7천여표)

[표-3] 민주화 이후 13~16대 대통령 선거 후보자 득표율과 득표수[39]

분명한 것은 5년마다 다가오는 선거 주기에서 단지 한 번 더 패배했다는 정도가 아니라, 이제 어떤 정치적 성향을 가졌든 극우 수구 세력의 영향권 안에서 국가 기구와 시민 사회에 정치적 패권을 행사하기란 불가능할 것이라는 예감이 투표 종료와 동시에 승자와 패자 진영 모두를 '전율'시켰다(shivering)는 점이다.

---

39) 중앙선거관리위원회 홈페이지 중 역대 선거 정보 시스템(http://www.nec. go.kr.necis/index.html) 참조.

도대체 이 '전율'의 실체는 무엇인가?

16대 대선은 그것이 실행된 12월 19일 현재 한국 사회를 구성하는 여러 관심 요인들이 일시적으로나마 특정 후보 개인에게 집중됨으로써 양극화 구도를 갖춘 유권자 투쟁의 형태로 치러졌다는 특징을 지닌다. 관심 형태의 측면에서 들여다보면 두 개의 큰 지반이 서로 맞물려 들어가면서 그 형체를 드러냈다. 하나는 안정 코드에 의해 경직될 정도로 정체된 것이고, 다른 하나는 희망 코드에 의해 급속히 그 형체를 갖추어나가면서 누구도 그 실체를 제대로 의식하지 못한 상태에서 하나의 지반을 이룰 정도로 그 성장 속도가 빨랐다. 지역 구도를 논의할 여지가 강력하게 남아 있긴 했지만 16대 대선은 '수구'와 '개혁'을 거의 단일적으로 대표하는 두 후보를 매체로 하여, 마치 암실에서 사진 필름을 현상하듯이, 2002년 12월 19일 현재 한국 사회 구성원들이 가지고 있는 관심 요인, 그리고 그런 관심 요인들을 관철시켜나갈 국가적 틀에 대한 요구를 정밀하게 판독할 수 있는 각종 관심의 정치 사회적 지형도(politico-social topography of interests)를 그려냈다고 보인다. 그 지형도의 정밀한 모습은 무엇일까?

— 2002년 대선에서 노무현의 승리는 과연 '2030 세대'라고 불리는 젊은 층의 세대 혁명이기만 한 것은 아니었다.

— 노무현 지지층에는 정치인 노무현에 대한 포퓰리즘적 맹종 세력도 물론 포함되어 있었지만, 가장 중요한 것은 '노무현'이 상징하는 바가 여러 가지 원천을 가진 개혁에 대한 희망의 총체적 결집으로서 상당히 복합적인 내용을 가졌다는 것이다.

— 역대 대통령 및 국회의원 선거에서 투표 결정의 가장 중요

한 요인으로 꼽혔던 지역 감정은 노무현 후보의 출현으로 종래의 전통적 성향에서 상당히 이탈하는 징후를 강하게 보이기 시작했다. 우선 호남 유권자들은 자기 지역 출신이 아닌 노무현을 후보 시절부터 강력하게 밀었다. 영남의 지역 감정은 그 판세에서는 과거와 별 차이를 보이지 않았지만 과거에 비해서는 상당한 변동을 보여주었다. 그리고 대통령 후보를 내지 못한 충청권은 철저하게 지역 감정이 아니라 지역 이익의 관점에서 투표하였다. 무엇보다 6·13 지방 선거에서 한나라당 단체장들을 몰표로 당선시킨 수도권이 한나라당을 대거 외면했다.

— 경기 북부와 강원도의 이른바 '접경 지역'에서는 북풍이 먹히지 않았으며, 참으로 뜻밖에도 상대적으로 진보적인 이미지를 가진 노무현 후보에게 기대 이상의 표를 던졌다. 무엇보다 전쟁에 대한 위험 감수 요인이 수구적 이미지의 후보보다 덜 했다는 분석이 설득력을 얻었다.

대한민국이라는 지표면 밑에서 유권자 투쟁이라는 형태로 그 두 지반이 충돌하기 직전 대한민국이라는 선박은 '간발의 차이로' 과거 회귀라는 빙하를 아슬아슬하게 비껴나갔다. 그런데 '간발의 차이'이긴 하지만 벗어난 것은 분명하다. 우리는 무엇을 벗어났는가?

— 16대 대선으로 1987년 6월 항쟁에서 제기했던 민주화의 요구를 비로소 완성할 수 있는 계기를 잡았다는 기대가 엄청나게 높아졌다. 즉, 그동안 '민주화 이후의 민주주의'라든가 '민주주의의 공고화 및 내실화' 또는 '제2민주화 단계' 등의 전망으로 표출되어온 '더 많은 민주주의(more democracy)'에 대한 요구가 충족될 수 있는 계기가 마련되었다고 보았던 것이다.

— 동시에 한국 시민사회는 1961년 5월의 쿠데타로 본격적으로 착수되었던 경제적 근대화를 정치 사회적 차원에서 완벽하게 보완함으로써 '현대화'의 진면모를 전반적으로 구비할 계기가 마련되었다고 보았다. 좀더 소급하자면, 1948년 대한민국 건국에서 형식적으로 도입되었던 민주주의 주권 국가 체제를 이제야 비로소 시민적 행태 안에서 내면화시켰다고 볼 형세가 조성되었다.

— 나아가 한국은 1950년 6·25전쟁으로 고착되었던 분단 체제를 평화 의지로 극복할 사회적 지반을 이제야 비로소 확고하게 정착시켰다고 안도할 수 있는 근거가 마련되었다. 아주 원천적으로, 제2차 세계대전 이후 본격적으로 전개될 운명에 있었지만 국내에서는 아직 체감되지 않았던 냉전 구도를 국내에서 선구적으로 받아들여 해방 이후 좌우파 모두에게 당연시되었던 민족 독립 국가에의 염원을 선도적으로, 그리고 충격적으로 포기하면서 한반도를 남북한 분리 건국으로 이끈 직접적 내부 도화선이 된 1946년 6월의 이승만 '정읍 선언'에서 제기되어 향후 분단 체제를 주도했던 '46년 기획'의 전면 폐기를 기할 수 있는 전기(轉機)가 마련되었다고 볼 수 있는 일이었다.

IMF 사태라는 비상 사태 속에서 비로소 우리 국민은 구체제의 효능을 전면적으로 상대화시킬 수 있었다. 그러나 IMF 사태가 워낙 긴급했고, 종말을 향해 달려가는 3김 정치의 끝자락에서 정권 장악의 기한이 얼마 남지 않았다는 초조감이 이른바 '국민의 정부'로 하여금 '46년 기획'에 입각한 대한민국 구체제에 대한 좀더 근본적인 비판적 접근을 불가능하게 하였다. 무엇보다 IMF 사태 당시 한국 사회에는 대한민국 구체제의 작동 구조를 그 주요한 부분에서 대체하거나 혁신하고 들어갈 인적 자원과 대안적 상상력이 비축되어 있지 않았다. 그리고 이 점은 2002년 대선이 끝날 때까지도 확인되거나 확신된 것이 아니었다. 2002년 3월의 민주당 국민경선, 6월의 붉은 악마 열풍, 조중동 언론 권력에 대한 대안적 공론장으로서 인터넷 신문 및 온라인 커뮤니티의 전면 가동, 그리고 11월 29일 소규모로 시작하였지만 여중생을 압살시킨 미군의 만행에 대항하여 놀라울 정도의 자발성을 보인 12월의 광화문 촛불 시위 등으로, 서로 연관성이 없는 듯하면서도 연속적으로 진행된 사태 속에서 사회 분위기가 전과는 전혀 다르게 전개된다는 것이 감지되면서도 우리는 이런 움직임을 추동하는 역동성의 실체를 정확하게 파악하거나 확신하지 못했다. 이제 주권자의 최고 의사 표시인 대통령 선거에서 이런 움직임은 이 사회에 현존하는 모든 사회 권력들의 모태 권력(母胎權力. mother power)이 되는 국가 권력의 성격을 변화시킬 수준에 도달하였다. 2002년 대선의 선거 혁명을 가능하게 했던 일련의 사회적 움직임들은 '노풍'에 실린 일종의 일회성 경과 현상이 아니라 그야말로 '대한민국 구체제'를 전면적으로 대체하면서 향후 21세기 대한민국의 국가 운동과 사회적 삶의 질적 발전을 지속 가능하게 주도해나갈 '신사회 동력(the new social dynamics)'의 충원을 예감할 수 있게 만드는 뚜렷한 징후였다. 문제는 그것이 과연 어느 정도까지 대한민국 구체제를 거부할 만한 실체적 기반과 대응력을 담보하고 있는가 하는 점이다.

비록 대선에서 그 위력을 발휘하긴 했지만 새로운 사회 동력으로 기대되는 우리 사회의 일련의 움직임들은 '개별 참여자들'의 자율적 의사에 입각하여 자생적이고도 자발적으로 결집된 만큼이나 '사회적 운동에서는' 잡종적이고 산발적으로 이합집산할 수 있다는 특징을 지닌다. 이 움직임이 시대적 패러다임의 대전환으로 고착되려면 2002년 현재 우리 시대가 안고 있는 다양하고도 상충하는 삶의 각종 문제들과 욕구들을 해결하는 데 실질적인 효력(effect)을 발휘해야 한다. 우리 사회 구성원들이 직면하고 있는 어떤 문제들과 욕구에서 이 새로운 사회 동력이 효력을 발휘해야 것인가? 이런 물음을 좀더 구체적으로 특정화시키면 다음과 같이 분절적 물음들이 가능하다.

— 지역 분할에 입각하여 대중 동원적이고 권력자 중심의 권력 기회주의적 정치에서 공공의 쟁점을 통하여 국민적으로 조성된 공론장을 바탕으로 시민 참여적 의사 소통의 조성과 경영을 중심으로 돌아가는 권력 순환의 정치로 이행할 수 있을 것인가?

— 국민 통합을 중앙 집권적 통일이 아니라 지역적 자치성과 자율성의 극대화를 통해 '분권적 연대'를 기하는 것으로 이해하는 국가 경영의 비전은 무엇인가?

— 투명한 경쟁을 통해 생산성과 소득을 선도적으로 향상시키면서도 이런 경제 구조가 자기 생존과 자기 개발의 기회가 보장되는 '삶의 네트워크'를 부양하는 터전으로 작용하게 할 수 있을 것인가? 다시 말해 경제의 발전이 사회적 정당성과 생태적 안정성으로 이어질 수 있을 것인가? 주5일제 근무에 대한 요구를 분쇄하기 위해 전경련이 선동적으로 내세우는 "삶의 질에 매달리다 삶의 터전 잃게 된다"는 식의 구호에 내장된 독점주의적 경제관을 어떻게 분쇄할 것인가? 물가 안정, 실업 대책, 빈부 격차 해소, 재벌 개혁 등의 요구에 결집된 시민적 경제관의 핵심을 관통하는 경제 체제의 구상은 불가능한가?

— 여성, 장애인, 노인, 외국인 이주 노동자, 유아와 미성년자, 탈

북자, 재외 동포 등 지금까지 대한민국 구체제에서 거의 전면적으로 배제해왔던 사회적 타자들을 포괄적으로 통합시키는 '내포적 연대망'을 조성한다는 것은 여전히 이상에 머무를 수밖에 없는가?

— 자유를 단지 경제적 부의 창출에만 낭비할 것이 아니라 문화적 자기 표현을 통해 삶의 의미를 개발하는 쪽으로 분출시킴으로써 문화적 활동도 중요한 국가 자원으로 인정되는 그런 삶의 질서는 여전히 훗날로 미루어져야 할 꿈인가?

— '2002년 체제'가 구성되려면 바로 이런 문제들에 대해 새로운 사회적 동력으로 등장한 사회적 움직임과 사회 세력들의 인식과 투신(engagement)을 활성화시킬 계기의 조직과 배치의 기획이 필요한 것이 아닐까? 동원이 아니라 참여와 투신이 이루어져야 하는 '시민적 열정'은 어떻게 조성되어야 하는가?

이승만의 정읍 기획을 가능하게 했던 조건들은 여전히 우리 사회에 뿌리깊게 남아 있으며, 그것도 단지 남아 있는 수준 정도가 아니라 아직도 우리 사회의 각 분야에서 주도권을 행사한다. 이른바 '냉전 세력'을 중심으로 하여 동심원적인 편제를 보이는 이 세력들은 당연히 2002년 체제라는 발전적 단절 현상이 등장하는 것을 힘없이 좌시하지는 않을 것이며, 민주화 기간 내내 각종 방식으로 개혁과 변화에 저항해왔다.

— 어차피 의회 정치적 과정을 회피할 수 없는 현실 정치의 측면에서 '노무현 세력'은 한국 정치사에서 그 유례를 찾아보기 힘들 정도로 의회 운영이 미숙한 정권이다. 16대 대통령 선거와 탄핵 당시 '노무현'에 대한 지지층이 단순히 수동적 동원에 응할 피

동적 대중은 아니라고 했을 때 '세력 정치'의 능력을 여당이 제대로 보이지 못하는 제약된 상황에서 국민적으로 요구되는 개혁 과제를 정치적으로 추동시킬 원동력은 어디에서 창출될 것인가?

— 수구 회귀 세력 또는 냉전 세력을 혁명적으로 청산할 수 있는 길은 없어보인다. 그렇다면 이들과 포용, 상생을 통해 공존하면서 변화를 유도할 방도는 없을까?

— 북한은 더 이상 사회주의적 대안으로 진지하게 고려할 사상적 사고의 대상이 아니다. 2002년 현재 우리에게 다가온 북한의 모습은 공신층(功臣層)을 핵심으로 민족 구성원의 3분의 1을 포획하고 있는 일종의 권력 국가다. 북한 지배층이 남한 국가와 사회의 변화를 그 자체 가치 있는 것으로 인식하거나 같은 민족의 발전으로 인정하고 공감하기보다 주로 자기 권력의 유지와 연장을 위한 기회와 조건으로 인지하고 있다는 것은 명확하다. 그럼에도 불구하고 이들은 아직은 지배층의 단순한 파당적 권력이 아니라 '북한 국가'의 유지와 발전을 중심으로 사태를 합리적으로 조정하고 제어하려는 의지와 능력을 갖고 있다고 보인다. 이들에게 과연 남한 국가와 사회의 새로운 사회 동력은 어떤 모습과 비중으로 비춰질 것인가? 북한 지배층은 과연 남한 사회의 발전에 협조하고 공감할 것인가? 아니면 남한 사회 동력이 성립시키려는 체제를 인내의 실험장으로 끌고 갈 것인가?

— 반미 감정이 아시아에서 최고조로 평가된 한국 사회 내부의 움직임에 대해 미국 보수파가 드디어 칼을 빼들었다. "미군 남한 철수 후 북한 폭격"이라는 그들의 기발한 아이디어는 아직 미국 의회에 의해 공론화되거나 미 행정부의 공식 의제로 등장하지는 않고

있지만 미국의 대중 여론을 등에 업을 경우 한반도, 특히 남한 내부 정세에 무시할 수 없는 위력을 발휘할 수도 있다. 대한민국 성립의 결정적 변수였던 미국과 외부 세력에 대하여 2002년 한국의 새로운 사회 동력은 어떤 대처 방안을 가질 수 있을 것인가?

2002년 내내 한국 사회를 움직였던 기본 동력은 원천적으로 시민 사회에서 분출되었다. 그러나 이런 시민 사회의 움직임이 기존 시민 사회 단체의 조직적 주도나 역량 강화로 이어지지 않았고 또 이어질 수도 없었다는 역설이 나타났다. 새로운 사회 동력은 주로

— 온라인 공론장을 중심으로 자기 생각을 거리낌없이 표현하고 다른 사람들과 의견을 나누면서 논쟁하기를 주저하지 않는 등 전형적으로 공적 영역에서의 활동 양상을 보이는 식으로 정치적으로 활성화된 '네티즌',

— 개인적 욕구(니즈)를 충족시키기 위해 아비투스를 중심으로 뭉쳐진 서포터스나 팬클럽 같은 '동호회',

— 그리고 개인의 성향별로 관심 사안을 충족시켜주는 행사성 이벤트의 관객 또는 참석층 등이 주류적 형태를 이룬다.

이에 비해 기존의 대표적 시민 단체인 YMCA, 환경연합, 참여연대, 경실련 등은 대체로 국가적 의제에 대한 지향성이 강하며, 명망가 중심이고, 실무 간사들을 활동의 근간으로 삼아 제도 정치권에 근접한 '준정당적(準政黨的)' 조직이라는 특성이 있다.
바로 이런 점에서 새로운 사회 동력은 기존 시민 사회 단체의 존립 양상에 반드시 유리한 조건으로만 작용하지는 않을 것으로

보인다. 2002년 12월 광화문 촛불 시위에 참여했던 학생들의 보고에 따르면, 이 시위의 참여자들은 기성 제도권은 물론 시민 단체까지 포함하여 더 이상 남이 내리는 결정에 순응하지 않는다는 특징을 보인다. 그에 따르면,

"이 촛불 시위의 특징은 한 네티즌의 제안에 의해 자발적으로 이루어졌다는 점과 처음부터 끝까지 비폭력을 지켰다는 점에 있다. 촛불 시위에 수많은 학생, 시민 단체들이 참여했지만 이들은 행사를 진행하는 입장이 아니라 자발적인 행사에 참여하는 입장이었다. 나 역시이 촛불 시위에 참여하였는데 시위대는 경찰과 몸싸움이 벌어질 때조차도 '비폭력'이라는 구호를 외치며 평화 시위를 이끌어내었다. 촛불 시위는 국민 경선, 월드컵 응원을 비롯해 시민들의 자발적인 활동을 보여준 가장 최근의 실례다. 한국인들의 시민 의식은 이만큼 발전하였다. 한국의 시민들은 더 이상 남이 대신 해주는 결정에 따라가는 것을 거부하기 시작하였고 스스로 결정을 내려 활동하였다. 또한 그과정 속에서 어떠한 폭력이나 부정한 방법을 사용하는 것을 거부함으로써 발전한 시민 의식을 보여주었다."

또 다른 보고에 따르면,

"적나라한 반미 감정을 전면에 내세운 이와 같은 집단 행동이 특정단체의 계획에 따르지 않고 개개인의 자발적인 참여에 의해 이루어진것은, 오랜 민주화 투쟁의 경험을 안고 있는 한국의 현대사에서도 찾아보기 힘든 특이한 현상이라고 말할 수 있다. … 온라인 활동의 일부는 '상식적인 판단'에 힘입어 오프라인의 집단 활동으로 전이될 수있(지만…) 이 집단 행동에 내재된 정체성을 논함에 있어 결정적으로중요한 것은 인터넷 공간의 개인들은 누군가의 명령에 따르는 것을거부하며, 동시에 인터넷 공간에서는 누구도 개인에게 외적인 압력을가할 수 없기 때문에, 개인들은 그들 자신의 감정과 판단에 따라 행동

한다는 사실이다. 따라서 인터넷 공간을 통해 형성되는 정체성은 행동에 참여한 개인들의 자발성을 특징으로 갖는다."

따라서 인터넷을 터전으로 형성된 새로운 정체성은 철저하게 개인적인 자발성을 핵심으로 한다는 점에서 집단적 · 동질적 단결성을 근간으로 하는 기존 시민 사회 단체들의 행위 기조와 상당한 간극을 보인다. 이런 상황에서 시민 사회가 감당해야 할 몫과 행위 양식은 상당할 정도로 새로이 정립되어야 할 것이다. 특히 '준정당적' 구조로 운영되는 기존 시민 단체들을 비롯한 시민 사회 내부의 이념적 노선이나 조직 행태는 새로이 형성되는 사회 동력의 요구에 친화적으로 대폭 재편되지 않으면 안 될 것으로 보인다.

하지만 새로운 형태의 시민적 움직임은 자발성과 자립성 그리고 연대 결성의 기동성에서 큰 강점을 보이지만 연속성과 집중성 그리고 장기적 지속 가능성의 측면에서 아직 그 효용이 입증되지 않았다. 그리고 이 새로운 시민적 움직임이 노동 운동, 여성 운동 및 기타 소수자 운동과 같은 기존의 사회 운동과 어떤 이해 관계의 접점을 찾아낼 수 있을지도 아직은 구상되어 있지 않다.

그러나 2002년 대선의 결과 가장 특출한 역할을 수행한 것은 정보 공급의 독점 분쇄와 기동성 있는 여론 공급으로 조중동 족벌 거대 언론의 우세를 분쇄한 이른바 '인터넷 언론'이라고 하는 점은 신사회 동력의 조직화에 많은 시사점을 준다. 이 움직임은 언론 개혁, 나아가 국가의 모든 정책 활동 및 정치적 비전의 정립에서 아젠더에 대한 심의 가능성을 현격하게 높임으로써 정책 추진의 실효성을 강화시킬 건강한 시민적 공론장을 확보하는 근거지가 되어야 한다. 바로 이런 문제들에 대한 해답이 대안적 구상을 갖출 때 기존의 발전들을 연계시켜 21세기 한국형 발전을 추동할 새로운 사회 동력의 윤곽과 그 추진 형체들을 그려낼 수 있을 것이다. "현대 사회의 자율적 개인은 자기 삶의 가능성을 실현하기 위해 필요한 각종 재화"를 바로 이 민주화된 국가와 사회에서 공급받을 수 있다는 확신을 가질 수 있어야 한다. 그리고 바로 이 동력이야말로 민주주의의 제도적 공고화에 이어 반드시 도래해야 할 민주주의 내실화를 기할 수 있는 핵심이다.[40]

6. '발전의 발전', 즉 복합 발전의 담지자로서 한국 정치와 시민국가의 비전

한국 정치에 관해 가장 먼저 그 특징적 운동 방식을 적출하고자 했던 그레고리 헨더슨은 조선 왕조 때부터 1980년대 말까지 이르는 한국 정치를 '소용돌이의 정치(politics of vortex)'로 요약하였다. 참으로 불행하게도 '한국 정치'를 거시사적인 안목에서 과학적으로 특징지으려는 시도로서는 국내외를 막론하고 아직까지는 헨더슨의 통찰이 유일하다. 그에 따르면 한국인은 영토, 인종, 종교, 언어, 정치 등 국가의 근본적인 부분에서 동질성이 오래 유지된 탓에 다른 나라처럼 그런 부분의 분열은 겪지 않았으나, 대신 '모래알처럼 흩어진' 개인과 가족, 파벌 등이 중앙 권력을 차지하기 위해 강력한 권력 투쟁에 나서고 있다. 그는 한국 정치는 태풍의 눈인 중앙 권력을 향해 어지럽게 돌아가는 소용돌이 양상을 띠고 있다는 '소용돌이 이론'을 전개한다. 한국은 '권력을 향한 소용돌이'가 거센 탓에 현안에 대한 쟁론보다는 권력 장악, 타협보다는 투쟁, 반대파에 대한 강한 적개심 등이 정치 문화의

---

40) 홍윤기, 「이 시대의 국가주의와 시민적 자율성. 아비투스와 에토스의 시민정치」, 참여사회연구소 펴냄, 『시민과 세계』 제2호(서울 : 당대, 2002. 9), 52쪽.

주류를 이루게 됐다는 것이다.[41]

　그러나 1980년대까지의 관찰로는 분명히 지각할 수는 없었겠지만 대한민국 정치는 더 이상 지배 권력을 중심으로 동심원적 소용돌이 모양으로 진행되는 것이 아니라 권력과 탈권력의 모순적 상생 속에서 형성된 대립적 긴장 속에서 수동 혁명이 누진적으로 진행되는 복합 발전의 양상을 띤다. 복합 발전은 발전과 위기의 동시적 지양으로서 '발전의 발전'을 통해 지속적인 발전을 추진해나가는 양태의 발전 방식이다.
　— 이승만 권력에 대한 4 · 19 시민 혁명
　— 박정희를 비롯한 군부 권력에 대한 장기간의 시민적 저항과 부산 / 마산 및 광주 시민 항쟁
　— 군부 독재에 대한 전국적 규모의 6월 시민 항쟁 그리고
　— 잔존하는 사회 권력에 대한 선거 항쟁 등
　'강한' 국가를 사이에 놓고 한국 사회에서는 권력 지향적 지배 축에 대한 탈권력적 균형 축이 항상 작동하였고, 그 과정은 '약한' 정치에 구애받지 않는 시민적 역동성이 활성화되어 국가와 사회 발전 그 자체의 질을 한 단계씩 업그레이드시키는 과정이기도 하였다. 이렇게 '발전의 발전'이 사회 발전의 기본 동력임을 확인할 수 있다면 이런 복합 발전을 좀더 이성적으로 조직하여 시민 능력이 항쟁으로 소모되지 않기 위해 '발전의 발전'을 기획하고 설득하고 추진하는 기능이 한국 정치에 의해 구현되어야 한다. 따라서 '한국형 정치 발전의 모델'이 있다면 아직은 허약할 수밖에 없는 정당과 부실한 의회에 기반한 제도 정치권과 행정 국가의 유제가 강력하게 남은 정부라는 '국가 영역'에 대해 생활 현장에서의 요구가 자율적으로 결집된 '시민 정치권'의 '공적 영역'이 현실적인 규제력과 영향력을 발휘하는 '시민국가'가 아닐까?

---

41) 헨더슨, 그레고리, 『소용돌이의 한국 정치』(한울, 2000).

□ 참고 문헌

강광식 · 손문호 · 박현모 · 이익주,『한국정치사상사 문헌 자료 연구(Ⅰ)』, 한
　　국학중앙연구원 편(서울 : 집문당, 2005. 6).
고영진,『조선중기예학사상사』(서울 : 한길사, 1995. 7).
김 구,『백범일지』, 도진순 주해(서울 : 돌베게, 1997. 7, 초판 / 2002. 8, 개정판 1쇄).
김세균 편,『16대 대선의 선거 과정과 의의』(서울 : 서울대 출판부, 2003).
김영국 · 구영록 · 배성동 · 이홍구 · 최명 · 최창규 · 김학준,『신정치학개론』, 서
　　울대 사회과학대학 정치학과 집필(서울 : 서울대 출판부, 1978. 10).
김용욱,『한국 정치 : 조선시대 · 일제강점기 · 대한민국 체제 유지와 변동』(익
　　산 : 원광대 출판부, 2002).
김운태,『한국정치론 서설 및 한국 행정 근대화 100연의 성찰』(서울 : 박영사,
　　2002).
김유남 엮음,『한국정치학 50년. 정치 사상과 최근 연구 분야를 중심으로』(서
　　울 : 한울, 2001. 3).
김유남 엮음,『한국 정치 연구의 쟁점과 과제』(서울 : 한울, 2003. 11, 초판2쇄 ; 2001.
　　5, 초판1쇄).
김일영,『한국 정치와 헌정사』(서울 : 한울, 2001).
김학준,『한국정치론. 연구의 현황과 방향』(서울 : 한길사, 1984. 3, 제2판 /
　　1983. 9, 제1판).
김형아,『박정희의 양날의 선택』, 신명주 역(서울 : 일조각, 2005. 10).
김홍수,『국제 관계와 한국 정치』(서울 : 세종, 1999).
노찬백,『한국 정치의 이해』(대구 : 형설출판사, 2003).
미조구치 유조(溝口雄三) · 이토 다카유키(伊東貴之) · 무라타 유지로(村田雄
　　二郎),『중국의 예치 시스템』, 동국대 동양사연구실 옮김(서울 : 청계,
　　2001. 5).
민병학,『한국정치사상사』(서울 : 대경, 2005).
민주화운동기념사업회 연구소 학술연구부,『한국 정치 운동 관련 문헌 해제』
　　(서울 : 민주화운동기념사업회, 2003).
박기출,『한국정치사』(서울 : 이화, 2004).
박명림,『한국전쟁의 발발과 기원(Ⅱ) ─ 기원과 원인』(서울 : 나남출판, 1996.
　　6, 초판 / 1997. 8. 재판).
박충석,『한국정치사상사』(서울 : 삼영사, 1982. 5).

백상건,『정치학강의』(서울 : 박영사, 1979. 3, 초판4쇄 ; 1976. 12, 초판).

베버, 막스(1972),『사회학의 기초 개념 외. 세계의 대사상12』, 손제석 외 역(서울 : 휘문출판사, 1972. 8, 재판 ; 1972. 5, 초판).

_____,『정치 권력의 구조』, 171-213쪽.

서상목,『정치 시대를 넘어 경제 시대로 : 한국 정치, 이제 새로운 틀을 짜야 한다』(서울 : 북코리아, 2004).

선주문화연구소,『박정희 대통령과 한국의 근대화』(구미 : 금오공과대 선주문화연구소, 1999. 10).

손호철,『신자유주의 시대의 한국 정치』(서울 : 푸른숲, 1999).

신복룡,『한국정치사상사』(서울 : 나남출판, 1997. 8).

아렌트, 한나,『공화국의 위기』, 김동식 역(서울 : 두레, 1979. 8).

_____,『인간의 조건』, 이진우·태정호 옮김(서울 : 한길사, 1996. 8).

양보희,『시지프스의 돌 : 한국 정치 반세기의 회고』(서울 : 정문, 2000).

이극찬,『정치학』(서울 : 법문사, 1978. 2, 전정중판).

이영춘,『한국정치사상사』(서울 : 집문당, 2002. 9).

이재석 외,『한국정치사상사』(서울 : 집문당, 2002. 9).

이진곤,『한국 정치 리더십의 특성 : 박정희, 김영삼, 김대중 : 사정치형 리더십의 공통점과 차이점』(한울아카데미, 2003).

이태진,『조선시대 정치사의 재조명』(서울 : 태학사, 2003. 4).

전낙희,『동양 정치 사상 연구』(서울 : 단국대 출판부, 1995. 7).

정영태,『한국 정치의 희망 찾기』(인천 : 인하대 출판부, 2004. 2).

정정길,『대통령의 경제 리더십. 박정희, 전두환, 노태우 정부의 경제 정책 관리』(서울 : 한국경제신문사, 1994).

정차근,『동양 정치 사상』(서울 : 평민사, 1996. 7).

조휘각,『근대한국정치론』(서울 : 보고사, 1999).

_____,『한국정치사상사』(서울 : 인간사랑, 2004. 11).

진덕규,『한국 정치의 역사적 기원』(서울 : 지식산업사, 2003).

최장집,『민주화 이후의 민주주의. 한국 민주주의의 보수적 기원과 위기』(서울 : 후마니타스, 2003. 1, 제1판 제3쇄 ; 2002. 11, 제1판 제1쇄).

페이지, 글렌 디,『비폭력과 한국 정치』(서울 : 집문당, 1999).

푸코, 미셸,『성의 역사 1. 앎의 의지』, 이규현 옮김(서울 : 나남출판, 1999).

하버마스, 위르겐,『사실성과 타당성』, 한상진·박영도 역(서울 : 나남출판, 2000. 8).

_____,『공론장의 구조 변동. 부르주아 사회의 한 범주에 관한 연구』, 한승완 옮김(서울 : 나남출판, 2001. 10).

하봉규,『한국 정치와 현대정치학』(서울 : 세종출판사, 2002).

한국・동양정치사학회 편,『한국정치사상사. 단군에서 해방까지』(서울 : 백산서당, 2005. 9).

한배호,『한국 정치 문화와 민주 정치』(서울 : 법문사, 2003).

헨더슨, 그레고리,『소용돌이의 한국 정치』(서울 : 한울, 2000).

홍윤기,「역사 자산으로서 한국 유교 재해석의 잠재력 ― 전통화-탈전통화의 복합 교착 관점에서 본 한 고찰」,『철학사상』제12권(서울 : 서울대 철학사상연구소, 2001. 6), 3-34쪽.

_____,「이 시대의 국가주의와 시민적 자율성. 아비투스와 에토스의 시민 정치」, 참여사회연구소 펴냄,『시민과 세계』제2호(서울 : 당대, 2002. 9), 35-54쪽.

_____,『글로벌 네트워크 시대의 국가와 민족 ― 21세기 한국 메가 트렌드 시리즈 Ⅱ』(과천 : 정보통신정책연구원, 2005. 2).

Dahl, Robert, "Power as the Control of Behaviour", in : Lukes(1986), 37-58쪽.

Easton, David, *The political system. An inquiry into the state of political science* (New York : Alfred A. Knopf Inc., 1971, re. ed. ; 1953, ist.).

Kolko, Gabriel, *The Politics of War. The World and United States Foreign Policy, 1943~1945* (New York : Random House, 1968).

Lasswell, Harold D. / Kaplan, Abraham, *Power and Society. A Framework for Political Inquiry* (New Haven / London : Yale University Press, 1969, 8th. ; 1st., 1950).

Lukes, Steven (ed.), *Power* (Oxford, UK : Basil Blackwell, 1986).

Strauss, Leo, *What is Political Philosophy?* (Westport, Conneticutt : Greenwood Press Pub., 1959).

윤리적 인간의 탄생
─ 도덕 교육의 교과 과정에 대한 철학적 성찰

김 상 봉

이 글은 도덕 교육의 교과 과정에 대한 철학적 탐구다. 지금까지 우리는 한국의 도덕 교육이 어디서 잘못되어 있는지를 비판하고 그 개선의 원칙적 방향을 제시하였던 바, 이제 우리에게 남은 마지막 과제는 도덕 교육의 구체적인 교과 과정(curriculum)을 수립하는 일이다. 도덕 교육을 개혁하기 위해서는 교육의 대원칙뿐만 아니라 구체적인 밑그림과 시간표 역시 필요하기 때문이다. 물론 여기서 우리가 제시하려는 것은 다시 교과 과정의 세세한 항목이 아니라 교과 과정 수립을 위한 큰 줄기다. 이는 현실적인 제약 때문이기도 하지만 좀더 본질적으로는 지금처럼 교과 과정을 교과서의 장·절까지 세세하게 규정하는 것이 우리가 하루빨리 내버려야 할 획일적 교육 문화라고 우리가 생각하기 때문이다. 자기가 무엇을 가르쳐야 할 것인지를 하나에서 열까지 남이 가르쳐주기를 바라는 사람이라면 아래에서 우리가 제시하는 교과 과정의 큰 줄기가 너무 성기다고 느끼겠지만, 스스로 생각하는 자유로운 정신에게는 같은 것이 교과 과정의 능동적 완성을 위한 충분한 발판이 된다는 것을 알 수 있을 것이다.

1. 교육 일반 이념에 입각한 도덕 교육의 대원칙

교과 과정에 대한 구체적 서술에 들어가기 전에 도덕 교육의 가장 근본적인 이념과 목표를 교육 일반의 보편적 이념에 따라 분명히 밝혀둘 필요가 있다. 이는 교과 과정의 서술이 임의성에 떨어지지 않고 굳건한 체계를 얻게 하기 위해서인 바, 모든 체계는 기초가 굳건한 만큼 견고해지는 것이다.

우리의 경우 교과 과정 편성의 기초가 되어야 할 도덕 교육 아니 교육 일반의 대원칙은, 교육이 인간의 자기 실현의 기관으로서 노예가 아니라 자유인을 기르기 위한 것이어야 한다는 점이다. 이 원칙을 기억하는 것은 다른 교과 교육을 위해서보다 도덕 교육을 위해 특별히 중요하다. 다른 교과 교육은 사실적 인식의 습득을 주된 목적으로 삼는 교육으로서 정신의 자유를 본질적으로 요구하는 것은 아니다. 노예적 정신이라 하더라도 도구적 이성이나 계산하는 이성을 자기 것으로 만드는 데는 아무런 어려움도 느끼지 않는 것이다. 그러나 도덕 교육은 사정이 다르다. 여기서 문제되는 것은 사실 판단이 아니라 가치 판단인데, 가치는 삶과 행위의 방향과 지향성을 규정하는 것으로서, 이것들이 타율적으로 규정된다는 것은 인간의 의지가 노예적 예속에 떨어진다는 것을 의미한다. 반대로 개별 교과 교육이 주입식 교육에 흐르고 지식의 일방적 습득에 그친다 하더라도 도덕 교육이 학생들에게 자유롭고 주체적인 정신을 길러줄 수만 있다면, 이 경우 우리는 교육이 전체적으로 인간성의 자기 실현의 이상을 실현하는 데 기여할 수 있으리라는 희망을 품어도 좋을 것이다. 따라서 다른 어떤 교과에서보다 도덕 교육에서는 자유로운 인간성의 함양이 교육의 근본 이념으로서 모든 교육적 수행의 근저에 놓여 있어야만 한다.

2. 도덕 교육의 정체성

1) 선의 깨달음

우리는 교육 일반의 이념에 비추어 도덕 교육이란 자유인을 기르는 도덕이어야 한다고 말했다. 그렇다면 도덕 교육이란 다른 교과와 구별하여 그 자체로서 무엇을 위한 교육인가? 그것은 선의 깨달음을 위한 교육이다. 선의 깨달음이야말로 도덕 교육의 목적이요 존재 이유다. 아름다움과 진리가 아니라 선이 문제인한에서, 도덕 교육은 예술교육이나 다른 교과 교육과 구별된다. 그러니까 선의 이념은 도덕 교육의 실질적 내용이며, 학생들이 무엇이 선인지를 깨닫는 것은 도덕 교육의 실질적 목표인 것이다.

여기서 우리가 선이라 부르는 것은 가치를 지닌 모든 것을 통틀어 가리키는 이름이다. 선의 세계에서 모든 있음은 가치 있음이다. 존재는 가치를 신고 있다. 가치를 신고 있음으로 해서 존재는 우리의 욕구와 회피의 대상이 되며, 우리의 삶을 이끌어가는 운동 원리가 된다. 그러나 가치는 한 가지가 아니다. 도덕 교육은 선이란 이름 아래 총괄되지만 문맥에 따라 다르게 나타나는 다양한 가치의 의미를 깨닫고 서로 다른 가치들의 경중을 헤아리며 참된 가치와 사이비 가치를 구별할 수 있게 해주는 교육이 되어야 한다.

그런데 학생이 선과 가치를 이해하는 것은 단순한 이해가 아니라 깨달음이어야 한다. 깨달음은 단순한 앎의 문제가 아니라 동시에 의지와 정서의 문제이기도 하다. 그것은 단순히 무엇이 선이고 악인지를 아는 데서 끝나는 것이 아니라 선을 추구하고 악을 피하려는 굳은 의지며 마지막으로 선을 좋아하고 악을 싫어하는 경향성으로 나아간다. 그 의지와 경향성이 하나의 굳어진 마음의 형상으로 자리잡을 때 그것을 가리켜 우리는 성격이라 부른다. 그런즉 깨달음이란 처음에는 앎에서 시작되겠지만 마지막에는 마음의 조화로운 성격으로 완성된다. 마음은 선한 것을 지향함으로써 스스로 선한 성격을 이루는 바, 그 선한 성격이야말로 도덕 교육이 지향하는 마지막 목표일 것이다.

2) 생각의 자유

그러나 우리가 도덕 교육의 목표를 단순한 앎이라 부르지 않고 깨달음이라 부르는 까닭은 그것이 어떤 경우에도 억압적인 훈육이나 주입이 되어서는 안 된다는 것을 표현하기 위해서이기도 하다. 모든 깨달음은 스스로 깨달음이다. 스스로 깨닫지 않는 것은 깨달음이 아니다. 그런즉 깨달음의 과정은 언제나 자유로운 성찰의 과정이어야 한다. 그것은 억압적인 훈육도 맹목적인 동화의 과정도 아니라 자유로운 반성과 대화의 과정이어야 한다.

그런즉 자유의 이상은 도덕 교육이 추구하는 궁극적 인간성의 본질인 동시에 도덕 교육의 과정을 규정하는 근본 원리이기도 하다. 사람이 걸어봄으로써만 걷는 법을 배울 수 있듯이, 자유의 능력 역시 오직 자유롭게 사유하고 행위해봄으로써만 길러질 수 있다. 그러므로 억압적이고 노예적인 교육을 통해 자유인을 길러낼 수는 없는 일이다. 자유인은 오직 자유로운 교육 과정을 통해서만 길러질 수 있다.

여기서 자유로운 교육 과정이란 소극적인 방임을 의미하는 것은 아니다. 물론 정해진 대답을 주입하려 하지 않는다거나 특정한 가치를 일방적으로 강요하려 하지 않는다는 점에서 자유로운 교육 과정이란 소극적인 것일 수 있다. 하지만 자유로운 교육 과정이 학생들을 스스로 생각하게 만들어야 한다는 점에서 보자면, 그것은 도리어 힘겨운 훈련의 과정이다. 학생들은 스스로 생각하는 법을 배움으로써 자유롭게 생각하는 법을 배우게 된다. 이것은 오늘날처럼 생각을 회피하는 시대에는 대단히 힘겨운 정신의 노동을 요구하는 일이다. 게다가 교육이 현실적으로 입시에 종속되어 있는 현재 상황을 생각할 때 스스로 생각하는 법을 배운다는 것은 어쩌면 스스로 걷는 것을 배우는 것보다 더 어려운 일인 것이다. 도덕 교육은 타성과 안일에 젖으려는 학생들의 정신을 일깨워 스스로 생각하게 자극해야 한다.

3) 도덕 교육과 철학함

　도덕 교육이 학생들에게 스스로 생각하는 능력을 기르는 것을 가장 중요한 목적으로 삼는 한에서 도덕 교육은 넓은 의미의 철학 교육과 합치하는 것이다. 도덕 교육이 일방적 가치의 주입이 아니라 주체적이고 자유로운 생각의 능력을 길러야 한다면, 그것은 그 내용과 방법 모두에서 철학에 기초하고 있어야 하며 아무리 초보적인 수준에서라도 철학적 성찰, 곧 칸트가 말한 철학함(Philosophieren)과 동반되어야 한다.

　여기서 철학함이란 그 방식에서는 자유로움이며, 그 외연에서는 총체성이고, 그 지향하는 목적에서는 윤리성을 생명으로 한다. 앞에서도 말했듯이 철학적 사유는 아무런 전제도 미리 인정하려 하지 않는다. 다른 곳에서라면 자명한 것으로 통용되는 원칙들도 철학적 사유 앞에서는 그 정당성이 언제라도 되물어질 수 있으며, 모든 것은 이성의 법정 앞에서 자기의 정당성을 변호하지 않으면 안 된다. 그런 사유의 철저성이 철학적 사유의 생명인 바, 철학하는 정신의 자유는 어떤 것도 자명한 것으로 받아들이려 하지 않는 정신의 활달함에 존립하는 것이다.

도덕 교육은 학생들에게 그런 자유롭고 활달한 정신을 길러주어야 하겠지만, 정신의 자유가 정신의 정처 없는 방랑과 같은 것은 아니다. 철학적 정신은 어디에도 얽매이지 않는 자유로움 가운데서도 확고한 방향을 지향하는데, 철학적 사유가 지향하는 목적은 언제나 총체성이다. 현실을 조각난 직접성 속에서가 아니라 총체성 속에서 하나로 파악하는 것이야말로 철학적 정신이 추구하는 궁극적인 목적인 것이다.

그런데 여기서 총체성은 우리 앞에 현전하는 사실로서 주어지는 것이 아니라 언제나 실현되어야 할 이념으로서 추구되는 것이다. 그것이 실현되어야 할 현실인 한에서 그것은 몽상이 아니라 현실적인 사태이지만, 그것이 아직 현전하는 것이 아니라 실현되어야 할 사태인 한에서, 총체성의 이념은 단지 인식의 대상인 것이 아니라 언제나 동시에 욕구의 대상이다. 총체성의 이념은 단지 발견되어야 할 현실이 아니라 우리가 바라고 욕구하는 완전한 현실의 이념이기도 하다. 이런 의미에서 총체성의 이념은 가치에 의해 매개되어 있으니, 그것은 언제나 윤리적 이상인 것이다.

철학이란 자유로이 현실을 사유하되 그것을 총체성 속에서 사유한다. 그러나 총체성이란 전체라는 단순한 양적 개념이 아니라 질적 완전성의 개념이다. 그리하여 철학적 사유의 자유는 소극적 의미에서 어디에도 매어 있지 않다는 데 존립하는 것이 아니라 현실을 총체성의 이념을 향해 이끌어올리는 능동적인 형성의 능력에 존립한다.

도덕 교육이 넓은 의미의 철학 교육이 되어야 한다는 것은 정신이 노예 상태에 빠지지 않고 자유를 누리고, 편협한 당파성에 빠지지 않고 모든 문제를 균형 잡힌 전체의 입장에서 바라보며, 마지막으로 현실을 절대화시키지 않고 완전성의 이념 아래 비판할 수 있는 능력을 길러야 한다는 것을 의미한다. 우리는 다른 글에서 도덕 교육이 어떤 의미에서 철학에 뿌리박고 있어야 하는지를 상세히 논했으므로 여기서 그것을 다시 반복할 필요는 없을 것이다. 오직 철학만이 자유와 총체성 그리고 참된 윤리성을 담보할 수 있는 한에서, 도덕 교육이 온전히 수행되려면 그것은 동시에 철학 교육이 되지 않으면 안 되는 것이다.

4) 문화적 가치의 전승

도덕 교육이 자유를 지향하고 자유를 통해 수행되어야 한다 해서 그것이 무전제의 교육이라거나 아니면 절대적 의미에서 정답 없는 교육이 되어야 한다는 것은 아니다. 도덕 교육이 아무런 정해진 가치도 학생들에게 전달하려 하지 않는다는 것은 가능한 일도 아니고 또 바람직한 일도 아니다. 교육은 언제나 만남인데, 학생들은 처음에는 수동적으로 부름을 받은 자로서 이 만남에 참여하게 된다. 학생들은 선이 무엇인지를 스스로 생각해야 하겠지만, 그것은 처음부터 자동적으로 이루어질 수 있는 일은 아니다. 그들은 선의 모범이 먼저 주어질 때, 그것을 모방함으로써 선한 행위를 하게 되고 선이 무엇인지를 이해하게 된다. 여기서 선의 모범을 제시하는 것은 일차적으로는 당연히 학생 자신이 아니라 교사의 일이다.

여기서 학생들이 전승받아야 할 모범이 단지 개별적인 사례로 그치는 것은 아니다. 보편적이고 일반적인 도덕적 원칙들의 경우에도 사정은 마찬가지다. 우리가 과연 어떤 준칙을 따를 때 선하게 행위하는 것인지를 판정하는 것 역시 아무 전제 없이 이루어지는 일은 아니다. 이 경우에도 학생들은 모범적인 준칙과 타락한 준칙의 실례들을 먼저 봄으로써 좀더 쉽게 선한 원칙들을 자기의 것으로 만들 수 있는데, 이때도 그런 모범이 될 도덕적 준칙들을 먼저 보여주어야 하는 것은 교사에게 맡겨진 일이다.

원칙적으로 말해 인간의 자연적 성향이 결코 그 자체로서 선을 지향하는 것도 아니고, 우리의 사회적 환경 역시 인간의 선한 능력을 촉진하는 경향성이 있는 것이 결코 아니라는 것을 생각할 때, 우리는 학생들을 모든 면에서 방임하는 것만으로는 그들의 도덕적 능력을 계발하는 것이 가능하지 않으리라는 결론에 도달하게 된다. 학생들이 자기 내부에 있는 선의 소질을 능동적으로 계발할 수 있기 위해서는 먼저 외부로부터 주어지는 도덕적 행위와 원칙의 모범을 통해 자극을 받아야 한다. 오직 외적 자극이 주어질 때, 학생들은 그 자극을 통해 자기 내부에 숨겨져 있는 선의 씨앗을 스스로 발견하고 그 씨앗이 싹트고 자라게 할 수도 있는 것이다. 그리고 여기서 자극해주어야 할 사람은 당연히 교사다. 그리고 그 자극이 내용과 형식을 갖춘 한에서 도덕 교육은 학생들을 일정한 방향으로 이끌려는 경향성을 갖지 않을 수 없게 된다. 쉽게 말해 도덕 교육이 아무리 가치 중립적 태도를 취한다 하더라도 그것은 학생들을 어떤 사람으로 만들 것인가 하는 상을 갖지 않을 수 없는 것이다.

여기서 도덕 교육은 하나의 딜레마에 놓이게 된다. 즉, 그것은 한편에서는 학생들로 하여금 억압 없이 자유롭게 사유하게 하는 법을 가르치려 하면서, 다른 한편에서는 어쩔 수도 없이 그들에게 기성의 문화적 가치를 전수하려는 이율배반적 상황에 처하게 되는 것이다. 이 모순은 불편한 것이기는 하지만 근절될 수는 없다. 하지만 우리는 이 문제에 관해 한두 가지 기본적 준칙을 말할 수는 있을 것이다.

우선 우리는 우리가 전승하려는 문화적 가치가 학생들의 자유의 확장에 이바지하는지 아닌지를 물어야 할 것이다. 우리가 전수하는 가치가 자유로운 인간성의 실현에 이바지하는 것이 아니라면, 그것은 결과적으로 도덕 교육이 학생들을 노예적으로 길들이기 위해 있는 것이라 말할 수 있을 것이요, 그것은 아무런 정당성도 얻을 수 없는 교육이 될 것이다. 따라서 우리가 제시하는 모범적인 사례들과 원칙들은 학생들을 억압하고 그들의 자유 의지를 위축시키는 것이 아니라 언제나 학생들 자신의 자유 의지를 확장하고 그들이 스스로 생각하도록 학생들을 자극하는 것이어야 한다.

또 한 가지 말해두어야 할 준칙은, 교사가 학생들에게 전수하는 문화적 가치가 가능한 한 보편적 가치를 가질 수 있도록 애써야 한다는 것이다. 교사가 학생들에게 제시하는 도덕적 원칙들이 편협한 당파성에 갇히면 갇힐수록 그것은 부당하고 부도덕한 것이 되며 동시에 학생들의 정신을 부자유스럽게 구속한다. 반대로 그것이 보편적 인간성의 이상에 입각한 것일 때, 그것은 좀더 선한 것이 되며, 좀더 자유로운 것이 된다. 따라서 우리는 학생들에게 언제나 보편적인 이성의 입장에서 무엇이 가치 있는 것인지를 보여주지 않으면 안 된다.

5) 보편적 도덕의 추구

이런 의미에서 도덕 교육이 국민 윤리 교육과 결별하는 것은 지금 도덕 교육이 당면한 가장 시급한 과제다. 오랫동안 이 땅에서 도덕 교육은 국민 윤리 교육이었다. 그것은 선한 인간이 아니라 바람직한 국민을 기르는 교육이었던 것이다. 생각하면 이것이야말로 도덕 교육이 파행을 겪게 된 근본 원인이었다. 도덕 교육을 바로잡기 위해서는 도덕 교육이 편협한 국민 윤리 교육이 아니라 보편적 도덕을 가르치는 교육이 되지 않으면 안 된다. 국민 윤리란 그 자체로서 당파적인 도덕일 수밖에 없는 운명이지만, 당파적인 도덕이란 형용 모순과도 같은 것이어서 언제나 자연적이고 순수한 도덕감과 충돌할 수밖에 없다. 그 결과 도덕 교육은 도덕의 이름을 빌려서 도덕 아닌 것을 말하게 되며, 이 경우 예외 없이 학생들의 참된 도덕감을 부패시키게 되는 것이다.

과연 보편적 도덕률이 존재하는가 아닌가 또는 그런 것이 가능한가 아닌가 하는 문제는 아마도 영원히 결론이 나지 않는 철학적 물음으로 남을 것이다. 하지만 보편적 도덕률이 있든지 없든지 간에 도덕은 보편성에 대한 지향과 요구를 스스로 포기하지 않을 때, 그 고유성과 정당성을 유지할 수 있다. 다시 말해 우리는 오직 보편적 이성, 보편적 주체의 입장에서 생각하고 행위하는 한에서 그런 생각과 행위에 대해 도덕적 가치를 요구할 수 있다. 그렇지 않고 우리들 자신이 처음부터 보편적 이성의 관점을 스스로 포기하고 자기의 당파적 이해 관계에 입각해 생각하고 행위한다면, 그때 우리는 처음부터 자기의 판단과 행위에 대해 도덕적 가치를 요구할 자격 자체를 아예 상실하게 되는 것이다.

이런 문맥에서 볼 때 도덕적인 성품을 기른다는 것은 언제나 보편적 관점에서 판단하고 행위하는 법을 배우는 것에 다름아니다. 그런즉 자기의 좁은 한계를 끊임없이 뛰어넘어 보편적 인류의 입장에서 사물을 바라보고 행위하는 법을 배우는 것이야말로 도덕 교육의 목표다. 반대로 도덕 교육이 국민 윤리라는 족쇄에 갇히는 순간, 그것은 더 이상 도덕이 아니라 이데올로기 교육으로 전락하게 된다. 이 문제에 관해서는 어떤 절충이나 타협도 있

을 수 없다. 도덕의 생명은 순수성에 있는 바, 순수성을 잃은 도덕
은 그 순간 위선이 될 뿐이기 때문이다. 그러므로 도덕 교육을
참된 도덕의 교육으로 유지하기 위해서는 국민 윤리 교육과 절연
하고 보편적 이성과 양심에 입각한 도덕 교육을 베풀어야 하는
것이다.

3. 도덕 교육 교과 과정 수립을 위한 방법론

1) 도덕적 성숙의 길

　이상과 같은 몇 가지 원칙들을 밝힌 뒤에 우리가 다음으로 해
야 할 일은 도덕 교육의 단계를 규정하는 것이다. 보통 교육 과정
에서 도덕 교육이 이루어질 때, 도덕 교과의 교과 과정은 학생들
의 인지 발달 과정을 고려하여 초등학교와 중학교 그리고 고등학
교 과정에서 다르게 편성되지 않을 수 없기 때문이다. 문제는 여
기서 어떤 원리에 입각해 그 단계를 나누느냐 하는 것이다. 그
원리를 탐구하는 것이 방법론이다. 그러나 방법이란 무엇인가?
서양 언어에서 공통적으로 쓰이는 방법(method)이라는 말은 그
리스어 메토도스(methodos)의 음역이다. 그런데 그리스어에서
메토도스란 길을 뜻하는 호도스(hodos)와 '더불어' 또는 '따라서'
를 뜻하는 전치사 메타(meta)가 결합해서 만들어진 말이었다. 그
런즉 방법이란 '무엇인가를 향해 더불어 / 따라 걷는 길'을 의미한
다. 그렇다면 여기서 우리가 찾는 길은 무엇을 향한 길인가? 그것
은 한마디로 말해 도덕적 성숙이다. 방법이란 도덕적 성숙으로
향한 길이다. 그리고 방법론이란 그 길을 닦는 일이다.
　도덕 교육의 교과 과정 수립을 위한 방법론을 온전히 수립하기

위해서는 다양한 학문적 성과들을 참고할 필요가 있을 것이다. 그러나 우리가 그 모든 학문적 성과를 참고한다는 것이 경험적 인식들의 무더기 속에 함몰되는 것을 뜻해서는 안 된다. 그때 우리는 어떤 일관된 원리도 없이 이때저때 임기응변 식으로 이 이론 저 정보에 끌려다니게 되며 이런 상황 속에서는 도덕 교육 과정의 방법론이라는 것이 있을 수 없다.

이를 피하기 위해서는 가능한 한 보편적이고도 본질적인 의식의 진리에 입각하여 교과 과정을 수립하지 않으면 안 된다. 그런데 보편적이고 본질적인 의식의 진리는 경험적 발견이라기보다는 철학적 반성의 문제다. 생각하면 비단 교육학에서 뿐만 아니라 다른 모든 학문에서도 탐구의 방법은 언제나 철학적 반성의 문제다. 특히 고정된 사물적 대상에 대한 인식이 아니라 인간의 일에 관해서는 더욱더 그러한데, 이는 앞에서도 말했듯이 자기 반성이 결국 철학의 일이기 때문이다. 따라서 도덕 교육의 교과 과정을 수립하기 위한 방법론 역시 마지막에는 철학적 반성에 기초하지 않으면 안 된다.

물론 지금 우리가 마주하고 있는 문제가 무엇이냐에 따라 철학적 반성의 영역도 달라진다. 우리가 지금 방법을 필요로 하는 영역은 의식의 영역, 그것도 도덕적 의식의 영역이다. 도덕 교육이 학생들의 도덕적 의식의 발전을 꾀하는 것이므로, 우리는 그 발전을 규정할 어떤 철학적 원칙을 필요로 한다. 그런즉 여기서 우리가 필요로 하는 방법론은 의식 철학의 영역에서 구해져야 한다. 좀더 정확히 말해 그것은 주체적 의식의 출현을 규정하는 철학적 반성에 터하고 있어야 한다. 그런 한에서 우리의 방법론은 선험 철학(Transzendentalphilosophie)에 기초해야 한다. 왜냐하면 의식의 발생을 그 순수한 형식으로부터 탐구하는 철학이 바로 선험론적 철학이기 때문이다.

그러나 여기서 우리가 말하는 선험철학이 칸트가 보여준 모범을 그대로 답습할 수는 없다. 왜냐하면 칸트는 의식의 발생을 본질적 계기들로 분석하기는 하였으나 정작 그것의 생성 과정을 탐구하지는 않았기 때문이다. 그러나 도덕 교육의 교과 과정에서 문제되는 것은 변치 않는 인간성의 이념이 무엇인가 하는 것이 아니라, 그 이념이 시간 중에서 어떻게 나타나고 생성되느냐 하는 것이다. 우리는 도덕 교육이 추구해야 할 인간성의 이념이 어떤 것인지에 대해서는 다른 곳에서 충분히 서술하였으므로, 지금 우리는 오직 그 이념이 자연적 의식의 삶 속에서 어떻게 출현하는가를 물어야 할 것이다. 이처럼 자연적 의식의 삶 속에서 이념의 출현을 서술하는 것이 문제인 한에서 우리가 방법론적 탐구는 현상학적(phänomenologisch)이다. 도덕적 의식이란 선한 의식이며 선에 대한 의식이다. 선 그 자체는 손에 잡히지도 않고 눈에 보이지도 않는 이념이지만, 그러면서도 그것은 언제나 자기를 나타냄으로써만 지속한다. 선은 오직 인간의 의식 속에서 자기를 나타냄으로써 자기를 표현하고 또 실현하는 바, 그 나타남(phainesthai)에 대한 반성이 우리가 말하는 현상학이다.

이 나타남이 단순한 드러남이 아니라 의식의 **발전**인 한에서 그것은 변증법적(dialektisch)이다. 앞에서 말했듯이 도덕 교과를 다른 교과와 종별적으로 구별해주는 대상은 선이다. 그것은 사실이 아니라 가치에 대한 교육인 것이다. 그런데 다른 교과의 교육이 그렇듯이 도덕 교육의 경우에도 교육 과정은 성장과 발전을 위하여 수립되어야 한다. 고등학교 3학년의 수학 지식이 초등학교 1학년의 산수 지식의 반복일 수는 없는 일인 것처럼, 가치 교육에서도 교육 과정이 성장과 성숙을 염두에 두지 않는다면 교과 과정의 탐구라는 것 자체가 의미가 없을 것이다. 변하지 않는 것을 위해서는 과정이라는 말 자체가 무의미한 것이기 때문이다. 그리고 교육 과정에서의 변화가 퇴보가 아니라 발전인 한에서, 도덕적 의식의 나타남은 그것의 발전과 성숙의 과정이어야 한다.

그러나 도덕적 성숙은 단선적인 전진이나 평면적인 확장 또는 동질적인 축적이 아니라 오직 대립적인 가치들과의 만남을 통해서만 이루어질 수 있다. 이미 다른 글에서 우리가 서술한 것이지만, 아래에서 우리는 자기를 위해 좋은 것에 대한 의식을 도덕적 의식의 첫 단계로, 그리고 감사의 단계를 가장 나중의 단계로 설정하고 교과 과정을 구체적으로 규정하게 될 것이다. 하지만 앞의 단계가 뒤의 단계에 의해 지양되어야 하는 것은 아니다. 이것은 지양의 의미를 헤겔적으로 이해하여 제거하는 동시에 보존하여 이끌어올린다는 뜻으로 쓴다 하더라도 마찬가지다. 어떤 경우에도 자기 사랑이 타자에 대한 감사의 의식에 비해 도덕적으로 더 악하다거나, 아니면 감사의 의식 속에 헤겔 식으로 이전의 모든 도덕적 의식의 단계가 보존되어 있다고 말할 수는 없는 일이다.

도덕적 성숙을 단선적 진보로 본 사례들 가운데 아마도 가장 유치한 것은 한국의 교육학자들에게는 너무도 잘 알려진 콜버그(L. Kohlberg)의 도덕 발달 이론이라 할 수 있을 것이다. 이것은 18세기의 속류 계몽주의 교육 이론의 현대판 변종이라 할 만한 것으로서 콜버그는 모두 여섯 단계에 따라 인간의 도덕성이 발달한다고 주장하였다. 우리는 여기서 그에 대한 세세한 논평을 할 필요가 있을 만큼 그의 주장이 가치 있는 것이라 생각하지는 않는다. 그러나 단 한 가지 이런 종류의 도덕 발달 이론에 대해 분명히 말해두어야 할 것이 있는데, 그것은 도덕성의 발달 과정을 콜버그 식으로 단선적으로 규정하는 것은, 어떤 것이든지 간에 그리고 아무리 그럴 듯한 이론적 가면을 쓰고 나타난다 하더라도, 원칙적으로 도덕성에 대한 무지의 소산이며 숨겨진 지배욕의 소산이라는 사실이다. 콜버그의 도덕 발달 이론은 통속적으로 번안

된 칸트 식 정의론에 입각하고 있다. 하지만 철학에 조금이라도 조예가 있고 윤리학적 문제에 대해 진지하게 사유해본 사람이라면 칸트 식의 보편 도덕이 니체 식의 자기 중심적 윤리에 비해 반드시 우월하다고 단정할 수 없다는 것을 잘 알 것이다. 칸트의 입장에서 보자면 니체는 아예 도덕을 알지 못하는 무뢰한이지만, 니체의 입장에서 보자면 칸트 식으로 선량한 사람들이란 퇴폐의 시작이요 종말의 발단일 뿐이다. 여기서 우리는 칸트 식 도덕과 니체 식 도덕 사이의 대립을 세세하게 논할 수는 없지만, 칸트가 추구한 가치와 니체가 추구한 가치 사이에서 하나가 다른 것보다 일방적으로 우월하다고 말하는 것이 무모한 일이라는 것만은 분명히 말해둘 수 있을 것이다. 사정이 이러함에도 불구하고 도덕 교육의 교과 과정을 이런저런 도덕 발달 이론에 의존해서 수립하려 한다면, 이는 인간의 도덕성을 한 가지 방식으로 규정하고 자기 식으로 전유하겠다는 것으로서 아무리 객관적인 이론의 탈을 쓰고 나타난다 하더라도 숨겨진 지배욕의 표출 이외에는 아무것도 아니다.

하지만 모든 교육은 어떤 의미로든 도덕적 성숙을 목표로 삼아야 하는 것이 아닌가? 초등학교 1학년보다는 고등학교 3학년이 당연히 도덕적으로 더 성숙한 사람이 되도록 이끄는 것이 도덕 교육의 과제가 아닌가? 물론이다. 만약 발전과 성숙이 없다면, 교육은 존재 이유가 없을 것이다. 그러나 성숙이 발전이라는 것을 우리가 인정한다면 그 발전의 길을 찾아야 하는 것이 아닌가? 그렇다. 우리 역시 선의 이념이 자기를 드러내는 과정은 또한 도덕적 의식의 성숙의 과정이라는 것을 인정한다. 하지만 우리는 도덕적 성숙이란 말로 무엇을 의미하는가? 먼저 부정적으로 말하자면 그것은 결코 콜버그가 말한 식의 단선적 진보는 아니다. 다시 말해 그것은 하나의 열등한 가치관을 버리고 좀더 우월한 다른 가치관으로 나아가는 과정을 의미하지 않는다. 한마디로 말하자면 도덕적 성숙이란 만남의 능력의 성숙이다. 가치들은 대립한다. 만남은 대립적 가치들 사이에서 일어난다. 미성숙한 정신은 하나의 가치에 집착하는 정신이다. 그러나 성숙한 정신은 대립하는 가치들을 매개하고 자기 속에서 만나게 한다. 자기애가 미성숙한 상태이고 타인에 대한 감사가 성숙한 상태인 것이 아니라 자기애와 타인에 대한 감사를 같이 생각할 수 있는 것이 바로 도덕적 성숙인 것이다. 바로 이런 의미의 성숙이 도덕 교육이 추구해야 할 도덕적 의식의 성숙이다.

우리가 생각하는 도덕적 성숙은 자유와 주체성의 확장 이외에는 아무것도 없다. 부정적으로 말하자면 착한 사람이나 정의로운 사람을 만드는 것이 도덕 교육의 목표가 되어서는 안 된다. 그 이전에 인간이 자기의 주인이 되는 것이야말로 도덕 교육의 진정한 목표가 되어야 한다. 교육받지 않을 때, 인간은 결코 정신의 노예 상태를 벗어날 수 없다. 그때 그는 자연적 욕망과 충동의 노예며 편견의 노예이고 외부에서 주어지는 타율적 강제의 노예일 수밖에 없다. 그런 노예 상태에서 벗어나게 하는 것이 교육의 일인 바, 이는 특히 도덕 교육의 경우에 가장 본질적인 가치다. 그러니까 이런저런 가치관을 학생들에게 주입하여 기성 세대가 생각하는 착한 아이들을 만드는 것이 아니라, 무엇이 좋은 것이고 또 선한 것인지를 스스로 판단하고 행위하며 또한 그에 대해 책임지는 그런 긍지 높은 자유인을 기르는 것이야말로 도덕 교육의 가장 중요한 목적인 것이다.

그러나 우리가 기회 있을 때마다 말했던 것처럼, 자유와 주체성이 고립된 홀로 주체의 자기 실현이 아니라 서로주체성 속의 만남을 통해서만 온전히 실현되는 한에서 주체성은 언제나 타자와의 만남의 선물이다. 참된 만남이 온전한 주체성을 낳고 온전한 주체성이 참된 만남을 가능하게 하는 바, 만남과 주체성 이 둘은 본질적으로 뗄 수 없이 공속한다. 그것은 주체성이 본질적으로 서로주체성이기 때문인데, 나와 네가 서로 만나지 않는 곳에서 주체성은 불가능하며, 나와 네가 서로에게 주체적이지 않은 곳에서 서로 간의 참된 만남 또한 가능하지 않기 때문이다. 그러므로 만남은 도덕 교육의 쐐기돌이다. 우리가 앞에서 상이한 가치들 사이의 만남과 매개의 능력이 도덕적 성숙의 징표라 말한 것 역시 도덕 교육이 추구하는 주체성이 본질적으로 서로주체성이기 때문이다. 도덕 교육이 문제삼는 선 또는 가치는 언제나 어떤 주체의 입장과 관점에 연루되어 있다. 왜냐하면 좋음의 주체가 없을 때는 좋은 것이 있을 수 없기 때문이다. 아리스토텔레스가 말했듯이, 좋은 것이란 언제나 '우리가 바라는 것'이다. 그것을 바라는 주체가 없을 때는 좋은 것도 있을 수 없는 것이다. 그런데 주체가 고립된 홀로주체성을 벗어날 수 없다면 자기에게 좋은 것은 그 자체로서 자기에게 좋은 것일 것이다. 그러나 주체성이 서로주체성이라면 이야기가 달라진다. 서로주체성 속에서 나는 언제나 너와의 만남 속에서만 내가 된다. 다시 말해 여기서 나는 오직 너와 함께 공동 주체인 우리가 되는 한에서만 개별적 주체인 나도 될 수 있다. 따라서 '나에게 좋은 것'이란 말은 더 이상 단순히 개별적 주체인 나에게 좋은 것이라고만 이해될 수 없다. 내가 오직 너와의 만남 속에서만 내가 되기 때문에 나에게 좋은 것은 너와의 만남 속에서만 좋은 것이 될 수 있다. 물론 그 만남의 방식은 너무도 다양하여 한 가지로 규정할 수 없는 까닭에 여기서 우리는 상투적으로 나에게 좋은 것이 동시에 너에게도 좋아야 한다는 식으로 그 만남의 준칙을 일반화시킬 수는 없다. 그럼에도 불구하고 한 가지 분명한 것은 좋은 것이 고립된 홀로 주체의 입장과 관점에 고착될 수는 없다는 사실이다. 무엇이 좋은 것이고 나쁜 것인지를 결정하는 것은 나와 너의 만남이다. 선의 규정 근거는 주체에게 있으나, 그 주체가 서로주체성 속에서만 발생하는 까닭에 선과 악의 본질적 규정 근거는 고립된 홀로 주체로서의 나의 욕구가 아니라 나와 너의 만남인 것이다. 이런 의미에서 도덕적 성숙이란 만남의 능력의 성숙이다. 편협하고 피상적인 만남에서 좀더 넓고 좀더 깊은 만남으로 나아가는 것이야말로 도덕적 성숙의 길인 것이다.

그러나 그 성숙 과정에도 내적 연관성이 있고 성장의 법칙이 있을 것이다. 의식의 자연스런 성장 과정 속에서 어떤 가치를 먼저 다루고 어떤 가치를 나중에 다루어야 할 것인가 하는 것이 문제가 되는 까닭도 여기에 있다. 여기서 우리는 가능한 한 임의성을 배제하고 가장 보편적인 이성의 사실에 입각하여 도덕 교육의 단계를 규정하기 위해 다음의 두 가지 의식의 자연적 성장의 원칙을 도덕 교과 과정의 구체적 정립을 위한 대 전제로 삼으려 한다. 첫째로 인간의 마음은 원칙적으로 **수동성**에서 **능동성**으로 발전해간다. 우리는 학생들의 정신이 가능한 한 순수한 능동성 속에서 발휘되기를 바라지만 현실적으로 정신은 수동성에서 시작하여 능동성을 향하여 느리게 발전해간다는 것을 인정해야 한다. 교육은 각 단계에 알맞은 방식으로 학생들의 정신을 능동성을 향해 자극해야 할 것이다.

다음으로 우리가 주목하는 두 번째 원칙은 인간의 마음은 개별적 인식과 깨달음에서 보편적이고 총체적인 인식과 깨달음으로 나아간다는 사실이다. 인간의 인식의 전개는 처음에는 자기 주위의 개별적인 사실들을 인식하는 데서 시작된다. 엄밀하게 말하자면 이 최초의 앎은 인식이라기보다는 경험이다. 그러나 우리는 낱낱의 경험들을 연관성 속에서 이음으로써 그것들을 상호 관계 속에서 사유하게 되며 이를 통해 비로소 온전한 의미에서 인식의 단계로 나아간다. 이처럼 경험들을 낱낱의 개별성 속에서 조각 내보지 않고 그것을 관계성 속에서 바라보는 것만으로도 중대한 정신적 진보임에는 틀림없으나, 그것만으로 인식의 여정이 끝나는 것은 아니다. 왜냐하면 국지적 인식의 연관성만으로는 아직 우리의 현실이 하나의 총체성 속에서 파악되지는 않기 때문이다. 각각의 인식이 나름의 통일성을 보여준다 하더라도 하나의 인식 영역과 다른 인식 영역 사이에는 여전히 넘을 수 없는 심연과 장벽이 가로놓여 있을 수 있는 것이다. 정신은 모든 것을 하나의 총체성 속에서 파악하기 전까지는 안식하지 못한다. 아마도 그 총체성이란 끝끝내 도달할 수 없는 이념으로 남겠지만, 그렇더라도 그것은 우리의 인식이 지향하는 영원한 목표가 된다. 그리고 이처럼 정신이 **개별성**에서 **총체성으로** 발전해나가는 한에서 도덕 교육의 단계 역시 그 발전 과정에 상응하여 구분되어야 할 것이다.

이 원칙은 특히 초등학교에서부터 고등학교에 이르는 전체 도덕 교육 과정의 대강을 수립할 때 특히 유념해야 할 원칙이다. 즉, 저학년으로 갈수록 개별적 사례들의 수동적 받아들임이 더 강조되어야 하며, 고학년으로 감에 따라 총체성에 대한 능동적 사유가 강조되어야 한다.

2) 도덕 교육의 세 가지 방법론적 계기

위의 두 가지 대전제에 입각하여 우리는 도덕 교육 과정을 크게 세 단계로 나누어볼 수 있을 것이다. 첫째로 도덕 교육은 학생들에게 도덕적 모범을 구체적으로 보여주어야 한다. 인간은 이성적 존재이기 이전에 감성적 존재인 까닭에 경험적으로 자극을 받고 촉발되지 않으면 도덕성 역시 계발될 수 없기 때문이다. 그러므로 도덕 교육의 출발은 학생들이 먼저 도덕적 모범을 접하고 그에 감동을 받는 것이다. 여기서 도덕적 모범은 훌륭한 인물이 아니라 구체적 문맥 속에서 발생하는 훌륭한 행위여야 한다. 막연하게 훌륭한 사람이 되려는 욕구는 십중팔구 정신의 허영을 낳을 뿐 참된 도덕성의 함양을 위해서는 그다지 도움이 되지 않는다. 또한 똑같은 행위라면 모범적 행위의 주체는 허구적 인물인 것보다는 역사적 실존 인물인 것이 더 바람직하다. 허구적 인물의 행위는 아무리 모범적이더라도 가능성의 세계에 존재하는 까닭에 현실적으로 존재했던 사람의 행위에 비하면 학생들에게 주는 충격과 감동의 정도가 약해질 수밖에 없기 때문이다.

예를 들어 '큰 바위 얼굴'의 일화는 허구적인 이야기라는 점에서도 그렇지만 추상적이라는 점에서 학생들의 허영심을 자극할 수는 있을지 모르나 도덕성을 계발할 수는 없다. 그에 비하면 조선시대 사육신의 죽음이나 로마의 집정관 레굴루스(M. Atilius Regulus)의 죽음은 학생들에게 훨씬 더 강렬한 도덕적 감동을 줄 것이다. 특히 뒤의 이야기는 실존 인물의 역사적 사실에 기초하고 있으며 행위가 구체적이라는 것 외에도 그의 죽음이 단순한 감동을 줄 뿐 아니라 진지한 도덕적 반성도 촉발한다는 점에서 이상적인 일화라 할 수 있다.

레굴루스는 포에니 전쟁기에 로마의 집정관을 지낸 사람인데, 기원전 256년에 동료 집정관 만리우스 불소(L. Manlius Vulso)와 함께 바다 건너 카르타고를 직접 공격하였다. 카르타고인들이 이들의 침공에 응대하지 않고 성 안에서 농성하자 불소는 로마로 돌아가고 레굴루스 홀로 전쟁을 계속하였다. 그는 처음에는 승리를 거두었으나 마지막에는 치명적인 패배를 당해 포로가 되었다. 당시 카르타고는 전쟁을 계속하기 어려운 상황에 있었으므로 레굴루스를 이용하여 로마와 휴전을 맺으려 하였다. 카르타고인들은 레굴루스에게 로마로 돌아가 원로원을 움직여 카르타고와 강화를 맺게 하겠다고 맹세한다면 석방하겠노라고 제안했다. 레굴루스는 그들이 원하는 대로 하겠다고 맹세한 후 자유의 몸이 되어 로마로 돌아왔다. 하지만 그는 원로원에서 지금은 휴전이나 강화를 할 때가 아니라고 주장하였다. 카르타고인들이 로마와 강화를 맺기 원하는 까닭은 그들의 약점 때문에 전쟁을 계속하기 어려워서 그런 것이므로 이런 때일수록 더욱 강하게 카르타고를 공격해야 한다고 주장했던 것이다. 그렇게 맹세를 어긴 뒤에 그는 주변의 만류를 뿌리치고 다시 카르타고로 돌아갔다. 그리고 카르타고인들과의 약속을 어긴 대가로 사방으로 못이 박힌 나무 상자 속에 갇혀 죽었다고 한다. 그는 로마의 집정관으로서 의무를 다한 다음 개인으로서 약속을 어긴 대가를 죽음으로 갚았던 것이다.[1]

이 일화는 그 자체로서도 우리에게 충격에 가까운 감동을 주지만 복잡한 도덕적 물음을 유발하기 때문에 더 생산적이다. 이를테면 우리는 이 일화를 통해 전쟁터에서 적과의 약속이라는 것이 무슨 의미를 가질 수 있는지, 개인적 의무와 시민적 의무가 충돌할 때 어떻게 해야 하는지 등의 물음을 던지지 않을 수 없게 된다. 이런 물음은 학생들을 자연스럽게 도덕적 반성의 길로 인도할 수 있다.

도덕 교육의 두 번째 방법론적 계기는 대립하는 도덕적 입장들의 제시다. 모범적인 실례의 제시가 학생들의 도덕적 감수성을 자극한다면, 대립하는 도덕적 입장들의 제시는 학생들의 도덕적 이성을 예민하게 한다. 이를 통해 학생들은 스스로 도덕적 규범을 비판하고 정립하는 능력을 함양할 수 있다. 예를 들면 우리는

---

1) K. Ziegler u. W. Sontheimer, *Der Kleine Pauly, Lexikon der alten Welt in 5 Bänden* Band 4 (München, 1979), 1368쪽.

학생들에게 효도에 대하여 다음과 같은 정반대의 두 입장을 제시하고 스스로 생각해볼 것을 권할 수 있다. 하나는 『맹자(孟子)』에 나오는 이야기로서, 맹자의 제자가, 만약 순 임금의 아버지인 고수가 살인을 저질렀다면 아들인 순 임금이 어떻게 해야 하는가를 맹자에게 물었을 때, 맹자는 그런 경우라면 순 임금은 임금의 자리를 버리고 아버지를 모시고 멀리 도망가야 할 것이라고 가르쳤다.[2] 다른 이야기는 플라톤의 『에우튀프론(Euthyphron)』에 실려 있는 이야기인데, 이 대화편에 등장하는 에우튀프론이란 청년은 아버지가 집안의 노예를 죽게 했다 하여 아버지를 법정에 고발하러 가는 길에 소크라테스를 만나 과연 그런 상황에서 아들이 아버지를 고발하는 것이 합당한 일인지를 두고 소크라테스와 토론을 벌인다. 이 두 경우는 똑같이 아버지가 살인을 범했다는 상황을 전제하고 있으나 그 아들들이 정반대의 행위를 한다는 점에서 정면으로 대립된다. 그런데 우리의 입장에서 보자면 순 임금처럼 행위하는 것도 받아들이기 어렵지만 에우튀프론처럼 행위하는 것도 받아들이기 어렵다. 순 임금의 예를 들어 맹자가 가르치는 효도는 자식의 주체성을 전혀 인정하지 않는 것이니 자유롭고 주체적인 인간성에 정면으로 반하는 것이지만, 그렇다고 해서 에우튀프론처럼 자기의 친아버지를 자기와 아무 상관없는 다른 사람 취급을 하는 것 역시 칭찬할 만한 일이라 할 수는 없을 것이다. 여기서 우리는 맹목적인 효도의 한계와 마찬가지로 맹목적인 법 정신의 한계를 인식하게 되고 좀더 높은 차원에서 이 대립을 지양해야 할 필연성도 깨닫게 된다. 학생들은 이런 상황에서 어떻게 하는 것이 더 도덕적인 태도이겠는지를 생각하고 서로 토론하면서 편협한 도덕적 입장을 비판적으로 반성하게 되고 더 보편적인 도덕적 원칙을 스스로 정립하는 훈련을 할 수 있다.

---

2) 맹자, 박기봉 역주, 『맹자』(비봉출판사, 1995), 458쪽 아래.

마지막으로 도덕 교육의 세 번째 방법론적 계기는 도덕적 판단력의 훈련이다. 판단력은 보편적 개념이나 법칙을 개별적 사례에 적용하는 능력이다. 아무리 올바른 도덕적 원칙을 알고 있다 하더라도 그 원칙을 구체적 상황에 잘못 적용하면 차라리 모르는 것만 못하다. 예를 들면 정직하고 거짓말을 하지 말라는 것은 마땅한 도덕적 원칙이다. 그러나 안네 프랑크가 숨어살고 있는 집 앞에 게슈타포가 들이닥쳐 안네 프랑크의 식구가 여기 살고 있느냐고 묻는다면 어떻게 해야 하는가? 어떤 도덕 법칙을 어떤 경우에 어떻게 적용해야 할지를 생각하는 것은 도덕적 판단력의 일이다. 도덕 교육은 학생들에게 도덕적 원리와 구체적 상황을 같이 제시하고 도덕적 원리를 구체적 상황에 적합하게 적용하는 훈련을 시켜야 한다.

　이 세 가지 방법론적 계기들은 도덕 교육의 시간적인 순서를 의미하는 것은 아니다. 어떤 단계에서든 이 세 가지 계기가 완전히 분리될 수는 없기 때문이다. 그러나 현실적 교육 과정에서 상대적으로 저학년으로 가면 갈수록 모범적 실례들의 제시가 중심이 되어야 하며, 고학년으로 가면 갈수록 도덕적 판단력의 훈련이 도덕 교육에서 더 큰 비중을 차지해야 할 것이라는 정도는 말할 수 있을 것이다. 즉, 초등학교에서는 모범적 실례를 중심으로 도덕 교육이 이루어질 수 있을 것이며, 중학교에서는 대립하는 도덕적 원칙들의 제시가 상대적으로 중심에 놓일 수 있을 것이라면, 고등학교 도덕 교육에서는 판단력의 훈련이 중심에 놓일 수 있을 것이다. 그러나 이런 구분은 상대적 강조점을 말하기 위한 것이요, 세 가지 방법론적 계기들이 유기적 관계 속에서 구사되어야 하리라는 것은 분명하다.

4. 도덕 교육의 세 단계

1) 초등학교 도덕 교육

인간의 정신은 수동성에서 능동성으로 발전하며, 개별성에서 총체성으로 나아간다. 그렇다면 도덕 교육의 첫 단계에서 어린이들은 받아들여야 할 것을 수동적으로 받아들여야 하며, 그것도 일반적인 것이 아니라 개별적인 사태로 받아들여야 한다. 그렇다면 그들이 가장 먼저 받아야 할 것은 무엇인가? 그것은 사랑과 인정이다. 교사가 각 학생을 개별자로서 인정하고 사랑하는 것이야말로 모든 교육의 기초요 첫걸음인 것이다. 학생이 가장 먼저 이해해야 할 개별성은 바로 자기 자신의 개별성이다. 자기가 없을 때 자기 의식이 없고, 자기에 대한 긍지가 없을 때는 학생이 아무리 많은 것을 배우고 얻는다 하더라도 그것들을 쌓아올릴 수 있는 바탕이 없는 것과 같다. 오직 자기를 소중히 여기는 정신만이 자기를 고양시키려는 긍지와 열정을 가질 수 있다. 자기를 부정하고 자기에 대한 불만에 빠져 있는 정신에게서 굳건한 도덕성을 기대할 수는 없는 일인 것이다.

그러나 인간이 자기를 세운다는 것은 어떤 경우에도 자기 홀로 가능한 일이 아니다. 모든 주체성은 서로주체성이다. 나는 오직 너와의 만남을 통해 우리가 됨으로써 내가 될 수도 있다. 나와 네가 만나 우리가 된다는 것은 서로 사랑하고 인정받는다는 것을 의미한다. 만약 성인들의 만남이 문제라면 이 사랑과 인정은 순수하게 상호적일 수 있을 것이다. 그러나 어린이의 경우에는 사정이 다르다. 이 단계에서 인간은 아직 충분히 능동적이지 않기 때문에 먼저 사랑을 받아야 하고 인정받아야 한다. 어린이들은 남에게 사랑을 받음으로써 자기를 사랑하는 법을 배우게 되며, 남에게 인정받음으로써 비로소 자기를 인정하는 법을 배우게 된다. 남을 사랑하고 인정하는 것은 그 다음의 일이다. 모든 도덕성의 바탕은 자기에 대한 긍정과 긍지다. 자기를 긍정하지 못하는 마음 바탕에서 비롯되는 모든 도덕성은 결국에는 왜곡되고 병든 도덕이 되고 만다. 인간은 자기를 건강하게 사랑할 줄 알 때 자기에 대해 긍지를 느끼고 자기를 소중히 여기게 되며, 자기를 소중히 여기는 만큼 자기의 삶과 생각과 행위를 더욱 선하고 아름답게 만들려는 의지를 가지게 된다. 그런 자기 완성의 의지로부터 모든 도덕이 시작되는 것이다. 그러므로 도덕 교육의 시원은 아이들에게 사랑을 주는 것인 바, 좋은 도덕 교사의 첫째가는 조건 역시 어린이들에 대한 거짓 없는 사랑이다.

그 사랑에 바탕하여 교사는 이제 아이들에게 그들이 반드시 지켜야 할 규범들을 제시하고 그에 따르게 해야 한다. 초등학교 도덕 교육에서 이 과정은 가장 기초적이고 필수적인 규범과 질서를 받아들이고 習慣化하는 과정이라 할 수 있다. 그 규범과 질서는 처음에는 맹목적인 것이요, 그 맹목성에만 주목하자면 부자유스러운 것이지만, 그 맹목적인 규범들은 어린이의 자기 보존과 상호 공존을 위한 것이라는 점에서 객관적으로 정당화될 수 있는 것이며, 또한 교사의 학생에 대한 사랑이 전제되는 한에서 (학생들의 입장에서) 주관적으로도 정당화될 수 있다. 인간은 너무도 약한 존재인 까닭에 자기를 지키는 법조차 남으로부터 배우지 않으면 안 된다. 자기의 교사가 학생들을 사랑하는 까닭에 다른 무엇보다 그들의 안전을 바란다는 것을 학생들이 느낄 때, 기초적 생활 규범들의 가르침은 억압과 강요가 아니라 사랑의 표현으로 받아들여지고 학생들은 자기들의 자유가 억압당한다는 반발심을 느끼지 않고 주어지는 규범에 순응할 수 있을 것이다. 그러니까 이 단계에서 규범의 객관적 근거는 자기 보존이며, 주관적 근거는 사랑이다. 이 근거 위에서 도덕 교육은 처음에는 그런 자기 보존과 상호 공존의 규범들을 구체적인 사례들을 통해 가르치고 개별적 경우에 어떻게 행위해야 하는지가 습관적으로 몸에 밸 수 있도록 반복해서 학습시켜야 할 것이다.

　이처럼 도덕 교육은 처음에는 자기 긍정과 개별적인 규범의 습득에서 출발하여 점차적으로 보편적인 도덕적 원칙의 깨달음으로 나아가야 한다. 하지만 초기 단계에서는 우리가 앞에서 제시한 인지 발달의 대전제에 따라 보편적인 도덕 원칙 역시 보편성이 아니라 개별성 속에서 제시되어야 한다. 구체적으로 말해 초등 교육의 단계에서 도덕적 원칙은 먼저 개별적 실례들을 통해 제시되어야 한다. 여기서 학생들에게 제시해야 할 실례들이 어린이의 정신에 자연스럽게 받아들여지게 하기 위해서는 그 실례들이 언제나 아름다움과 숭고라는 심미적 후광에 싸여 있어야만 한다. 도덕은 우리를 강제하여 원하는 곳으로 이끌어가려 하지만, 아름다움과 숭고는 강요하지 않으면서도 인간의 정신이 저절로 자기를 향하게 만든다. 그것을 가리켜 우리는 매력이라 부른다. 선이 아름다움과 숭고의 옷을 입고 나타날 때, 그것은 매력적인 것이 되고 닮고 싶은 것이 된다. 그렇지 않고 선의 실례들이 순전히 도덕적인 가치로만 무장하고 아이들 앞에 나타난다면, 그것이 아이들의 존경심을 얻을지는 모르지만, 차가운 도덕은 아이들의 정신에 억압적으로 군림하는 초자아가 되지 않을 수 없을 것이다. 도덕이 정신을 일방적으로 억압하고 강제하는 권력이 아니라 정신을 온전한 자기 실현을 향하여 격려하고 북돋우는 조력자가 되도록 하려면, 그것이 언제나 아름다움과 숭고의 심미적 의상을 걸치고 나타나지 않으면 안 된다. 이런 원칙에 따라 초등학교 도덕 교육은 아이들에게 아름답고 숭고한 이야기를 통해 도덕적 행위의 모범적인 선례들을 보여줌으로써 그들로 하여금 그런 모범들을 모방하도록 자극하고 고무해야 한다.

좀더 세분해서 말하자면, 아름다움과 숭고 가운데 아름다움이 먼저 오고 숭고가 나중에 와야 한다는 것은 두말할 필요도 없다. 그리하여 같은 초등학생들이라도 저학년의 경우에는 아름다운 이야기들을 통해 도덕적 모범을 보여주어야 한다면, 고학년으로 갈수록 숭고한 이야기를 통해 도덕적 모범을 보여주어야 한다. 아름다움은 사랑과 조화에 존립하지만 숭고는 불화와 다툼을 반드시 전제한다. 더 나아가 아름다움은 마음의 조화로운 유희 상태를 낳지만 숭고는 정신의 긴장을 동반한다. 숭고한 정신의 긴장 상태는 바로 도덕적 상황이 조성하는 긴장에서 비롯된다. 따라서 이미 칸트가 정확하게 지적했듯이 숭고는 아름다움과 달리 그 자체 속에 도덕적 정신의 씨앗을 내포하고 있다.3) 아름다움은 인간의 마음을 사랑으로 채움으로써 가장 넓은 의미의 도덕적 소질의 바탕을 잠재적으로 마련해주지만, 숭고는 인간의 마음에 용기를 불러일으킴으로써 인간의 도덕적 감정을 직접적으로 불러일으킨다. 그러니까 어린이들의 마음속에 숭고한 감성을 일깨우는 것은 그들을 도덕적 감수성으로 인도하는 마지막 관문이라 할 수 있다.

초등학교 도덕 교육은 이런 구체적 실례들에 대한 매혹과 모방의 과정을 통해 어린이들의 **도덕적 감수성**을 일깨워야 한다. 도덕적 감수성이란 무엇이 옳고 그른 것인지를 식별하는 능력이지만, 그것을 이성이 아니라 직접적인 감성적 차원에서 느끼고 판별하는 능력을 말한다. 그것은 추론적 사유에 앞서서 우리의 감정이 정서적으로 수행하는 가치 판단이라 할 수 있다. 아름다움에 깊

---

3) 칸트, 『판단력비판』, B 111, § 29. "사실상 우리가 문화를 통하여 「숭고한 것을 느낄 수 있도록」 준비되어 있는 까닭에 숭고하다고 부르는 것이 도덕적 이념이 아직 발전되지 않은 야만적 인간에게는 단지 위협적인 것으로 나타날 뿐이다."

이 매혹된 정신은 추론에 앞서 정서적으로 폭력과 불화보다는 조화와 사랑에 직접적인 친화성을 느낀다. 그것은 아름다움이 사랑과 조화에 존립하는 것이기 때문이다. 마찬가지로 숭고한 정신은 크고 위대한 것에 존경심을 느끼지만 작고 비천한 것에 대해서는 멸시를 느낀다. 이런 느낌은 의식적 도덕 이전에 감정이 느끼는 것으로서 반성적 도덕 의식보다 오히려 더 강력하고 지속적인 것이다. 따라서 이 단계에서의 감정 교육이야말로 거의 평생을 지속하는 도덕성의 참된 기초를 설정하는 것이다.

그런데 우리가 초등학교 과정에서 도덕 교육이 미적 감동을 통해 도덕적 감수성의 계발에 초점을 맞추어야 한다고 말하는 것에 대해 인간의 능동적 사유 능력이 초등학교 과정에서도 얼마든지 계발될 수 있으며 또 계발되어야 한다는 반론이 제기될 수 있다. 이런 가능한 반론에 대해 우리는 먼저 초등학교 과정에서 미적 감동을 매개로 한 도덕 교육이 결코 지성적 사유의 훈련을 배척하는 것이 아니라고 대답할 수 있을 것이다. 당연히 초등학교 단계에서도 학생들이 품을 수 있는 수많은 형이상학적이고 윤리학적인 물음이 있으며, 그런 모든 물음에 대해 스스로 생각할 수 있는 능력을 길러주는 것은 그 단계에서 교육이 떠맡아야 할 과제다. 그리고 초등 도덕 교육이 한두 해로 끝나는 것이 아닌 한에서 그것이 학생들을 수동적 감수성의 단계에 붙들어두는 것이 아니라 자연스럽게 능동적이고 자발적인 생각의 길로 나아가도록 인도해야 한다는 데 대해서도 아무런 이의가 있을 수 없다.

그럼에도 불구하고 우리는 전체 학교 교육 과정에서 저학년으로 갈수록 상대적으로 수동적 감수성의 몫이 중요하다는 것과 그 수동성이 단순한 타율성에 떨어지지 않게 하기 위해 미적 감수성을 활용할 필요가 있다는 것 그리고 마지막으로 적어도 초등학교 도덕 교육 과정 속에서 과도한 지성적 훈련은 일반적으로 도덕성의 함양에 기여하기보다는 해가 되는 경우가 많다는 것을 분명히 해둘 필요가 있다고 생각한다. 구체적으로 말해 오늘날 초등학교 과정의 어린이들에게 철학적 사유 능력을 일깨우고 비판적 사고 방식을 진작시킨다는 의도에서 독서와 토론을 통해 아이들을 논리적으로 훈련시키는 것은 다른 면에서는 입장의 차이를 보이는 사람들 역시 똑같이 인정하는 시대의 유행 비슷한 것이 되었다. 극성스런 학부모는 자기 자식을 명문대에 집어넣기 위한 준비의 일환으로 논술 교육 삼아 아이들을 일찍부터 말 잘하고 글 잘 쓰는 사람으로 키우려 하며, 한국의 주입식 교육을 비판하는 선량한 교육자들은 그런 타율적 교육을 극복하기 위해 일찍부터 비판적 사고 훈련이 필요하다고 생각한다. 물론 우리는 이런 입장이 다 틀렸다고 생각하지는 않는다. 철학적 · 비판적 사고 훈련은 어느 날 갑자기 새로 시작할 수 있는 것이 아니라 학교 교육의 첫 단계에서부터 단계적으로 이루어져야 하겠기 때문이다. 하지만 그럼에도 불구하고 우리는 단순히 비판적 사고와 토론의 훈련이 학생들을 도덕적으로 만들어주는 것이 아니라는 것을 강조해두어야 하겠다. 물론 중등 교육 과정에서 토론 없이 학생들에게 덕목을 일방적으로 주입하려는 것은 참된 도덕성의 확립을 위해 치명적인 해독이다. 하지만 마찬가지로 초등학교 저학년 학생들을 토론을 통해 덕으로 이끌 수 있다고 믿는 것 역시 마찬가지로 부적절한 일이다. 루소는 『에밀(Emile)』에서 그 당시 계몽주의자들이 아이들을 무작정 토론을 통해 교육하려는 것에 대해 이렇게 비판했다.

아이와 함께 토론하라 — 이는 로크의 중요한 준칙이었다. 그것은 오늘날 대단히 유행하고 있다. 그러나 그 결과는 그것을 신용하게 하지 않는다. 나는, 어른과 여러 가지 토론을 해온 아이처럼 어리석은 자는 없다고 생각한다. 인간의 모든 능력 중에서 이른바 다른 모든 능력들을 복합한 능력인 이성은, 가장 까다로운 길을 통해 그리고 가장 늦게 발달한다. 그럼에도 불구하고 사람들은 그것을 사용하여 다른 능력을 발달시키려 하고 있다. 훌륭한 교육이란 이성적인 인간을 만드는 것이다. 그런데도 사람들은 이성에 의해 아이를 교육하려 한다. 그것은 교육을 맨 끝에서부터 시작하는 것이다. 목표를 수단으로 삼으려고 하는 것이다. 아이가 이치를 분별한다면, 그들을 교육시킬 필요는 없다. 그런데 사람들은, 아주 어릴 때부터 아이가 조금도 알아듣지 못하는 말을 아이에게 함으로써 말만으로 만족하는 습관을 길들여주고, 또 사람이 말하는 것을 모두 검토시켜, 자신을 선생과 똑같은 슬기로운 인간으로 생각하게 하여 논쟁을 좋아하는 반항아가 되도록 가르치고 있다.[4]

여기서 루소가 아이들이 반항아가 될까봐 토론을 멀리하라는 것은 아니다. 문제는 무의미한 반항, 자기 자신도 그 의미를 모르면서 단지 논쟁에서 이기기 위해 제기하는 비판이다. 토론은 자기의 입장과 주장이 있는 사람에게 의미 있는 것이지만 아직 자기가 형성되지 않은 사람에게는 사실은 불가능한 일이다. 아직 세상의 많은 문제들에 대해 자기의 입장이 확립되지 않은 아이들을 토론하는 인간으로 기르는 것은 결과적으로 토론을 유희로 만들고 아이들을 어떤 입장도 진지하게 견지하지 않으면서 다만 남을 이기기 위해서만 비판하는 위선자들로 만들 뿐인 것이다. 아이들에게 어울리는 비판적 사유는 토론과 비판이 아니라 듣는 것과 묻는 것이다. 이해하고 질문하는 것이야말로 이 단계에서 공허한 토론보다 훨씬 더 중요한 지적 훈련인 것이다.

게다가 지성적 토론은 사람의 도덕성을 길러주지 못한다. 이는 변호사들이 도덕 군자가 아닌 것과 마찬가지다. 파스칼(B. Pascal)

---

4) 루소, 민희식 옮김, 『에밀(*Emile*)』(육문사, 1993), 96쪽.

이 말했듯이 가슴은 머리가 알지 못하는 다른 논리를 가지고 있다.[5] 도덕은 도덕적 성숙의 논리에 따라 계발되어야 한다. 물론 이것이 지성적 성숙을 배척하는 것은 아니다. 하지만 어떤 경우에도 도덕적 성숙이 지성적 성숙에 자동적으로 뒤따르는 것이라 할 수는 없다. 그런 의미에서 초등학교 과정에서 비판적 사고 훈련은 도덕 교육의 주된 과제는 아닌 것이다. 이 단계에서 중요한 것은 도덕적 반성 능력의 토대를 닦는 일이지만, 그 토대는 비판적 사고 능력이 아니라 도덕적 감수성이다. 한마디로 말해 머리가 아니라 가슴이 문제인 것이다.

3) 중학교 도덕 교육

초등학교 과정에서 도덕적 감수성이 일깨워진 학생들은 이제 중학교 과정에서는 선의 개념 및 그에 귀속하는 모든 도덕적인 일들을 능동적으로 생각하는 법을 배워야 한다. 주어지는 도덕적 모범을 받아들이고 그에 감동하는 것이 상대적으로 수동적인 과정이라면 무엇이 선인지를 스스로 생각하는 것은 그에 비해서는 능동적인 활동이다. 그것은 이제 무엇이 옳고 그른지를 스스로 판단하고 결정하는 활동이요, 더 나아가 좋은 것을 스스로 형성하는 활동이기 때문이다. 그러나 생각하는 것이란 무엇인가? 모든 생각은 그 자체로서는 규정하는 일이다. 쉽게 말해 일과 사물에 이름을 붙이는 것, 그것이 생각의 일인 것이다. 이름을 붙인다는 것은 구별한다는 것을 필연적으로 수반한다. 어떤 것을 어떤 것이라 부르는 것은 그것을 이제 그것 아닌 다른 모든 것들, 즉 아닌-그것과 구별하는 것을 의미하는 것이다. 이런 사정은 비단 이론적 인식의 문제뿐만 아니라 도덕적 문제에 대해 생각하는 경

---

5) 파스칼, 하동훈 옮김, 『팡세』(문예출판사, 1992), 116쪽, 277번.

우에도 마찬가지다. 정신이 도덕적 일에 관해 생각한다는 것은 무엇이 좋고 무엇이 나쁜지를 규정하고 구별한다는 것을 의미한다. 생각하면 어떤 것이 좋은 것이고 나쁜 것인지가 언제나 고정되어 있는 것은 아니다. 아니 더 나아가 모든 것이 좋은 것일 수도 있고 나쁜 것일 수도 있다는 점에서 있음은 근원적으로 가치 있음이지만, 각각의 일과 사물에 관해서 보자면 어떤 것이 좋고 나쁜지는 원칙적으로 유동적인 것이요, 언제라도 새로이 규정될 수 있는 것이다. 한 사람의 세계는 무엇이 좋고 나쁜지가 어떻게 규정되느냐에 따라 달라진다. 어떤 사람에게는 돈이 최고의 가치일 수도 있지만 다른 사람에게는 사랑과 우정이 최고의 가치일 수도 있는 것이다. 무엇을 가장 가치 있는 것이라 규정할 것인지는 근원적으로 각 사람의 자유에 맡겨진 일인 바, 정신은 그렇게 선과 악, 좋은 것과 나쁜 것을 능동적으로 규정함으로써 도덕적 세계, 즉 가치의 세계를 형성하는 주인이 된다.

그런데 생각은 무언가 생각하지 않을 수 없는 필연성이 없을 때는 활동하려 하지 않는 타성이 있다. 도덕적 문제에 대해서도 모든 것이 자명한 것으로 주어질 경우에는 정신은 아무것도 골머리를 썩이려 하지 않는다. 오직 외부적 자극이 생각하지 않을 수 없도록 만들 때, 정신은 비로소 싫어도 생각하기 시작하는 것이다. 중학교 과정에서 도덕 교육은 바로 그 과제를 떠맡아야 한다. 즉, 그것은 아름다움과 숭고의 무지개 아래 천진난만하게 유희하고 있는 정신을 생각의 노동으로 내몰아야 하는 것이다. 그럼에도 불구하고 현재의 도덕 교과서는 우리가 앞에서 보았듯이 처음부터 끝까지 각종 규범들을 반박하지 말고 따를 것을 요구할 뿐 무엇이 옳고 무엇이 그른지를 학생들 자신이 스스로 생각할 것을 요구하지는 않는다. 그리하여 그것은 학생들에게 생각하지 말고 따르라고 윽박지르는데, 바로 여기에 도덕 교육의 파탄이 있는 것이다.

   그렇다면 학생들로 하여금 좋은 것과 나쁜 것을 스스로 생각하고 규정하도록 자극하기 위해 교육이 할 수 있고 또 해야 할 일이 무엇인가? 그것은 학생들에게 도덕의 모범도 당연히 지켜야 할 규범도 아니라, 과연 그것이 좋은 것인지 나쁜 것인지를 간단히 규정하기 힘든 도덕적 상황을 문제로서 주는 것이다. 이런 의미에서 중학교의 도덕 교과서는 지당하신 훈화집이나 규범집이 아니라, 옳고 그름의 해답을 스스로 찾아야 하는 어려운 문제집이어야만 한다. 생각하면 도덕의 세계에는 아무것도 자명한 것이 없다. 오직 도덕이 무엇인지 모르는 사이비 도덕 교육자들만이 자기도 그 뜻을 다 모르는 규범들을 자명한 것인 양 학생들에게 무조건 믿으라고 강요하는 것이다. 우리는 아래에서 중학교 단계에서 학생들에게 주어야 할 도덕적 문제들을 좀더 자세히 살펴보겠지만, 과연 무엇이 좋은 것이고 무엇이 나쁜 것인가 하는 것부터가 자명한 것이 아니다. 여기서 한 걸음 더 나아가 무엇이 도덕적으로 옳은 것이고 무엇이 그른 것인가를 묻는다면 이것에 대해서 역시 자명하게 주어진 원칙이 있는 것이 아니다. 게다가 너무도 자주 우리는 좋은 것과 옳은 것 사이에서 갈등을 겪게 된다. 도덕군자연 하는 사람들은 이 경우에 마치 자동적으로 우리가 좋은 것이 아니라 옳은 것을 선택해야 한다고 말하는 경향이 있지만, 그것 역시 그렇게 간단히 결정할 수 있는 문제는 아니다. 인간의 도덕성은 무제약적인 자유의 능력이 아닌 까닭에 도덕적 자유의지는 어쩔 수 없이 인간이 벗어날 수 없는 필연성과 동거하지 않을 수 없다. 언제나 옳고 의로운 것만 지키려는 자유 의지가 필연성과 충돌할 때, 필연성의 요구를 어디까지 받아들이느냐 하는 것은 처음부터 정해져 있는 것이 아니어서 때마다 우리의 새로운 도덕적 숙고를 요구하는 과제다. 그러나 이런 충돌이 도덕적 자유와 자연적 필연성 사이에서만 벌어지는 것도 아니어서, 동등하게 도덕적인 필연성 곧 도덕적 의무들 역시 적대적으로 충돌하기는 마찬가지다. 이를테면 불행한 시대에 가장의 의무를 다하는 것과 시민(또는 국민)의 의무를 다하는 것이 충돌할 때, 우리는 과연 무엇이 선한 일이고 무엇이 악한 일이라 말할 수 있는가? 그리고 좋은 시민이 되는 것과 좋은 인간이 되는 것이 충돌할 때 과연 어떤 의무가 더 우선하는 의무라고 말할 수 있겠는가? 루소가 "애국심과 인간성은 양립하기 힘든 두 개의 덕이라"고[6] 말했을 때, 그는 근대적 인간의 내적 분열을 정확하게 꿰뚫어보고 있었던 것이다.

이런 예는 들기 시작하면 끝이 없다. 라이프니츠가 도덕적 문제조차 계산을 통해 해결하고 싶어했다는 것은 도덕적 문제가 계산 불가능하다는 것을 역설적으로 웅변한다. 그것이 계산 불가능하기 때문에 도덕적 문제는 인간의 자유 의지에 맡겨져 있는 것이다. 학생들은 이제 서로 충돌하는 가치들 사이에서 무엇이 더 가치 있는 일인지 치열하게 생각하는 법을 배워야 하며 그렇게 스스로 생각하고 판단한 것에 대해 책임질 수 있는 능력을 길러야 한다. 그러나 정답이 없는 곳에서 스스로 생각하는 것은 힘들고 귀찮은 일이며, 스스로 결정한 일에 대해 책임을 지는 것은 더욱 두려운 일이다. 하지만 아무리 어렵고 힘들다 하더라도, 인간은 오직 스스로 생각하고 판단하며 책임지는 한에서만 자기 삶의 주인이 될 수 있다. 스스로 생각하는 정신의 노동은 긍지 높은 자유인으로 살아가려는 사람들이 지불해야 할 마땅한 대가인 것이다. 중학교 과정에서 도덕 교육의 가장 중요한 과제는 학생들에게 이 점을 이해시키고 모든 도덕적 문제들을 스스로 생각하도록 자극하고 고무해야 한다. 그리고 이를 통해 학생들의 도덕적

6) 카알 뢰비트, 강학철 옮김, 『헤겔에서 니체로』(삼일당, 1982), 242쪽.

판단력을 연마해야 하는 것이다.

여기서 우리는 이 단계에서 길러야 할 도덕적 생각의 능력이 도덕적 판단력이라는 것을 간단하게나마 조금 더 설명하려 한다. 이는 이 단계에서 도덕적인 문제를 생각함이 단순한 논리적 판정과 혼동되지 않도록 하기 위해서다. 논리학을 지나치게 좋아하는 사람들 가운데는 사람이 논리적 사유의 규칙을 지키기만 하면 모든 일에서 올바른 생각을 할 수 있다는 듯한 환상을 유포하는 사람들이 더러 있다. 그런 사람들은 학문으로서 논리학의 창시자인 아리스토텔레스가 왜 프로네시스(phronesis), 곧 실천적 지혜를 이론적 인식(episteme)과 구별하였는지를 돌이켜보는 것이 좋을 것이다. 사실 형식 논리학은 우리로 하여금 오류에 빠지지 않게 도울 수는 있으나 결코 도덕적 문제에서 자명한 진리에 이르도록 해주지는 못한다. 논리적 계산을 통해 정답을 찾을 수 없는 문제가 바로 도덕적 문제들인 것이다. 그런즉 형식 논리학이란 올바른 생각을 위한 관문이지만 거기에만 머무를 경우에는 참된 생각의 무덤이다. 비슷한 폐단이 현실적으로 나타난 경우를 우리는 이른바 7차 교육 과정 중학 도덕 교과서에서도 찾아볼 수 있는데, 중 3 도덕 교과서에 보면 상당히 장황하게 도덕적 갈등 상황을 형식적인 도덕 판단과 검사 과정을 거쳐 해결할 수 있는 것처럼 서술하고 있다. 물론 올바르게 생각하기 위해 우리가 지켜야 할 생각의 형식적 원리들이 있다. 하지만 도덕 교육은 그 원리들을 절대화시켜서는 안 된다. 도덕 교육은 구태의연한 형식 원리들로 도덕적 갈등 상황을 적당히 해결할 수 있다는 환상을 심어주기보다는 도리어 정답 없는 곳에서 하나의 판단과 결단을 내리지 않으면 안 되는 도덕적 문제 상황의 엄숙함을 느끼게 하는 것이 훨씬 더 중요하다. 물론 이것이 도덕 교육이 도덕적 상대주의를 지향해야 한다는 것을 뜻하는 것은 아니다. 학생들은 정답이 없는 곳에서 자기 나름의 대답을 찾아내지 않으면 안 된다. 그러나 그 대답을 찾는 과정은 형식적이고 계산적인 사유의 과정이 아니라 윤리적 숙고와 도덕적 성찰의 과정이어야 한다. 도덕 교육이 떠맡아야 할 일은 주어진 도덕적 문제 상황 앞에서 무엇이 좋으며 무엇이 나쁜지, 무엇이 옳으며 무엇이 그른지를 스스로 생각하고 판단하는 도덕적 판단력을 길러주는 것이다.

잘 알려진 대로 칸트의 용어법에 따르면 판단력이란 개별자와 보편적 원리를 매개하는 마음의 능력이다. 그런데 같은 판단력이라도 그 방향에서 판단력의 두 가지 일이 구별되는데, 한편에서 판단력은 주어진 보편적 원리나 법칙 아래 개별자를 포섭하여 개별자를 주어진 보편자를 통해 규정할 수도 있고, 다른 한편에서 보편자 없이 개별자(들)만 주어져 있는 상황에서 그 개별자(들)에 적합한 보편자를 찾아가는 능력일 수도 있다. 첫 번째를 가리켜 칸트는 규정적 판단력(bestimmende Urteilskraft)이라 부르고 두 번째를 가리켜 반성적 판단력(reflektierende Urteilskraft)이라 불렀다. 규정적 판단력은 규칙을 먼저 전제한 다음 개별적인 경우를 그 규칙에 따라 규정한다. 그러나 도덕적 문제의 경우에는 엄밀하게 말해 규정적 판단력으로 문제를 최종적으로 해결할 수는 없다. 왜냐하면 도덕과 가치의 세계에서는 무엇이 옳고 무엇이 그른지를 최종적으로 판정해주는 고정된 보편적 원리가 미리 주어져 있는 것이 아니기 때문이다.[7] 따라서 도덕적 문제에 관해

---

7) 이는 칸트의 생각이 아니라 우리들 자신의 의견이다. 칸트는 도덕의 문제에서도 나름의 보편적인 근본 원칙에 입각하여 개별적 준칙의 도덕성을 검사할 수 있다고 생각했다. 이를테면 준칙의 보편성의 원리, 곧 "너의 준칙이 동시에 보편적 법칙이 되기를 바랄 수 있는 그런 준칙에 따라서만 행위하라"는 원리나, "인간성을 언제나 동시에 목적으로 대하고, 결코 한갓 수단으로 사용하지 않도록 행위하라"는 원리 등을 통해 우리가 따르는 개별적 준칙의 정당성을 최종적으로 검사할 수 있다고 생각했다. 칸트의 저 원리들이 쓸모 없다고 말하는 것은 아무튼 과도한 일일 것이다. 소박하고 순수한 도덕감을 가진 사람에게 칸트의

서 선과 악 사이에 판단을 내려야 할 경우에는 규정적 판단력이 아니라 반성적 판단력이 요구된다. 즉, 우리는 무엇이 선이고 악인지 고정된 판정의 기준이나 규칙이 주어져 있지 않은 상황에서 주어진 사례에 관해 그것이 과연 좋은지 나쁜지를 판단해야 하는 것이다.

그런데 여기서 더 중요한 것은 도덕적 판단력의 경우 문제는 단순히 대상의 좋고 나쁨을 반성적으로 판정하는 것이 아니라 자기 자신의 의지와 행위의 좋고 나쁨을 판정하는 일이라는 데 있다. 이것이 같은 반성적 판단력의 일이라도 심미적 판단과 도덕적 판단이 다른 점이다. 우리가 무엇이 아름답고 무엇이 아닌지를 판정할 때, 우리는 자기의 실존을 그 판단에 실을 필요까지는 없다. 우리는 중립적인 관조자의 입장에서 대상의 미적 가치를 판정하면 그만인 것이다. 하지만 도덕적 판단의 경우에는 사정이 다르다. 여기서 판단은 단순한 대상의 관조에서 그치지 않는다. 단순히 대상의 좋고 나쁨이 문제되고 있는 경우조차도 그 대상의 가치와 무가치는 판정하는 주체의 관심 및 욕구와 결합해 있다. 하물며 나 자신의 행위의 선악이 문제인 경우에는 나의 판정은 나 자신의 삶을 형성하는 동인이 되는 것이다. 이런 의미에서 도덕적 판단은 문제가 되는 대상을 향한 판단인 동시에 언제나 자기 자신을 향한 판단이기도 하다. 이처럼 판단의 주체가 언제나 동시에 판단의 객체가 된다는 점에서도 도덕적 판단은 반성적 판

저 원리들은 자기의 행위를 규제하기에 충분하다고 생각할 수도 있을 것이다. 하지만 그 원칙들이 아무리 숭고한 것이라 하더라도 그것이 완전 무결하다고 말하는 것 역시 과도한 일일 것이다. 복잡하게 말할 것도 없이 칸트의 저 원리들은 우리로 하여금 많은 경우 무엇을 하지 말아야 할 것인지를 말해주기는 하지만 무엇을 해야 할 것인지를 말해주지는 않는다. 그것은 악을 판정하는 데는 유용한 원리이지만 우리가 적극적으로 추구해야 할 선이 무엇인지를 결정하는 데는 너무도 불충분한 것이다.

단이다. 그것은 자기에게 되돌아온다는 의미에서 반성적인 판단인 것이다. 바로 이것이 도덕적 판단이 특별히 엄숙하고 진지할 수밖에 없는 까닭이다. 사람들은 자기 자신의 문제에 관해서는 누구라도 긴장하게 마련이다. 도덕의 문제는 자기의 문제인 까닭에 엄중한 것이다. 중학교 과정에서 도덕 교육은 그렇게 자기의 문제에 대하여 무엇이 좋고 나쁜 일이며 무엇이 옳고 그른 일인지를 진지하게 반성하도록 다양한 문제 상황을 통해 학생들의 정신을 자극해야 한다.

그러나 도덕적 판단력의 함양은 중학교 과정에서 추구해야 할 첫 번째 도덕 교육의 과제이지만 아직 마지막 과제는 아니다. 우리는 이 단계에서 학생들이 자기를 위하여 무엇이 좋고 나쁜지를 판단하는 법을 배워야 한다고 말했다. 그리고 여기서 선과 악의 유동성과 판단함 그 자체의 개방성에 대해서도 간략히 설명하였다. 하지만 유동적인 것은 그것만이 아니다. 한계가 정해져 있지 않기는 '나' 또는 '자기'도 마찬가지다. 나는 누구인가? 어디까지가 나의 일인가? 휠덜린(F. Hölderlin)은 『휘페리온(*Hyperion*)』에서 그렇게 절규한 적이 있었다. — "나는 아직 한 번도 '이것이 바로 내 것이다'라고 말할 수 있는 것을 가져본 적이 없다." 하지만 생각하면 당연한 일이다. 나의 경계가 정해져 있지 않으니 어떤 것이 내 것이고 어떤 것이 내 것이 아닌지를 어떻게 규정할 수 있겠는가?

이 단계에서 도덕 교육의 과제는 자기의 한계를 확장하도록 학생들을 자극하는 일이다. 노예적 정신이 생각하는 자기는 자기의 입이다. 루소(J. J. Rousseau)는 음식을 탐하는 인간의 영혼은 그의 입 속에 있다고 야유한 적이 있었는데, 노예적 정신의 영혼이 바로 그러하다. 그의 자아는 입이 아니면 배에 있다. 고작해야 그의 자아는 자기 몸이다. 제 몸의 한계를 벗어나 자기의 한계를 한껏 넓힌다 하더라도 그의 자아는 자기 가족의 한계를 벗어나지 못한다. 꼭 거기까지가 노예적 정신의 관심의 한계인 것이다. 그러나 긍지 높은 자유인에게는 자기가 더불어 형성하고 다스려야 할 세계가 자기의 한계다. 하여 그는 자기의 세계를 지키기 위해 자기의 몸을 버리기도 하는 것이다. 그에게 자기의 몸이 아니라 자기가 주인이 된 세계야말로 보다 참된 자기이기 때문이다. 이 것은 단순한 은유가 아니다. 인간의 자기는 오직 주체성에 존립 하는데, 주체성은 본질적으로 서로주체성이다. 그런즉 나는 오직 우리 속에서만 내가 된다. 그리고 내가 너와 더불어 형성하는 우 리가 확장되면 될수록 나의 외연 역시 확장되는 것이다.

한국의 도덕 교육의 치명적인 맹점은 학생들에게 자기를 부정 할 것만을 강요한다는 데 있다. 물론 도덕은 자기 부정을 하나의 필연적 계기로 함의한다. 하지만 모든 자기 부정은 더욱 확장된 자기 긍정을 위한 것이 아닐 때, 그리하여 자기 부정이 단지 부정 을 위한 부정일 때 그것은 노예 도덕에 지나지 않는다. 하지만 자기의 천박한 욕망을 확장하는 것이 아니라 참된 의미에서 자기 자신의 주체성을 확장한다는 것은 결코 자연적으로 이루어지는 일이 아니다. 그러므로 도덕 교육은 인간의 자아가 고정된 경계 를 가진 것이 아니라 무한히 확장될 수 있는 가능성임을 일깨우 고, 자기를 더욱 넓게 확장하는 것이 인간의 참된 자기 실현을 위해 얼마나 중요한 일인지를 깨우쳐주어야 한다. 우리는 자기의 주인이 될 때 자유롭다. 그러나 누구도 자기가 사는 세계의 주인 이 되지 못하면서 자기의 주인이 될 수는 없다. 어리석은 자는 자기의 한 몸을 지킬 수 있으면 자기를 지킬 수 있으리라 생각하 지만, 우리는 오직 나라와 세계의 주인이 되는 한에서만 자기의 온전한 주인이 될 수 있는 것이다.

그러나 내가 세계의 주인이 된다는 것은 세계를 형성한다는 것을 의미한다. 그런데 세계는 칸트가 말했듯이 이념이다.8) 그것은 사물적으로 주어져 있는 실체가 아니라 우리들 자신에 의해 형성되어야 할 과제인 것이다.9) 게다가 여기서 문제가 되는 것은 가치와 도덕의 세계다. 그 세계를 현실적으로 형성하는 것은 정치의 일이지만, 이를 위해 먼저 우리는 도덕적 사유 공간 속에서 이념적 세계를 형성하는 법을 배우지 않으면 안 된다. 이런 의미에서 중학교 과정에서 도덕 교육은 도덕적 세계를 능동적으로 형성하는 능력을 기르는 것을 마지막 과제로 떠맡게 된다. 그러나 세계란 무엇인가? 그것은 존재의 전체의 이념이다. 도덕적 세계는 모든 가치 있는 것들의 전체의 이념인 것이다. 그런즉 도덕적 세계는 가치 있는 것들을 총체성 속에서 결합하는 행위를 통해 형성된다. 도덕적 세계를 형성하기 위해 학생들은 좋은 것과 나쁜 것을 분석적으로 구분하고 판별하는 것이 아니라 이제 하나의 가치와 다른 가치를 적극적으로 결합하는 법을 배우지 않으면 안 된다. 돌이켜보면 모든 생각은 단지 구분하고 나누는 일에서 그치지는 않는다. 도리어 생각은 근원적으로 보자면 결합하는 일이다. 나누는 일 역시 언제나 결합이 먼저 갈 때 가능하다. 그러니까 칸트도 말했듯이 분석은 늘 종합을 전제하는 것이다.10) 그리하여 무엇이 좋고 무엇이 나쁜지를 처음 구별하는 학생에게도 먼저 하나의 도덕적 세계가 주어져 있다. 그것은 인간이 기성 세대로부

---

8) 칸트는 경험적 대상의 총괄로서의 세계가 결코 그 자체로서 주어져 있는 것이 아니라, 경험의 통일을 추구하는 우리의 인식을 인도하는 규제적 이념이라 보았다. 이에 대해서는 『순수이성비판』의 「변증론」의 두 번째 부분인 「순수이성의 이율배반」을 참고하시오.

9) 이런 의미에서 칸트는 세계가 "결코 전체로서 주어져 있는 것이 아니라 다만 과제로서 부과되어 있다(niemals ganz gegeben, sondern nur aufgegeben)"고 말한다. 같은 책, B 526.

10) 같은 책, B 130.

터 수동적으로 물려받은 세계로서, 인간 정신의 발전 과정이 처음부터 능동적일 수 없는 한에서 누구도 물려받은 세계 없이 처음부터 자기 세계를 만들 수는 없는 것이다. 하지만 인간이 도덕적 세계의 능동적 주체가 되기 위해서는 이제 물려받은 세계를 해체하고 스스로 재구성하는 법을 배우지 않으면 안 된다. 무엇이 옳고 그른지를 규정하고 나누는 작업은 바로 그런 해체와 재구성의 첫걸음이다. 하지만 세밀하게 살펴보자면 선과 악을 규정하고 구분하는 것은 분석과 해체의 과정이다. 인간이 도덕적 세계의 참된 주인이 되기 위해서는 그 분석과 해체의 과정이 다시 종합을 지향하여 하나의 조화로운 전체를 이룰 수 있어야만 한다. 이런 문맥에서 볼 때, 도덕적인 일들을 생각한다는 것은 하나의 가치와 다른 가치를 결합하고 관계 맺는 일이다.

그러나 이 결합이 이루어지기 위해서는 그것을 가능하게 하는 끈이 있어야 한다. 그것이 바로 법칙이다. 도덕적 세계를 형성 가능하게 해주는 것은 도덕적 법칙들인 것이다. 그러므로 도덕적 세계를 스스로 형성한다는 것은 도덕적 세계의 법칙을 스스로 입법한다는 것을 의미한다. 도덕적 성품과 소질은 남이 부과하는 법칙을 타율적으로 따르는 것이 아니라 자기 스스로 법칙을 제정하는 능력에 존립한다. 그런즉 중학교 과정에서 도덕 교육이 마지막으로 마음써야 할 과제는 학생들로 하여금 보편적인 도덕 법칙을 스스로 제정할 수 있는 입법 능력을 길러주는 것이다.

4) 고등학교 도덕 교육

중학교 과정에서 도덕 교육은 도덕적 문제 앞에서 무엇이 좋고 나쁘며, 또 옳고 그른지를 스스로 생각하고 판단하는 능력을 기르는 데서 시작하여 보편적인 도덕 법칙을 스스로 입법하고 하나의 도덕적 세계를 기투하는 능력을 기르는 것을 지향하게 된다. 그러나 여기서 하나의 세계를 기투하고 형성하는 것은 더 이상 도덕적 판단력이 떠맡을 수 있는 일은 아니다. 판단력은 규정적 판단력이든 반성적 판단력이든지 간에 개별자와 보편자 사이를 매개하는 능력이기는 하지만 그 자신 보편적 법칙이나 세계의 이념을 정립하는 능력은 아니기 때문이다. 그러므로 도덕적 정신이 낱낱의 사례들에서 선악을 판단하는 데 머물지 않고 보편적 법칙을 정립하고 법칙들의 긴밀한 짜임틀 속에서 하나의 도덕적 세계를 정립하고 형성할 수 있기 위해서는 이제 보편과 특수를 매개하는 판단력에서 한 걸음 더 나아가 보편자를 그 자체로서 사유하는 이성의 단계로 나아가지 않으면 안 된다. 칸트는 판단력과 이성의 관계를 이렇게 설명한 적이 있었다.

> 형식적인 명령에 따르는 가복(家僕)이나 공복(公僕)은 단지 오성을 가질 필요만 있을 뿐이다. 자신에게 내려진 직무에 대해서 일반적인 규칙만이 지시되고 있고, 주어진 일에 대해 무엇을 해야 할 것인가는 스스로 결정하도록 임무가 맡겨진 장교는 판단력을 필요로 한다. 그러나 있을 수 있는 경우를 판정하고 이에 대해 스스로 규칙 그 자체를 안출해야 하는 장군은 이성을 가지지 않으면 안 된다.11)

여기서 칸트는 사병과 장교 그리고 장군의 경우를 예로 들면서 사병의 경우에는 오성만으로 임무를 수행할 수 있지만 장교에게는 이에 더하여 판단력이 그리고 장군에게는 이성이 요구된다고 말하고 있다. 여기서 오성(Verstand)은 이해력(understanding)이다. 그것은 말을 알아듣는 능력이다. 주어진 명령을 수행하면 되는 사병의 경우에는 오직 명령을 알아듣는 이해력이 있기만 하다

---

11) 칸트, 이남원 옮김, 『실용적 관점에서 본 인간학』(울산대 출판부, 1998), 118쪽.

면 자기의 임무를 완수할 수 있다. 이에 반해 일반 규칙만이 주어져 있고 낱낱의 경우에 어떻게 해야 할지는 스스로 결정해야 하는 장교의 경우에는 판단력을 지니지 않으면 안 된다. 그러나 보편적 규칙 그 자체를 제정해야 하는 장군의 경우에는 이성을 가져야만 한다. 하지만 규칙을 제정하는 것이 어떤 의미에서 이성의 소관인가?

그것은 규칙 또는 법칙이 본질적으로 보편적인 것이기 때문이다. 그것은 법칙을 입법하는 주체에 관해서 보자면 언제나 보편적 주체성의 일반 의지를 표현과 실현이다. 만약 법칙이 어떤 개인의 자의적 욕망의 표현이라면 그것은 더 이상 법칙으로서의 정당성을 가질 수 없다. 법칙은 누가 보더라도 당연히 수긍할 만한 것일 때만 정당성과 효력을 가질 수 있는 것이다. 다른 한편, 법칙은 그 적용 범위에 관해서도 보편성을 생명으로 한다. 법칙이 적용되는 객체의 온(全) 외연 가운데서 어떤 대상에게는 법칙이 적용되고 어떤 대상에게는 적용되지 않을 때 그것은 법칙으로서의 정당성을 상실한다. 예를 들어 같은 죄를 짓고서도 부자는 법의 심판을 피하고 가난한 자는 가혹한 심판을 받는다면 그것은 더 이상 공정한 법칙이라 말할 수 없는 것이다. 마지막으로 법칙들은 서로 간에 상충하지 않을 때 법칙으로서 효력을 가질 수 있다. 법칙들이 서로 간에 충돌 없이 조화 속에서 매개될 때 그 법칙들 전체의 짜임틀은 하나의 체계를 이루게 되는 바, 법칙들의 체계야말로 세계의 현실적 형상을 이루게 되는 것이다.

그런데 수많은 법칙들이 모여 이렇게 하나의 세계를 이루게 되는 것은 하나의 전체의 이념이요, 그 전체의 이념을 생각하는 것은 언제나 이성의 일이다. 칸트는 이것을 장교와 장군에 빗대어 전쟁의 전체 판세를 정확히 파악하고 가장 큰 전략을 세워야 할 장군에게 필요한 것이 단순한 판단력이 아니라 이성이라고 말했던 것이다. 법칙들을 수립하고 그 법칙들이 이념적 총체성의 지평 속에서 서로 충돌 없이 양립하도록, 세계의 전체상을 그리는 것은 오직 이성에게 맡겨진 일이다. 우리의 학생들을, 마치 사병처럼 주어진 낱낱의 명령에 순종하는 근면한 노예도 아니고 마찬가지로 단지 개별적 상황 앞에서 그때그때 무엇을 해야 할지를 스스로 판단하고 결정하는 장교와 같은 인간도 아니라, 장군처럼 언제나 전체 세계를 총체성 속에서 파악하고 보편적 주체로서 보편적 선을 추구하는 참된 자유인으로 교육하기 위해서는 이제 마지막으로 그들의 이성을 계발하도록 자극하지 않으면 안 된다.

물론 여기서 문제되는 이성이란 우선 도덕적 이성이다. 도덕적 이성은 똑같은 전체 세계의 이념이라도 물리적 사물이 아니라 가치의 총괄체로서 도덕적 세계를 사유할 수 있는 능력을 의미한다. 물론 도덕적 세계를 사유한다는 것은 내용 없는 공허한 통일체로서 세계라는 이름을 생각한다는 것을 뜻하는 것이 아니라 그 세계를 구체적인 형상 속에서 구성한다는 것을 의미한다. 도덕적 세계의 구체적 형상이 바로 도덕 법칙인 바, 도덕적 세계의 이념을 사유한다는 것은 따라서 도덕 법칙들을 세계의 전체상 속에서 체계적으로 정립한다는 것을 의미한다. 간단히 말해 도덕적 이성의 능력이란 이상적인 세계를 스스로 정립하고 기투(企投)할 수 있는 능력인 것이다. 그렇게 자신이 꿈꾸는 세계를 스스로 형상화할 수 있을 때, 마지막으로 인간은 자유로운 욕구와 의지의 주체가 될 수 있는 것이다.

하지만 이렇게 하나의 전체의 이념으로서 세계를 생각한다는 것은 처음부터 하나의 총괄체로서 세계를 한꺼번에 정립하고 형성한다는 것을 의미하지 않는다. 다시 말해 그것은 하나의 세계를 절대적으로 완결되고 완성된 하나의 통일체로서 정립한다는 것을 의미하지 않는다. 이런 일이 일어날 수 없는 까닭은 세계가 그렇게 고정되고 완결된 하나로 주어질 수 있는 실체가 아니기 때문이다. 이런 사정은 물리적 세계든 도덕적 세계든 마찬가지다. 우리는 마치 하나의 우주가 우리 앞에 주어져 있는 것처럼 믿고 살아가지만 사실 그런 세계는 우리 앞에 없다. 하나의 완결된 실체로서의 세계는 쉽게 말하자면 형이상학적 믿음의 대상인 바, 그것을 가리켜 칸트는 이념이라 불렀던 것이다. 물리적 세계가 그럴진대, 하물며 도덕적 가치의 세계는 더 말할 나위도 없다. 도덕적 가치들이 서로 조화롭게 매개되고 수많은 도덕 법칙들이 서로 충돌 없이 결합하여 하나의 체계를 이루는 도덕적 세계는 우리 앞에 고정되고 완성되어 주어질 수 있는 실증적 세계가 아니라 우리들 자신이 끊임없이 새로이 기투해야 할 과제로서 영원히 열려 있는 이념인 것이다.

따라서 이념으로서의 세계는 오직 종합을 통해 가능하다. 하지만 도덕적 이성이 도덕적 판단력과 다른 까닭은 이성이 선과 악이 얽힌 도덕적 문제 상황을 삶의 **총체성** 속에서 생각하는 능력이기 때문이다. 판단력은 좋은 것들과 나쁜 것들을 비교하여 그것들을 더러는 분리하기도 하고 더러는 결합하기도 한다. 마찬가지로 그것은 하나의 도덕 법칙과 다른 도덕 법칙을 비교하고, 그 법칙들을 결합하기도 하고 구분하기도 한다. 이것이 바로 판단력이 수행하는 결합 또는 종합의 일이다. 긍정뿐만 아니라 부정적 관계까지 포함하여 모든 종류의 관계 맺음이 판단력의 일인 것이다. 하지만 단순한 관계 맺음만으로는 아직 가치와 법칙들이 하나의 총체성 속에서 통일되는 것은 아니다. 이것을 위해서는 또 다른 마음의 소질이 필요한 바, 그것이 바로 이성이다. 이성은 모든 것을 하나의 총체성 속에서 고찰하려는 의지다. 우리의 마음속에 오직 그런 이성이 눈을 뜨고 활동하기 시작할 때만 우리는 삶을 파편화된 조각들이 아니라 어떤 보편의 관점으로부터 고찰하게 되는 것이다. 그러나 누구든 삶을 전체로 보기 위해서는 가능한 한 높은 곳으로 올라가지 않으면 안 된다. 아니 정확하게 말해 우리는 오직 현실의 통째로 초월할 수 있을 때만 그것을 전체로서 조감할 수 있는 것이다.

바로 이 지점에서 도덕적 사유는 좁은 의미의 윤리적 반성으로부터 형이상학적인 사변으로 넘어가게 된다. 하이데거가 표현했듯이, 형이상학이란 "존재자 그 자체를 전체로서 묻는 것(die Frage nach dem Seienden als solchen im Ganzen)"이다.[12] 여기서 존재자를 그 자체로서 묻는다는 것은 존재자를 국지적인 규정이 아니라 단적으로 존재자로서 묻는다는 것을 의미한다. 그렇게 부분적인 성질들을 도외시한 채 오직 존재자의 존재를 물을 때, 우리는 그것을 또한 전체로서 묻는 것이기도 하다. 존재자를 단적으로 존재 그 자체의 빛 아래서 사유할 때, 부분적인 차이들은 지양되어 무의미해지는 까닭에 모든 것이 이제 존재자라는 하나의 전체로서 나타나게 되기 때문이다.

물론 도덕적 세계가 이념이듯이 전체로서의 존재 역시 하나의 이념이다. 더 나아가 개별적 규정들을 지양해버린 전체로서의 존재자란 따지고 보면 무슨 내용이 있는 것도 아니다. 차이들이 지양되어버린 까닭에 그 안에는 식별 가능한 아무런 내용도 없는 것이다. 따라서 전체로서의 존재자나 아니면 비슷한 말이지만 전체로서의 세계를 생각하는 것은 그 자체로서는 아무런 의미도 없는 일이다. 전체로서의 존재자나 세계란 것은 하나의 이념인 바, 그 이념은 아무런 규정된 내용도 가지고 있지 않은지라 그것을 생각한다는 것은 사실은 내용 없는 사변에 지나지 않는다. 전체로서의 존재란 마치 공간이 비어 있듯이 공허하게 비어 있는 지

---

12) 하이데거 지음, 이선일 옮김, 『칸트와 형이상학의 문제(*Kant und das Problem der Metaphysik*)』(한길사, 2001), 64쪽.

평에 불과한 것이다. 하지만 그럼에도 불구하고 그런 비어 있는 전체를 생각하는 것이 중요한 것은 우리가 그런 전체의 이념을 생각할 수 있을 때만 우리는 파편화된 현실의 조각들을 하나의 전체적 문맥 속에서 배치할 수 있기 때문이다.

이런 의미에서 도덕 교육은 마지막 단계에서는 아무리 공허하고 추상적으로 보인다 할지라도 현실을 총체성 속에서 사유하도록 자극하지 않으면 안 된다. 그것은 학생들로 하여금 현실을 편협한 한계 속에 가둔 채 바라보는 것이 아니라 더욱 넓은 전체의 지평 속에서 바라볼 수 있도록 인도해야 하는 것이다. 무엇을 생각하든 전체의 문맥 속에서 생각하는 것, 이것이 고등학교 과정에서 도덕 교육이 마음써야 할 과제다. 좀더 구체적으로 말하자면, 무엇을 생각하든 객관적으로는 전체 세계와 인류의 관점에서 생각하고 주관적으로는 보편적이고도 전인적인 인간성의 척도에서 생각하는 것이야말로 이제 우리의 학생들이 마지막으로 배워야 할 미덕인 것이다. 그리하여 이 단계에서 학생들은 이질적인 삶의 영역들을 가능한 한 하나의 총체성 속에서 관계 맺고 그것을 이상적인 인간성의 이념에 비추어 조화롭게 배치할 수 있는 정신적 소질을 계발해야 한다.

이를 위해 학생들은 언제나 부분적인 관점이 아니라 전체로부터 모든 것을 생각하는 관점을 견지하지 않으면 안 된다. 하지만 우리는 언제 현실을 전체로서 생각할 수 있게 되는가? 오직 현실을 초월할 때뿐이다. 오직 현실을 넘어가는 자만이 현실을 전체 속에서 볼 수 있다. 그리고 현실을 전체 속에서 볼 수 있는 자만이 현실에 대한 진리를 얻을 수 있는 것이다. ― "현실을 넘어가는 일을 감행하지 않는 자는 결코 진리를 차지하지 못할 것입니다."[13]

---

13) 프리드리히 쉴러, 안인희 옮김, 『인간의 미적 교육에 관한 편지(*Über die ästhetische Erziehung der Menschen in einer Reihe von Briefen*)』(청·하,

그런즉 도덕 교육은 마지막에는 학생들의 정신을 현실을 넘어선 초월적 영역으로 인도해야 한다. 이를테면 그것은 학생들을 삶의 피안, 곧 죽음 앞에 마주 서게 해야 한다. 오직 죽음 앞에서만 비로소 우리는 삶을 전체로서 돌이켜볼 수 있기 때문이다. 마찬가지로 도덕 교육은 학생들을 자연과 우주를 넘어선 곳, 곧 초자연적 피안의 세계 또는 종교적 세계로 인도해야 한다. 오직 이 우주가 더욱 근원적인 절대적 지평에 의해 상대화되고 제한되는 곳에서만 그것이 전체로 사유될 수 있기 때문이다. 그리고 마지막으로 도덕 교육은 자연적이든 초자연적이든 이승이든 저승이든 우리가 생각하고 상상할 수 있는 모든 존재의 지평을 넘어 절대적 없음의 심연에 이르기까지 학생들의 정신을 이끌어가지 않으면 안 된다. 오직 절대적 없음 앞에 마주설 때, 정신은 존재를 무제약적 총체성 속에서 생각할 수 있기 때문이다.

그런즉 결국 무엇인가? 도덕 교육은 마지막에는 철학 교육이 되어야 한다. 그것은 더 이상 좁은 의미의 가치 교육이 아니라 실질적으로 논리학과 윤리학 그리고 존재론을 포괄하는 철학 교육이 되어야 한다. 오직 그 경우에만 도덕 교육은 학생들의 생각의 지평을 가능한 한 무한정하게 확장시켜, 개별적 문제 상황을 언제나 삶의 총체성 속에서 성찰할 수 있는 도덕적 이성의 능력을 길러줄 수 있게 되는 것이다.

고등학교 과정에서 다루어져야 할 철학적 주제들을 상세히 열거하는 것은 지금 우리의 과제는 아니다. 하지만 간단하게나마 몇 가지 실례를 듦으로써 고등학교에서 철학 교육이 시행되어야 할 필요성이 무엇인지를 더욱 쉽게 이해시킬 수는 있을 것이다. 철학은 다른 무엇보다 자기 인식이다. 그런 한에서 나는 누구인가라는 물음은 철학의 영원한 근본 화두다. 윤리적 성찰의 바탕

1995), 제10편지 61쪽.

에는 언제나 자기에 대한 건강하고 진지한 관심이 있어야 한다. 자기에 대한 관심은 단순히 도덕적 관점에서 내가 바람직한 삶을 살아야겠다는 의지만으로 나타나는 것이 아니다. 소크라테스가 말했듯이 내가 잘 살기 위해서는 먼저 내가 그 자체로서 누구인지 알아야 한다. 하지만 나는 고정된 물건이 아니어서 한 가지 방식으로 붙잡을 수 있는 존재는 아니다. 그렇다면 나는 누구인가? 철학은 우리를 이 물음 앞으로 인도함으로써 더 깊은 바탕으로부터 자기 자신과 만날 수 있게 한다.

자기의 존재에 대한 관심은 또한 죽음에 대한 의식과 맞닿아 있다. 우리는 모두 죽음을 향한 존재, 곧 없음과 소멸을 향한 존재다. 하지만 아무도 죽음을 경험한 사람은 없으므로 우리는 누구에게도 죽음이 그 자체로서 무엇인지에 대해 정보를 얻을 수 없다. 그리하여 죽음에 대한 성찰은 형이상학적 반성의 한 과제로 우리에게 남겨진다. 죽음이 무엇인지를 망각할 때 삶은 절대화된다. 하지만 그때 삶의 의미는 도리어 감추어진다. 오직 삶이 죽음에 의해 한계지어져 있음을 깨달을 때, 우리는 삶에 진지해질 수 있다. 우리는 죽음 앞에 설 때 비로소 삶의 의미는 무엇인가를 되묻는다. 삶에는 의미가 있는가? 아니 삶의 의미나 뜻이란 말 자체는 또 무엇을 뜻하는가? 삶은 어떤 목적을 실현하기 위해 우리에게 선사된 것인가, 아니면 우리의 삶은 맹목적인 흐름에 지나지 않는 것인가?

이런 물음은 우리를 자연스럽게 역사에 대한 성찰로 이끈다. 역사에는 목적이 있는가, 아니면 뜻도 의미도 없이 그저 흘러가는 것인가? 누구도 이 물음에 대해 사실적 증거를 통해 경험적인 방식으로 대답할 수는 없으니, 우리는 오직 철학적 반성을 통해 그 대답을 찾아갈 수 있을 뿐이다. 전통적으로 역사의 의미에 대한 물음은 종교적 믿음과도 밀접하게 결합되어 있다. 이를테면 불교는 인간의 삶을 윤회로 설명하고 기독교는 인간의 구원을 향한 신의 역사라고 설명한다. 이런 신앙에는 어떤 의미가 있는가? 철학은 이런 물음들을 독단적인 교리 문답의 차원이 아니라 개방적인 대화와 비판적 성찰의 과정 속에서 다루어야 한다. 이를 통해 단순히 역사의 의미를 묻는 것뿐만 아니라, 각 종교들 사이의 생산적인 대화를 가능하게 하는 것 역시 철학이 떠맡아야 할 과제라 할 수 있다.

오늘날 첨예한 도덕적 문제가 된 것 가운데 하나가 생명 존중과 생명에 대한 인간의 책임이다. 그러나 생명에 대한 책임을 말할 수 있기 위해서는 먼저 생명이 그 자체로서 무엇인지가 물어져야만 한다. 이 물음에 대한 일차적 대답은 생물학의 일이다. 하지만 생명의 존재 의미까지 생물학자가 말해주는 것은 아니다. 우주 내에서 인간의 지위가 무엇이며, 다른 생명체들의 지위는 또 무엇인지 그것들이 인간과는 어떤 관계에 있는지 등의 물음은 결국 철학적 반성의 과제로 남게 된다.

또한, 우리는 도덕성의 본질을 자유의 실현에서 찾았거니와, 자유가 그 자체로서 무엇인지를 묻는다면, 우리는 그것에 대답하는 것이 결코 단순한 일이 아니라는 것을 금세 알 수 있다. 특히 근대 이후 자유의 개념은 자연적 필연성의 개념에 대립하는 것으로 사용되어 왔는데, 그런 논의구도에서 보자면 인간의 의지가 어디까지 자유로우며 어떤 면에서 필연에 종속하는지는 간단히 대답할 수 없는 아포리아다. 게다가 만약 자유가 의지의 절대적 자발성과 능동성에 존립하는 것이라면, 그런 자유는 타인의 자유와 원칙적으로 양립할 수 없다. 그렇다면 나의 자유와 너의 자유는 어떻게 공존할 수 있는가? 우리가 자유를 공허한 구호로서가 아니라 의미 있는 내용을 가지고 진지하게 생각하기를 원한다면, 자유에 관해서 적어도 이런 물음들이 반드시 물어져야 한다.

이런 거창한 물음들이 아니라도 우리의 사소한 일상으로부터도 철학적인 물음이 제기될 수 있다. 이를테면 사람들은 인간의 자유를 제한하는 것으로서 자연적 필연성뿐만 아니라 운명적 필연성도 생각할 수 있다. 그러나 운명이라는 것이 무엇이며, 그런 것이 정말로 있기나 한 것인지, 그리고 운명에 대해 우리는 어떤 태도를 취해야 할 것인지, 이런 물음들은 건강한 삶을 위해 반드시 다루어져야 할 철학적 물음이다. 이것은 특히 많은 한국인들이 삶의 중요한 고비에 역술인들에게 의존하는 경우가 허다하다는 사실을 생각할 때 더 중요하다.

이런 예를 들기 시작하면 한이 없을 것이다. 고등학교 과정에서 가르쳐야 할 철학 내용이 어떤 것들인가를 제대로 서술하려면 또 다른 글이나 책이 필요할 것이므로, 여기서 우리는 이런 몇 가지 사례들을 언급하는 것으로 그치고, 고등학교 철학 교육의 구체적 내용에 대한 탐색은 다음의 과제로 남겨두려 한다.

5. 중학교 도덕 교육의 교과 과정에 대한 구체적 개관

지금까지 우리는 초등학교에서부터 고등학교까지 도덕 교육이 어떤 기조에 따라 이루어져야 하는지를 살펴보았다. 이제 그에 따르면 본래적인 의미에서 도덕 교육이 가장 집중적으로 이루어져야 할 단계는 중학교 과정이다. 그리고 실제로 현재 중학교에서는 도덕 교과가 국민 공통 교과로 지정되어 모든 학생들을 대상으로 교육이 이루어지고 있지만, 앞에서도 비판했듯이 교과서부터가 왜곡된 시각에 입각하여 집필되어 있으므로 도저히 정상적인 도덕 교육이 이루어질 수 없는 상황에 있다. 우리는 무엇이 어떻게 잘못되었는지를 충분히 비판했으므로 이제는 중학교 과정에서의 도덕 교육의 바람직한 교과 과정이 어떠해야 하겠는지를 구체적으로 서술하려 한다.

1) 선의 개념

앞에서 우리는 중학교 도덕 교육이 한마디로 말하자면 선의 개념을 깨닫게 해주는 교육이 되어야 한다고 말했다. 물론 선의 개념은 그 아래 수많은 하위 개념을 포함한다. 그러므로 중학교 도덕 교육은 구체적으로 말하자면 선의 개념을 이루고 있는 다양한 가치 개념들을 내적 필연성에 입각하여 전개하는 과정을 통해 이루어져야 할 것이다.

그런데 현재 중학교 도덕 교과가 따르는 교과 과정은 이른바 생활 공간의 확장에 따라서 규정된다. 그것은 나와 가족, 이웃, 학교, 사회, 국가, 이런 식으로 학생의 생활 공간이 확장되어 나가는 것에 따라 달라져야 할 규범들을 다루는 방식으로 이루어져 있는 것이다.14) 이렇게 생활 공간의 확장에 따른 교과 과정의 전개가 마냥 잘못되었다고 말할 수는 없을 것이다. 하지만 그것은 사회 교육을 규정하기에 어울리는 것일 수는 있지만, 도덕 교육의 교과 과정을 규정하기에는 적합하지 않다.

도덕 교육이 선의 개념을 깨닫게 해주어야 하는 한에서, 도덕 교육의 교과 과정은 선의 개념이 그것의 내적 필연성에 따라 전개되어 가는 과정을 따라 편성되어야 할 것이다. 그렇지 않을 경우 선의 개념 속에 포함되어 있는 다양한 가치 개념들을 전개하

---

14) 정확히 말하자면 현행 도덕 교과의 내용 체계는 ① 개인 생활 ② 가정, 이웃, 학교 생활 ③ 사회 생활 ④ 국가 민족 생활, 이 네 단계로 나뉘어 있다. 이에 대해서는 제7차 교육 과정 교육부 고시 제 1997-15호[별책 6], 『도덕과 교육 과정』(대한교과서주식회사, 1998), 30쪽 아래를 참고하시오.

는 것은 아무런 원칙이나 기준 없이 이루어지는 일이 되거나 아니면 우리의 도덕 교과의 경우처럼 도덕 외적 기준(즉, 생활 공간의 확장)에 따라 편성될 것이다. 그러나 이것은 어떤 경우든 도덕 교과의 본래성에 어울리는 일은 아니다.

도덕 교과의 교과 과정은 엄밀하게 선의 개념이 내적 필연성에 따라 자기를 전개해나가는 순서에 따라 이루어져야 한다. 선이란 무엇인가? 사실 그것은 한 가지 방식으로 규정될 수 있는 개념이 아니다. 아리스토텔레스가 "존재는 여러 가지 방식으로 이해된다"고[15] 말했던 것은 선의 경우에도 똑같이 적용될 수 있다. 선의 개념 역시 여러 가지 방식으로 이해되는 것이다. 도덕 교육은 그렇게 여러 가지 방식으로 이해될 수 있는 선의 구체적 규정들을 일정한 순서에 따라 전개해야 한다. 도덕 교육의 교과 과정을 규정하는 것은 선의 구체적 규정들을 전개하는 순서에 다름아니다.

우리가 그 순서가 한 가지뿐이라고 주장한다면, 그것은 독단적인 일이 될 것이다. 하지만 여기서도 선택은 피할 수 없으며, 우리는 선의 개념의 구체적 전개의 순서를 규정하는 원리를 먼저 제시해야 한다. 원리를 규정하는 것은 처음과 끝을 규정하는 것을 통해 가능하다. 중학교 도덕 교육 과정의 첫 단계에서 선의 개념은 가능한 한 가장 무규정적인 사태로 주어져야 한다. 다시 말해 가능한 모든 선의 개념 규정들을 포괄할 수 있는 가장 근원적인 가치의 지평으로서 제시되어야 한다. 그것은 마치 비어 있는 공간과도 같다. 이에 반해 중학 도덕의 마지막 단계에서 선의 개념은 가능한 한 철저히 규정된 전체로서 주어져야 한다. 그렇게 철저히 규정된 선, 또는 비슷한 말이지만 수미일관하게 연관된 가치의 총체가 바로 도덕적 세계의 이념이다.

선의 개념은 무규정성에서 출발하여 철저한 규정의 상태를 향

---

15) Aristoteles, *Metaphysica*, 1028 a 10.

해 좀더 구체적으로 규정되어 가는 과정 속에서 풍부해진다. 하지만 이것은 선의 개념이 내적으로 한정됨으로써 가능해진다. 무규정적인 선의 개념이 규정되는 것은 그것이 때마다 한 가지 방식으로 한정된다는 것을 의미한다. 비유하자면 무규정적인 선의 개념이 비어 있는 원과 같다면 처음으로 내적으로 한정된 선(善)은 이제 지름에 의해 양분된 원과 같다. 선의 개념이 그렇게 내적으로 한정되고 구분될 때 그것은 이제 한정된 경계선을 두고 이쪽과 저쪽으로 대립하게 된다. 하나의 추상적 선이 구체화되면서 이제 자기 속에서 대립되는 계기들을 정립하게 되는 것이다. 도덕 교육 과정은 그렇게 선의 개념을 더욱 구체적으로 규정해가는 과정 속에서 자연스럽게 출현하는 선의 규정들 사이의 대립을 사유하고 그것을 스스로 매개하는 능력을 길러주어야 한다.

2) 의지와 욕구 능력의 도야

그런데 선의 개념은 그 스스로 존립하는 실체는 아니다. 좋음이든 올바름이든 선의 개념은 언제나 욕구 능력의 대상으로서만 의미를 가지게 된다. 다시 말해 선을 선이 되게 규정해주는 가장 근원적인 규정 근거는 주체의 의지다. 뿐만 아니라 선의 개념을 추상적 보편의 상태에서 구체적으로 규정해주는 근거 역시 우리들 자신의 의지다. 우리의 의지가 세분되는 만큼 선의 개념도 구체화된다. 그러므로 선의 전개 과정은 의지와 욕구의 전개 과정이다. 우리의 의지가 한 가지로 고정되어 있는 것이 아니라 자유로이 유동하는 것인 까닭에 의지가 움직여가는 길을 따라 선의 개념도 변모해가는 것이다.

그러므로 선이 무엇인지를 구체적으로 깨달아가는 과정은 또한 우리의 의지와 욕구 능력을 구체성 속에서 전개하고 도야하는 것과 같은 일이다. 반성되지 않은 의지는 대상에 대한 맹목적 욕구와 지향성으로 나타난다. 하지만 무엇이 참으로 좋은 것이고 나쁜 것인지를 성찰할 때, 주체는 좋음과 나쁨을 규정하는 자기의 의지와 욕구 능력 자체를 반성적으로 돌이켜보게 된다. 도덕적 숙고의 능력이란 무엇보다 이처럼 자기의 의지와 욕망을 돌이켜볼 수 있는 반성 능력에 존립하는 것이다.

3) 좋음과 나쁨

그렇다면 선의 가장 추상적이고 원초적인 본질 규정은 무엇인가? 그것은 좋음이다. 좋음이란 가치를 싣고 있는 모든 것을 위한 가장 포괄적인 이름이다. 물론 그것은 주관적으로는 욕구의 대상이다. 우리가 욕구하는 것, 그것이 좋은 것이다. 선은 그것이 무엇이든 그 가장 일반적인 규정에서는 좋은 것이다. 그리고 도덕 교육이 선의 개념을 깨닫는 것을 목표로 삼는다면, 이제 그것은 좋음이 무엇인지를 이해하는 데서 시작해야 한다.

처음 보기엔 무엇이 좋음 또는 좋은 것이 무엇인지는 특별한 반성을 필요로 하지 않을 정도로 자명한 개념인 것처럼 보인다. 우리가 바라는 것은 늘 좋은 것처럼 보이는 것이다. 하지만 조금만 깊이 들어가면 우리는 문제가 그렇게 간단치 않다는 것을 금세 깨닫게 된다. 세상에는 많은 좋은 것들이 있고 우리의 욕구의 대상도 그에 따라 다양하다. 우리는 그 모든 것들이 좋다는 것을 이해한다. 그리고 그 모든 좋은 것들을 누리기를 바란다. 하지만 우리가 이렇게 물으면 사정이 복잡해지기 시작한다. ─ 우리가 좋아하는 것들은 정말로 좋은 것인가? 그것들은 언제나 좋은가? 그리고 수많은 좋은 것들 가운데 가장 좋은 것은 무엇인가?

이렇게 묻기 시작할 때, 학생들은 좋은 것과 나쁜 것이 고정되어 있는 술어가 아니라는 것을 깨닫게 된다. 가치의 문제가 판단의 어려움을 야기하는 까닭도 여기에 있고, 우리가 올바른 가치 판단을 위해 우리의 판단력을 갈고 닦아야 하는 까닭도 여기에 있다. 이를 통해 우리는 가능한 한 진짜 좋은 것을 선택하고 나쁜 것을 회피하는 지혜를 얻어야 한다. 이런 문맥에서 '무엇이 정말로 좋은 것이고 무엇이 정말로 나쁜 것인가'를 가리는 법을 배우는 것은 도덕 교육의 중요한 과제다.

4) 쾌락과 즐거움

이를테면 우리에게 쾌락과 기쁨을 주는 것들을 생각해보자. 사실 쾌락이란 좋음의 첫째가는 세부 규정이라 할 수 있다. 사람들이 좋은 것이라 생각하는 것은 다른 무엇보다 우리에게 즐거움과 쾌락을 주는 것들이다. 상식적으로 생각하는 사람이라면 누구도 고통을 주는 것을 좋은 것이라 말하지는 않을 것이다. 그러나 쾌락이 언제나 좋은 것이라 말할 수 있는가? 그렇지는 않다. 쾌락은 어떤 조건 아래서만 좋은 것이며, 결코 무조건적으로 좋은 것이 아니다. 예를 들어 만약 쾌락이 우리의 건강을 해치게 된다면, 우리는 그런 쾌락을 좋은 것이라 말할 수는 없을 것이다. 그러니까 쾌락은 적어도 우리의 건강을 해치지 않는다는 전제 아래서 좋은 것이 되며, 이런 점에서 건강은 쾌락의 좋고 나쁨을 결정하는 규정 근거가 된다.

여기서 우리는 좋음에 위계가 있다는 것을 깨닫게 된다. 건강이 쾌락의 좋고 나쁨을 규정하는 근거인 한에서 건강은 쾌락보다 더 좋은 것이라 할 수 있다. 간단히 말해 A에 의해 B가 좋은 것이라 규정될 경우, 규정하는 A는 그것에 의해 규정되는 B보다 더 좋은 것이라 할 수 있을 것이다. 그러나 이것은 형식적 원칙에 지나지 않는다. 구체적 상황 가운데서 A의 자리에 무엇이 들어가고 B의 자리에 무엇이 들어가는지는 우리의 욕구와 의지에 달려 있는 일이다. 그리하여 대다수 사람들은 건강이 더 상위의 좋은 것이고 쾌락이란 건강의 테두리 내에서만 좋은 것이라 인정될 수 있다고 말하겠지만, 사람에 따라서는 거꾸로 건강이 쾌락과 즐거움을 주기 때문에 좋은 것이라고 말할 수도 있을 것이다. 그럴 경우에는 쾌락이 더 좋은 것이고 건강이 하위의 좋음이라 말해야 할 것이다.

사실 여기에 정답은 없다. 전통적으로 보자면 앞의 입장이 소크라테스의 입장이라면 뒤의 입장은 에피쿠로스의 입장이라 할 수 있겠는데, 이 둘은 아직도 천당에서 누가 옳은지를 두고 논란을 벌이고 있을 것이다. 그런즉 우리는 학생들에게 섣불리 정답을 제시하기보다는 학생들 스스로가 두 가지 입장 사이에서 스스로 생각하고 결정하도록 인도하는 편이 옳을 것이다. 다만 여기서 생각한다는 것이 아무런 반성적 근거 없이 무작정 자기의 입장을 내세우는 것을 의미하지는 않는다. 교사는 학생들이 어떤 근거에 따라 하나의 입장을 선택하는지를 되묻고 이를 통해 학생들 자신이 자기의 선택의 근거를 반성적으로 사유하도록 도와야 할 것이다. 물론 그 이전에 학생들은 자기들 서로 간의 토론을 통해 자기 입장의 정당성을 제시할 수 있을 것이다.

5) 욕 망

그리고 이 과정을 통해 학생들은 자기의 의지와 욕망을 반성적으로 돌이켜볼 수 있다. 사람들은 언제나 자기를 위해 좋은 것을 바라고 선택한다고 믿는다. 하지만 과연 내가 좋아하는 것이 나 자신을 위해 좋은 것인지는 이제 대답하기 어려운 물음으로 나타난다. 아무튼 우리가 언제나 자기를 위해 좋은 것을 바라고 좋아하는 것이 아니라는 것은 우리들 자신의 욕망들을 조금만 진지하게 돌이켜보면 분명해진다. 그렇다면 무엇이 나를 위해 정말로 좋은 것이고 무엇이 나쁜 것인가? 이것을 판단하는 것은 언제나 쉬운 일은 아니다. 도덕 교육은 이를 판단할 수 있는 능력을 길러주어야 한다.

이와 관련해서 도덕 교사는 학생들이 욕망을 정직하게 드러내도록 언제나 열린 자세를 유지해야 한다. 한국의 도덕 교과서는 일반적으로 욕망을 암암리에 죄악시하는 경향을 가지고 있다. 그러나 이런 편협한 금욕주의는 학생들을 위선자로 만들 뿐이다. 욕망이 절제되기 위해서는 먼저 표현되어야 한다. 표현되기도 전에 억압된 욕망은 반드시 일그러진 얼굴로 다시 돌아오게 마련이다. 그럴 경우 욕망을 통제하는 것은 더욱 어려워진다. 그러므로 우리는 먼저 학생들이 자기들의 욕망을 정직하게 표현함으로써 자신의 욕망 앞에 똑바로 마주서도록 해주어야 한다.

하지만 모든 욕망이 허락될 수 없다는 것 또한 부인할 수 없는 사실이다. 학생들은 욕망을 표현하는 법을 배워야 하겠지만 동시에 인간의 욕망에 제한이 있다는 것 역시 깨닫지 않으면 안 된다. 한 사람의 욕망은 다른 사람의 욕망과 공존 가능한 한에서 허락될 수 있다. 한 사람의 욕망이 다른 사람의 욕망과 충돌할 때, 욕망은 더 이상 확장될 수 없는 한계에 부딪히게 된다. 물론 욕망의 한계를 구체적으로 규정하는 것은 대단히 복잡한 과제다. 도덕 교사는 이 문제에 관해서도 정답을 미리 제시하기보다는 학생들 자신이 어떤 경우에 욕망이 제한될 수밖에 없는지를 스스로 생각하도록 인도해야 할 것이다.

6) 최고선과 행복

욕망은 총체성 속에서 생각되어야 한다. 그것은 욕망을 체계 속에서 생각한다는 것을 의미한다. 그럴 경우에만 의지가 일관성을 지킬 수 있기 때문이다. 생각하면 욕망의 대상이 되는 좋은 것들은 무수히 많다. 그리고 더러는 그 많은 욕망들은 서로 충돌하기도 한다. 우리의 의지가 대책 없는 자기 분열 속에 빠지지 않게 하기 위해서는 우리의 욕망들이 할 수 있는 한 하나의 체계 속에서 일관되게 엮이지 않으면 안 된다. 다시 말해 수많은 좋은 것들은 이제 더러는 수평적으로 더러는 수직적으로 서로 관계 맺음으로써 그것들이 하나의 체계를 이루어야 하는 것이다.

물론 이 작업이 한 번에 완성되어 끝날 수 있는 것은 아니다. 좋음의 체계는 마지막까지 끝나지 않는 과제요 그런 의미에서 하나의 이념이다. 그런즉 이 단계에서 학생들이 할 수 있고 또 해야 할 일은 좋음의 체계의 원리가 되는 것이 무엇인지를 생각해보는 것이다. 존재의 지평에서 체계를 가능하게 하는 원리가 존재의 시원, 곧 처음에 있다면, 가치의 세계에서 체계의 근본 원리는 마지막에 있다. 존재자는 언제나 자기보다 앞에 있는 것에 의해 존재하지만, 가치는 자기보다 뒤에 오는 것에 의해 가치 있는 것이 되기 때문이다. 따라서 가치의 세계에서는 최종적인 목적으로서 마지막에 실현되어야 할 것이 그보다 앞서 추구되는 것의 근거가 된다. 여기서 최종적인 목적이란 다른 모든 것이 그것을 위하여 있기는 하지만 그것 자신은 다른 어떤 것을 위해서도 있는 것이 아닌 것이다. 그것은 우리의 의지가 지향하는 궁극 목적이며 우리의 욕망이 바라는 궁극적 대상이다. 다른 모든 것은 그것이 있음으로써 가치를 가지게 되는데, 그러니까 가장 마지막에 오는 것이 그보다 앞서가는 것을 가치 있게 만듦으로써 그 모든 것들을 가치 있는 것으로 통일해주는 근원적 지평이 되는 바, 그것이 바로 좋음의 체계의 원리인 것이다.

아리스토텔레스는 좋은 것들 가운데 가장 좋은 것을 가리켜 최고선(to ariston/summum bonum)이라 불렀다.[16] 과연 무엇이 최고선인가에 대해서는 논란이 있을 수 있다. 우리는 학생들에게 무엇을 가장 좋은 것, 삶의 최종적인 목표라 생각하는지를 물어볼 수 있을 것이다. 그것 자체가 하나의 심각한 도덕적 숙고의 과제다. 하지만 아직 소박한 의미에서 좋은 것이 문제되고 그 가운데서도 쾌락과 즐거움이 문제되고 있는 처음 단계에서 욕망의 궁극적 대상이 무엇이냐는 질문에 대해 많은 사람들이 행복이라 대답한다 하더라도 놀랄 일은 아닐 것이다. 그래서 아리스토텔레스도 아무런 고민 없이 행복이 최고선이라 규정했던 것이다.

과연 행복이 최고선인지 아닌지는 얼마든지 논란이 가능하다. 하지만 일반적으로 행복이 다른 것을 위한 수단으로 간주되지 않는다는 것 역시 수긍할 수 있는 일이다. 그런 한에서 행복이 무엇인가를 물어보는 것은 무의미한 일은 아닐 것이다. 과연 행복이란 무엇인가? 언제 우리는 가장 행복하다고 느끼는가? 학생들은 이런 질문을 통해 자기가 궁극적으로 바라는 것이 무엇인지를 돌이켜보고, 이를 통해 자기의 욕망의 대상들을 체계와 총체성 속에서 생각하는 것을 배울 수 있을 것이다.

7) 자 유

최고선이나 행복의 개념을 통해 좋은 것들을 하나의 체계 속에서 생각하는 법을 배운 뒤에 학생들이 반드시 배우고 넘어가야 할 것이 하나 있다. 그것은 우리가 아무리 많은 좋은 것들을 얻는

---

16) Aristoteles, *Ethica Nicomachea*, 1094 a 18 아래.

다 하더라도 만약 자유를 잃고 노예 상태에 빠진다면 그 모든 좋은 것들이 아무런 의미도 없는 것이 되고 만다는 사실이다. 이런 사정은 낱낱의 좋은 것들에 대해서는 물론이거니와 전체로서 행복 같은 것을 생각한다 하더라도 마찬가지다. 이를테면 우리가 아무리 많은 재산을 가지고 있다 하더라도 만약 우리가 노예 상태에 떨어진다면 그 재산은 나의 것이 아니라 주인의 소유물이 되고 만다. 내가 아무리 건강하다 하더라도 만약 내가 노예 상태에 떨어진다면 나의 건강한 육체는 내 것이 아니라 내 주인을 위한 노동력이 될 뿐이다.

오늘날 사람들은 피상적이고 허구적인 자유주의 이데올로기에 취해 노예 상태란 고대 사회에서나 있었던 지나간 역사라고 생각하는 경향이 있다. 하지만 인간을 도구화하고 노예화하려는 크고 작은 권력은 그 형태가 달라질 뿐 어느 시대나 인간의 자유로운 삶을 위협한다. 국가는 예나 지금이나 시민의 삶을 자기 편한 대로 규제하려 하며, 무엇을 해야 하고 무엇을 하지 말아야 할 것인지를 법의 이름으로 강제하고, 현대 사회에서 새로이 등장한 자본이라는 권력은 모든 사람을 자본의 자기 증식을 위해 철저히 도구화하고 노예화하려 한다. 게다가 나라와 나라 사이의 관계에서도 강대국은 약소국을 할 수 있는 한 자기의 이익을 위해 예속시키려 하고, 이것이 개개인의 삶을 직접 간접적으로 구속하게 된다. 이처럼 거대 지평에서 발생하는 지배와 예속의 관계가 아니라 하더라도 우리의 일상적 삶에서 이미 어디서나 지배와 예속의 권력 관계가 작동하고 있다. 집안에서는 부모와 자식 사이에, 학교에서는 교사와 학생 사이에 전제적 지배와 노예적 예속이 일상적으로 만연해 있으며, 학생들 사이에서도 선후배 사이에서나 더 나쁜 경우로는 폭력 학생과 그 피해자 사이에 지배와 예속의 관계가 성립하는 것이다. 그런즉 전제적 지배와 노예적 예속이란 지나간 시대의 유물이 아니라 인간이 사는 사회라면 어디서나 발생할 수 있는 불균형 상태인 것이다.

추상적으로 생각하자면 누구라도 노예 상태가 나쁘다고 생각할 것이다. 하지만 사정이 언제나 그렇게 자명한 것은 아니다. 사람들은 주관적으로는 노예 상태 속에서도 행복하다고 느낄 수 있기 때문이다. 반대로 자유를 지키는 것은 내가 자유를 원하기만 한다고 해서 자동적으로 보장되는 일이 아니다. 자유를 원하는 사람은 언제나 그에 상응하는 대가를 지불하지 않으면 안 된다. 이로부터 노예 상태는 달콤하지만 자유로운 삶은 도리어 고통스럽다는 역설이 생겨난다. 그리고 자유로운 삶이 요구하는 고통은 사람들로 하여금 고통스런 자유보다 안락한 노예 상태를 선호하게 만드는 이유가 되기도 한다. 이집트의 노예 상태에서 탈출했던 이스라엘 사람들이 자유롭기는 하지만 고통스런 광야의 방랑에 지쳐 차라리 파라오의 지배 아래서의 노예 상태를 그리워했던 것처럼, 많은 사람들이 자유롭지만 고통스런 삶을 선택하기보다는 자유를 포기하고 자비로운 주인에게 순종하고 사는 것이 더 좋은 일이라고 생각하는 것이 현실이다. 아직도 독재자 박정희를 그리워하는 사람들이나 노동 조합 없는 대신 최고의 대우를 약속하는 삼성 같은 기업을 젊은이들이 가장 선호하는 것을 보면 대다수 사람들은 자유보다는 노예적 안락함에 더 쉽게 매혹된다고 말할 수 있을 것이다.

하지만 바로 이 지점에서 교사는 학생들에게 과연 노예 상태에서 느끼는 행복이 객관적으로도 바람직한 것인지 되물어야 한다. 어떤 노예 주인도 노예를 위해 노예를 부리는 주인은 없다. 노예 상태에서 인간이 느끼는 안락함이란 노예가 주인에게 쓸모가 있는 한에서 허락되는 것일 뿐이다. 물론 경우에 따라서 예외적으로 노예를 인간적으로, 자비롭게 보살펴주는 지배자도 있을 것이다. 하지만 그때 내가 누리는 안락함이란 나의 손에 달려 있는 것이 아니라 주인의 손에 달려 있는 것으로서 불안정하고 불확실한 안락함에 지나지 않는다.

그러나 이런 물음에 대한 최종적인 정답은 있을 수 없다. 너무도 많은 사람이 피곤한 자유보다 안락한 노예 상태가 더 좋다고 생각할 것이기 때문이다. 그리하여 여기서 문제되는 것은 상황의 객관적 좋고 나쁨이라기보다는 주관적 자기 의식이다. 다시 말해 여기서 문제는 무엇이 그 자체로서 좋으냐 나쁘냐가 아니라 내가 어떤 사람이 되기를 바라는가 하는 것이다. 고통스럽지만 자기 삶의 자유로운 주인으로 살아가느냐 아니면 이 주인 저 주인 사이에서 나에게 더 자비로운 주인을 찾아다니며 구차한 안일을 추구하면서 사느냐 하는 것은 남이 객관적으로 결정해줄 수 있는 문제가 아니라 그것 자체가 자유로운 결단의 문제다. 오랜 굴종의 역사의 결과로 이 땅에는 노예적 감수성을 가진 사람들이 아직도 너무 많다. 우리의 학생들을 비굴한 노예가 아니라 긍지 높은 자유인으로 기르기 위해서는 학생들이 알게 모르게 문화적으로 전승받은 노예적 정신을 씻어내지 않으면 안 된다. 이를 위해 도덕 교육은 학생들을 자유와 예속의 기로에 세우고 그들로 하여금 그 사이에서 자기의 실존을 걸고 결단하는 연습을 하게 해야 할 것이다.

8) 용기와 긍지

한 인간이 자유와 예속의 기로에 서는 것은 주관적으로 보자면 그가 용기와 비굴함 사이에 설 때다. 용기는 자유로운 삶을 위한 최소한의 필요 조건이다. 인간이 주관적으로 아무리 큰 용기를 가지고 있다 하더라도 그것만으로 그가 자유로운 삶을 살 수 있게 되는 것은 아니지만, 인간이 자신의 자유를 지키기 위해 자기의 모든 것을 걸고 싸울 의지를 처음부터 포기해버린다면, 그는 자기의 자유를 결코 지킬 수 없을 것이다. 그러므로 비굴한 사람은 자유로운 삶을 살 수 없다. 그는 자기의 자유를 스스로 포기하는 것이니 누구도 그의 자유를 대신 지켜줄 수 없는 것이다.

그러나 자유를 위한 용기는 아무나 쉽게 얻을 수 있는 것은 아니다. 사람이 불의한 권력에 굴종하고 살기는 쉬워도 그것과 맞서 자기의 전 존재를 걸고 싸우기는 지극히 어려운 일이기 때문이다. 그런 까닭에 그것은 또한 사람들의 존경의 대상이 된다. 그것은 강제와 필연성에 굴복하려 하지 않는 정신의 감추어진 힘과 숭고를 증거하는 것이기 때문이다. 우리의 역사에는 자유를 위한 열망과 용기에 관한 한 다른 어떤 사람들의 역사보다 풍부한 실례들이 넘쳐난다. 교사는 학생들에게 그런 사례들을 통해 학생들을 도덕적 시험대 위에 세울 수 있을 것이다. 이를테면 1980년 5월 광주 항쟁 당시 마지막으로 전남 도청을 지키다 죽어간 사람들의 경우를 생각해보라. 아무도 그들에게 끝까지 싸우라고 강요하지 않았음에도 불구하고 그들은 총을 버리고 도주하지 않고 자기의 자리를 지키다가 죽어갔다. 그렇다면 그들이 목숨보다 더 중요하다고 여겼던 가치가 무엇이었겠는가? 과연 우리들 자신이 그 자리에 있었다면 어떻게 했겠는가? 교사는 학생들에게 다만 묻기만 하면 된다. 그렇다면 학생들은 자기였더라면 그런 자리에서 어떻게 했겠는지를 되묻지 않을 수 없을 것이다. 그리고 자유로운 인간의 긍지가 무엇인지를 스스로 깨닫게 될 것이다.

9) 가치들의 대립과 반성적 자기 의식의 출현

도덕 교육이 학생들에게 자유와 용기를 생각하도록 할 무렵이면, 선의 개념은 새로운 단계로 이행하지 않을 수 없게 된다. 인간이 자유와 용기 그리고 긍지의 가치를 알기 전에는 한갓 육체적이고 감성적 존재로서 자기에게 좋은 것을 추구할 뿐이다. 하지만 자유 및 이와 관계된 가치들의 중요성을 알게 되면 그는 비로소 자기가 감성적 주체로서 욕구하는 것 너머에 지성적이고 정신적인 존재로서 욕구할 수 있는 가치들이 있다는 것을 깨닫게 된다. 그리고 그는 인간의 삶에서 감성적 존재의 관점에서 좋은 것들이 더러는 지성적 존재의 관점에서 볼 때는 하찮은 것이거나 경우에 따라서는 무가치한 것일 수조차 있다는 것도 이해하게 된다.

이를테면 생존은 감성적 존재로서 인간의 가장 중요한 가치다. 그러나 자유로운 정신은 그보다 앞서 자유를 더 가치 있는 것이라 여긴다. 그렇다면 어디서 이런 차이가 생기는가? 생각하면, 차이를 낳는 것은 생존과 자유 그 자체가 아니라 우리들 자신의 의지다. 어떤 사람이 생존을 가장 중요한 가치라고 보느냐 아니면 자유가 가장 소중한 가치라고 보느냐 하는 것은 결국 자기 자신의 선택에 달려 있는 문제인 것이다. 그리고 그가 어떤 가치를 최고의 가치로 선택하느냐에 따라 그의 인격적 가치가 결정된다. 그리고 그에 따라 우리는 그 사람에게 존경심을 느끼기도 하고 멸시의 감정을 느끼기도 하는 것이다.

그런즉 내가 어떤 사람이 되느냐 하는 것은 이제 나에게 맡겨진 과제다. 그리고 자기를 자기에게 맡겨진 과제로 의식할 때 비로소 학생들은 좀더 구체적으로 자신의 자아에 대한 반성적 자의식을 가지게 된다. 학생들이 오직 자기의 욕망이 무엇인가만을 생각할 때, 또는 그 다양한 욕망들을 어떻게 체계적으로 조화시킬 수 있을 것인가만을 생각할 때, 아직 그들은 자기 자신 앞에 진지하게 마주서지 못한다. 그때 정신은 아직 대상에 대한 지향성 속에 있다. 거기서 문제는 여전히 자기가 아니라 자기가 바라고 욕망하는 대상이다. 대상이 아니라 자기 자신이 어떤 진지함 가운데서 문제가 되는 것은 그가 정신의 긍지와 비천함의 차이를 자각하고 자기 자신에 대해 존경심과 멸시의 감정을 구별할 수 있게 되면서부터다. 곧 욕망의 대상의 가치가 아니라 정신의 가치 그 자체가 문제되기 시작하면서부터 정신은 비로소 자기 자신에게로 되돌아오게 되는 바, 그것이 바로 도덕적 자기 의식의 출발인 것이다.

그렇게 자기의 가치와 무가치에 눈뜨면서 학생들은 비로소 자기가 어떤 사람이 되어야 할 것인지를 진지하게 생각하기 시작한다. 그리고 이런 숙고의 과정을 통해 학생들의 마음속에서 대상의 좋고 나쁨이 아니라, 실현되어야 할 자기의 존재라는 도덕적 선의 이념이 출현한다. 우리는 모두 자기 자신에게 과제다. 우리는 좋은 사람이 될 수도 있고 나쁜 사람이 될 수도 있다. 그러나 사람이 좋거나 나쁘다는 것은 어떤 기준에 따라 정해지는가? 물건이 문제라면 우리는 그것이 우리 자신에게 어떤 쓸모가 있는지에 따라 좋다고 하기도 하고 나쁘다고 하기도 한다. 하지만 사람의 인격을 가리켜 좋거나 나쁘다고 말할 때, 우리는 어떤 가치 기준에 따라 인격의 가치를 평가하는 것인가? 여기서 분명한 것은 사람의 좋고 나쁨은 물건의 좋고 나쁨과 같지 않다는 사실이다. 물건의 좋고 나쁨은 오직 수단적 가치밖에 지니지 못하지만 이제 인간성의 좋고 나쁨이란 그 자체로서 평가되어야 할 어떤 절대적 가치인 것이다. 그러나 물건이 아니라 인격으로서 이제 우리들 각자가 어떤 사람이 되어야 할 것인가 하는 것은 우리에게 맡겨진 가장 무거운 과제다. 그것은 우리가 우리들 자신을 한갓 수단적인 가치만을 갖는 존재가 아니라 창조의 목적이 되기에 합당한 존재로 형성해야 한다는 것을 의미하는 것이기 때문이다. 이것은 우리가 오직 자기 속에서 스스로 인정할 수 있는 절대적 가치를 정립하고 자기가 그 가치의 주체가 되리라고 결단하고 또 그렇게 실행할 때만 가능한 일이다.

바로 여기서 인간의 자기애와 긍지는 다시 도덕적 시험대 위에 놓이게 된다. 사람들은 모두 자기를 소중하게 여긴다. 그러나 노예적 정신이 소중하게 여기는 자기는 향유의 주체이거나 아니면 수단으로서의 자기다. 즉, 그에게 중요한 것은 자기의 몸 또는 고립된 개체로서의 자기의 안녕이다. 아니면 자기의 몸값이 그에게는 가장 자기가 가장 소중한 것이다. 오늘날 이른바 경쟁력을 높이기 위해 근면 성실하게 자기를 갈고 닦는 사람들은 노동 시장에서 더욱 비싼 값으로 팔리는 상품이 되기 위해 자기를 연마하는 것이다. 하지만 세상에는 그와는 전혀 다른 종류의 사람들도 있다. 그들은 수단적 가치로 환원될 수 없는 인격으로서 자기의 가치를 더 소중히 여기는 사람들이다. 이것은 그들이 아무 데도 쓸모 없는 사람이 되기를 원하기 때문이 아니라, 인간성 속에는 수단적 가치보다 더 고귀한 가치가 감추어져 있다는 것을 깨닫고 있기 때문이다. 그들이야말로 바로 자기 자신에 대한 참된 긍지를 아는 사람들이다. 긍지란 자기의 가치를 아는 마음이다. 즉, 긍지 높은 정신은 자기의 가치가 물건의 가치와 비교할 수 없이 크다는 것을 알고 있다. 그리고 그는 자기의 인격의 가치가 수단화되거나 다른 도구적 가치들에 의해 훼손되는 것을 용납하지 않으려는 사람이다. 그런즉 그는 진정한 자유인이니, 오직 긍지 높은 정신만이 자유인으로서 살 자격이 있는 것이다.

그렇다면 구체적으로 무엇이 그런 인격의 가치인가? 이 물음과 함께 도덕 교육은 두 번째 단계로 넘어간다. 도덕 교육의 첫 단계가 욕구의 대상의 좋음에 대한 성찰이었다면, 두 번째 단계는 욕구하는 주체 자신의 좋음으로서 착함과 덕에 대한 성찰이다. 여기서 문제는 대상의 좋음이 아니라 마음씨의 좋음이다. 그러나 과연 마음씨가 좋다, 또는 비슷한 말이지만 착하다는 것은 무엇을 의미하는 것인가?

10) 착함과 주체성

착함이란 마음씨의 좋음이다. 여기서 문제되는 것은 물건이 아니라 인격이다. 인격의 좋음, 인격의 온전함이 착함인 것이다. 사물의 좋음이 아니라 마음씨의 좋음, 단순한 좋음이 아니라 착함과 함께 비로소 우리는 본래적 의미에서 도덕적 가치의 영역으로 들어서게 된다. 아래에서 우리는 다양한 도덕적 선의 범주들을 살펴보게 되겠지만 그 모든 것은 이제 넓은 의미에서 마음씨의 좋음과 인격의 온전함의 이념 아래 포괄되는 것이다.

하지만 인격의 온전함이란 무엇을 뜻하는가? 사물의 온전함이 객체로서의 가치에 존립한다면, 이제 인격의 온전함은 주체의 가치, 곧 주체성의 온전함에 존립한다. 우리가 인격이나 주체성의 온전함을 말할 수 있는 까닭은 그것이 완성된 형태로 만들어져서 존재하는 것이 아니기 때문이다. 주체성이란 실체가 아니라 활동(Aktivität)이요 행위(Handlung)다. 그런데 그 활동은 모든 활동이 그렇듯이 그 형식이나 강도에서 영(零)으로부터 무한에 이르기까지 나아갈 수 있다. 우리는 아무것도 하지 않는 상태에서 시작하여 자기를 주체로, 인격으로 만들어주는 행위를 하기 시작하여 완전한 인격성에 이르기까지 활동을 강화하고 확장해나갈 수 있다. 인격의 온전함이란 그 활동의 온전함을 의미한다.

그렇다면 주체를 주체되게 하는 그 활동의 정체는 무엇인가? 오랫동안 주체성에 대해 천착해온 철학자들은 그것을 본질적으로 의식의 자기 관계라고 생각했다. 정신이 타자와 관계하지 않고 오로지 자기에게 돌아와 자기와 관계하고 자기를 스스로 규정하고 형성할 때, 그것이 또한 자유라는 것이 철학자들의 생각이었던 것이다. 이런 입장에서 보자면 주체성의 본질은 한마디로 말해 반성이다. 그렇게 의식이 반성적 자기 관계를 통해 주체가 된다는 입장을 우리는 홀로주체성이라 부를 수 있겠는데, 이런 입장에 따르면 인격의 좋음이란 본질적으로 자기 관계의 탁월함이라 할 수 있다.

우리는 이런 입장이 윤리학의 영역에서 가장 탁월하고 순수한 방식으로 표현된 것을 칸트에게서 볼 수 있는데, 그에 따르면 마음씨의 좋음 곧 의지의 선이란 의지의 자기동일성에 다름아니다. 반대로 악한 의지는 의지가 자기와 충돌할 때 발생한다. 구체적으로 말하자면 의지가 자기가 선택하는 준칙의 효력을 스스로 제한할 때, 그리하여 어떤 경우에는 그 준칙이 적용되지만 다른 경우에는 똑같은 사례임에도 불구하고 같은 준칙이 적용되지 않을 때 의지는 악에 빠지게 된다. 그러니까 의지는 오직 자기의 일관성, 곧 자기동일성을 지킴으로써 선에 도달하는 것이다.

그러나 주체가 본질적으로 반성적 자기관계를 통해 주체가 된다는 믿음은 미신이다. 자기 반성은 결코 의식의 근원적 활동이 아니다. 그것은 오직 타인과의 만남 위에서만 가능한 파생적 활동인 것이다. 우리가 일관되게 말해왔듯이 주체성은 홀로주체성의 자기 관계가 아니라 서로주체성에 존립한다.[17] 서로주체성이란 나와 너의 만남 속에서만 내가 내가 되고 또 주체가 될 수 있다는 것을 의미한다. 주체가 이렇게 이해될 때, 주체의 탁월함은 만남의 탁월함에 존립하는 것이 된다.

하지만 학생들에게 주체성의 본질을 가르치는 것이 도덕 교육의 과제는 아니다. 그러나 우리는 학생들에게 인격의 착함이 오

---

17) 김상봉, 『자기 의식과 존재 사유 : 칸트철학과 근대적 주체성의 존재론』(한길사, 1998), 제7장. 김상봉, 「생각」(『우리말 철학사전 2』, 지식산업사, 2002).

직 타인과의 만남에서 비로소 증명된다는 것을 이해시킬 수는 있을 것이다. 사람의 삶에서 사물적 대상과의 관계를 바람직하게 맺는 것도 중요한 일이다. 이를테면 똑같은 물건이라도 무조건 비싼 물건만 찾는 사람이 있다면, 우리는 그런 사람을 가리켜 속물이라 부르는데, 반대로 물건과 맺는 관계에서 절제 있고 지혜로운 사람을 가리켜 우리는 영리한 사람이라 부를 수 있을 것이다. 이와는 달리 착한 사람은 물건이 아니라 사람과의 관계에서 온전한 사람을 의미한다.

11) 사 랑

그렇다면 사람과의 관계에서 착함은 어떻게 나타나는가? 물건이나 모든 종류의 유형 무형의 대상을 좋아하는 것은 욕망이다. 그러나 사람과의 관계를 규정하는 가장 근본적인 실천적 범주는 사랑과 미움이다. 다시 말해 사랑과 미움은 사람과 사람 사이의 만남의 가장 근본적인 범주인 것이다. 만남의 온전함은 사랑의 온전함에 존립한다. 그런즉 착한 사람이란 사람을 사랑하는 사람인 것이다.

하지만 사람을 잘 사랑하는 것은 어려운 일이다. 이 문제에 관해 도덕 교사는 학생들과 함께 다양한 사랑의 유형을 살펴보고 학생들로 하여금 과연 무엇이 참된 사랑이고 무엇이 잘못된 사랑인지를 생각하도록 인도해야 한다. 사실 사랑이 무엇인지를 규정하는 것은 어려운 일이다. 사랑의 첫째가는 징표는 자기 부정이다. 욕망은 자기밖에 모른다. 그것은 어쩔 수 없는 경우를 제외하고는 결코 자기를 포기하려 하지 않는 의지다. 그러나 사랑은 타인을 위해 자기의 욕망을 스스로 제한하는 마음씨다. 그리고 이처럼 자기를 스스로 부정할 수 있다는 것에 인격의 고귀함이 있는 것이다.

　그러나 사랑은 너무 자주 오해된다. 일반적으로 우리가 가장 흔히 볼 수 있는 잘못된 사랑은 사랑과 욕망을 혼동하는 데서 온다. 욕망이란 사물을 좋아하는 것이다. 그런데 많은 사람들은 물건을 좋아하듯이 사람을 좋아하면서 그것을 사랑이라고 믿는다. 그리고 사랑의 이름으로 타인에 대한 자기의 욕망을 정당화하려 하는 것이다. 무릇 욕망은 대상을 소유하려 하고 자기의 이익을 위해 이용하려 하는데, 이런 사정은 사람이 다른 사람을 욕망의 대상으로 삼을 때도 마찬가지다. 물론 욕망이 사랑의 외관을 띠고 나타날 때는 결코 직접적인 이기심이 전면에 드러나지는 않는다. 도리어 사람들은 언제나 남을 위해 좋은 일을 바란다고 생각한다. 하지만 그렇게 사랑하는 사람을 위해 좋은 것을 바라는 것이 열렬해지면, 그것이 단순한 바람에 그치지 않고 강요로 나아가게 된다. 결국 이런 사랑은 타인을 자기에게 동화시키려는 숨겨진 권력 의지의 발로 이외에는 아무것도 아니다.

　물론 이 문제에 관해서도 정답으로 제시할 수 있는 일반적 규칙은 없다. 명백히 자기를 해치는 길을 가고 있는 친구에 대하여 어디까지 개입하거나 간섭하는 것이 사랑이고 어디서부터가 욕망인지는 한 가지 방식으로 규정될 수 없는 일이다. 사랑하는 사람이 명백히 잘못된 길을 가고 있을 때, 어떤 방식으로 개입하는 것이 바람직한 것인지를 배우는 것은 온전한 만남을 위해 반드시 깨우쳐야 할 지혜다. 원칙적으로 말하자면, 사랑은 타인에 대한 존중을 잃어버리면 한갓 욕망에 떨어지게 된다. 성숙한 사랑은 언제나 타인을 존중하는 데서 시작된다. 타인을 존중한다는 것은 타인의 의사를 존중한다는 것을 의미할 뿐만 아니라 타인의 몸을 존중한다는 것을 의미한다. 그런 의미에서 스토킹도 폭력도 참된 사랑과는 양립할 수 없다.

그러나 사랑이 왜곡되는 것은 자기의 욕망에 따라 타인을 부정하고 타인을 자기에게 동화시키려 하는 데서만 비롯되는 것은 아니다. 마찬가지로 맹목적 자기 부정 역시 왜곡된 사랑의 한 형태다. 사랑은 온전한 만남의 원리다. 그런데 온전한 만남이란 나의 주체성과 너의 주체성이 서로주체성 속에서 제한되면서도 보존되는 것에 존립한다. 그런데 일방적인 자기 주장과 마찬가지로 일방적인 자기 부정 역시 왜곡된 사랑의 한 형태다. 앞의 경우에 타자가 부정됨으로써 만남이 이루어지지 않는다면, 뒤의 경우에는 자기가 부정됨으로써 마찬가지로 나와 너 사이의 만남이 이루어지지 못하는 것이다. 참된 사랑은 나만을 위한 것도 너만을 위한 것도 아니다. 그것은 더욱 확장된 주체로서 우리를 위한 것, 곧 나와 너 모두를 위한 것일 때 온전한 것이 된다. 그러나 미리 정답을 정해놓고 학생들을 그리고 인도하려 하는 것은 바람직한 일도 아니고 현명한 일도 아니다. 이 단계에서 도덕 교육은 학생들에게 자기가 사랑하는 사람들을 왜 사랑하는지 그리고 어떻게 사랑하는지를 돌이켜보게 하고 과연 자기의 사랑이 온전한 사랑인지 아니면 왜곡된 사랑인지를 자기 스스로 반성적으로 성찰할 수 있도록 도와야 할 것이다.

12) 미움과 폭력

사랑하는 사람은 또한 미워한다. 누군가를 긍정한다는 것은 다른 누군가를 부정한다는 것을 피할 수 없이 함의하는 것이다. 우리는 이 현실을 인정하지 않으면 안 된다. 그러나 여기서 현실을 인정한다는 것은 미움을 마냥 정당하다고 인정한다는 것을 뜻하지는 않는다. 사랑이 참되고 온전한 것이 되기 위해 규제되어야 하듯이, 미움 역시 우리의 온전한 삶을 위해 조절되고 규제되어야 한다. 이를 위해 학생들은 일상의 삶에서 자기가 느끼는 미움의 감정을 돌이켜 생각해볼 수 있어야 한다.

나는 어떤 사람을 좋아하고 어떤 사람을 싫어하는가? 그 사람을 싫어할 때, 내가 그를 싫어하는 까닭은 무엇인가? 그리고 내가 그를 싫어하는 까닭에는 어떤 정당성이 있는가? 사람을 좋아하는 까닭이 다양하듯이 싫어하는 까닭도 여러 가지다. 그리고 한 사람이 누구를 좋아하는가를 보면 그 사람의 인품을 짐작할 수 있는 것처럼, 그가 누구를 미워하는가 하는 것 역시 그의 인품을 나타내 주는 지표가 된다. 그리고 사랑이 도덕성의 도야를 위해 필수적인 과정이듯이 미움 역시 그러하다. 왜냐하면 사람이 사람을 미워할 때, 그가 미워하는 것은 추상적 개별자로서의 개인이 아니라 그 개인이 구현하는 어떤 보편적인 성격이기 때문이다. 그러므로 사람이 타인을 미워할 때, 많은 경우 그 미움에는 나름의 이유와 정당성이 있을 수 있다. 하지만 대부분의 경우에 미움은 분별을 잃어버리고, 사람 속에 있는 나쁜 성격이 아니라 그 사람 자체를 통째로 미워하는 데까지 나아간다. 그리고 이 지경에 이르면, 미움 그 자체가 타인에 대한 온갖 악행의 근거로 둔갑하게 된다. 그러나 이 둔갑에는 아무런 정당성도 없다. 그리고 그때는 미워하는 사람 자신이 미움 받는 사람보다 더 악한 사람이 되어버리는 것이다.

남의 악을 미워하다가 자기가 더 악한 사람이 되는 것을 막기 위해 학생들이 일상의 삶에서 어쩔 수 없이 느낄 수밖에 없는 미움의 감정을 반성적으로 성찰하고 규제하는 능력을 길러주는 것은 도덕 교육이 떠맡아야 할 가장 중요한 과제들 가운데 하나다. 특히 미움의 감정이 폭력으로 나타날 때, 그것은 어떤 경우에도 정당화될 수 없을 것이다. 도덕 교육은 학생들로 하여금 미움을 이기는 법을 스스로 체득하게 하고, 폭력으로 기울어지는 성향을 스스로 억제하는 능력을 길러주어야 한다.

특히 폭력에 대한 비판적 성찰은 도덕 교육의 가장 중요한 과제에 속한다. 생각하면 한국 사회만큼 폭력이 일상화된 사회도 드물 것이다. 외국인 노동자들이 배우는 한글 교과서에 가운데 '때리지 마세요!'라는 지문이 있을 정도로 폭력이 만연해 있는 나라가 한국인 것이다.18) 한국 사회의 폭력적 문화는 다른 무엇보다 사회적 권력 관계에서 나타나는 '정당화된 폭력'에서 비롯된다. 자식에 대한 부모 폭력이나 학생에 대한 교사의 폭력, 후배에 대한 선배의 폭력, 아내에 대한 남편의 폭력 등, 한국 사회에서는 강한 자가 약한 자에게 행사하는 폭력은 여전히 문화적으로 정당화된다. 그렇게 폭력이 문화적으로 정당화되는 사회에서 폭력이 도처에 만연하는 것은 조금도 이상한 일이 아니다. 도덕 교육이 폭력을 비판한다면, 다른 무엇보다 이런 준제도화된 폭력을 먼저 비판하지 않으면 안 된다. 그렇지 않을 경우 폭력에 대한 비판은 위선을 벗어나기 어려울 것이며, 그렇게 위선적인 도덕 교육이 성과를 얻기를 기대할 수도 없을 것이다.

폭력에 관한 교육에서 특별히 유의해야 할 것은 폭력에 기울어지는 경향을 억제하는 것만큼 학생들에게 폭력에 저항하는 용기를 길러주어야 한다는 것이다. 폭력은 가해자를 통제하는 것만으로는 줄어들지 않는다. 폭력적 문화를 극복하는 것은 모든 종류의 폭력을 도덕적으로 비판하는 것은 물론, 학생들에게 폭력에 고분고분 당하려 하지 않는 용기를 불어넣어 줄 때 가능하다. 모든 폭력은 피해자의 침묵과 제3자들의 방관 속에서 독버섯처럼 창궐하는 것이기 때문이다. 폭력에 저항하고 남이 당하는 폭력 앞에서 방관자가 되지 않도록 하는 것은 도덕 교육의 중요한 과

---

18) 오마이뉴스, 2000년 11월 3일. http://www.ohmynews.com/articleview/article_view.asp?at_code=22800.

제다. 물론 폭력에 언제나 폭력으로 맞대응하는 것이 무조건 찬양되고 비폭력적인 대응이 무조건 비난받아야 할 일은 아니다. 그러나 이를테면 간디나 함석헌이 생각했던 비폭력의 원칙이 폭력에 대한 비굴한 굴종과 동일시될 수는 없을 것이다. 이 점에 대해 도덕 교육은 학생들로 하여금 무엇이 폭력 앞에서 가장 올바른 대응인지를 스스로 생각하게 자극해야 할 것이다.

13) 예의와 친절함

이처럼 착함의 단계에서 도덕 교육은 학생들에게 사랑과 미움을 반성적으로 성찰하게 해야 한다. 일반적으로 말해 욕망의 단계에서 가능한 한 좋은 모든 것을 다 얻으려는 것이 사람의 자연스런 성향이다. 욕망이 추구하는 것은 향유의 극대화인 것이다. 그리고 같은 지혜라도 향유의 극대화를 추구하고 또 그에 합당하게 생각하고 행위하는 소질을 가리켜 우리는 영리함이라 부를 수 있을 것이다.

이에 반해 착함이 추구하는 것은 향유가 아니라 만남의 극대화다. 가능한 한 모든 사람들과 온전한 만남을 맺는 것이야말로 마음씨가 착한 사람들의 궁극적 지향점인 것이다. 여기서 모든 사람과의 온전한 만남은 자체 내에 두 가지 계기를 갖는다. 하나는 모든 사람과의 만남이라 할 때 만남의 전체성의 계기며, 다른 하나는 온전한 만남이라 할 때 만남의 완전성의 계기다. 이 두 계기 가운데 만남의 온전함은 성실한 사랑을 통해 실현된다. 여기서 사랑이란 넓은 의미의 인류애가 아니라 좁은 의미의 애정과 친애다. 그러나 만남의 전체성 곧 모두와의 만남이란 그렇게 이루어질 수 없다. 왜냐하면 사랑은 강해지면 강해질수록 배타적이고 독점적인 관계가 되는 경향이 있는 데다가, 반드시 그렇게 될 필요가 없다 하더라도 모든 사랑은 그것이 참된 만남이라면 일회적인 사건이 아닐 수 없기 때문이다. 따라서 배타적이고 일회적인 사랑이란 만남의 전체성의 현실태가 아니다. 착한 마음은 모든 사람에게 원칙적으로 만남의 가능성을 열어두려 한다. 그런데 이 보편적 만남의 가능성 또는 비슷한 말이지만 우리의 착한 마음씨는 우리의 행위를 통해 표현되고 또 실현되어야 한다. 하지만 우리가 삶에서 만날 수 있는 모든 사람들에게 열어두는 만남의 가능성은 모든 사람에게 똑같이 표현되는 사랑을 통해 실현될 수는 없다. 왜냐하면 우리는 처음부터 모든 사람을 똑같이 사랑할 수는 없기 때문이다. 그렇다면 우리가 모든 사람에게 열어놓는 만남의 가능성은 어떻게 표현되는가? 그것은 예의와 친절함을 통해 표현된다.

사랑은 오직 그 사람을 위한 만남의 형식이다. 그리하여 그것은 때마다 일회적이다. 그러나 예의는 모든 사람을 위한 만남의 형식이다. 착한 마음씨는 한 사람 한 사람과의 관계에서 최선을 다해 성실하려는 만큼, 또한 모든 사람에게 정중하고 친절하려 한다. 그것이 예의의 정신이다. 예의는 모든 사람에게 만남의 가능성을 개방하는 마음씨의 산물이다. 내가 어떤 사람에게 무례한 것은 내가 더 이상 그 사람과 만나고 싶지 않다는 마음의 표현이다. 반대로 내가 사람들에게 만남의 가능성을 언제나 열어둔다는 것은 내가 모든 사람에게 친절하고 정중하게 대하는 것을 통해 표현된다. 이런 의미에서 참을 수 없이 혐오스런 사람에게도 최소한의 예의를 지키는 것은 언제나 고상한 정신의 표현이다. 그것은 모든 사람과의 관계에서 만남의 가능성을 포기하지 않는 마음씨에서 비롯되는 것이기 때문이다.

이처럼 만남의 전체성 또는 비슷한 말이지만 만남의 보편성에 대한 욕구가 예의의 본질적 근거다. 우리는 모든 사람과 만남의 가능성을 바라는 한에서 모든 사람들에게 정중하고 친절하게 대하려 한다. 그런데 한국 사회에서는 이런 예의의 근본 의미가 심각하게 왜곡되어 참된 예의의 토대를 허물고 있다. 본래적 의미에서 예의는 상호적인 것이다. 그것은 사람과 사람 사이의 만남의 가장 원초적이고 보편적인 형식이다. 한마디로 말해 친절과 정중함 속에서 사람과 사람의 만남이 처음으로 시작될 수 있는 것이다.

이때 만남이란 사람들 사이의 사회적 관계를 무차별하게 가리키는 말은 아니다. 만남이란 서로주체성의 현실태다. 다시 말해 내가 너와 만나 우리가 되는 것, 그것이 만남인 것이다. 하지만 우리가 된다는 것 역시 문법적인 문제가 아니다. 한 사람이 다른 사람을 향해 우리라고 부른다고 해서 그들 사이에 참된 서로주체성이 형성되는 것은 아니기 때문이다. 이를테면 주인이 노예를 향해 우리라고 부른다고 해서 그들이 정말로 우리가 되는 것은 아니다. 주인이 여전히 홀로 주체이고 노예는 주인의 뜻에 수동적으로 따르는 상황에서는 아무리 그들이 서로를 우리라고 부른다고 하더라도 노예는 주인의 객체일 뿐 주인과 더불어 참된 서로주체성에 참여하지 못하기 때문이다.

그렇게 서로주체성 속에서 만남이 가능하기 위해서는 만남 속에 있는 사람들의 무제약적 주체성이 지양되어야 하지만 동시에 그들의 주체성이 원칙적으로 동등하게 보존되어야 한다. 이것은 만남의 당사자들이 상대편의 주체성을 상호적으로 인정하고 존중하는 것을 통해 실현되는 바, 그 상호 존중의 표현이 바로 정중함과 친절이다. 그것은 상대편을 어떤 방식으로도 위축시키지 않겠다는 의사의 표현인 것이다.

하지만 한국 사회에서 예의는 그런 상호 존중의 표현이 아니라 부등한 사회적 권력 관계의 확인으로 나타난다. 즉, 예의란 사회적 약자가 자기보다 강한 사람에게 어쩔 수 없이 표시해야 하는 공손함인 것이다. 그래서 예의란 상호적인 것이 아니라 일방적인 것이다. 이를테면 부모와 자식 사이에서 예의는 부모가 아니라 오직 자식에게만 일방적으로 요구되는 공손함이며, 교사와 학생 사이에서는 교사가 아니라 학생에게만 요구되는 공손함이고, 상급자와 하급자 사이에서는 상급자가 아니라 오직 하급자에게만 요구되는 공손함이다. 극단적으로 표현하자면 그것은 언제나 사회적 약자가 강자에게 내가 당신의 노예이고 당신이 나의 주인이라는 것을 확인하는 절차로 나타난다. 그렇게 공손함이 상호적인 것이 아니라 일방적인 것일 때, 그것은 마음의 고귀함을 표현하는 참된 예의와 정중함이 아니라 노예적 비굴함의 표현일 뿐이다.

이런 사회에서 사람들이 어쩔 수 없는 경우가 아니면 예의를 지키지 않으려는 경향을 보이는 것은 조금도 이상한 일이 아니다. 왜냐하면 예의와 정중함이 타인보다 자기가 사회적으로 힘없고 보잘것없는 사람이라는 것을 스스로 드러내는 것이라면, 누가 즐겨 자기의 약함을 남에게 드러내 보여주려 하겠는가? 도리어 이런 사회에서는 자기가 사회적 강제에 의해 매여 있는 사람 앞에서는 어쩔 수 없이 예의를 지키면서도 자기와 아무런 상관도 없다고 생각하는 사람들에게는 도리어 무례한 모습을 보이는 것이 일반적 경우인 것이다. 예의는 낮은 지위와 비천한 신분의 표현이라면, 무례는 도리어 우월한 권력과 사회적 지위의 표현이기 때문에, 사람들은 자기가 누구인지 모르는 사람 앞에서는 나도 너만 못지 않은 인간이라는 것을 보이기 위해 무례해지는 것이다.

한국의 도덕 교육이 그토록 애지중지해온 예절 교육이란 그런 사이비 예의의 확대 재생산 장치였다. 그 결과 그것은 이 땅의 학생들을 한편에서는 비굴한 노예로 만들면서 다른 한편에서는 거칠고 무례한 인간으로 만들었던 것이다. 정말로 우리가 학생들을 예의바른 인간, 곧 다른 사람에게 친절하고 정중한 인간으로 기르기를 원한다면, 일방적 공손함이 아니라 상호적 정중함으로서의 예의를 가르치지 않으면 안 된다. 오직 그런 경우에만 예의바름이 사회적 약자의 비굴함의 표현이 아니라 오직 고상한 정신만이 보여줄 수 있는 인간에 대한 배려와 호의의 표현이 될 수 있을 것이다.

14) 편 애

보편적 만남의 이념은 무례에 의해 훼손되는 것과 마찬가지로 편애에 의해서도 훼손된다. 우리는 편애라는 말을 독점적 애정관계가 아닌 모든 사회적 만남에서 한 사람과의 만남이 다른 사람과의 만남을 직접 간접적으로 배제하는, 그런 배타적 만남으로 이해한다. 구체적으로 말하자면 편애는 내가 누군가를 좋아하는 것이 다른 사람에게 아무런 정당한 근거가 없는 미움의 원인이 되거나, 내가 좋아하는 사람에게 좋은 일을 해주기 위해 다른 사람에게 나쁜 일을 행할 때 발생한다. 무례가 특정한 사람과의 만남을 직접적으로 배제하는 결과를 낳기 때문에 보편적 만남의 이념과 충돌하는 것이라면, 편애는 특정한 사람(들)을 제외한 나머지 모든 사람들과의 만남을 훼손하고 파괴하는 것이기 때문에 마찬가지로 보편적 만남의 이념과 충돌한다.

일반적으로 사람들은 무례에 대해서는 예민하게 반응하면서도 편애에 대해서는 관대한 경향이 있다. 하지만 보편적 만남을 위해서는 무례 못지 않게 편애 역시 지양되지 않으면 안 된다. 사람들이 편애에 대해 관대한 까닭은 한편에서 자기가 편애의 대상이 될 때, 그것이 자기에게 이익을 가져다주는 것이므로 좋아하면서도, 다른 한편에서 자기가 편애의 대상이 되지 않을 경우에는 자기가 입는 불이익이 직접 눈에 띄는 것이 아니기 때문에 그에 대해서는 불쾌함을 느낄 기회를 갖지 못하기 때문이다. 그리하여 편애에 의해 자기가 이익을 얻는 경우보다 불이익을 얻는 경우가 비할 수 없이 더 많음에도 불구하고, 다른 사람들 사이의 편애 관계로 인해 자기가 입는 불이익은 거의 대부분 눈에 띄지 않는 반면, 자기가 편애에 의해 얻는 이익은 언제나 분명히 인식되기 때문에 사람들은 자기의 행동 반경 속에서 할 수 있는 한 편애 관계를 다양하게 형성하려 하는 것이다.

그런데 더 심각한 문제는 이처럼 많은 사람들이 사회적 관계 속에서 배타적인 편애를 추구하는 것이 자기의 이익을 위해 영리한 일이라고 생각할 뿐만 아니라, 편애가 도덕적으로도 양심에 그다지 거리낄 것이 없다고 생각한다는 데 있다. 사람들이 그렇게 생각하는 까닭은 편애가 일종의 사랑이기 때문이다. 그것은 그 자체로서는 누군가에게 좋은 일을 해주는 것이다. 그리고 좋은 일을 해주는 것은 아무튼 그 자체로서는 좋은 일이다. ― 적어도 우리가 전체 인류와 보편적 만남의 지평을 도외시할 수만 있다면! 그런데 개별적 사태는 직접적으로 경험할 수 있어도 보편적 이념은 언제나 반성적 사유의 산물인 까닭에 사람들은 자기가 편애하는 사람에게 좋은 일을 해주는 것만 생각하지, 그로 인해 자기가 다른 모든 사람에게 나쁜 일을 하고 있다는 것을 반성하지는 못한다. 그리하여 대다수 사람들은 편애를 좋은 일로 생각하게 되는데, 이것이야말로 정말 위험한 일이다.

한국 사회에서 편애는 다양한 방식으로 나타난다. 이를테면 과도한 가족애나 지역 감정 또는 학벌 의식은 거의 제도화되고 보편화된 한국적 편애의 의식이다. 그러나 자기 가족에 대한 사랑이 타인에 대한 불의로 나타난다면, 그것은 동물적인 본능의 발로일 수는 있을지언정 결코 도덕적으로 정당화될 수는 없는 일이다. 하물며 지역 감정이나 학벌 의식에 따른 편애는 더 말할 나위도 없을 것이다. 이런 것들 이외에도 개별적으로 발생하는 편애 역시 지양되어야 하기는 마찬가지다. 한 사람과의 친밀한 관계가 어떤 경우에도 다른 모든 사람들에 대한 침해가 되지 않도록 하는 것은 향유의 극대화가 아니라 만남의 온전함을 추구하는 착한 마음씨를 기르기 위해서 반드시 지녀야 할 태도다.

15) 착함에서 올바름으로

이처럼 나와 너의 개별적 만남이 만남의 전체성 또는 보편적 만남의 이념과 매개될 때, 그때 비로소 인간의 도덕적 의식은 단순하고 소박한 착함의 나라에서 올바름의 나라로 이행하게 된다. 나의 행위가 올바른 것은, 오직 그 행위가 보편적 만남과 보편적 선의 실현을 지향하는 의지에 의해 인도되는 한에서다. 우리는 사랑을 함으로써 착한 사람이 된다. 그러나 사랑은 언제나 개별적 관계인 까닭에, 만약 사랑이 사랑으로만 머문다면 이것만으로는 우리를 결코 올바른 사람으로 만들어주지는 못한다. 개별성에 갇힌 사랑은 아직 보편적 만남의 지평을 고려할 줄을 모르기 때문이다. 물론 사랑이 없이 올바름이 있는 것은 아니다. 사랑은 올바름의 논리적-존재론적 전제다. 오직 사랑이 먼저 있을 때만 그로부터 올바름이 출현할 수도 있다. 한마디로 말해 올바름은 보편적으로 확장된 사랑이다. 그리고 사랑이 만남의 주관적 현실태인 한에서, 올바름은 보편적 만남을 향한 의지의 표현인 것이다.

하지만 이 의지는 언제나 보편성과 매개되어 있는 한에서, 좋아하고 싫어하는 감정과는 구별된다. 감정은 원칙적으로 언제나 개별적인 대상과의 관계에서 발생한다. 이런 의미에서 칸트는 심미적 취미 판단이 감정에 기초하는 까닭에 단칭(單稱) 판단이라 말했던 것이다.19) 그런즉 보편적 만남을 지향하는 의지는 감정의 발동일 수 없다. 이런 의미의 의지는 주관적으로는 부드럽고 따뜻한 사랑의 감정이 아니라 차갑고 엄격한 **의무감**으로 나타나며 객관적으로는 구체적인 만남의 현실태가 아니라 추상적인 **법칙**과 이를 통한 **정의**의 실현으로 나타난다.

의무감이란 마땅함의 의식이다. 그것은 하고 싶다거나 하기 싫다는 의식이 아니라 해야 한다거나 하지 말아야 한다는 의식이다. 그러므로 마땅함은 단순한 사랑의 감정에서 비롯되는 것은 아니다. 사랑은 어떤 경우에도 강제될 수 없기 때문이다. 객관적인 강제의 의식으로서의 의무감은 오직 우리의 의식이 개별적인 사랑의 대상에 몰두하는 것이 아니라 보편적인 선의 표상에 주목하는 한에서만 발생할 수 있다. 그런데 개별적인 사랑의 대상은 우리의 눈 앞에 직접 현전하지만, 보편적 선은 언제나 표상으로서만, 그것도 개념적 표상으로서만 주어질 수 있다. 그런 보편적 선의 내실이 만남의 온전함이라면, 그것을 지탱하는 관념적 형식이 바로 도덕적 법칙이다. 그것은 우리의 개별적 만남이 보편적 만남의 이념에 적합하게 발생하도록 규제하는 원칙인 것이다. 그러나 이 법칙은 자연 법칙과 달라서 현실적으로는 따를 수도 있지만, 따르지 않을 수도 있는 법칙이다. 마음이 그 법칙에 따르려 할 때 그런 법칙에 대한 존중과 존경심을 가리켜 칸트는 의무감이라 불렀다.

이 단계에서 도덕 교육은 우선은 인간에 대한 사랑의 감정이 도덕성의 절대적 기준이 될 수 없음을 깨우치고 세상에는 자기가

---

19) 전칭 판단이 '모든 사람은 죽는다' 같은 것이라면, 특칭판 단은 '어떤 사람들은 여자다' 같은 것이다. 이에 비해 단칭 판단은 특정한 개별자를 지시하여 '이 사람은 노동자다'라는 식으로 판단하는 것이다. 일반적으로 단칭 판단은 전칭 판단과 동일한 것으로 간주되지만 칸트는 둘을 구별하였다. 그리고 이를 심미적 취미 판단에 적용하였다.

좋아서 하는 일 이외에 좋든 싫든 해야만 하는 일이 있다는 것을 학생들이 깨닫게 해야 한다. 그런데 이것은 오직 우리의 마음이 개별적인 사랑의 대상이 아니라 보편적인 만남의 지평을 생각하고 그 보편적인 만남의 이념 아래 자기의 욕구와 행위를 종속시킬 때만 가능한 일이다. 하지만 이제 중학생에 지나지 않는 청소년들에게 그런 보편적 만남의 이념을 어떻게 깨우칠 수 있겠는가? 그들이 일상의 삶에서 경험하는 것은 개별적인 사랑과 미움의 관계다. 그리고 이것은 좋아하고 싫어하는 감정에 기초한 관계다. 하지만 지금 우리가 그들에게 요구하는 도덕성의 단계는 감정이 아니라 의지에 입각한 착함 곧 올바름이다. 그리고 이것은 오직 보편적 선과 법칙에 따라야 한다는 의지의 결단에 존립하는 것이다.

그렇다면 도덕 교육은 어떻게 개별적 인간 관계에 매몰되어 있는 아이들의 마음을 보편적 만남의 이념과 매개할 수 있겠는가? 여기서 문제는 감정이 개별적 만남에 의해 규정되는 것인 반면, 우리가 요구하는 도덕적 의지는 모름지기 보편적 만남의 이념에 의해 규정되어야 한다는 데 있다. 그런데 우리의 학생들이 아직 감정의 단계에 머물러 있고 개별적 만남 이외의 인간 관계를 적극적으로 생각할 수 없는 상태에 있다면, 그들에게 무엇을 통해 보편적 만남의 이념을 깨우치고 나아가 그 이념에 입각해 자기의 모든 개별적 만남을 규제하도록 인도할 수 있겠는가? 요컨대 어떻게 하면 학생들의 마음속에 사랑을 넘어 의무감이 자리잡게 할 수 있겠는가? 감정과 의지 사이에는 걸어서는 건널 수 없는 커다란 강물이 흐르고 있는 까닭에, 다리도 배도 없는 곳에서 학생들을 감정의 기슭에서 건너편 의지의 기슭으로 강제로 쫓는다면, 누구도 사고 없이 강을 건널 수는 없다. 그러므로 학생들의 마음을 감정에서 의지로 인도해주는 다리가 필요하다. 이를 통해 학생들이 개별적 만남에서 느끼는 사랑과 미움의 감정을 통째로 배제하거나 부정하지 않으면서 그런 감정을 보편적 만남의 이념과 결합시켜야 하는 것이다. 그러나 과연 그런 다리가 있는가? 있다면 무엇인가? 이것이 우리의 문제다.

한국의 도덕 교과서는 이 문제에 관해 아무 생각이 없다. 그것은 모든 것을 강제에 의해 해결하려 한다. 교과서는 강제적인 법칙이 단지 법칙이라는 이유 때문에 지켜져야 하고 또 지켜질 수 있다는 듯이 그것을 가르치고 주입하려고만 든다. 그것은 바리새적인 율법주의다. 아마도 학생들은 교사의 가르침에 따라 도덕적 규범과 법칙을 따를 수는 있을 것이다. 그러나 단순히 밖으로부터 주어진 도덕 규범이 과연 학생들의 감정까지 설득할 수 있느냐 하는 것은 또 다른 문제다. 그런데 법칙이 감정을 설득할 수 없다면, 학생들은 겉 다르고 속 다른 위선자가 되거나, 아니면 매사에 시키는 대로 굴종하는 노예가 될 뿐이다. 두 가지 모두 참된 도덕성과 양립할 수 없음은 물론이다.[20)]

---

20) 철학적으로 고찰해보면 한국의 도덕 교육이 보여주는 독선적이고도 무모한 율법주의는 잘못 받아들인 칸트주의에 기초한다. 즉, 그것은 윤리학의 역사에서 칸트의 비길 데 없는 공적은 철저히 외면한 채 칸트의 오류만을 확대재생산하고 있는 바, 구체적으로 말하자면 한국의 도덕 교육은 도덕성의 본질을 칸트가 말했던 주체의 자유롭고 자율적인 입법 능력에서 찾는 것이 아니라 칸트가 말했던 추상적이고 형식적인 의무감에서 찾음으로써 칸트가 말하는 도덕을 자유인의 도덕에서 노예 도덕으로 전도시키는 것이다.

생각하면 칸트는 감정과 의지의 차이를 처음으로 명확하게 깨우쳐준 철학자였다. 칸트는 감정과 의지가 서로 대립하고 충돌한다는 것을 또렷이 드러내줌으로써 우리 마음의 계보에서 의지가 감정과는 다른 뿌리에서 생겨난 것임을 밝혔으며 이를 통해 처음으로 순수 의지의 지평을 개방했던 것이다. 하지만 칸트는 도덕으로부터 감정의 영향을 배제하는 데 몰두한 나머지 아예 도덕성의 질료적 근거 자체를 형식적 의지에 두려 하였다. 즉, 그는 "순수한 실천 이성의 동기"로부터 사랑의 감정을 배제하고 오직 법칙에 대한 존경심, 곧 의지의 보편성 그 자체에 대한 지향만을 도덕성의 주관적 근거로 삼으려 했던 것이다. 이것이 이른바 법칙에 대한 존경심으로서의 의무감이었다. 하지만 그것은 불가능한 시도 이런 사이비 도덕으로부터 우리의 학생들을 구하기 위해서는 보편적 선의 이념 및 그에 입각한 당위와 법칙을 가르쳐야 할 바로 이 단계에서 그들이 경험하는 개별적 만남에서 느끼는 사랑의 감정을 보편적 만남의 이념과 결합시키고 이를 통해 보편적 사랑으로 자연스럽게 확장시켜야 한다. 이를 통해 학생들은 감정의 나라에서 의지의 나라로, 사랑의 나라에서 의무의 나라로 건너가되 사랑과 감정을 내버리지 않고 의지와 의무의 나라로 나아갈 수 있게 되는 것이다.

16) 의분과 정의감

그렇다면 학생들을 그렇게 감정의 나라에서 의지의 나라로 인도해줄 수 있는 다리가 과연 무엇인가? 그것은 정의감이다. 순수한 의지의 나라는 법칙의 나라다. 법칙은 보편적인 의지의 표현이며 동시에 보편성을 지향하는 의지의 표현이다. 여기서 보편적 의지가 지향하는 보편성은 보편적 만남 또는 온전한 만남의 이상이다. 또는 비슷한 말이지만 그것은 모든 사람들 사이의 보편적 사랑의 이상이기도 하다. 도덕 법칙은 이런 이상을 지탱하는 형식적 질서인 것이다. 하지만 도덕적 의식의 발전 과정에서 법칙은 처음부터 적극적인 대상으로 의식될 수는 없다. 왜냐하면 모든 보편자는 그것이 보편적인 것이라는 바로 그 이유 때문에 개별적 대상으로 주어질 수 없기 때문이다. 그리하여 법칙은 처음부터 그 자체로서 직접 의식되는 것이 아니라 개별적인 사태를 통해 반성적으로 의식될 뿐이다. 좀더 구체적으로 말하자면, 인간

다. 왜냐하면 감정 없는 의지는 내용 없는 형식에 지나지 않는 것이어서 논리적으로는 분리 가능하지만 우리의 실제 삶에서는 결코 그 자체로서 존재할 수 없는 것이기 때문이다.

은 처음에는 법칙을 그 자체로서 **긍정함으로써** 직접 의식하게 되는 것이 아니라, 도리어 법칙에 위배되는 일을 **부정함으로써** 간접적으로 법칙을 예감하게 된다. 오직 그런 간접적인 반성이 반복될 때 그 결과로서 법칙은 그 자체로서 추상적으로 사유될 수 있는 것이다.

그렇게 내 앞에 주어진 구체적 불의를 보고, 그것이 아니라고 부정하는 것이 바로 정의감이다. 정의감은 간접적 또는 부정적으로 나타나는 법칙의 의식이다. 다시 말해 정의감은 부정적으로 표현되는 의무감이다. 그리고 그것은 그 자체로서는 아직 보편적 만남의 실현을 위한 적극적 지향이 아니라, 보편적 만남의 원칙에 어긋나는 것에 대한 도덕적 부정과 분노의 감정이다. 그것은 개별적인 사태에 대한 분노에서 비롯되는 까닭에 감정에 뿌리박고 있지만, 그 분노는 또한 보편적 법칙에 대한 감수성에서 비롯되는 것인 까닭에 법칙에 대한 존경심으로서 의무감과 동일한 것이다. 칸트는 의무감이 처음부터 그 자체로서 발생할 수 있다고 생각했지만, 인간의 마음은 아무 준비나 중간 단계를 거치지 않고 보편적 법칙에 대한 의식으로 바로 나아갈 수 있는 것이 아니다. 언제나 개별적 대상과 관계하던 사랑과 미움의 감정이 보편적 사랑의 의지로 탈바꿈하기 위해서는 이행의 중간 단계가 반드시 필요한데, 불의에 대한 분노야말로 개별적 대상에 대한 사랑의 감정을 보편적 법칙에 따르려는 의무감으로 인도하는 다리다. 바로 이런 의분이 우리가 일반적으로 말하는 정의감인 바, 이처럼 의분(義憤)은 부정적인 방식으로 감정과 의무감을 매개하는 다리 노릇을 하는 까닭에, 우리는 학생들에게 법칙과 의무감을 가르치기 전에 먼저 의분과 정의감을 일깨우지 않으면 안 된다.

사실 분노는 도덕의 본질적 계기인 바, 분노 없이는 도덕도 없다. 이를테면 사람들이 나이가 들어감에 따라 불의한 일에 예전과 같은 분노를 더 이상 느끼지 못한다면, 그것은 어김없이 도덕성 쇠락의 징표다. 하물며 순수한 청소년기에조차 무슨 불의를 보아도 제대로 분노할 줄 모른다면, 그가 자라서 도덕적인 사람이 되리라고 기대하기는 심히 어려운 일인 것이다. 따라서 분노해야 할 일에 대해 분노하는 법을 가르치는 것은 도덕 교육의 중요한 과제다. 이를 위해 먼저 교사는 자연스럽게 분노의 모범이 되어야 한다. 그는 학생들 앞에서 올바르게 분노하는 모습을 보여주어야 한다.

그러나 올바른 분노의 모범을 보이는 것은 쉬운 일이 아니다. 올바르게 분노한다는 것은 분노의 대상과 분노의 표현 방식을 올바르게 규제한다는 것을 의미한다. 분노에 관해서 볼 때 아마도 가장 유감스런 교사의 유형은 학생들을 상대로 사사로운 이유로 직접적인 분노를 표출하는 교사일 것이다. 굳이 사사로운 이유가 아니라 하더라도 너무도 많은 교사들이 학생들의 잘못을 핑계삼아 그에게 직접적인 분노를 인격적 모욕의 방식으로 표현하는데, 이것 역시 잘못되었기는 마찬가지다. 이런 것들을 보고 자란 아이들이 직장의 동료나 하급자에게 사사로운 일로 분노를 퍼붓고, 일을 잘못한 것을 두고 인격적인 모욕을 가하는 어른이 된다. 그러나 분노는 개인에 대한 직접적인 인격적 모욕으로 표출되면 안 된다. 교사는 도덕 교육의 과정에서 객관적인 불의만을 분노의 대상으로 삼아야 한다. 오직 그런 분노만이 정의감의 표현이며, 도덕적 가치를 가질 수도 있는 것이다.

물론 우리는 사사로운 인간 관계에서도 자기에게 불의를 행하는 자에게 분노를 느낀다. 그러나 이 경우 분노는 자연스런 것이기는 하지만, 그렇다고 그것이 현명한 일이라 할 수는 없다. 적어도 스토아 철학자들이라면 당연히 그런 분노는 어리석은 정념이라 말했을 것인데, 모름지기 자기 개인의 일에 관해서라면 무슨 일을 당하든 냉정한 부동심(apatheia)을 유지하는 것이 지혜로운 일일 것이다. 분노는 오직 공공적인 불의에 대한 것일 때만 정의 감의 표현으로서 도덕적인 정당성을 얻을 수 있다. 물론 이 한계가 언제나 명확한 것은 아니다. 만약 불의한 일의 피해자가 나 자신이라 하더라도 가해자가 공공적 권력이나 제도라면, 그런 경우 불의에 분노하지 않고 참는 것은 악덕일 것이다. 왜냐하면 그 때 피해자는 나 하나에서 그치지 않고 모두가 될 수 있기 때문이다. 마찬가지로 한 사람과 다른 사람의 사사로운 관계에서 불의한 일이 벌어지고 있는 것을 보면서도 그것이 자기 일이 아니라고 해서 분노할 줄 모른다면 그것 역시 미덕이라 할 수는 없을 것이다. 그것은 자기 일이 아니라면 아무래도 상관없다는 마음씨에서 비롯되는 것으로, 정의감의 결여와 보편적인 온전한 만남의 이념에 대한 무관심을 드러내는 것이기 때문이다.

그런데 많은 사람들의 경우에는 보통 분노의 표적이 정반대로 나타난다. 즉, 사람들은 공·사를 막론하고 자기의 일에 대해서는 과도하게 분노하면서 공공적 불의에 대해서는 냉담한 것이다. 학생들이 이런 사람이 되지 않도록 하기 위해서 도덕 교육은 학생들에게 언제 분노하고 언제 침착·냉정해야 할지를 분별하는 법을 가르쳐야 한다. 사사로운 분노가 왜 어리석고 추한 일인지, 공공적 분노가 어떤 의미에서 반드시 필요한 것인지를 깨닫게 해야 한다. 생각하면 인생에서 청소년기야말로 분노의 계절이다. 도덕 교육은 학생들로 하여금 자기들이 느끼는 분노를 비판적으로 성찰하게 하고 그것을 스스로 반성하고 규제하는 능력을 심어주어야 한다. 그리고 그 첫걸음은 사사로운 분노와 보편적인 정의감을 구별하는 법을 가르치는 일일 것이다.

정의감과 분노에 관해 마지막으로 언급해두어야 할 것은, 그 분노가 개인에 대한 증오가 되지 않도록 해야 한다는 것이다. 아무리 객관적인 불의라 하더라도 그것의 주체는 사람이다. 그런 까닭에 객관적인 불의에 대해 분노할 때 우리는 어쩔 수 없이 그 일을 저지른 사람에게 분노하게 된다. 하지만 이때 그 사람에 대한 분노가 그 사람이 행한 일에 대한 분노가 아니라 그 사람 자신에 대한 증오가 될 때, 그것이 아무리 자연스런 일이라 할지라도 도덕적으로 올바른 일일 수는 없다. 아마도 박정희나 전두환에 대해 분노할 줄 모르는 사람에게 참된 도덕성을 기대할 수는 없는 일일 것이다. 하지만 그런 살인자들에게 분노할 때조차 그들 개인에 대한 맹목적 증오에 빠지지 않는 것이야말로 우리가 애써 추구해야 할 정신의 긍지일 것이다. 게다가 정의감이 습관적으로 증오와 뒤섞여버리면, 나중에는 정의감이 벌거벗은 증오심을 가리기 위한 옷에 지나지 않게 되며, 마지막에는 정의감 자체가 악덕이 되기에 이른다. 그러므로 이 단계에서 도덕 교육이 마지막으로 염려해야 할 것은 정의감과 증오를 구별하는 법을 가르치는 것이다.

17) 법칙과 의무감

불의에 대한 분노와 정의감은 학생들을 자연스럽게 구체적인 당위 규범과 법칙의 관념으로 인도한다. 분노의 정당성을 반성적으로 성찰하는 순간 우리는 보편적 당위 규범과 법칙을 분노의 근거로 제시하지 않을 수 없기 때문이다. 처음에는 모호하던 당위와 규범의 관념이 명확하게 학생들의 마음에 자리잡기 시작하면, 이제 그들은 좀더 적극적, 구체적으로 마땅함 그 자체의 의미를 이해하고 동시에 그 구체적 표현인 규범이나 법칙을 비판적, 주체적으로 사유하는 법을 배워야 한다.

도덕적인 법칙이나 규범은 올바름과 마땅함의 규정된 표현이다. 학생들은 불의한 것에 대해 분노하면서 구체적인 사례에 대해서는 마땅히 이래야 한다 저래야 한다 말하겠지만 과연 마땅함이 그 자체로서 무엇인지 물으면, 그리고 도덕적 규범이나 법칙의 근본 뜻이 무엇인지 물으면 대답할 수 없을 것이다. 한국의 도덕 교과서는 마땅함을 막연히 양심에 근거짓고는 있지만, 사실 양심처럼 모호하고 무책임한 개념도 없다. 그것은 설명되어야 할 대상이지 결코 도덕 규범이나 법칙에 표현된 마땅함의 뜻을 해명해주는 근거가 되지는 못한다. 그렇다면 법칙이 표현하는 마땅함의 참뜻은 무엇인가?

아무튼 마땅함이란 하나의 강제다. 그것은 일종의 명령이다. 그리하여 칸트는 마땅함의 언어적 표현 방식을 다른 것과 구별하여 명령법(Imperativ)이라 불렀던 것이다. 그런즉 우리가 마땅함의 참뜻을 묻는 것은 이 강제와 명령의 의미를 묻는 것과 같다. 그런데 이에 관해 우리가 가장 먼저 기억해야 할 것은 도덕적 강제는 결코 타율적 강제나 명령이 아니라는 사실이다. 마땅함은 남이 나에게 강요하는 것도 아니고 양심이라는 이름을 가진 정체 불명의 감독자가 내 마음속에 숨어 나를 강제하는 것도 아니다. 물론 도덕 규범은 언제나 강제의 표현이다. 하지만 나에게 이것을 하라, 저것을 하지 말라 강요하는 자는 남이 아니라 바로 나 자신이다. 내가 한 사람을 사랑할 때, 아직 나는 마땅함을 알지 못한다. 하지만 나의 사랑이 한 개인에게 국한되지 않고 온 사람, 아니 모든 존재에게 두루 미칠 때, 비로소 나는 한 사람에 대한 사랑과 미움을 보편적 사랑의 이념에 비추어 규제하게 되는데, 도덕적 당위 규범과 의무감에 수반되는 강제의 의식은 개별적 사랑의 감정이 보편적 사랑의 이념과 언제나 일치하는 것은 아닌 까닭에 앞을 뒤에 일치시키려 할 때 어쩔 수 없이 행사되어야 할 마음의 강제력의 표현인 것이다. 그렇게 개별적인 사랑의 감정을 보편적인 사랑의 이념에 일치시키려는 강제력이 바로 순수한 도덕 의지다. 그 강제는 남이 나에게 강요하는 것이 아니라 내 마음속에 자리잡은 보편적 사랑의 이상이 나 자신에게 가하는 강제인 것이다.

이런 의미에서 우리가 느끼는 도덕적 강제는 사실은 자기 강제다. 내 마음속의 보편적 사랑이 개별적 사랑에 대해 자기를 따를 것을 요구할 때 그 요구가 도덕적 강제다. 또는 언제나 우리로서 발생하는 서로주체성의 주체가 자기를 고립된 홀로 주체로서 관철하려는 개체로서의 나에게 자기를 따를 것을 요구할 때, 그 요구가 홀로 주체로서의 나에게 강제로 나타나는 것이다. 하지만 서로주체성이야말로 나의 진정한 주체성인 까닭에 그 요구는 타자적 요구가 아니라 나의 진정한 자아가 나에게 요구하는 것이다. 나는 오직 만남 속에서만 참된 주체로서 존재한다. 이로부터 보편적 만남과 사랑의 이념이 발생하는데, 이 이념은 이기주의와 이타주의의 구별을 넘어서 있는 주체성의 진리로부터 비롯된다.

그런데 보편적 만남의 이념 그 자체 속에는 아무런 구체적인 내용이 없다. 그것은 무슨 사실적 대상으로 주어지는 것이 아니라 우리가 실현해야 할 과제이기 때문이다. 하지만 보편적 사랑은 오직 규정됨으로써만 여기 있음(現存)의 영역으로 들어올 수 있다. 규정되지 않은 보편적 사랑이란 아직은 이념 속에 잠들어 있는 사랑인 것이다. 보편적 사랑이 그렇게 무규정성과 무내용성을 지양하고 규정된 형식 속에서 자기를 표현할 때, 그것이 바로 도덕적인 법칙과 규범이다. 다시 말해 도덕 법칙과 규범이란 보편적 사랑 또는 보편적 만남이라는 추상적 이념이 구체적인 방식으로 규정되어 주어진 것이다. 법칙과 규범은 그 이념을 실현하기 위한 길이요 질서다. 그것은 보편적 만남의 이념의 구체적인 형식적 규정들이다. 이를테면 보편적 만남의 이념은 모두의 모두와의 온전한 만남의 이념이다. 도덕적 법칙은 그런 보편적 만남이 구체적으로 어떻게 실현되는지 그 형식적 질서를 규정해준다. 이를테면 살인하지 말라 또는 타인의 육체에 폭력을 행사하지 말라는 법칙은 살인이나 폭력이 보편적 만남의 이념과 합치될 수 없기 때문이다. 이런 의미에서 살인이나 폭력을 부정하는 도덕 법칙은 보편적 만남이 실현된 이상적 도덕 공동체의 구체적 규정에 속하는 것이다.

하지만 도덕적 법칙이 단순히 칸트가 생각한 합법칙성만으로 자기의 정당성을 얻는 것은 아니다. 도덕 법칙은 보편적 만남의 형식적 규정일 뿐 질료적 근거는 아니다. 그런즉 법칙의 효력은 법칙 자체로부터 나오는 것이 아니라 오직 내 속에서 일어나는 보편적 사랑의 감정으로부터 비롯된다. 살인하지 말라거나 폭력을 행사하지 말라는 명령은 전쟁터에서는 전혀 적용되지 않는다. 이런 사정은 법칙을 절대시했던 칸트의 경우조차 다르지 않은데, 왜냐하면 전쟁터에서 우리는 상대방을 사랑의 대상으로 만날 수 없기 때문이다. 사랑이 없는 곳에서는 도덕도 법칙도 있을 수 없다. 오직 사랑이 있는 곳에서만, 그것도 보편적 사랑의 이념이 효력을 가지는 곳에서만 그 이념의 구체적 규정으로서 당위 규범이 효력을 가질 수 있다. 그러므로 모든 당위 규범의 질료적 뿌리는 나 자신이 강요 없이 느끼는 인간에 대한 보편적 사랑의 감정이다. 구체적 규범과 법칙이란 보편적 사랑의 감정이라는 거대한 대리석 위에 드러나는 무늬와 같은 것이다.

이처럼 도덕적 당위가 사랑에 뿌리박고 있는 한에서, 그리고 오직 그런 한에서만 그것은 타율적 강제가 아니라 언제나 자기 강제다. 그 마땅함은 객관적 표상으로 표현되기도 하고 주관적 의지로 나타나기도 하는데, 앞의 것이 규범과 법칙이라면 뒤의 것이 의무감이다. 도덕적 당위가 자기 강제라는 것은 법칙과 의무감이 모두 본질에서는 자기 강제의 표현이라는 것을 의미한다.

먼저 법칙과 규범에 관해 보자면, 이것들은 남이 나에게 명령하는 것이 아니라 모두를 향해 확장된 나의 사랑이 나 자신에게 명령하는 것이다. 마찬가지로 법칙을 따르려는 의무감 역시 타율적 명령에 맹목적으로 굴종하려는 노예적 의지가 아니라 자기의 사랑을 모든 사람 아니 모든 존재에게로 확장시키려는 자발적인 다짐과 자유로운 의지의 표현인 것이다.

18) 생명에 대한 사랑

그렇다면 도덕적 법칙을 따르려는 의무감의 뿌리에 놓여 있어야 할 이런 보편적 사랑의 감정은 어떤 방식으로 표현되는가? 착한 마음씨가 개인에 대한 사랑으로부터 비롯되는 것처럼 올바른 마음씨의 바탕에 놓여 있는 보편적 사랑의 감정은 인간 생명 일반에 대한 사랑과 외경을 통해 표현된다. 성별과 인종 그리고 빈부귀천의 차이에도 불구하고 인간은 살아 있는 존재인 한에서는 동등하다. 따라서 생명을 그 자체로서 사랑하고 존중한다는 것은 인간에 대한 차별 없는 사랑의 표현이다.

마땅함과 법칙에 대한 존경심은 인간 일반에 대한 사랑, 곧 생명에 대한 외경이 우리 마음속에 살아 있지 않을 경우에는 냉담한 의무감과 율법주의에 빠지지 않을 수 없다. 그러므로 우리는 학생들에게 생명의 소중함과 인간의 존엄성을 스스로 느끼도록 깨우쳐야 한다. 우리 시대는 모든 것이 기술적 통제와 조작 아래 종속되는 시대로서 생명 역시 물질적 대상과 마찬가지로 기술적 지배 아래 도구화된다. 게다가 이미 학창 시절부터 제도화된 경쟁은 인간 생명의 가치를 있는 그대로 음미하는 것을 거의 불가능하게 만든다. 이런 상황에서 인간 생명에 대한 경시가 싹트는 것은 피할 수 없는 일이요, 이것이 우리 시대의 도덕적 타락을 부채질하는 것 역시 부인할 수 없는 일이다.

우리는 학생들에게 생명이 얼마나 신비하고 존엄한 것인지를 스스로 깨닫게 해야 한다. 이를 위해 우리는 다시 학생들에게 질문을 던져야 한다. 물질과 생명이 어떻게 다른지를 묻고 무한한 우주 속에 생명이 출현한 것이 얼마나 놀라운 일인지를 생각하게 하며, 마지막으로 인간 존재의 의미가 무엇인지를 스스로 생각해 보게 해야 한다. 그리고 한 인간의 생명이 이 우주 내에서 다른 것과 바꿀 수도 없고 만들어낼 수도 없는 일회적인 존재며, 한 사람의 생명을 파괴하는 일이 한 세계를 파괴하는 일임을 깨닫게 해야 한다. 이처럼 인간 생명의 소중함을 깨닫게 하기 위해 우리는 학생들에게 우리가 얼마나 인간의 생명을 경시하는 사회에 살고 있는지 스스로 살펴보도록 할 수 있을 것이다. 아무런 죄의식 없이 이루어지는 낙태, 세계 최고 수준의 보행자 교통 사고, 산업 재해에 무방비로 노출되어 있는 노동자의 삶, 개발지상주의에 따른 환경 오염과 그 결과 발생하는 새로운 질병들을 통해 우리는 우리 사회의 생명 경시 풍조를 돌이켜볼 수 있다. 더 나아가 자본이 지배하는 세계에서 생명이 어떻게 도구화되는지를 이해하게 함으로써 현대 자본주의 문명의 근본적인 반생명적 경향에 대한 비판적 안목을 기르게 해야 한다. 그리고 안락사나 사형 제도 또는 전쟁 등의 정당성과 부당성에 대한 토론을 통해 사회·정치적 문맥에서 발생하는 생명권과 관련된 도덕적 문제를 비판적으로 성찰할 수 있는 능력을 길러주어야 할 것이다.

이런 과정을 통해 인간 생명에 대한 소중함을 느끼고, 인간을 그 자체로서 존중하고 사랑하는 마음을 가질 때, 법칙에 대한 존경심은 비로소 추상적이고 형식적인 율법주의에서 벗어나 보편적 사랑과 만남의 구체적 표현이 될 수 있을 것이다. 또한 이처럼 내가 내 마음속에서 인간에 대한 보편적 사랑을 스스로 느끼고

그 사랑에 이끌려 마땅함으로 나아가고 그 마땅함의 의식이 도덕
적 규범과 법칙에 대한 존경심과 의무감으로 나타날 때, 비로소
인간의 도덕성은 타율적 강제가 아니라 참된 의미의 자기 강제가
될 수 있는 것이다.

19) 규범 및 법칙 교육의 방법

이런 바탕 위에서 우리는 학생들에게 도덕 법칙의 존엄성을 가
르쳐야 한다. 도덕의 구체적인 내용이 무엇보다 법칙과 규범으로
이루어져 있다면, 도덕적 법칙과 규범에 대한 올바른 깨달음만큼
도덕 교육에서 중요한 과제는 없을 것이다. 하지만 한국의 도덕
교육은 규범 교육에 관해서 심각한 착오 속에 있다. 다른 무엇보
다 그것은 도덕적 마땅함을 자기 강제로 이해하는 것이 아니라
타율적 강제로 이해한다. 이리하여 교과서가 가르치는 도덕이 피
할 수 없이 노예 도덕이 되어버린다. 그러므로 우리가 학생들에
게 노예가 아니라 자유인의 도덕을 가르치기 위해서는 도덕 법칙
및 규범 교육에 대해 몇 가지 방법론적인 준칙을 명시해둘 필요
가 있다.

도덕 법칙과 관련해서 이 단계에서 도덕 교육의 첫 번째 과제
는 스스로 법칙을 수립하는 자율적 능력을 기르는 것이다. 이를
위해 우리는 학생들에게 구체적인 도덕 법칙을 들이대며 이것을
해야 한다 저것을 하지 말아야 한다고 가르치기 전에 학생들 자
신이 가장 중요하다고 여기는 보편적인 도덕 법칙이 어떠한 것인
지 진지하게 물어야 한다. 그들의 삶에서 이것만은 어떤 어려움
이 있더라도 지키기 원하는 도덕 법칙이 있는지, 있다면 어떤 것
인지 그리고 그것이 왜 마땅한 법칙인지를 진지하게 물어야 한다.
이를 통해 우리는 학생들에게 법칙의 의미와 가치를 스스로 성찰

할 수 있는 기회를 주어야 한다. 여기서 우리가 학생들에게 먼저 요구해야 할 전제가 있다면, 오직 하나 인간에 대한 사랑이다. 그 전제 위에서 학생들 스스로가 법칙을 수립하게 해야 한다.

법칙 수립의 능력 다음에는 법칙을 비판하는 능력을 길러주는 것이 우리의 과제다. 구체적으로 자기 스스로 법칙을 제정하는 경험을 통해 학생들은 무엇이 법칙으로서의 자격이 있고 무엇이 없는지를 자연스럽게 깨닫게 된다. 우리는 이 깨달음을 좀더 명확한 인식의 단계로 이끌어올려야 한다. 이를 위해 먼저 어떤 법칙들이 사이비 법칙인지를 학생들에게 찾게 해야 한다. 세상에 있는 모든 법칙이 법칙의 가치를 가지는 것은 아니다. 자명한 것처럼 통용되는 미풍양속, 학교 교칙의 많은 조항들, 더 나아가 실정법 내에서도 많은 법률이나 특정 조항들이 형태만 도덕적·실정법적 법칙의 형태만 띠고 있을 뿐 억압의 표현에 지나지 않는 경우가 많다. 우리는 학생들에게 사이비 법칙을 스스로 찾아내고 그 근거를 스스로 제시하게 함으로써 무엇이 참된 법칙이고 무엇이 아닌지를 가리는 비판적 판단력을 길러줄 수 있다. 더 나아가 정당한 법칙에 따르는 것은 우리의 의무지만, 부당한 법칙에 대해서는 도리어 저항하는 것이 자유인의 용기와 긍지에 속하는 일임을 가르쳐야 한다.

한국의 도덕 교육은 학생들을 법칙에 노예적으로 순종하는 것을 가르치는 데만 혈안이 되어 있는 까닭에 불의한 강제에 대한 저항과 불복종이 인간의 도덕적 삶에서 얼마나 중요한 것인지를 전혀 이해하지 못한다. 그러나 루소가 말했듯이, "굴복해도 죄가 되지 않는 때가 언제인지 알기 위해서는, 먼저 저항하는 법을 배워야 한다."[21] 오직 불의한 법칙과 명령에 대해 단호히 저항할 줄 아는 사람만이 정당한 법칙에 대해 거짓 없는 존경과 흔들리

---

21) 루소 지음, 민희식 옮김, 『에밀(*Emile*)』, 육문사, 1993, 362쪽.

지 않는 의무감을 보여줄 수 있는 것이다. 게다가 저항과 불복종은 도덕뿐만 아니라 기술적 진보의 원천이기도 하다. 바그너(Richard Wagner)가 말했듯이,

> 소년이 선생에게 언제나 복종하기만 했더라면,
> 스승이 할 수 없는 일을
> 그가 어떻게 해낼 수 있었겠는가?[22]

우리가 학생들을 매사에 선생에게 고분고분 순종하는 사람으로 묶어두는 한, 우리는 그런 학생들로부터 우리를 뛰어넘는 진보도, 아무런 위대한 것도 기대해서는 안 된다. 저항할 줄 아는 사람만이 자유인이 될 수 있다. 그러므로 저항해야 할 때 저항하는 법을 가르치는 것이야말로 도덕 교육이 소홀히 할 수 없는 과제인 것이다.

그러나 법칙이나 규범이 항상 정당하거나 부당한 것으로 명확히 갈라지는 것은 아니다. 인간의 삶은 하나의 단일한 법칙으로 규정하기에는 너무도 복잡하다. 하나의 규범이 과거에는 옳았지만 지금은 그른 것이 될 수도 있으며, 그 반대일 수도 있다. 마찬가지로 한국에서는 올바른 것으로 인정될 수 있는 법칙이 경우에 따라 다른 나라에서는 그렇지 않은 것으로 간주될 수도 있다. 더 나아가 경우에 따라서는 하나의 법칙에 정반대의 다른 법칙이 대등한 정당성을 가지고 대립하기도 한다. 특히 이런 일은 전통과 현대, 서구 문화와 전통 문화가 공존하는 한국 사회의 경우에는 더욱 자주 일어난다. 우리는 각 경우마다 구체적인 사례들을 제시하고 학생들이 그런 상황에서 어떻게 판단하는 것이 가장 올바르게 판단하는 것이겠는지를 스스로 성찰하는 법을 배우도록 인

---

22) 바그너, 『지그프리트(Siegfried)』, 제1막, 3장.

도해야 한다.

이것은 그 자체로서는 법칙 비판 능력의 함양을 위한 것이지만, 법칙 비판은 결국 올바른 법칙 수립의 능력을 함양하기 위한 방법에 속한다. 학생들은 무엇이 올바르고 무엇이 아닌지를 반복해서 비판적으로 검사함으로써 법칙을 수립할 때 지켜야 할 것들이 무엇인지를 깨닫게 되는 것이다. 법칙 및 규범 교육은 무엇을 가르치든 궁극적으로는 법칙을 따르는 기질이 아니라 법칙을 수립하는 능력을 기르기 위한 교육이어야 한다. 그것만이 자유인에 합당한 규범 교육인 것이다.

이 모든 주의 사항과 함께 마지막으로 분명히 해두어야 할 법칙 교육의 원칙이 있다. 우리는 도덕적 강제가 본질적으로는 자기 강제임을 강조해 말해왔다. 그런데 자기 강제의 또 다른 의미는 도덕적 강제의 대상이 타인이 아니라 나 자신이라는 것이다. 우리들, 특히 우리 교육자들은 도덕을 가지고 학생들에게 가르치려 하고 강요하려 드는 경우가 너무 많다. 이런 것을 보고 배운 학생들은 자기들 역시 도덕을 자기가 아니라 남에게 강요하려 든다. 하지만 도덕이 자기 강제라는 것은 도덕적 강제의 주체가 남이 아닌 자기 자신이라는 것을 의미하는 동시에 도덕적 강제의 객체 역시 남이 아닌 자기 자신이라는 것을 뜻하는 것이다. 우리가 이것을 망각할 때, 도덕은 사람들이 자기도 제대로 지키지 못하는 것을 타인에게 강요하는 일종의 폭력이 되고 만다. 그러므로 우리가 학생들에게 가르쳐야 할 것은 도덕적 겸손이다. 도덕은 그것을 가지고 타인을 구속하라고 있는 것이 아니다. 그것은 일종의 월권이다. 왜냐하면 모든 사람이 자율적 입법의 주체이기 때문이다. 우리가 할 수 있는 일은 말없이 선을 실천함으로써 그 선이 다른 사람들에게 감동을 주고 그들 역시 같은 길을 걷도록 모범을 보이는 것 이외에는 아무것도 없다. 그리고 그런 도덕적 겸손을 가장 먼저 실천하고 모범을 보여야 할 사람들은 다름아닌 교사들인 것이다. 학생들은 그 모범을 보고 자라면서 자율적이고 주체적으로 입법하면서도 언제나 타인에게 겸손을 잃지 않는 사람들이 될 것이다.

19) 정의와 실정법

이렇게 규범과 법칙을 스스로 수립하고 비판하는 구체적 경험이 쌓일 때, 학생들은 모든 도덕 규범과 법칙들의 근저에 놓인 올바름과 마땅함의 참뜻을 비로소 깨닫게 된다. 마땅함과 올바름은 구체적인 도덕 규범들과 법칙들을 통해 표현된다. 그런데 각각의 당위 규범과 법칙들이 서로 다름에도 불구하고 올바름과 마땅함의 표현으로서 공통적으로 표상하고 있는 것이 하나 있으니 그것이 보편성이다.

법칙의 생명은 보편성에 있다. 법칙은 보편적 만남의 이념에 뿌리박고 있는 것이기 때문이다. 법칙의 미덕은 나를 위해 좋은 것만 추구하는 것도, 내가 좋아하는 너를 위해 좋은 것만 추구하는 것도 아니라, 모두를 위해 좋은 것을 추구하는 것에 존립한다. 법칙이 모두를 위한 것인 한에서, 법칙의 정당성은 그것이 모두를 똑같이 대한다는 데 있다. 법칙은 한 사람에게 좋은 것을 가져다주기 위해 다른 사람에게 나쁜 것을 주지 않는 한에서 정당성을 가진다.

이것은 법칙이 보편적 사랑에 그 정당성의 근거를 두고 있기 때문이다. 법칙은 보편적인 사랑의 규정된 형식이다. 그러니까 법칙은 한 가지 형식 속에 규정된 사랑이다. 하지만 그 사랑은 편애가 아니라 보편적 사랑의 표현이어야 한다. 그런즉 법칙은 모두에게 똑같이 분배된 사랑이다. 그런 사랑을 가리켜 우리는 공정함이라 부를 수 있겠는데, 이 공정함이야말로 이제 우리가 정의라고 이름하는 것의 핵심이다. 그런즉 여기서 우리는 올바름과 법칙 그리고 정의의 관계를 아래와 같이 요약할 수 있다. 우선 정의는 올바름의 현실태를 가리키는 이름이다. 올바름은 그 자체로서는 아직 규정되지 않은 (즉자적인) 보편적 사랑이요, 규범과 법칙을 통해 비로소 구체적으로 (또는 대자적으로) 표현된다. 그 규범과 법칙이 실현된 상태가 바로 정의다. 그러니까 정의란 올바름이 구체적으로 실현된 상태며 보편적 사랑의 즉자대자적 진리다. 그리고 이 단계에서 도덕적 의식은 다른 무엇보다 공정성에 주목하는 의식으로서의 의무감이다.

법칙과 규범이 구체적으로 나타나는 방식은 여러 가지다. 그것은 개인의 양심과 도덕을 통해 순전히 주관적으로 의식되기도 하지만 관습적인 미풍양속의 형태로 객관화되기도 하고 아예 실정법의 형태를 띠고 고정되어 나타날 수도 있다. 물론 이 세 가지 법칙의 현상 방식이 실체적으로 서로 무관하게 분리되어 있다고 할 수는 없다. 의식되지 않은 법칙은 의미가 없으며, 어떤 식으로든 객관적 형태를 띠지 않는 법칙도 존립 불가능하다. 도덕적 자기 의식 역시 서로주체성의 원리에 종속하는 까닭에 주관적 도덕 법칙 역시 홀로 주체의 고립된 의식 속에 갇혀 있는 것이 아니라 나와 너의 만남 속에서 형성되는 것이며, 그런 한에서 밖으로 표현되고 또 객관화되지 않을 수 없는 것이다.

그 객관화의 마지막 단계가 실정법이다. 실정법은 객관적으로 고정되어 나타난 마땅함이다. 앞서 말했듯이 보편적 사랑은 규정됨으로써 비로소 현실적인 것이 된다. 그런데 보편적 사랑의 규정된 현실태가 규범과 법칙들인데 이들 가운데서도 객관적으로 고정된 법칙이 바로 실정법이다. 규정된다는 것은 한정된다는 것이며, 마지막에는 고정된다는 것을 의미한다. 보편적 사랑 역시 철저히 규정되면 될수록 고정된 형태에 가까워지는데, 실정법이야말로 보편적 사랑이 고정된 형태로 규정되어 나타난 것이다. 그렇게 실정법이 보편적 사랑의 객관적 표현인 한에서, 일반적으로 올바름과 (실정)법 그리고 정의는 뗄 수 없이 결합되어 있다고 생각된다. 이는 라틴어 유스(ius)가 그러하듯 많은 서양 언어에서 저 세 가지 뜻이 종종 한 낱말(예를 들어 Recht나 right에서 보듯이)로 표현되는 것에서도 드러난다. 올바름은 규범과 법칙으로 구체화되고, 규범과 법칙이 지켜질 때 올바름은 구체성 속에서 실현되는데, 그렇게 법칙 속에서 실현된 올바름이 바로 정의인 것이다. 그리고 여기서 법칙은 단순히 우리 마음속의 도덕 법칙으로 끝나지 않고 실정법으로 고정되기에 이른다. 이 경우 정의는 실정법과 같은 것이 되는데, 흔히 공공적으로 법을 다루는 경찰이나 법조인들이 자기들을 정의의 수호자라고 생각하는 것도 이런 의미에서 보면 당연한 것이라 하겠다. 이런 입장에 따르면 정의로운 사람은 법을 지키는 사람이다. 준법에 대한 요구는 이런 바탕 위에서 비롯된다.

실정법이 보편적 사랑의 현실태인 한에서 우리는 학생들에게 법을 지키고 따를 것을 요구해야 한다. 게다가 그 법이 민주 사회에서 우리가 동의할 수 있고 또 거시적 측면에서 볼 때 우리들 자신이 그 법의 입법자인 한에서 법을 지키는 것은 자유로운 시민의 긍지에 속하는 일임을 깨우쳐야 한다. 하지만 학생들이 법과 정의를 무차별하게 동일시하거나 그렇게 실정법과 동일시된 정의를 도덕의 최고 단계라고 생각하지 않도록 깨우치는 것 역시 그와 마찬가지로 중요한 일이다. 앞에서 우리는 법칙이 고정된 사랑이라 말했다. 생동하는 사랑은 오직 고정됨으로써만 규정된 법칙이 될 수 있는 것이다. 하지만 법칙이 고정된 사랑이라는 말은 또한 그것이 죽은 사랑이라는 것을 뜻하는 말이기도 하다. 살아 있는 모든 것은 죽음을 통해 고정된다. 그런즉 변치 않고 고정된 것은 또한 죽은 것이다. 법칙이 고정된 사랑인 한에서 법칙역시 죽은 사랑이다. 이것이 법칙의 한계다.

그런데 우리가 실정법을 절대화시키지 말아야 하는 것에는 또다른 까닭이 있다. 실정법이란 적어도 그 이상적 본질에서 보자면 고정된 방식으로 모두에게 고르게 분배된 보편적 사랑이다. 우리는 이런 실정법의 이상을 폄하해서는 안 된다. 도리어 우리는 법이 언제나 그런 공정성을 가지도록 노력해야 한다. 하지만유감스럽게도 법은 완전한 균형과 공정성에 도달할 수는 없다. 설령 어느 순간에 그럴 수 있다 하더라도 현실의 권력 관계는 언제나 변하는 까닭에 법이 지향하는 균형과 공정성이 언제나 그대로 유지될 수는 없기 때문이다. 그런 까닭에 우리는 정당한 법을마땅히 지켜야 하겠지만 법 자체를 절대시하는 어리석음에 빠져서는 안 된다. 법이 추구하는 균형과 공정성은 이상이지 현실이아니다. 이런 의미에서 법은 만들어진 것이며, 또한 새로이 만들어져야 할 것이다. 그리고 법을 만들어가야 할 자는 바로 우리들자신이다. 따라서 우리는 우리가 동의하고 만든 법을 지키는 만큼, 마찬가지로 법에 대한 비판적 거리를 유지해야 한다.

여기서 비판적 반성의 척도는 공정함이다. 법은 정의를 실현하기 위한 것인데, 정의를 추구한다는 것은 언제나 공정함을 추구한다는 말과 같기 때문이다. 이런 의미에서 우리가 학생들을 정의로운 사람으로 기른다는 것은 모두를 똑같이 동등하게 대접하는 인간, 치우치지 않는 인간, 곧 공정한 인간으로 기르는 것이다. 그리고 그런 공정함의 정신에 입각해서 우리는 학생들이 법을 주체적이고 비판적인 관점에서 성찰할 수 있는 능력을 길러주어야한다.

하지만 바로 이 지점에서 우리는 새로운 물음 앞에 서게 된다.

정의의 원칙에 따라 우리가 모든 사람을 똑같이 대한다 할 때 그 똑같음의 의미가 무엇인가? 생각하면 이것은 분명치 않다. 아리스토텔레스가 분배적 정의(to nemetikon dikaion)와 바로잡는 정의(to diorthotikon dikaion)를 나누고 이 둘에서 같음이 하나는 비례적인 것이고 하나는 산술적인 것이라 주장한 이래[23] 정의의 원칙이 말하는 같음이 무엇인지는 끝없는 논란의 대상이 되어 왔다. 사실 정의 개념에서 같음이란 — 아리스토텔레스적 의미에서 — 유비적(analogical) 원리다. 그 자체로서 정의의 원리를 절대적으로 규정해줄 같음 그 자체의 이데아는 결코 우리 앞에 현전할 수 없다. 칸트 식으로 말하자면 정의의 근저에 놓인 같음이란 규제적 이념(regulative Idee)이며, 우리는 같음 그 자체의 실현이 아니라 도리어 다름과 불균형을 인식하고 바로잡음으로써 정의를 이해하고 또 실천하는 것이다. 따라서 정의의 문제에서 우리가 먼저 해야 할 일은 적극적인 의미에서 같음이 무엇인지를 규정하는 것이라기보다는 다름을 비판하고 교정하는 일이다. 아마도 정의가 실정법으로 고정되고 나면, 우리는 정의의 저울을 움직이지 않는 평형 상태로 보존할 수는 없을 것이다. 현실 속에서 정의의 저울은 언제나 한쪽으로 기울어져 있을 것이며, 우리가 할 수 있는 일은 끊임없이 모자라는 한쪽을 채워줌으로써 평형 상태를 회복하도록 하는 일일 것이다.

우리가 학생들에게 정의의 이념을 깨우치는 것도 추상적인 같음이나 동등함의 개념을 주입하기 위함이 아니다. 정의가 구체적으로 실현되는 것은 흔히 말하는 불편부당함을 통해서가 아니다. 그것은 현실에서는 현전할 수 없는 이데아이기 때문이다. 그럼에도 불구하고 자기가 불편부당하다고 자부하는 사람이 있다면 그것은 예외 없이 위선이거나 정신의 허영의 표현일 뿐이다. 도리

---

23) *Ethica Nicomachea*, 1032 b 21 아래.

어 현실 속에서 정의는 고정된 균형 상태가 아니라 균형을 향한 역동적인 운동을 통해서만 실현된다. 현실은 언제나 불균형 상태 속에 있고, 결코 동등한 균형 상태가 고정되어 실현되어 있을 수는 없다. 그리하여 누군가는 언제나 다른 사람보다 더 적은 몫을 가지고 있고 그 대가로 다른 사람이 부당하게 더 많은 몫을 가지고 있는 것이다. 이런 현실 속에서 정의를 실현하는 것은 언제나 부당하게 자기 몫을 빼앗기고 있는 사람들에게 자기 몫을 되찾아 주는 것으로 나타난다. 이런 의미에서 정의는 현실 속에서는 공허한 불편부당함이 아니라 언제나 건강한 당파성으로만 실현될 수 있다. 한마디로 말해 정의는 이념적 의미에서는 모든 사람에게 공정하게 대하는 것이지만, 구체적인 현실 속에서 그것은 약자 편에 서는 것으로 나타나는 것이다.

따라서 학생들에게 올바른 정의의 이념을 가르치기 위해 우리는 그들에게 누가 부당하게 빼앗기고 있는 약자인가를 물어야 한다. 학생들 스스로 소외된 약자가 누구인지를 찾고 그들에게 자신의 권리를 찾아주기 위해 해야 할 일이 무엇인지를 생각하게 해야 한다. 남녀 관계나 부부 관계 같은 개인적 인간 관계에서부터 시작해 노동자와 자본가 사이의 사회 경제적 관계는 말할 것도 없고, 경제는 물론 문화적 측면에서도 소외되고 착취당하는 이주 노동자의 경우처럼 불의한 착취와 소외는 어디서나 일어날 수 있다. 학생들은 그런 불균형 관계를 스스로 찾아내고 그것을 해소하기 위해 할 수 있는 일이 무엇인지를 생각해보아야 한다. 이런 방식으로, 교과서가 이래야 한다 저래야 한다 주입하기 전에 학생들 자신이 불의를 발견하고 정의의 편에 서보게 함으로써, 우리는 학생들의 마음속에서 정의의 이념이 뿌리내리도록 할 수 있을 것이다.

20) 정의에서 보살핌으로

객관적 현실태로 보자면 정의는 실정법을 통해 실현되지만, 그 내면적 본질에서는 보편적 사랑의 감정을 통해 실현된다. 그리고 형식적으로 보자면 정의는 공정함을 통해 실현되지만, 구체적으로 보자면 언제나 약자의 편에 서서 그들을 돕는 것을 통해 실현된다. 모두를 동등하게 대하는 것이 공정함이라면, 약자의 편에 서는 것이 바로 보살핌이다. 여기서 약자란 상대적으로 힘없고 도움을 필요로 하는 모든 사람을 가리키는 말로서 개인적 차원에서는 물론 집단적 차원에서도 쓰일 수 있는 말이다. 이를테면 어른에 비해 어린이는 약자며, 건강한 사람에 비해 병든 자는 약자이고, 운전자에 비하면 보행자가 약자다. 물론 이런 개인적 문맥뿐만 아니라 사회 전체적으로도 우리는 사회 정치적 역학 관계 속에서 누가 더 약자인지를 판단할 수 있을 것이다.

보살핌은 다양한 문맥에서 우리가 약자의 편에서 생각하고 행동하는 것을 의미한다. 이를테면 그것은 어른으로서 어린이를 배려하는 것, 운전자로서 보행자를 배려하는 것, 건강한 사람으로서 병든 자를 배려하는 것에서부터 시작하여, 사회적 역학 관계에서 약자의 입장에서 고통받는 모든 사람들의 삶을 배려하는 것을 의미한다. 자기의 권리를 주장하는 것, 그리고 남의 권리와 자기 권리 사이에 균형을 유지하는 것은 정의의 관점이다. 하지만 이것은 우리를 결코 도덕적 인간으로 이끌어주지 못한다. 아무리 정의가 공정성을 표방한다 하더라도 그 근저에 약자에 대한 자발적인 배려가 아니라 단지 권리의 보편적 균형의 이념만이 놓여 있다면, 그런 정의는 도덕적 숙고의 결과가 아니라 이기적인 계산의 결과일 뿐이요, 거기에는 어떤 도덕적 가치도 있을 수 없는 것이다.

참된 도덕성은 소극적 균형을 추구하는 것이 아니라 적극적으로 약하고 소외된 이웃들에게 책임감을 느끼고 그들을 돌보려는 마음에 존립한다. 그것은 자녀들을 끝까지 돌보는 어머니의 마음으로서, 우리는 세상 모든 사람들을 어머니로서 돌보려 할 때 비로소 참된 도덕성에 다가갈 수 있는 것이다.

21) 동정심

그렇다면 그렇게 세상 모든 사람들에 대해 어머니 같은 마음을 가지기 위해 우리가 배워야 할 것이 무엇이겠는가? 그것은 모든 약자에 대한 연민과 동정심이다. 연민과 동정심이란 타인의 고통에 대한 감수성이다. 그것은 타인의 고통을 비록 간접적인 방식으로라 할지라도 자기의 고통으로 느끼는 능력이며, 그런 까닭에 타인이 까닭 없이 고통받는 것을 원하지 않는 의지이고, 하물며 자기로 인해 타인이 고통받는 것을 원하지 않을 뿐 아니라 만약 그런 일이 일어났다면 그 고통에 대해 자기 자신 역시 고통을 느끼는 것 — 이것이 양심의 가책이다 — 바로 동정심이다.

일반적으로 철학자들은 동정심을 자연적 정념에 속하는 것이라 생각했다. 루소와 칸트는 동정심에 대해 상이한 견해를 가지고 있었음에도 불구하고 그것이 자연적 정념이라 본 점에서는 같은 의견이었다. 다만 루소는 그것이 자연적 정념이라는 이유로 신뢰했던 반면, 칸트는 같은 이유로 그것을 불신했던 것이 달랐을 뿐이다. 그러나 동정심은 자연적 정념이 아니다. 아마도 우리가 타인의 고통에 대해 느끼는 연민과 동정심의 바탕은 자연적인 소질에 속할 것이다. 그리고 칸트가 생각했듯이 사람에 따라 예민한 동정심을 타고난 사람도 있고 그렇지 못한 사람도 있을 것이다. 하지만 우리의 긴 인생에서 그런 타고난 차이는 곧 무의미한 것이 되어버린다. 왜냐하면 동정심은 훈련에 따라 예민해지기도 하고 무뎌지기도 하기 때문이다. 좀더 정확하게 말하자면 동정심은 우리가 누구 곁에 가까이 있느냐에 따라 그 대상과 강도가 달라진다. 심청이 가난 속에서 눈먼 아버지를 모시고 살 때 그는 가난한 사람들과 장애인들에 대해 거의 자동적으로 연민과 동정심을 느꼈겠지만, 그가 왕비가 되고 그의 아버지가 눈을 뜨고 난 다음에는 가난한 사람과 눈먼 사람에 대한 연민은 점점 더 엷어지지 않을 수 없을 것이다. 칸트는 동정심의 바로 그런 가변성 때문에 그것을 불신했다. 하지만 그는 동정심의 가변성이 우리가 능동적으로 규정할 수 있는 가변성이라는 것을 전혀 생각하지 못했다. 그에게 동정심의 가변성이란 경험적 가변성이요, 이는 수동적 가변성이라는 말과 동의어였다. 하지만 모든 경험적인 것이 수동적인 것은 아니다. 칸트는 자기가 자기 마음속에 표상을 불러일으킬 수 있는 자기 촉발(Selbstaffektion)의 가능성을 말했지만, 이것을 단순히 내성 심리학적 측면에서만 인정했다. 하지만 우리는 단순히 심리적 차원에서 그치지 않고, 총체적인 삶의 문맥 속에서 자기 마음속에 표상과 감정을 능동적으로 불러일으킬 수 있다. 우리가 타인의 고통에 대해 느끼는 동정심이 그러하다. 칸트는 동정심이 천성적으로 다르게 고정되어 주어진 소질이라 생각했지만, 사실 동정심은 그보다는 경험적으로 우리가 어떤 사람 편에 더 가까이 서 있는가 하는 것에 따라 강해지기도 하고 약해지기도 하는 정념이다. 심청이가 가난한 사람들 사이에 있을 때 그는 가난한 사람에게 더욱 강한 연민을 느끼겠지만 그가 왕비로서 구중궁궐에 살 때 그는 가난한 사람들의 고통을 조금씩 잊을 것이며, 그에 따라 그들에 대한 연민과 동정심 역시 엷어지지 않을 수 없을 것이다. 하지만 그렇게 경험적 조건에 따라 달라지는 동정심이라면, 심청이 자신의 삶의 경험적 상황을 다르게 규정함으로써 정반대의 일이 일어나지 말라는 법이 어디 있겠는가? 심청이 왕비의 자리에 있으면서 가난한 자의 고통을 잊지 않기 위해, 애써 그들의 소식을 전해 듣고 그들을 부르고 찾아다니며 할 수 있는 한 그들을 지속적으로 도우려 한다면, 그 의지가 가난한 사람들에 대한 그의 동정심이 약해지는 것을 막아주리라는 것은 너무도 분명한 일이다. 그러니까 그가 자기 아버지를 찾아 눈을 뜨게 한 뒤에도 거기 그치지 않고 세상 모든 눈멀고 가난한 아버지들을 찾아 그들의 고통을 위로하고 할 수 있는 한 그들을 도우려 했다면, 그는 눈멀고 가난한 사람들에 대한 연민과 동정심을 계속 유지할 수 있었을 것이다. 그러니까 우리가 고통받는 사람에게 얼마나 강렬한 연민과 동정심을 느끼느냐 하는 것은 타고난 생리적 조건에 따라 좌우되는 것이 아니라 우리가 스스로 형성하는 삶의 조건에 따라 좌우된다. 그리고 우리가 자신의 삶을 어떻게 형성하느냐 하는 것은 우리들 자신의 도덕적 결단에 달려 있는 문제다. 그런즉 동정심이란 우리의 자유로운 도덕적 삶의 결과이지 우리에게 자연적으로 — 즉, 타율적으로 — 부여된 전제가 아니다. 우리가 언제나 약자들 곁에 가까이 있으려고 결단할 때, 우리는 약자에 대한 동정심을 한결같이 유지할 수 있다. 하지만 그렇지 않을 때 우리는 약자의 고통에 대해 냉담한 사람이 되지 않을 수 없다. 이 둘 사이에서 어떤 사람이 되느냐는 자연이 결정하는 것이 아니라 우리들 자신이 결정한다. 그러므로 우리가 고통받는 약자에 대해 얼마나 풍부하고 따뜻한 연민과 동정심을 가지느냐 하는 것은 우리의 도덕성의 직접적 징표요 움직일 수 없는 증거인 것이다.

요컨대 타인의 고통에 대한 감수성 그 자체는 인간의 자연적 소질이요, 우리가 느끼는 연민의 감정 그 자체는 수동적 정념이다. 그런 한에서 연민과 동정심은 도덕적 의식의 발달 과정에서 가장 첫 단계에서 나타나는 것이라 할 수 있다. 앞에서 말했듯이 도덕적 의식은 수동성에서 능동성으로 그리고 개별성에서 보편성으로 발전해나가는데, 동정심을 자연적 소질에 바탕한 수동적인 정념이라 본다면, 그것은 가장 소박하고 원초적인 도덕적 감정에 속한다고 해야 할 것이다. 하지만 동정심이 나의 타고난 심리적 소질이 아니라 나 자신의 삶의 총체성의 반영인 한에서 그것은 도덕성의 가장 고차적이고 능동적인 표현이다.

이처럼 동정심이 보편적 사랑에 기초해서 약자에 대한 적극적 관심과 보살핌의 주관적 원인과 결과로서 발생하고 작용하는 것일 때, 그것은 도덕을 냉담한 추상적 보편성에 머무르지 않게 하는 활력이 된다. 우리는 앞에서 도덕적 의식이 개별성에서 보편성으로 발전한다고 말했지만, 이는 도덕적 의식이 보편성의 의식에서 완성되어 머무른다는 뜻은 아니었다. 모든 살아 있는 도덕은 개별적 타자에 대한 관계다. 다만 그 관계가 보편적 도덕 의식에 의해 매개되어 있을 때, 비로소 온전히 도덕적일 수 있으므로 우리는 개별적인 타자에 대한 관계를 언제나 보편적 사랑의 원리에 의해 규제할 수 있어야만 한다. 이런 의미에서 도덕 의식은 개별성에서 보편성을 향해 도야되어야 한다. 하지만 그렇다고 해서 보편성이 도덕의 마지막 목적인 것은 아니다. 보편적 사랑은 오직 개별적 대상에 관해서만 구체적으로 발현될 수 있다. 약자에 대한 적극적 관심에 동반되는 동정심은 바로 그런 사랑을 가능하게 하는 동력이며, 또한 그런 사랑을 통해 강화되는 능력이다. 이런 의미에서 약자에 대한 능동적 보살핌으로 나타나는 동정심은 참된 도덕성에 요구되는 보편성과 개별성의 매개를 지탱하는 능동적 감정으로서 도덕적 의식의 가장 고차적 단계에 속하는 것이다. 다시 말해 이렇게 도야된 동정심은 도덕적 의식의 처음과 나중을 자기 속에서 아우르는 까닭에 도덕의 가장 높은 단계인 동시에 가장 넓은 단계인 것이다.

그런즉 동정심 없는 인간, 타인의 고통에 무감각한 인간은 영리한 인간일 수는 있지만 도덕적으로 성숙한 인간이 되기는 어렵다. 도덕 교육은 학생들이 자기 주위에서부터 타인의 고통을 예민하게 공감하고 그에 적극적으로 동참하도록 자극해야 한다. 하지만 한국의 교육 환경 속에서 이는 거의 불가능할 정도로 어려운 것이 현실이다. 우리의 교육은 학생들로 하여금 타인의 고통에 대해 동정심을 가지기 어렵도록 강요한다. 동정심은 타인과의 적대적 경쟁 관계가 제도화된 곳에서는 정상적으로 자랄 수 없다. 그런데 지금 한국의 교육은 학벌 사회 속에서 살인적인 입시 경쟁이 학생들의 삶을 전적으로 지배하고 있다. 이런 조건 아래서 학생들은 오직 시험 성적 1점, 2점에 생사를 걸고 동료 학생들과 경쟁해야 하며, 그 경쟁에서 눈을 돌려 가까이든 멀리든 타인의 고통에 참여할 수 있는 정신적 여유를 가질 수가 없다. 이런 현실 속에서 우리는 학생들에게 이런 맹목적인 경쟁의 부도덕성을 일깨우고 오직 약자의 고통에 대한 관심과 보살핌 속에서만 선한 사람이 될 수 있다는 것을 깨우쳐야 할 것이다. 그리고 약자에 대한 동정심을 잃지 않기 위해 우리가 무엇을 해야 할 것인지를 스스로 생각할 수 있도록 질문해야 한다. 너는 고통받는 약자 곁에 있기 위해 무엇을 할 수 있으며 무엇을 하려 하는가? — 우리는 학생들에게 이렇게 물음으로써 살인적 경쟁 체제 속에서 마비될 수밖에 없는 학생들의 양심과 동정심이 깨어 있도록 자극해야 한다.

22) 감 사

지금까지 우리는 학생들의 도덕적 의식을 직접적이고 구체적인 단계로부터 좀더 반성적이고 보편적인 단계로 이끌어올리되, 그 이행 과정이 어떻게 외적 강제를 통해서가 아니라 철저히 학생들 개개인의 자발성으로부터 일어나는지를 보이려 하였다. 여기서 도덕적 의식의 자발성이란 도덕적 가치 판단과 행위의 근저에 놓여 있는 주관적 동기가 나 자신의 능동적 욕구와 의지에 뿌리박고 있다는 것을 의미한다. 도덕적 가치 판단은 최초의 단계에서는 좋고 나쁨에 대한 판단으로 나타난다. 그리고 이 원초적 가치 판단은 처음에는 무엇보다 자기 중심적인 욕망에 의해 규정된다. 그러니까 이 단계에서 도덕적 판단과 행위의 동기는 자기애다. 하지만 이 자기애는 반성 과정 속에서 자기 중심적 욕망은 타인에 대한 사랑으로 순화되고 이행한다. 착함 이후의 모든 도덕적 발달 단계는 올바름의 단계에서든 보살핌의 단계에서든 이 사랑의 전개 과정에 다름아니다. 그러니까 우리는 지금까지 학생들 자신이 느끼는 욕망과 사랑으로부터 모든 도덕적 의식을 이끌어냈던 것이다.

윤리학의 역사를 전체적으로 살펴볼 때, 도덕적 의식의 동기를 해명하는 방식은 세 가지밖에는 없었다. 그 첫째는 고대 그리스인들에 의해 제안된 자기애와 자유에 대한 욕구며, 둘째는 한편으로는 기독교에 뿌리를 두고 있고 다른 한편으로는 근대인들이 발전시켰던 타인에 대한 사랑과 타인의 고통에 대한 연민과 동정심이었다. 요컨대 이 둘은 자기에 대한 관심과 타인에 대한 관심이라는 점에서는 반대되는 것이지만, 그 관심이 내 마음속에서 발생하는 직접적인 욕구와 감정에 기초한다는 점에서 모두 강제나 강요 없이 발생하는 관심이다. 그런데 칸트는 이런 관심만으로는 결코 도덕을 온전히 정초시킬 수 없다고 보고 또 다른 관심으로부터 도덕의 주관적 동기를 해명하려 하였는데 그것이 바로 보편적 법칙에 대한 관심, 곧 의무감이었다.

칸트가 이렇게 의무감을 새로운 도덕적 동기로 제시해야만 했던 것은 아무 까닭 없는 일이 아니었다. 그가 보기에 고대적 자유의 윤리학과 근대적 동정심의 윤리학은 도덕적 당위의 엄숙함과 무조건적 효력(Geltung)을 전혀 설명하지 못한다. 만약 도덕이 그렇게 내 마음의 자생적(freiwillig) 욕구나 감정에만 기초하는 것이라면 도덕이란 내가 마음으로 어떤 욕구나 감정을 느끼면 따르고, 그렇지 않으면 따르지 않아도 좋은 그런 것이 되어버린다. 그리하여 도덕이, 내가 반드시 또는 마땅히 행해야 하는 과제나 임무가 아니라 내가 남에게 뜻대로 또는 임의로(willkürlich) 베푸는 시혜와 같은 것이 되어버리는 것이다. 이런 경우 도덕적 행위는 본질적으로 보자면 해도 그만 하지 않아도 그만인 일이 되고 마는데, 고매한 칸트가 도덕이 이런 식으로 자원 봉사와 혼동되는 것을 격렬히 비판한 것은 결코 부당한 일이라 할 수는 없을 것이다.24)

도덕적 당위의 의식은 내적 강제의 의식이다. 도덕적 행위에 대해 우리는 하고 싶다고 느끼는 것이 아니라 해야 한다고 느낀다. 우리는 이런 강제의 의식을 보편적 사랑과 개별적 사랑 사이의 긴장으로부터 설명하기는 하였으나 칸트의 입장에 따라 생각하자면, 이런 설명은 도덕을 본질적 임의성으로부터 구해주지 못한다. 굳이 칸트에 기대지 않는다 하더라도 우리가 보편적 사랑의 감정으로부터 의무감을 이끌어내고 이를 통해 도덕적 강제를 자기 강제로 파악하려 할 때, 의무감은 본질적 의미에서는 강제의 성격을 잃어버리게 된다. 타자성을 전적으로 배제하게 되면 강제는 더 이상 강제일 수 없으며, 의무 역시 더 이상 의무일 수 없다. 자기가 자기를 강제한다거나 자기가 자기에게 의무를 지운

---

24) 이에 대해 칸트는 『실천이성비판』의 「순수 실천 이성의 동기에 대하여」라는 장에서 상세히 논하고 있다.

다는 것은 엄밀하게 보자면 자기가 자기와 계약을 맺는다는 말처럼 무의미하고 불합리한 것이다. 자기가 자기 자신과 맺은 약속을 파기한다 해서 누가 나를 제재하거나 비난하겠는가? 그것은 나의 자기 관계에 속하는 일로서, 절대적 자기 관계 속에서는 도덕이란 불필요하고 무의미한 것에 지나지 않는다. 우리는 도덕이 인간 존재의 자기 정립과 자기 형성의 능력에 존립한다고 생각한다. "인간은 오직 스스로 자기를 형성함으로써만 인간, 즉 자기가 된다. 인간이 오직 이런 자기정립을 통해서만 참된 인간으로서 존재하는 한에서 당위는 인간 존재의 본질적 계기가 된다."[25] 이런 입장에서 볼 때, 우리가 추구하는 선의 이념이란 이루어져야 할 자기의 객관적 표상인 것이다. 하지만 만약 여기서 자기를 스스로 형성하는 주체가 고립된 홀로 주체라면 그리하여 자기 형성이 홀로 주체의 자기 관계에 지나지 않는다면, 도덕을 욕구의 체계 속에서 해명할 수는 있겠지만 결코 도덕적 당위와 강제의 의식을 해명할 수는 없을 것이다. 의무와 강제는 오직 타자성과의 관계 속에서만 온전히 의미를 가질 수 있기 때문이다.

그렇다면 우리는 도덕적 강제를 다시 타율적인 강제에 정초시켜야 하겠는가? 그것은 불가능하다. 아무튼 강요된 도덕은 노예 도덕으로서 아무런 존경심의 대상도 되지 못하며 참된 도덕적 가치도 가질 수 없는 것이기 때문이다. 여기서 우리는 풀기 어려운 이율배반 속에 빠져드는데, 도덕적 강제를 자기 강제로 이해할 수도 없고 타율적 강제로 이해할 수도 없는 난처한 지경에 처하게 되는 것이다. 생각하면 칸트 자신이 이 이율배반의 희생자라 할 수 있겠는데, 그의 윤리학은 계몽된 신학과 우둔한 맹목 사이에서 끊임없이 동요한다. 즉, 그가 도덕으로부터 임의성을 배제하

---

25) 김상봉, 「윤리 · 도덕」(우리사상연구소 엮음, 『우리말 철학사전 2』, 지식산업사, 2002), 234쪽.

고 그것의 무조건적 당위의 측면을 강조하려 하면 그의 도덕은 신학적 타율성 속에 빠질 위험에 처하게 된다. 이런 위험을 피하기 위해 반대로 법칙에 대한 존경심을 강조하게 되면 그 존경심은 공허하고 맹목적인 의무감에 떨어질 위험에 처하게 된다. 그런즉 칸트는 자의성으로 환원될 수 없는 도덕적 강제의 고유성을 밝혀내기는 하였으나 그것을 온전히 해명하거나 정초하지는 못하였던 것이다. 하지만 우리가 만약 도덕적 강제의 근거를 정당하게 해명하지 못한다면, 도덕은 욕망의 변신(metamorphoses) 이외에는 아무것도 아닐 것이다.

그렇다면 우리는 도대체 무엇으로부터 자의성과 다른 도덕적 강제의 근거를 마련할 수 있겠는가? 어떻게 하면 나 자신 속에서 확증할 수 있는 내면적 감정을 배제하지 않으면서도 동시에 그 감정이 나 혼자만의 자생적 감정이 아니라 타자와의 관계에서 어떤 구속성과 강제를 내포한 감정일 수 있겠는가? 그것은 오직 하나, 감사의 마음이다. 감사의 마음이란 내가 빚지고 있다는 깨달음에서 비롯된다. 나의 존재는 다른 사람은 물론이거니와 모든 아닌-나(Nicht-Ich)에 빚지고 있다. 그런즉 존재는 은혜다. 내가 남을 사랑하기 전에 나는 먼저 사랑을 받았으며, 오직 그 사랑으로 말미암아 지금 이렇게 존재하고 있는 것이다. 그 사랑의 인연에는 끝이 없으니 결국 나는 모든 사람과 온 세계에 빚진 존재다. 내가 이것을 깨달을 때, 나는 나를 둘러싸고 있는 모든 사람 모든 존재에 대해 감사를 느끼게 된다. 그리고 내가 모든 타인과 아닌-나에게 빚지고 있으며, 은혜를 입고 있다는 것을 느낄 때, 나는 비로소 내가 그 모든 사람과 온 세계를 사랑하고 보살피는 것이 나의 자의에 맡겨진 일이 아니라 나에게 부과된 마땅한 의무임을 깨닫게 된다. 감사의 마음은 자기가 받은 은혜와 사랑의 빚을 기꺼이 모든 사람과 세계에 되갚으려 하는데, 오직 이를 통해서만 도덕적 의무감은 타율적 강제의 의식과 어리석은 맹목으로부터 동시에 벗어날 수 있다.

도덕 교육은 학생들을 감사할 줄 아는 사람이 되게 깨우쳐야 한다. 하지만 아무도 감사를 강요해서는 안 된다. 자기를 자랑하고 생색내는 은혜는 은혜가 아니며, 강요된 감사도 감사가 아니다. 그런즉 여기서도 도덕 교육은 학생들에게 물을 수 있을 뿐이다. ─ 너는 누구의 은혜로 존재하는가?

23) 책 임

그렇게 우리가 모든 사람과 온 세계에 빚지고 있다는 것을 깨달을 때, 우리는 비로소 모든 사람을 사랑하며, 온 세상 만물을 보살피는 것이 우리의 책임과 의무라는 것을 깨닫게 된다. 그리고 우리가 존재하기 위해 타인은 물론이거니와 자연에 빚지고 있는 한에서 자연을 온전히 지키고 보살피는 것 역시 우리의 책임이며 의무라는 것을 느낄 수 있다. 특히 단순히 인간에 대한 도덕이 아니라 자연에 대한 도덕은 오직 그런 빚진 것에 대한 깨달음으로부터만 정초될 수 있다. 자연에 대한 참된 감사의 의식이 없을 때, 자연에 대한 책임이란 순전히 공리적 관심의 소산이거나 도덕의 범주를 잘못 적용하는 데서 비롯되는 부적절한 은유일 수는 있을지언정 결코 진지한 도덕적 보살핌과 책임의 대상일 수는 없는 것이다.

24) 종교와 형이상학

그러나 자연이 순전히 비인격적인 존재라면 우리가 그로부터 아무리 큰 빚을 지고 산다 하더라도 그에 대해 감사를 느낀다는 것은 부적절한 감정일 수밖에 없다. 감사는 인격적 존재들 사이에서만 의미 있게 주고받을 수 있는 감정이기 때문이다. 그럼에도 불구하고 우리는 자연에 대해 감사를 느낄 수 있다. 하지만 그때 우리는 더 이상 자연을 비인격적인 대상으로 간주하지 않는다. 우리가 진지하게 자연에 대해 고마움을 느낄 때, 우리는 부지부식간에 자연을 하나의 인격적 존재로 상정한다. 그러나 자연이 일종의 인격적 존재로 느껴진다 하더라도 그 인격이 자기의 얼굴을 우리에게 내보이지는 않는다. 그런즉 그 인격은 이제 경험의 대상이 아니라 믿음의 대상일 뿐이다. 그리하여 자연에 대한 감사는 본질적으로 어떤 종교적 감정이다. 그것은 만해(萬海)가 님이라 부른 것, 곧 보이지 않는 무한한 인격에 대한 믿음과 결합해 있는 감사의 감정이기 때문이다. 이 지점에 이르면 도덕적 의식은 도덕의 영역을 떠나 종교의 영역으로 이행하게 된다. 그리고 도덕 교육 역시 고유한 의미의 도덕 교육에서 벗어나 형이상학과 종교에 대한 비판적 성찰로 이행하게 된다.

25) 도덕적 관계 또는 가치 공간의 전개

선의 이념은 객관적 규정에서 보자면 좋음에서 착함으로 나아가고, 착함에서 올바름으로 나아가며, 다시 올바름에서 보살핌으로 나아가고, 마지막으로 책임에서 끝난다. 반면에 선의 이념이 주관적인 도덕 의식으로 나타날 때 좋음은 욕망이 찾는 대상이며, 착함은 사랑을 통해 표현되고, 올바름은 의무감을 통해 실현된다. 그리고 보살핌은 적극적인 연민과 동정심의 발로며, 책임감은 감사의 마음에 뿌리를 두고 있다. 또한 선의 이념은 때마다 도덕적 가치 공간의 이행과 함께 전개되는데, 이는 도덕적 관계의 이행에 대응하는 바, 욕망의 단계에서 도덕적 숙고는 원칙적으로 나의 자기 관계를 중심으로 회전한다. 도덕이 착함과 사랑의 단계로 이행하면 도덕적 숙고는 나와 너의 타자 관계의 문맥에서 일어나며, 올바름과 의무감의 단계가 되면 도덕적 성찰은 우리라는 사회적 관계의 지평 속에서 움직이게 된다. 동정심과 보살핌의 단계에서는 우리의 테두리 밖에 있는 그들에 대한 관심이 도덕적 숙고를 이끌게 된다. 마지막으로 감사와 책임의 단계가 되면, 우리의 도덕적 관심은 모든 존재자, 즉 모든 그것들에 차별 없이 미치게 된다.

26) 선의 현상학

여기서 우리는 도덕적 의식이 어떻게 가장 원초적 단계로부터 고차적 단계로 이행해가는지를 서술하고 그에 따라 도덕 교육의 교과 과정을 구성해보았으나, 뒤의 단계가 앞의 단계보다 더 도덕적인 입장이라고 말할 수만은 없다. 도리어 각 단계는 서로서로 변증법적인 긴장 속에서 어떤 것이 절대적으로 다른 것보다 우위를 점한다고 할 수 없으니, 선의 진리는 헤겔에게 빗대어 말하자면 어떤 특정한 단계가 아니라 도덕적 의식의 전개 과정 전체를 통해서만 드러나는 것이다. 우리의 서술이 보여준 도덕적 의식의 발전 단계는 도덕적 의식이 현실 속에서 어떻게 발전해가는지를 현상학적으로 기술한 것이지, 앞의 입장이 뒤의 입장보다 반드시 더 옳고 정당하다는 것을 말하는 것은 아니다. 모든 단계, 모든 입장은 그 나름의 필연성과 정당성을 지니고 있으며, 우리의 삶 속에서 그들 단계와 입장들은 종종 서로 충돌하고 대립한다. 도덕 교육에서 중요한 것은 그 충돌과 대립을 스스로 사유하고 반성하는 능력을 길러주는 것이다.

27) 교과 과정의 요건주의

이제 마지막으로 우리가 덧붙여야 할 사족은 이것이다. 즉, 지금까지 우리는 가능한 한 상세히 중학교 도덕 교육의 교과 과정을 서술하려 하였으나, 이것은 하나의 가능한 방안으로 제시되는 것일 뿐, 우리는 우리의 제안뿐만 아니라 어느 누구의 방안에 의해서든 도덕 교육의 교과 과정이 한 가지 방식으로 상세한 목차에 이르기까지 획일적으로 규정되는 것에 반대한다. 도덕 교육의 교과 과정과 교육 내용은 대강의 요건만 규정되어야 하며 상세한 부분에서는 교과서 집필자의 자유가 허락되어야 한다. 이는 도덕 교육이 국가 권력에 의해 도구화되는 것을 막기 위해서일 뿐만 아니라, 또한 지금처럼 한 줌의 기득권자들이 나라의 도덕 교육을 전제적으로 좌지우지하는 것을 막기 위해서며, 더 나아가 교육의 다양성과 교사들의 자율성을 넓혀나가기 위한 것이기도 하다. 우리는 도덕 교육이 노예가 아니라 자유인에게 합당한 방식으로 이루어져야 한다는 것을 역설해왔다. 교과서와 교과 과정이 몇몇 사람들의 독단과 전횡에 의해 획일적으로 규정된다면, 이것 자체가 자유로운 도덕 교육의 부정이 될 것이다. 그러므로 교과 과정의 편성과 교과서의 편찬을 위해서는 가장 포괄적인 준칙과 대강의 항목만이 제시되어야 하며, 가능한 한 집필자의 자유에 맡겨져야 한다.

한국인의 '우리'로서 관계 맺기와 그 철학적 배경

홍 원 식

1. 한국인과 '우리'

우리 한국인은 정말이지 '우리'라는 말을 너무나 즐겨 쓴다. 우리 아들, 우리 딸, 우리 아버지, 우리 어머니로부터 우리 남편, 우리 아내까지, 그리고 우리집, 우리 동네, 우리 고향, 우리 학교, 우리나라, 우리 인류, 우리 지구, 심지어 우리 은하계까지 그 대상에 한계가 없다. 이 가운데 대부분은 '나'로 바꿔 불러도 아무런 내용상 차이가 없지만, 우리는 더 즐겨 '우리'라고 붙여 부른다. 이것은 일단 습관적인 것일 수 있다. 하지만 여기에서 우리 한국인들의 깊이 침전된 의식의 편린들을 길어올릴 수 있겠다는 생각이 들기도 한다.[1]

---

1) 본 글은 한국철학회의 2005년 춘계학술대회(5월 28일 전남대에서 개최)의 기획 취지를 충실히 따르는 각도에서 쓰여졌음을 미리 밝혀둔다. 한국철학회는 2008년 우리나라에서 열리는 세계철학자대회에 맞춰 세계 철학자들에게 '한국의 철학'을 보여주기 위해 다음과 같이 단계적으로 기획 학술 발표회를 갖기로

분명히 서양인들은 한국인들처럼 'I'와 'We', 'My'와 'Our'를 섞어 쓴다거나 대체해 쓰지는 않는 것 같다. 사상적·문화적 뿌리를 많은 부분 공유하고 있는 중국에서도 '워(我)'와 '워먼(我們)'을 섞어 쓰거나 대체하지는 않는다. 잘은 모르지만 일본의 경우도 그러한 것 같다. 그렇다면 한국인들의 '우리' 용례는 서양뿐만 아니라 비슷한 사상적·문화적 뿌리를 가진 중국이나 일본과도 다른 그야말로 이중적으로 '특수한' 현상이다.

한국인들에게 '우리'는 단순히 단수로서 '나'가 여럿 모여 이룬 복수로서의 집합체가 아니다. 한국인들은 '나'와 또 다른 '나'가 여럿 모여서 '우리'를 이루는 것이 아니다. 한국인들은 그냥 나와 너가 모여 우리가 되는 것이 아니라 우리로서 너와 내가 관계를 맺는 것이다. 이것은 너와 내가 없는 우리며, 우리 속의 나와 너인 것이다. 따라서 우리는 쉽게 나와 너로 환원되지 않는다. 이것을 보고 많은 이들은 한국인들에게 우리만 있지 나는 없다고 말한다.[2] 이들은 곧바로 이것을 '나'의 미성숙으로 읽어낸다. 한국인들에게는 개인으로서 '나'가 아직 덜 만들어졌다는 것이다. 아직

결정하였다. 첫째, 한국 사람들의 생각, 즉 한국적인 생각들을 철학적으로 이론화하기. 둘째, 한국 전통적 철학 이론을 서양적 관점에서 풀어보기. 셋째, 서양인들의 삶이나 생각을 동양철학적 이론으로 설명해보기. 넷째, 서양철학 이론을 한국 전통적 철학 이론의 관점에서 풀어보기다. 본 글은 이 가운데 첫째 단계에 해당한다. 「2005년 한국철학회 춘계학술대회 취지문」 참조.

2) 사회학자 최재석은 "한국에는 집단이나 계층만이 존재하고 개인은 존재하지 않는다. 개인의 생활 영역은 거의 없고, 언제나 개인이 속해 있는 집단의 존재만이 명확하고 개인은 그가 속해 있는 집단에 파묻혀 그의 존재가 애매하다"(『한국인의 사회적 성격』, 개문사, 1979, 183쪽)고 말하였으며, 사회심리학자 문은희는, 한국인은 서구의 사회심리학 이론으로는 설명할 수 없는 '포함'의 행동 단위 때문에 혼자 있으면 불안을 느끼며, 혼자 사고하고 판단하는 것처럼 보이지만 실제로는 가족을 포함한 자신에게 의미 있고 중요한 사람들을 자신 속에 포함시킨다고 말하였다. 「우리의 문화 현상과 행동 특성」, 『현상과 인식』(1994 여름호), 47-67쪽 참조.

근대적 자아관이 덜 형성되었다는 것이다. 결국 미성숙한 근대의 자화상이 곧 '우리'인 것이다. 여기에 많은 비판이 가해졌다. 그리고 이 비판은 원죄를 좇아 유교, 특히 유교의 가부장적 가족 제도로 찾아 올라갔다. 봉건적·전근대적 유교와 그 가부장제가 근대적 자아의 형성을 가로막았다는 생각이다. 유교와 그의 가부장제에 대한 비판은 지난 20세기초부터[3] 끊이지 않고 이어져왔으며, 그 비판의 내용은 비단 근대적 자아의 형성을 가로막았다는 데에 그치지 않았다. 그것은 만악의 근원으로 지목되었으며, 그것에 대한 비판은 매몰찼다. 마치 날을 세워 유교와 그 가족 제도를 비판하고 청산하면 '우리'로부터 '나'를 구출해올 수 있고 모든 문제가 해결되는 듯 보였다. 어떤 이는 1999년 '20세기의 마지막 봄을 맞으며' 비장한 마음으로 유교라는 '시커먼 곰팡이'의 박멸에 나서면서 "한일합방을 부른 무기력한 정부와 위선적 지식인들, 6·25를 부른 우리 문화 속의 분열 본질, 그리고 IMF를 부르고만 자기 기만과 허세, 그것들은 도덕의 가면을 쓴 유교 문화 속의 원질들과 본질적으로 같은 것"이라고 말하였다.[4] 그의 생각과 말은 몹시 거칠었다. 많은 이들이 이보다는 정치하고 조심스레 논의하였지만 유교와 그 가족 제도에 대해 그다지 고운 눈길을 보내지는 않았다.

한편, 한국인의 '우리' 의식을 남과 구분 짓는 배타성이란 관점에서 부정적으로 바라보는 사람들도 많다. 대표적으로 박노자는 한국인의 '우리' 의식을 특히 배타적 민족주의와 연결시켜 비판하면서 유교도 함께 거론하였다.

---

3) 홍원식, 「서구의 충격과 근대 한국의 인문 정신 ─ 한국 근대 시기 구학과 신학 논쟁과 국학 연구」, 『인문학의 전통과 새로운 지평』(계명대 출판부, 2004), 127-131쪽 참조.
4) 김경일, 『공자가 죽어야 나라가 산다』(바다출판사, 1999), 머리말 참조.

현대의 민족주의는 전통 사회의 유교와 비슷한 기능을 맡고 있다. 유교는 인간의 천부적 감정을 이데올로기화해 몇몇 당위적·인위적 덕목(충효, 인의예지 등)으로 분류한 뒤 세상만사를 그 잣대에 따라 선과 악으로 철저하게 구분했다. 민족주의는 인간의 천부적인 소속감을 이데올로기화해 세상 만사를 '우리'와 '남'의 것으로 철저하게 구분한다. 민족주의는 철학적으로 유교에 비해 빈약하기 짝이 없지만, 그만큼 이데올로기 도구로 이용하기는 편리하다.5)

이것은 현대 사회의 민족주의가 전통 사회의 유교와 그 내용은 다르지만 형식과 현실적 기능에서는 서로 닮았다는 주장이다. 이들과 달리 유교의 가족 제도를 긍정적 관점에서 바라본 사람들도 있다. 특히 지난 세기말 극성했던 '동아시아 담론' 속 이른바 '유교 자본주의론자'들은 한결같이 이 입장에 섰다. 여기에는 일면적·탈맥락적 논의라는 위험성이 도사리고 있는 게 사실이다.

논자도 '우리'가 유교와 관련이 있음을 인정하면서 논의를 진행하고자 한다. 그러나 단순히 그것을 비판하거나 긍정하기 위해서가 아니라, 참으로 그것을 이해하기 위해서 살펴보고자 한다. 아무튼 '우리'는 결코 짧지 않은 시간 동안 수많은 비판을 견뎌왔다. 그리고 '우리'는 도저히 뿌리내릴 수 없을 것 같아 보이는 오늘날의 척박한 땅 위에서도 생명의 싹을 틔우고 있다. 몰인격의 낯설고도 차가운 인터넷상에서도 지금 우리 한국인들은 숱한 리플들과 적극적인 토론을 통한 상호 관심, 정보 교환, 오프라인 모임 등을 통해 '우리'를 만들어가고 있는 것이다. 요즘 크게 유행하고 있는 '싸이'에서의 '1촌 맺기'도 그 한 모습이라고 볼 수 있겠다. 논자는 이렇듯 '우리'가 오늘날에도 우리 한국인들에게 엄연한 사

---

5) 박노자, 『당신들의 대한민국』(한겨레신문사, 2001), 210쪽. 이 밖에도 그의 「강요된 민족주의」, 「민족주의라는 '상징 기제'」, 「강요된 '집단 언어'를 넘어서」(같은 책, 199-218쪽) 등 참조.

실로서 존재함을 받아들이면서, 또한 그 점을 매우 의미 있게 받아들이면서 논의를 해나갈 것이다.

2. 유교 윤리와 '우리'

한국인은 유교, 그 가운데서도 특히 주자학(朱子學)의 영향을 크게 받고 있다. 한국인은 전통의 그 어느 사상보다 주자학의 영향을 많이 받고 있으며, 일본은 물론 주자학을 낳은 중국보다도 더 주자학의 영향을 많이 받고 있다. 이것은 무엇보다 조선 왕조가 주자학을 통치 이데올로기로 내세운 이후 그것은 지배층인 양반은 물론 평민, 심지어 하층민에게까지 '성공적'으로 깊이 파고들어 하나의 세계관이자 보편적 가치로 받아들여졌기 때문이다. 그리고 근대의 시간대를 거치는 동안 그것을 청산할 뚜렷한 기회를 갖지 못했기 때문에 더욱 그러하다.

유교는 농업 생산을 위주로 하는 혈연과 지연의 공동체를 기반으로 생겨나고 발전하였다. 따라서 유교는 공동체주의(communitarianism)적 특성을 강하게 띠게 되며, 유교에서는 이상적인 공동체의 실현에 최고의 가치를 두는 사회관과 윤리관이 생겨나게 되었다. 이러한 공동체주의적 유교의 윤리에서는 공공의 선이 개인의 권리에 앞서게 되고, 공동체의 이익이 곧 구성원 각 개인의 이익으로 간주되었다. 따라서 공동체와 분리된 개인은 존재할 수 없었다. 이에 에임스는 유교의 공동체주의적 윤리는 개인의 권리와 양립 불가능하다고 말하였다.[6] 샌달도 에임스와 같은 맥락에

---

6) Roger Ames, "Rites as Rights : The Confucian Alternative" in *Human Rights and the World's Religions*, ed. by Leroy s. Rouner(Notre Dame : University of Nortre Dame Press, 1988), 203-206쪽 참조. 이승환은 에임스의 이러한 주장

서 화목한 가족과 같은 작은 규모의 이상적인 공동체 안에서는 권리나 정의와 같은 말이 입 밖에 나올 필요조차 없다고 말하였다. 구성원들 간의 지속적인 정감이 권리나 정의와 같은 불협화음적 주장들을 대체해버리기 때문이다. 그는 이러한 공동체에서 권리나 정의의 주장은 오히려 구성원 서로 간의 관계를 악화시키거나 나아가서 도덕적 빈궁을 초래할 수 있다고 보았다.[7]

앞에서 본 바와 같이 공동체주의적 성격을 강하게 띤 유학에서는 개인과 개인의 권리 개념이 나타나기 어려운 것이 사실이다. 그런데 그것은 공동체주의적 특성 그 자체에서 뿐만 아니라 공동체주의가 될 수밖에 없었던 경제적 상황에서 기인하기도 한다. 당시 낮은 생산력으로 인해 개인 스스로가 공동체 속으로 들어간 것이다. 공동체 밖의 개인은 바로 버려진 개인이고, 이것은 곧바로 생존이 불가능함을 의미하기 때문이다. 유교는 바로 이러한 사회 경제적 상황의 바탕 위에서 생겨났기 때문에 유교의 윤리 또한 공동체주의적 성격을 강하게 띠게 된 것이다. 따라서 공동체 밖에 따로 '나'를 주장하지 않은 것이 아니라 주장할 수가 없었다고 말하는 것이 더 정확할지 모른다.

로스몬은 조금 다른 문맥으로 유교 윤리의 특성을 읽어내고 있다.

서양 철학자들이 추상적이고 보편적인 도덕 원리를 이야기하는 데 반해서, 유교 전통에서는 구체적이고 실제적인 역할 분담을 이야기했

에 대해 화목한 공동체의 수립을 위한 첫 걸음은 '권리의 존중'과 '정의의 준수'이기 때문에 타당하지 못하며, 仁이나 義와 같은 유가적 덕목을 분석해보면, 의무를 넘어서는 '최대 도덕'의 의미 이외에도 '최소 도덕'으로서 권리 존중의 의미를 내포하고 있다고 비판한다. 이승환, 『유가 사상의 사회철학적 재조명』(고려대 출판부, 1998), 228쪽 참조.

7) Michael J. Sandel, *Liberalism and the Limits of Justice* (Cambridge : Cambridge University Press, 1987), 32-33쪽 참조.

으며, … 유교 전통에 따르면 역할 관계를 떠나 고립적으로 존재하는 추상적인 '나'란 있을 수 없었으며, '나'라고 하는 존재는 다른 사람들과의 구체적인 관계 속에서만 파악될 수 있는 '역할 덩어리'였다. 이러한 역할들을 수행하는 사람이 내가 아니라, 이러한 역할 자체가 나였다.8)

로스몬은 이렇게 유교의 윤리가 역할 중심적이고 관계 중심적인 것이라고 보았다. 하지만 독립적 개인이나 권리, 자유와 같은 개념이 이것으로부터 나올 수 없다9)는 생각은 유교의 윤리를 공동체주의적 관점에서 읽은 에임스나 샌달과 같다. 그들은 모두 각자의 관점에 따라 유교 윤리의 특성을 잘 짚어내었다고 생각한다.

실제로 유교의 윤리에서는, 공동체는 그 자체로 존재하는 것이고, 공동체 내에는 각각의 역할이 있기 마련이며, 이때 각 존재는 서로 긴밀한 관계를 맺으며 자기의 역할을 충실하게 수행하는 것이 곧 공동체 전체의 선과 이익에 부합한다고 생각하였다. 여기에서는 어느 역할을 맡느냐에 따라 내가 정해지는 것이지 나의 위치가 어느 하나로 정해져 있는 것이 아니다. 가령 나는 누구의 아들이면서 동시에 다른 누구의 아버지일 수 있으며, 누구보다 연하자면서 동시에 다른 누구보다 연장자일 수 있는 것이다. 그때, 그 구체적 관계 속에서 나의 구체적 역할이 주어지는 것이고, 그 구체적 역할을 수행하면서 '내'가 있게 되는 것이다.

---

8) Henry Rosemont, "Why Take Rights Seriously? A Confucian Critique" in *Human Rights and the World's Religions*, ed. by Leroy s. Rouner (Notre Dame : University of Nortre Dame Press, 1988), 174-177쪽.

9) 이승환은 모든 사회적 역할들은 그 기능의 효과적인 수행을 위하여 모종의 능력과 권리를 필요로 하며, 이에 대응하는 역할들은 상응하는 책임과 의무를 수반하기 때문에 역할 중심적이고 관계 중심적인 유가 윤리에서는 권리 개념이 불필요하다는 로스몬의 주장이 타당하지 않다고 비판한다. 이승환, 『유가 사상의 사회철학적 재조명』, 227-228쪽 참조.

맹자는 인간 사회의 가장 기본적인 관계를 어버이와 자식, 임금과 신하, 남편과 아내, 나이 많은 이와 나이 적은 이, 벗들 사이로 들고서, 각 관계에서 마땅한 윤리로 친함(親), 의로움(義), 구별(別), 위아래(序), 믿음(信)을 들고 있다. 이 '오륜(五倫)'을 많은 이들이 생각한 것처럼 상하·신분 간의 윤리 규정으로 보는 것은 좀 무리가 있을 것 같다. 어버이와 자식 간의 친함은 어버이의 자애로움과 자식의 효성스러움을 통해 실현되는 것이요, 임금과 신하 간의 의로움은 임금의 예로 대함과 신하의 충으로 섬김을 통해 실현되는 것이요, 남편과 아내 간의 구별은 서로 간의 공경함을 통해 지켜지는 것이요, 나이 많은 이와 나이 적은 이 간의 위아래가 있게 되는 것은 나이 많은 이의 보살핌과 나이 적은 이의 존중 가운데 실현되는 것이다. 일방적이라기보다 오히려 쌍무적이라고 말할 수 있는 여지가 더 있다. '삼강(三綱)'으로 가면 유교의 윤리가 수직적·일방적인 것으로 바뀌게 되는데, 이것은 곧 한나라 초 유교가 국가 권력과 타협하게 되었음을 의미한다. 이렇듯 오륜과 삼강은 좀 구분해서 볼 필요가 있다.

오륜을 중심으로 하는 공·맹의 원시 유학에서는 '가(家)'의 특수성과 중요성에 특히 주목하고 있다. 가(家)는 무엇보다 혈연을 바탕으로 하는 공동체다. 이것은 혈연을 바탕으로 하지 않는 다른 공동체와 확연히 구분된다. 그들은 이 두 공동체 간의 불연속을 알고 있었기 때문에 그 간극을 메우기 위해 '친친(親親)'과 더불어 '존존(尊尊)'을 강조하였으며,10) 수신(修身)·제가(齊家)·치국(治國)·평천하(平天下)를 단계적이고 연속적인 것으로 말하였던 것이다. 그렇지만 이 둘이 현실적으로 부딪혔을 때, 결국 그들은 혈연 공동체인 가(家)를 우선시하였다. 그것은 공자의 '직궁(直躬)'의 예11)와 맹자의 순 임금의 예12)에서 잘 나타난다. 이

---

10) 『中庸』, 20장 참조.

것은 곧 비혈연의 국가 윤리인 충(忠)보다 혈연의 효(孝)를 우선시한 것이다. 이것이 뒤집히게 된 것 역시 한나라 때 유학이 관학이 되면서부터다. 한나라는 진시황(秦始皇) 이래의 제민(齊民) 지배 체제를 이어받아 가(家)의 특수성을 인정하지 않았다. 이것은 다분히 법가(法家)의 영향을 받은 것이라고 볼 수 있다.13) 훗날 주자학자들은 어떻게든 가(家)의 위치를 복원시키고자 노력하였으며, 이러한 노력은 주자학의 조선에서도 숱한 논란과 사건을 만들어냈다.14)

혈연을 바탕으로 하는 가(家) 공동체에는 따스함이 배어 있다. 따라서 가(家) 공동체의 윤리 속에도 따스함이 배어 있다. 공·맹은 이 따스한 마음을 바탕으로 삼아 유학의 윤리를 정초하고자 했다. 효의 윤리도, 3년상이나 성선설(性善說)도 다 이 따스한 마음을 바탕으로 그들은 설명하였다. 이러한 점에서 유학의 윤리는 일종의 '심정 윤리(心情倫理)'라고 말할 수 있겠다.15) 그러나 그들은 집에 담을 두르지는 않았다. 오히려 그들은 집안에서 따스하고도 부드러운 마음을 길러 담 밖으로 적극적으로 확산시켜나갈 것을 주장하였다. 이렇게 하여 가(家)의 윤리는 담을 넘어 자연스레 사회 윤리로 확산되어갈 수 있게 한 것이다. 남의 어버이를 나의 어버이처럼 생각하고, 집 밖 세상을 내 집안처럼 생각할

11) 『論語』, 「子路」 편 참조.
12) 『孟子』, 「公孫丑上」 편 참조.
13) 한비자는 공자의 直躬에 관한 얘기를 法家的 입장에서 다르게 해석하고 있다. 『韓非子』, 「五蠹」 편 참조.
14) 대표적인 것으로 조선시대 顯宗 때의 서필원과 송시열 간의 이른바 '私義-公義 논쟁'을 들 수 있다. 정만조, 「조선 현종조 사의·공의 논쟁」, 『한국학논총』 제14집(국민대 한국학연구소, 1991) ; 이승환, 『유교 담론의 지형학』(푸른숲, 2004), 183-186쪽 참조.
15) 임수무·홍원식, 「효 윤리의 형성과 철학적 근거」, 『동양철학연구』 제29집(동양철학연구회, 2002), 305-306쪽 참조.

때 '온 세상은 한 집안(天下一家)'이라는 유학의 이상은 실현된다고 생각하였다. 공·맹의 후예들, 특히 주자학자들은 결코 쉽지 않은, 혈연의 울타리 안에서 길러진 온정을 울 너머로 확산시키는 데 힘을 쏟았으며, 바로 이것을 할 수 있는 사람을 '큰 사람(大人)'이라 불렀다.

'우리'는 바로 유교적 공동체, 그 중에서도 특히 혈연적 공동체인 '가(家)'로부터 배태되어 나왔다고 생각한다. 혈연을 바탕으로 하는 가(家) 공동체 안에서는 혈연적 관계에 따른 역할이 중요하지 아무래도 너와 나라는 구분은 생겨나기가 어려웠다. 나의 운명은 가(家)의 운명과 직결되었으며, 가(家) 밖의 나는 버려진 나일 뿐이다. 따라서 가(家) 공동체 안에서의 구성원들은 '우리'라는 의식을 자연스레 가지게 되며, 각자는 '우리'가 될 때 비로소 안도하고 따스함을 느끼게 되는 것이다. 근대 이래 유교와 그 가족주의를 비판한 사람들은 이러한 가(家)를 보고서 주로 그 폐쇄성과 배타성, 그리고 그 안에서의 개인의 부재와 지배·피지배의 정치역학 관계를 애써 부각시키고자 했다.

덧붙여 흔히 한국인은 '정(情)'의 민족이라고 한다. 이것도 '우리'의 의식과 무관하지 않을 것이다. '우리'로서 관계 맺음은 바로 '정'으로써 관계 맺음이기 때문이다. 어느 서양철학 연구자도 이러한 생각에 동의하고 있다.

한국인은 구체적 인간 관계를 뛰어넘는 추상적 이념보다는 역사적 현실 속에서 구현될 수 있는 인간 관계, 즉 정을 고귀한 가치로 생각하는 민족이다. 우리가 더불어 살아가는 공동체가 존재하지 않는다면, 우리는 도덕적으로 존재해야 할 아무런 근거도 가지지 않는다. 내가 나의 권리와 정체성을 획득할 수 있는 것 역시 나에게 특정한 역할과 의미를 부여하는 '우리'라는 공동체가 있기 때문이다. 정은 이렇게 한국인이라고 불리는 구성원들이 공동으로 추구하는 기본 가치다. 정이라는 이름

아래 묶여 있는 사람들이 다름아닌 한국인인 것이다.16)

　그런데 이에 대해서도 곱게 바라보지 않는 사람들이 많다. 정이 사무치거나 제대로 소통되지 못하면 한(恨)이 된다고들 하는데, 이러한 정과 한으로서 그려진 우리 민족의 자화상은 너무 소극적이요 강요된 것이라는 비판은 그래도 괜찮다. 하지만 정으로 관계 맺는 것을 곧바로 합리성이 결여된 것으로 여겨 무원칙적·비합리적인 패거리 문화나 정실주의와 연결시키는 것은 아무래도 부당하다. 그들은 또 이것을 버릇처럼 유교와 유교의 가족주의에다 책임을 돌리곤 한다.17) 오늘날 우리들의 문젯거리로 늘 거론되는 패거리 문화나 정실주의를 서둘러 정에다 연결짓고 유교에다 책임을 돌릴 것이 아니라 우리 자신의 의식과 현실의 사회·경제적 구조 속에서 먼저 그 원인을 찾는 것이 옳을 것이다.

　정을 곧바로 비이성적인 것으로 돌려버리는 태도도 문제다. 이것은 서구 이성주의의 독단이다. 서양인들은 고래로 이성적 판단과 감정적 표현이 서로 분리되며, 이성적 판단을 감정적 표현의 위에다 항상 두었다. 하지만 동양의 주자학자들은 감정을 이성의 통제 아래 둘 것은 말하였지만, 감정을 반이성적인 것으로 몰아

---

16) 이진우, 「한국인과 한국 문화의 정체성은 무엇인가」, 『한국 인문학의 서양 콤플렉스』(민음사, 1999), 65쪽.

17) 정수복은 "한국인의 모임은 가족과 가문을 중심으로 하여 이루어져 왔으며, 모든 모임은 가부장제적 유사 가족의 형태를 띠고 있다. 그리하여 상하 서열의 질서와 지도자의 존재, 모임의 구성원들 사이의 의리와 연대가 강조된다. 아버지와 아들, 형제와 자매들 사이의 관계망 속에서 이루어지는 가족 생활의 양식이 모임의 문화에서도 재현된다"(「한국인의 모임과 미시적 동원 맥락」, 『지식의 세계 2』, 박정호 엮음, 동녘, 1998, 321쪽)고 하였다. 그래도 이것은 비교적 온건한 견해라고 볼 수 있다. 많은 이들은 군사 독재의 파행적 정치 형태와 IMF 사태를 부른 한국 자본주의의 파행적 경제 형태도 죄다 유교 가족주의에다 원죄를 묻곤 하였다.

치지는 않았다. 그들은 감정(氣・情)이 이성(理・性)을 바탕으로 드러나며, 감정을 통해 이성은 실현된다고 보았다. 그들도 누구보다 사사로운 정에 얽매여 공적인 도리를 해치는 것을 경계하였다. 그리고 도리어 거기에서는 공적인 영역이 사적인 영역을 지나치게 누르는 것이 항상 문제가 되곤 하였다.[18] 오늘날 흔히 문제가 되고 있는 '의리'라고 일컬어지는 것은 어디까지나 사사로운 정에 불과하며, 그것이 공적인 도리와 어긋날 때 지탄받을 수밖에 없는 것이다.

3. 주자학의 리기론과 '우리'

한국인의 '우리' 의식은 앞에서 살펴본 바와 같이 공동체주의적, 그리고 관계론적・역할론적 유교 윤리와 관련이 있으며, 혈연 공동체인 가(家)에 그 뿌리를 박고 있다. 원시 유학의 이러한 윤리 의식은 신유학인 주자학으로 오면서 더욱 강화되며, 형이상학적인 지지를 받게 된다. 원시 유학에서는 도덕 윤리의 문제를 인간과 그들이 구성하고 있는 사회를 중심으로 전개하였지만, 주자학에서는 그것을 우주 만물에까지 확장시키려 들었다. 도덕 윤리의 절대성을 보증받기 위해서였다. 이에 인간을 포함한 만물은 하나의 체계 속에 들어오면서 형이상학의 옷을 입게 되었다. 그들의 주된 관심사가 도덕이었기 때문에 그것은 도덕 형이상학의 옷이었다. 이에 따라 '우리'도 그 대상이 확대되고, 훨씬 잘 지어진 집을 가지게 되었다.

주자학자들은 먼저 리(理)라는 개념을 통해 우주 만물을 하나

---

18) 김교빈, 「대의명분에 눌린 사적 공간」, 『Emerge 새 천 년』(중앙일보 새 천 년, 2000. 6) 등 참조.

로 묶었다. 한편, 기(氣)라는 개념을 통해 우주 만물의 차별성과 다양성, 운동과 변화를 설명하였다. 리는 형이상의 원리요, 불변하는 것이다. 반면 기는 형이하의 존재로서 끊임없이 운동, 변화, 생성하는 것이다. 그런데 그들은 리가 기를 낳는다고 보았으므로 기는 때가 되면 사멸(死滅)하며, 기의 운동은 리에 기인한다. 마치 리는 '부동(不動)의 동자(動者)'와 같은 것이다. 결국 리는 기를 통해 자신을 드러내며 실현한다. 이처럼 만물은 기의 모습으로 존재하지만 그 속에 나름의 성(性)을 간직하며, 그 성은 하늘이 부여한 것으로, 그것이 바로 리다. 이러한 의미에서 만물은 모두 리와 기를 가지고 있다고 말하였다. 각 사물의 리는 궁극적으로 '하나의 리(理一之理)'인 태극(太極)에서 나왔기 때문에 리의 관점에서 보면 만물은 다 같으며, 각 사물은 서로 다른 기를 가지고 있으므로 기의 관점에서 보면 만물은 다 다르다. 이것을 현실적으로는 만물이 다 다르지만, 궁극적으로는 만물이 다 같다고 바꿔 말해도 무방할 듯하다. 결국 만물은 같으면서도 다르고, 다르면서도 같은 모습으로 존재한다는 것이다.

주자학의 이러한 리기론적 본체론은 무엇보다 불교의 화엄(華嚴) 사상의 영향을 많이 받고 있다. 화엄 사상에서는 고정 불변의 영원한 나는 존재하지 않고 다만 끊임없이 인연생기(因緣生起)하는 한 과정으로서만 존재한다는 원시 불교의 '무자성(無自性)'·'무아(無我)'관을 바탕으로 사법계설(四法界說)을 제기하고 있다. 무한의 차별적인 모습으로 존재하는 현상의 사법계(事法界)와 현상 너머 진여(眞如)의 리법계(理法界), 그리고 이 둘은 궁극적으로 서로 다르지 않다는 관점에서 리사무애법계(理事無礙法界)를 말하며, 이렇게 리법계와 사법계가 무애한 것이라면 이전 무한의 차별적인 모습으로만 보이던 사법계의 현상들은 결국 모두 진여를 드러내고 있기 때문에 하나라는 사사무애법계(事事無礙法界)

를 화엄 사상에서 말하였다. 만물은 서로가 다른 모습으로 존재하지만 궁극적으로 하나의 커다란 그물망 위에 존재하고, 각 존재는 하나의 그물코로서 서로 의존하는 관계 속에 존재하며 무한의 시공간과 열려 있다. 이러하기에 각 존재는 절대 평등의 관계며, 한 존재의 떨림은 전 우주적 떨림으로 퍼져나가고 다른 존재의 떨림은 곧바로 나의 떨림으로 전해온다.

주자학의 리기론이 화엄 사상의 리사설(理事說)의 영향을 받고 있는 것은 분명하다. 그것은 특히 만물이 하나의 거대한 체계 속에서 서로 관계 맺으며 존재한다고 생각한 점에서 그렇다. 그러한 생각이 리일분수설(理一分殊說)[19] 속에 잘 나타나있다.

> 그 근본으로부터 말단으로 나아가면, 일리(一理)의 실(實)을 만물이 나누어 체(體)로 삼는 까닭에 만물 속에는 각기 하나의 태극을 가지고 있으며, 작고 큰 사물 할 것 없이 각기 하나의 정해진 분(分)을 가지고 있지 않음이 없다.[20]

이처럼 주자학에서는 궁극적인 리로서 태극과 각 사물 속에 있는 리를 나누고서, 각 사물 속의 리는 태극의 리를 나눠 가진 것이라고 말하였다. 이것을 각각 '리일의 리(理一之理)'와 '분수된 리(分殊之理)' 또는 '사물의 리(事物之理)'라고 말하기도 하였다. 이 두 리 간의 관계성에 대해서 주자학자들은 흔히 불교에서 말하는 '월인천강(月印千江)'의 비유를 끌어와 설명하였다. 곧 태극의 '리일의 리'와 사물 속의 '분수의 리'의 관계는 하늘에 있는 달과 땅위 뭇 물들 속에 비친 달의 관계와 같다는 것이다. 여기에서 태극

---

19) 홍원식, 「정주학의 거경궁리설 연구」, 고려대 박사 학위 논문, 1992, 90~95쪽 참조.

20) 朱熹, 『通書解』, 「理性命章」, "自其本而之末, 則一理之實而萬物分之以爲體, 故萬物之中各有一太極, 而小大之物, 莫不各有一定之分也."

이 각 사물 속에 '분수'될 때, 마치 하늘에 있는 달이 쪼개어져 각 물 속에 비춰지는 것이 아니듯이, 그것은 쪼개어지지 않고 온전한 채 그대로 사물 속에 품부된다고 말하였다.[21] 이때 우리는 상식적으로 하늘에 있는 달은 참된 달이고 물 속에 있는 달들은 어디까지나 비춰진 거짓 달에 지나지 않는 것이라고 생각할 수 있는데, 주자학자들이 이 비유를 통해서 말하고자 한 것은 이 둘이 본질적으로 같다는 것이다. 곧 궁극적인 태극의 리와 분수된 사물 속의 리가 본질적으로 같다는 것이다. 여기에서 우리는 만물이 하나도 빠짐없이 리라는 존재의 그물망 위에 있으며, 리가 본질적으로 같기 때문에 사물 또한 본질적으로 같으며 평등하다는 결론을 이끌어낼 수 있다. 그러나 사물들이 이렇게 같고 평등하다는 생각은 어디까지나 리의 관점에서 볼 때 그렇고, 본질적으로 그렇다는 것이다.

　　만물이 하나의 근원에서 나왔다는 관점에서 논하면 리는 같으나 기는 다르다. 만물이 각기 다른 형체를 가지고 있다는 관점에서 보면 기는 오히려 서로 비슷하나 리는 절대로 같지 않다. 기가 다른 것은 순수한 것과 거친 것이 한결같지 않기 때문이며, 리가 다른 것은 치우친 것과 온전한 것이 차이가 있기 때문이다.[22]

　　주희는 여기에서 만물이 하나의 근원에서 나왔다는 관점에서 보면 그 리는 같으나, 각 사물에서 보면 리는 현실적으로 치우친

---

21) 朱熹,『朱子語類』, 卷94, "問, "自其本而之末, 則一理之實而萬物分之以爲體, 故萬物各有一太極', 如此則是太極有分裂乎?' 曰, '本只是一太極, 而萬物各稟受, 又自各全具一太極矣. 如月在天, 只一而已. 及散在江湖, 則隨處而見, 不可謂月已分也'" 등 참조.

22) 朱熹,『朱文公文集』,「答黃商伯」, "論萬物之一原, 則理同而氣異. 觀萬物之異體, 則氣猶相近而理絶不同. 氣之異者, 粹粕之不齊. 理之異者, 偏全之或異."

것(偏)과 온전한 것(全)의 차이가 있다고 말하였다. 사실 앞에서 말한 리일분수설에서 리일의 리와 분수의 리도 본질적으로 같다는 말이지 현실적으로 똑같다는 말은 아닐 것이다. 그 둘 사이는 화엄 사상의 리사설과 달리 절대 평등의 관계라고 보기는 어렵다. 나아가 주자학에서는 리와 기 사이에 아예 넘을 수 없는 존재의 층차를 설정하였으며, 기의 차이를 통해 다시 사람과 만물 간, 그리고 만물과 만물 간에도 존재의 층차를 매겼다.23) 어떻게 보면 주자학의 리기론에서는 리를 통해 평등을 말하려는 것 이상으로 기를 통해 불평등을 말하고자 하였다. 이러한 주자학적 생각은 삼강(三綱)에서 잘 나타나듯 한나라 이후 수직적 내용으로 바뀐 유교 윤리를 잘 담아낼 수 있게 되었다. 주자학은 이렇게 하여 관학이 될 준비를 마쳤던 것이다.

주자학자들은 위에서 볼 수 있듯 기의 질적 차별성을 통해 만물의 차별성을 설명하였지만, 한편으로 생각해보면 만물은 모두 기로 되어 있다는 점에서 동질성의 근거가 전혀 없는 것은 아니다. 바로 이러한 관점에서 철학을 전개한 대표적인 이로 장재(張載)가 있다. 장재는 북송 시대 기철학의 대가로 주자학을 집대성한 주희도 그의 철학적 영향을 많이 받았다. 주희가 장재의 대표적인 기철학 저작인 『정몽(正蒙)』을 높이 평가하여 주석까지 단 것에서 그것을 알 수 있다. 하지만 그는 장재의 기일원론(氣一元論) 철학을 자신의 리일원론적(理一元論的) 리기론(理氣論) 속으로 가져오면서 많은 부분 축소, 왜곡시키고 말았다. 장재는 우주 속에 존재하는 것은 기밖에 없으며, 만물이 생겨나고 죽는 것은 다만 기가 모이고 흩어지는 것에 지나지 않는다고 생각하였다. 그는 이러한 기일원론의 철학을 바탕으로 만물은 모두 천지(天

---

23) 홍원식, 「주자학의 성론」, 『계명철학』 제5집(계명대 철학연구소, 1996), 192-195쪽 참조.

地)·태허(太虛)의 기를 받아 태어나며 다시 그곳으로 돌아간다[24)]는 생각에서 물아동포설(物我同胞說)을 주장하고 낙천(樂天)하는 삶을 강조하였다.[25)] 나와 만물, 나와 만민(萬民)은 같이 태허의 기를 받아 생겨났으므로 동포요 짝이라는 그의 물아동포설은 기를 통해 나와 만민·만물을 하나로 묶는 것이며, 더욱이 서로 평등하게 관계 지은 것이라고 볼 수 있다. 따라서 나와 만민, 만물 간에는 기들 간의 감응이 있기 마련이며, 비슷한 기들 간에는 더욱 깊은 감응이 있기 마련이다.[26)] 그는 결국 여기에서 이러한 '동기감응(同氣感應)'을 바탕으로 작은 나를 무한히 큰 우주적 나로 키워나갈 것을 주장하였던 것이다. 뒷날 정주학자들은 그가 「서명(西銘)」에서 말한 물아동포설을 '리일분수설'로 읽어내었다.[27)] 이것은 맥락이 상당히 바뀐 것이다.[28)] 하지만 정주학의 후예들은 그들의 리일분수설을 통해 장재의 물아동포설의 영향을 일정하게 받게 되었다.

---

24) 張載, 『正蒙』, 「太和」, "太虛不能無氣, 氣不能不聚而爲萬物, 萬物不能不散而爲太虛. 循是出入, 是皆不得已而然也" 참조.

25) 張載, 「西銘」, "乾稱父, 坤稱母, 予玆藐焉, 乃渾然中處. 故天地之塞, 吾其體, 天地之帥, 吾其性. 民吾同胞, 物吾與也. … 富貴福澤, 將厚吾之生也. 貧賤憂戚, 庸玉女於成也. 存吾順事, 歿吾寧也" 참조. 「西銘」은 원래 『正蒙』, 「乾稱」 중의 한 단락이다.

26) 張載, 『正蒙』, 「乾稱」, "氣有陰陽. 屈伸相感之無窮, 故神之應也無窮. 其散無數, 故神之應也無數. 雖無窮, 其實湛然. 雖無數, 其實一而已" 등 참조.

27) 程頤의 제자인 楊時가 張載의 「西銘」 속 '物我同胞說'이 墨子의 兼愛說과 닮았다고 하자, 정이는 그렇지 않고 그것은 '理一分殊'의 이치를 잘 밝히고 있다고 말하였다. 程顥·程頤, 『二程文集』, 「答楊時論西銘書」 참조. 뒷날 朱熹도 다시 정이의 관점을 이어받고 있다. 朱熹, 『西銘解義』 참조.

28) 程朱學者들이 張載에게서 理一分殊說을 이끌어낸 대표적인 말로 "陰陽之氣, 散則萬殊, 人莫知其一也, 合則混然, 人不見其殊也"(『正蒙』, 「乾稱」)란 것이 있는데, 원래 이것은 太虛와 客形之氣 간의 관계를 말한 것이지 理一의 太極과 分殊之理 간의 관계를 말한 것이 아니다.

주자학의 리기론에서 보면, '우리'는 '큰 우리'와 '작은 우리'로 나눠볼 수 있다. '큰 우리'는 리를 통해본 우리다. 태극의 리에서 바라보면 만물은 태극에서 생겨났으므로 하나다. 이것은 우리가 쉽게 다다를 수 있는 경지가 아니다. 하지만 이것은 우리가 궁극적으로 이르러야 할 목표이자 이상이며, 이것이 있음으로써 '작은 우리'를 점차 넓혀갈 수 있게 되는 것이기도 하다. 반면 기를 통해보면 '작은 우리'가 있게 된다. 모든 생명체가 그러하듯 인간도 기를 함께 나눈 이들끼리 더 가까움을 느낀다. 그래서 인간은 가까운 혈연들끼리 서로 더 가까움을 느끼는 것이다. 공자와 맹자도 이것은 너무나 자연스럽고 당연한 것이라 여겨 그들의 윤리를 이 위에다 세웠던 것이다. 그러나 기는 천지 만물이 모두 가지고 있는 것이므로, 기들 간의 감응을 통해 그들은 나와 남, 나와 만물로 나를 키워 나가 물아동포·만물일체의 경지에 이르고자 하였다. 이것은 바로 정을 통해 '작은 우리'를 '큰 우리'로 키워가는 것이라고 할 수도 있겠다.

4. '우리'로서 만남과 현대

오늘날은 만남이 자꾸만 없어져 가고 있다. 그나마 차가운 만남이 대부분이다. 공동체의 실종을 우려하는 목소리도 여기저기에서 들려온다. 혈연 공동체인 가정마저 뿌리가 심하게 흔들리고 있다. 대안적 공동체에 대한 논의가 한창 무성하게 일어나고 있지만 큰 기대를 하기는 어려운 실정이다. 하지만 인간은 끝내 따스한 만남에 대한 기대를 버리지는 않을 것이다.

한국인들이 '우리'라는 말을 쓸 때는 그 속에서 따스한 온기를 느낀다. 내 집과 우리집이라는 표현을 비교해보아도 그것은 당장

알 수 있다. 내 집이라고 했을 때는 그냥 내 소유의 집을 가리키지만, 우리집이라고 했을 때는 소유 이상의 의미를 가지고 있다. 거기에는 부모와 형제들 간의 따스한 정과 같은 것들이 담겨 있다. 그렇다고 한국인들이 '우리'라는 말을 가족에 국한시켜 쓰지만은 않는다. 그 대상은 무한하고 끝없이 넓혀진다. 이때 나의 마음이 거기까지 미치고 열려 있음을 나타낸다. 하지만 여기에서 더욱 중요한 것은 나의 마음이 과연 거기까지 미치고 열려 있는가보다 관계 맺는 방식에 있다. '나'를 먼저 내세우지 않고 '우리'로서 대상과 관계 맺는 데에 한국인들의 관계 맺기의 특성이 있다. 이것은 곧 혈연의 가족 공동체에서 길러진 그 부드럽고 따스한 마음을 먼 대상으로까지 투영, 확대시키면서 관계 맺는 것을 뜻한다. 정서적 관계 맺음이라고 해도 무방하겠다. 이것은 계산과 이익으로 만나 권리와 책임, 정의를 따지는 그러한 '우리'가 아니라 따스함을 느끼며 혼연일체가 되어버리는 그러한 '우리'다. 물론 이에 대해 전근대적 사고의 잔재라거나 미성숙된 자아의 전형이라고 몰아치거나 배타적이라고 비판할 수도 있겠지만, 나는 관계 맺기의 또 다른 한 방식이라고 이해하고 싶다.

우리 속의 '나'는 작은 것이 사실이다. 그리고 '우리'라는 의식과 우리 속의 작은 '나'는 유교의 가(家)를 바탕으로 한 공동체주의적 그리고 관계론적·역할론적 윤리에 뿌리를 두고 있는 것도 사실이다. 그러나 그것은 이제 어쩌면 우리의 '문화 유전 인자'가 되었는지도 모른다. 그것은 이미 하나의 '문화적 토대'로서 자리잡았다고 볼 수도 있겠다. 자세히 살펴보면, 우리 속의 '나'가 꼭 작은 것만도 아니다. '우리'가 곧 '큰 나'일 수 있기 때문이다. 주자학의 리기론에서 보면, 리를 통해 만물을 '우리'의 울타리 속에 넣고자 하였으며, 기의 정 나눔을 통해 '우리'를 만물로까지 넓혀가고자 했다. 배타적 '우리'의 담을 높이 쌓아야 한다는 말은 한 적이 없다. 이제 우리는 '우리'로서 만남을 여러 만남 가운데 한 만남의 방식으로 인정하는 것이 필요하다. 굳이 나를 내세우려 들지는 않지만, 그렇다고 그 속에 내가 없는 것이 아닌, 오히려 혼연일체가 되어 큰 내가 있는 만남을 가질 필요가 있다. 이러한 한국인의 '우리'는 오늘날 따스한 공동체를 복원하는 데에 더없이 좋은 밑거름이 될 것이다.

□ 참고 문헌

『논어』.
『맹자』.
『중용』.
『한비자』.
장재, 『정몽(正蒙)』, 「서명(西銘)」.
정호(程顥)·정이(程頤), 『이정문집(二程文集)』.
주희, 『서명해의(西銘解義)』, 『통서해(通書解)』, 『주자어류(朱子語類)』, 『주문
　　공문집(朱文公文集)』.

김경일, 『공자가 죽어야 나라가 산다』, 바다출판사, 1999.
김교빈, 「대의명분에 눌린 사적 공간」, 『Emerge 새 천 년』, 중앙일보 새 천
　　년, 2000. 6.
문은희, 「우리의 문화 현상과 행동 특성」, 『현상과 인식』, 1994 여름호.
박노자, 『당신들의 대한민국』, 한겨레신문사, 2001.
이승환, 『유가 사상의 사회철학적 재조명』, 고려대 출판부, 1998.
이승환, 『유교 담론의 지형학』, 푸른숲, 2004.
이진우, 『한국 인문학의 서양 콤플렉스』, 민음사, 1999.
임수무·홍원식, 「효 윤리의 형성과 철학적 근거」, 『동양철학연구』 제29집, 동
　　양철학연구회, 2002.
정만조, 「조선 현종조 사의·공의 논쟁」, 『한국학논총』 제14집, 국민대 한국학
　　연구소, 1991.

정수복, 「한국인의 모임과 미시적 동원 맥락」, 『지식의 세계 2』, 박정호 엮음, 동녘, 1998.

최재석, 『한국인의 사회적 성격』, 개문사, 1979.

홍원식, 「정주학의 거경궁리설 연구」, 고려대 박사 학위 논문, 1992.

　　　「주자학의 성론」, 『계명철학』 제5집, 계명대 철학연구소, 1996.

　　　「서구의 충격과 근대 한국의 인문 정신 — 한국 근대시기 구학과 신학 논쟁과 국학 연구」, 『인문학의 전통과 새로운 지평』, 계명대 출판부, 2004.

Henry Rosemont, "Why Take Rights Seriously? A Confucian Critique" in *Human Rights and the World's Religions*, ed. by Leroy s. Rouner (Notre Dame : University of Nortre Dame Press, 1988).

Michael J. Sandel, *Liberalism and the Limits of Justice* (Cambridge : Cambridge University Press, 1987).

Roger Ames, "Rites as Rights : The Confucian Alternative" in *Human Rights and the World's Religions*, ed. by Leroy s. Rouner (Notre Dame : University of Nortre Dame Press, 1988).

제 2 분과

한국적 정신 현상

한국 기독교의 특징에 관한 신학적 · 철학적 고찰

양 명 수

우리나라 기독교[1]는 1885년에 미국 선교사들에 의해 들어온 이후 급격한 성장을 하면서 다양한 신앙 양태를 만들어왔다. 구한말 나라가 위태로울 때 지식인들은 나라의 부국 강병을 꿈꾸며 강대한 서양의 종교로서 기독교를 받아들였다. 그런가 하면 선교사들에 의한 교육 사업이나 의료 사업 그리고 농촌 계몽 사업 같은 것을 통해 많은 민중들이 교회의 교인이 되어가기도 했다. 민족주의자들이 기독교인이 되는 경우도 많았는데, 그것 역시 근대화를 통한 국권 회복이라는 구국 정신과 관련이 있었다. 구한말과 일제 시대에, 미국과 캐나다 사람들이 전해준 기독교는 일본 식민지를 극복할 수 있는 대안으로 여겨지는 측면이 있었던 것이다. 다시 말해 다른 아시아 국가들과 달리 한국은 서구 열강이 아닌 일본의 식민지가 되면서 오히려 서구 열강의 종교인 기독교가 일본과 대항하는 데 도움을 줄 수 있는 것처럼 여겨졌던 것이

---

[1] 기독교라면 천주교와 개신교를 합해서 이르는 말이지만, 여기서는 개신교에 국한해서 말하도록 하겠다.

다. 해방 이후에도 미군정이 지속되고 미국의 힘이 전 세계와 한국을 지배하면서 민족 종교들은 그 세력이 희미해져간 반면, 그들의 종교는 급속히 우리의 종교가 되어갔다. 서구에서 온 기독교는 근대화 문제와 맞물려 식민지 시대 이래로 한국의 발전과 맥을 같이 하는 것처럼 보여온 것이 사실이다. 새로운 정신과 새로운 물질 체계를 동시에 선사할 종교처럼 보였던 것이다. 그리고 기독교인들이 대거 새 시대의 엘리트들로 등장하게 되었다. 미국에 가깝기 때문이었다. 정치, 경제, 교육 시스템과 종교가 미국에서 일치되었고, 기독교인들은 미국의 종교를 가지면서 동시에 미국식 사회 시스템을 선도하는 사회 엘리트가 되었던 것이다. 비슷한 얘기지만 한국전쟁 이후 국가의 반공 이데올로기도 기독교 부흥에 이바지했을 것이다. 공산주의가 국가의 적인 마당에 기독교인이 된다는 것은 가장 확실한 반공주의자가 된다는 것을 의미한다. 비교적 진보적인 지식인들도 적어도 자신이 공산주의자가 아니라는 점을 바탕에 깔고서야 반정부 투쟁을 할 수 있었던 시대에 기독교는 반공을 과시하는 중요한 방패막이가 되어주었던 것이다.

그러나 이제 그런 것들이 고스란히 기독교의 문제점으로 남으면서, 한국 기독교의 부정적인 측면을 잉태했다고 볼 수 있다. 한국의 교회는 가장 친미적이고 반공주의적인 집단이 되었다. 그것은 이른바 복음화에 크게 이바지했던 측면이었으므로 쉽게 버릴 수 있는 것이 아니요, 자신들의 정체의 일부가 되어 있다. 근대화도 그렇다. 근대화란 서구화였고, 한국 기독교인들은 누구 못지않게 서구 지향적인 가치관을 갖게 되었다. 그리고 의식적으로나 무의식적으로 기술 과학이 발전한 서구 문명에 압도되며 기독교를 받아들였던 이들은 대부분 물질주의적인 신앙을 지니게 된다. 물질주의란 단순히 물질을 신봉하는 것을 가리키지 않는다. 소유를 중심으로 전개되는 자유의 과정에 익숙해졌다는 것이다. 종교란 원래 정신 세계를 추구하는 것이요 그래서 무소유의 공간을 제공해주어야 하는데, 한국 기독교는 인간 내면의 성숙과 거리가 먼 종교로 치닫고 있다. 물론 그것은 기독교가 원래 외향적인 성격을 지닌 때문이기도 하다. 그러니까, 한국 기독교의 특징이란 긍정적이든 부정적이든 원래의 기독교와 무관한 것이 아니라, 기독교의 어떤 부분이 한국에서 특별히 두드러지면서 형성된 것으로 봐야 한다. 어떤 면이 지나치게 두드러지면 부정적인 특징을 갖게 될 것이다. 한편, 민주주의를 확립하는 과정에 지식인들에게도 기독교는 매력이 있었는데, 그것은 역사 발전을 신봉하면서 투쟁하는 데 기독교적인 시간관이 어느 정도 이바지할 수 있었기 때문이다.

물론 기독교가 한국에서 오늘처럼 부흥한 것을 정치 경제적인 측면으로만 설명할 수는 없을 것이다. 미국의 보수적인 선교사들에 의해 전해졌다는 점도 부흥에 큰 역할을 했을 것이다. 서양의 계몽주의의 영향을 받아 인간주의적인 면모를 수용했던 19세기 유럽의 자유주의 기독교가 소개되었다면 부흥이 어려웠을 것이다. 권위적이고 단순한 메시지가 부흥에는 더욱 효과적이기 때문이다. 물론 선교에 열정이 있는 사람들이 대개 근본주의적이고 보수적인 쪽이 대부분을 차지하는 것을 고려한다면, 애초에 진보적인 기독교가 소개되길 기대하는 것은 어려운 일이었을지도 모른다. 여하튼 그 때문에 한국 교회는 비판적 지성이 없는 보수적인 기독교의 모습을 갖게 되었다. 밖에서 한국 교회를 볼 때 짧은 시일 안에 이룬 엄청난 부흥이 그 첫 번째 특징으로 손꼽힌다면, 그 뒤에는 그런 보수성이 자리잡고 있다는 얘기다. 그리고 한국 기독교의 성장에는 한국인의 심성도 크게 작용했을 것이다. 기독교가 물질을 악으로 보지 않는 점이나 이 세상의 삶을 중시하는 구원관은 비교적 내세에 무관심하고 이 땅의 삶에 충실한 우리 민족의 세계관과 맞물려 민중이 거부감 없이 기독교를 받아들이는 데 이바지했을 것이다.

혼히 한국 교회의 특징을 말하라고 하면 떠오르는 것들이 있다. 굉장히 빠른 속도로 교인이 늘었으며, 세계에서 제일 큰 교회들이 몇 개씩 있다는 점이다. 부흥과 관련된 것이다. 그리고 그 종교적인 열성으로도 유명하다. 다른 나라에 없는 새벽 기도와 수요 예배가 있고, 엄청난 선교회들이 있으며, 해외 선교도 매우 활발하다. 한국 사람들은 교회에 내는 헌금을 아까워하지 않는다. 그러면서 동시에 한국의 기독교는 토착 문화와 어울리는 예배 의식을 지니고 있지 못한 것으로도 유명하다. 서양 사람들이 한국 교회에 와서 그 규모에도 놀라지만, 자기네들과 똑같은 찬송가를 부르는 데도 놀란다. 교회 양식은 뾰족탑이 있는 고딕 건축으로 통일되어 있는 듯하다. 그런가 하면 교회 내부의 의사 결정 과정이 매우 권위적이고 가부장적인 것으로도 유명하다. 그것을 흔히 유교적 가부장제라고 하는데, 성속의 이분법이 한편으로는 종교성을 유지시켜주고 다른 한편으로는 권위주의를 만들어내는 것이다.

이처럼 한국 교회에 두드러지게 보이는 여러 가지 현상을 몇 가지 신학적이고 철학적인 틀을 사용해서 분석해보려고 한다.

1. 소유에서 생기는 자유와 한국 교회의 부흥

인간이 찾아 이루고자 하는 자유에는 여러 가지 형태가 있고 그것을 여러 가지 단계로 나눌 수도 있다. 그런데 서양 사람들이 그 문제에서 가장 크게 이바지한 것은 소유에서 생기는 자유라고 할 수 있다. 흔히 서양 문명을 물질 문명이라고 하고 동양을 정신 문명라고 하는데, 생각하기에 따라서 그리 틀린 말은 아니다. 동양 전통이, 불교나 도교나 성리학이나 비교적 무소유를 통해 자유라는 구원을 얻으려고 한 반면에, 서양은 결과적으로 소유를 통한 자유에 이바지해온 것으로 보인다. 헤겔은 그의 『법철학』에서 인류가 이루어나갈 자유를 세 단계로 나누었는데, 첫 번째는 추상법의 단계요 둘째는 칸트적인 양심의 주관적 결단에서 생기는 자유고, 셋째는 가정이나 시민 사회나 국가와 같은 공동체에서 객관 도덕을 통해 실현되는 자유다. 그런데 첫 번째 단계의 추상법이라는 것이 소유와 관련된 것이다. 소유란 사물에 대한 인간의 배타적 지배를 가리키는 것이니, 결국 헤겔이 소유를 첫 번째 자유의 단계로 삼았다는 것은 물건에 대한 지배를 통한 자유를 중요하게 보았다는 것이다. 사람은 자기 소유물을 자기 '마음대로' 할 수 있으니, 자유가 소유물을 통해 실현되는 것이다.

헤겔이 자유 문제에 소유를 집어넣은 것은 우연이 아니라 서양의 오랜 세계관을 반영한 것 같다. 가깝게는 프랑스혁명의 '인간과 시민의 권리 선언'에서도 재산권 문제가 핵심이었는데, 그것은 재산권을 확보해놓지 않고는 개인이 자유롭게 살 수 없다는 생각 때문이었을 것이다. 물질 문제에서 남에게 얽매여 있으면 결코 자유로울 수 없다는 것이요, 삶이라는 것이 정신적 자유를 누리기 전에 물질 조건이 해결되어야 한다는 인식이 엿보인다. 이 문제는 사회의 기본 가치들, 곧 정치적 자유나 사회적 지위와 부의 문제2)에 관해서 평등한 권리 주장으로 연결되어서 사회 정의의 문제가 되기도 한다. 다시 말해서 소유가 주는 자유는 그 연원으로 올라가면 물질 차원을 놓고 벌이는 인간의 권력 관계를 파헤

---

2) 존 롤즈는 『사회정의론』에서 사회적 기본 가치를 그렇게 보고 있다.

치는 문제로 간다는 얘기다. 권력 관계는 언제나 물질을 놓고 벌어지는 것이지 정신 세계를 놓고 벌어지는 것이 아니다. 물론 정신을 다루는 종교 내부에도 권력 관계가 형성되는데, 그것은 종교 안에 굴러 들어온 물질을 놓고 다투는 싸움일 뿐이다.

소유는 자유를 위해 버려야하는 것이기 이전에 자유의 기초다. 물질 문제에서 불평등한 억압 관계가 있는 현실에서 인간이 자유롭게 살기 위해서는 물질 문제에 집착해야 하고, 그것은 소유권을 가장 기초적인 권리로 보게 만든다. 그러나 이것은 무소유를 통해 영혼의 해방을 말하는 종교와 매우 다르지 않은가. 그런 점에서 서양의 근대는 기독교로부터 해방되는 탈종교의 성격을 띨 수밖에 없었다. 정치적 자유와 공평한 분배를 위해 권리 투쟁을 정면으로 제기하기 시작한 서구 근대는 물질적이고 세속적인 차원을 중심으로 인간 해방을 도모한 것이었다. 중세 기독교는 영혼 구원을 강조하며 이 땅에서의 구체적인 삶의 구원이라는 측면을 간과하고 있었다. 영혼 구원을 강조하면, 물질의 분배를 놓고 벌어지는 권력 관계를 은폐하는 결과를 가져온다. 자유의 궁극적인 모습은 무소유에서 생기는 자유겠지만, 억압에 대한 투쟁에서 생기는 자유를 무시하면 소유의 빈곤으로 허덕이는 삶을 구원할 길을 잃게 된다. 종교가 궁극적인 것만 강조하다 보면 일상의 이데올로기를 정당화하게 된다.

그럼에도 불구하고 소유가 주는 자유가 기독교와 거리가 먼 차원의 문제는 아니다. 오히려 소유권을 중요하게 등장시킨 서구 근대는 기독교 전통과 그 맥을 같이 하고 있는 면이 많다. 기독교는 종교 치고는 무소유보다는 소유 차원에서 이루어지는 해방에 민감한 감각을 지니고 있는 종교이기 때문이다. 유대교 영성의 기원이 되는 이집트 탈출 사건은 노예 상태에서 해방된 정치적 사건이었다. 영성의 원형에 정치적 억압으로부터 해방된 경험이 자리잡고 있는 것이다. 그리고 이스라엘의 새로운 신학의 탄생을 의미하는 예언자 사상도 거의 정치적인 사건들을 겪으면서 생산된 것이다. 복음서에 따르면 예수는 가난한 자에 특별한 관심을 보였다. 그는 도를 닦다가 죽은 것이 아니라 정치범으로 죽었다. 그리고 무엇보다도 바울 신학이나 그 이후 기독교의 기본 교리를 형성한 교부 신학에서, 육체는 정신보다 열등한 것으로 평가되지 않았다. 육의 세계와 영의 세계를 대비하는 구절들이 바울 서신에 나오지만, 거기서 육이나 영은 당시 강한 영향력을 가졌던 바빌로니아의 배화교나 그리스 영향을 받은 영지주의의 이원론과는 다른 개념으로 사용된 것이다. 육을 영혼의 해방에 걸림돌이 되는 것으로 보면 육신을 입은 예수를 하나님의 아들로 보는 기본 신앙과 어긋난다. 그래서 초대 교회부터 여러 교회에서 사용하다가 나중에 정리되어 지금까지 기본 교리로 고백하는 사도 신경에도, 몸이 다시 사는 것을 말한다. 영혼 불멸이 아니라 육이 다시 사는 것이라고 함으로써 육을 긍정하는 태도를 보이는 것이다. 어거스틴은 마니교와의 논쟁에서 물질이 악이 아니고, 하나님보다 물질을 더 사랑하는 인간의 마음이 악하다고 했다. 그럼으로써 물질과 육과 이 세상을 긍정하는 기본 태도를 교회의 신앙으로 정립했다. 기독교는 기본적으로 이 세상이 좋으신 하나님이 만든 세상이라고 믿었기 때문에 세상에 대한 애착을 보이는 종교라고 해야 할 것이다.

그런 태도 때문에 기독교는 비교적 내면으로 침잠하는 전통이 다른 종교에 비해 약하다고 할 수 있다. 다시 말해서 자기 안으로 들어가 마음에서 평화를 구하는 전통이 약하다는 말이다. 마음으로 들어가는 것이 강해지면 세상을 등지게 된다. 그것은 결국 무소유에서 찾는 해방의 문제를 강조하는 경향을 띠게 된다. 물론 어거스틴은 '네 안으로 들어가라'고 했고, 또 초대 교회 때부터 사막의 수도사들이 있었고 중세 내내 수도원 전통이 있기는 하지만, 기독교는 동양의 종교에 비해 마음에서 찾는 구원의 경험을 강조하는 쪽으로 가지 않았다. 불교에서 말하는 견성이나 성리학에서 말하는 허령통철 또는 허령불매나 참자아를 찾는다는 식의 명제가 약하다. 기독교에서 진리는 기본적으로 사람 안에 있기보다는 사람 밖 하늘에 계신 하나님이다.[3] 하늘은 사람 밖 세상도 아니지만 사람 안도 아니다. 사람과 세상을 초월한 그 무엇이다. 그러니 동양에서 구원과 통하는 무나 허 같은 개념을 거의 사용하지 않는다.[4] 삼위일체론이나 기독론은 실체 개념을 중심으로 전개되었다.[5] 그것은 있는 바의 것(id quod est)이지 없음이 아니다.

그것은 인간을 바라보는 기독교의 기본 관점과도 관련이 있다. 세상은 본래 아름다운 곳이지만, 인간의 깊은 죄 때문에 죄가 넘치는 곳이기도 하다. 기독교의 세계관과 인간관은 결국 이 두 가지 명제가 양립하는 데서 생긴다. 인간의 죄로 세상은 그 소유 관계에서 크게 어긋나 있다. 폭력과 지배가 난무하고 있다. 인간의 영적인 타락은 결국 인간 관계에 폭력과 억압을 낳았다. 그처럼 영의 문제와 세상살이의 문제가 처음부터 철저하게 연관되어

---

3) 안으로 들어가라고 한 어거스틴에게도 진리의 자리는 사람 안이 아니라 안의 안이었다. 다시 말해 하나님은 사람을 초월한 무엇임을 강조하려고 한 것이다. 하나님이 사람이 되었다는 것은, 서구 신학의 역사에서, 하나님은 사람이 아니므로 사람이 되었다는 쪽으로 계속 해석되어 왔다.

4) 물론 빌립보서 2장의 케노시스 기독론(하나님과 같은 본체이시나 자기를 비우사 …)이 있지만, 그것은 그리스도 안에서 일어난 일이요, 인간이 자기를 비워 그 안에서 진리를 보는 것이 아니다. 더구나 케노시스를 너무 강조하면 기독교의 정체가 사라진다고 하여 싫어하는 학자들도 많다.

5) 삼위일체에서 일체는 그리스어로 우시아(ousia), 라틴어로는 에센시아(essentia)란 말을 중심으로 전개되었고, 삼위는 카파도기아학파에 의해 결국 히포스타시스(hypostasis)란 말로 정리되었는데, 이것은 라틴어로는 숩스탄치아(substantia)다. 이것이 모두 실체 또는 본질이라는 말인데, 모두 '있는 바의 것'이라는 뜻이다.

있기 때문에, 영적인 차원의 회복이라는 것은 곧바로 세상살이의 변화와 연관되어야 했다. 사실, 소유란 단순히 재물이나 사회적 지위에서만 벌어지는 것이 아니다. 갈라보는 모든 것에서 소유가 생긴다. 남과 여, 나와 너, 선과 악, 우리나라와 남의 나라, 저것과 이것, 어른과 어린이 등. 서로 다른 차이는 반드시 차별로 간다. 인간은 남을 차별하면서 자신의 정체를 찾는다. 그처럼 차별을 통한 자기 확인은 모두 소유 구조요, 그것을 극복하는 궁극적인 길은 갈라봄을 넘어서 나와 타자의 구별이 없는 세상으로 가는 것이다. 무소유란 결국에는 범아일여(梵我一如)의 세계인 것이다. 거기는 선악의 구분 너머의 세계요, 약자와 강자 너머의 세계다. 성서에도 그런 세계가 있으니 곧 아담이 타락하기 이전의 에덴동산에 관한 얘기다.

그러나 차별이 난무하는 이 세상에 살면서 그 차별에도 불구하고 내면에서 무소유의 자유를 얻어 살아갈 것인가. 그래서 물질에 대한 집착을 버리고 갈라봄의 구도를 넘어 영적인 자유를 누릴 것인가. 아니면 그 차별의 구조를 바꾸어 가면서 살아갈 것인가. 에덴동산의 시대가 끝나고 전개되는 인간의 역사는 카인이 아벨을 죽이는 얘기로 시작하고 있다. 물론 인간의 자유란 결국 사회 환경에도 불구하고 마음에서 얻어지는 것이리라. 그런 점에서는 어느 시대나 탈역사적으로 시간을 넘어 개인적으로 최고의 자유를 누릴 길이 열려 있다. 그러나 다른 한편으로 역사적으로 차차 실현되어나가야 할 자유가 있다. 그것은 **환경에도 불구하고 얻어지는 자유가 아니라 환경을 바꾸면서 늘려가는 자유다.** 그것은 단번에 개인에게서 얻어지는 것이 아니라 끊임없이 인류가 제도의 변화를 통해 이룩해야 할 것이다. 그것은 몇몇 사람들이 내면에서 완성해가는 자유가 아니라, 정치 사회적인 억압을 청산해가면서 불평등이 없는 사회 환경을 만들어가는 문제다. 종교가 엘리트주의에 빠지지 않으려면 바깥 환경을 바꾸어 늘려가는 자유에 관심을 가져야 한다.

　기독교는 인간의 죄를 깊이 보았다. 그래서 이 세상의 기원에 가인의 폭력이 있는 것을 보았다. 르네 지라르 같은 사람이 세상 밑바닥에 깔려 있는 근본 폭력(fundamental violence)을 간파해 낸 것은 기독교적인 것의 영향일 것이고, 프로이트가 인간의 본능에 공격성을 본 것 역시 동양의 성선설과 다른 면을 본 것이다. 폭력과 억압이 기원에 깔려 있는 세상에서 구원이란 일차로 그 폭력과 억압을 걷어치우는 일이다. 물론 기독교에 원초적인 긍정이 있으니, 세상은 본래 아름답다는 것이다. 하나님이 선하시고, 선하신 하나님이 세상을 만들었기 때문이다. 그럼에도 불구하고 깊이 타락한 세상을 보기 때문에, 원초적 긍정은 세상의 죄와 싸워 이기는 데 종말론적인 보루의 역할을 한다. 다시 말해서 세상에 대한 원초적 긍정은, 세상의 폭력에 대해 투쟁하는 사람들에게 희망의 거점이 된다는 말이다. 선이 이길 것이기 때문에 여기서 악과 싸울 수 있다. 결국 기독교는 세상에서 벌어지는 인간에 대한 인간의 억압과 폭력에 매우 민감하고 그것과 싸워 이기는 일을 중요하게 본다. 그냥 훌쩍 내면 세계를 통해 소유의 세상을 초월하지 않고, 왜곡된 소유 관계를 뜯어고치는 일이 중요해진다. 물질을 악으로 보지 않고 좋은 것으로 보며 오히려 기본적으로 하나님의 축복으로 보니까, 세상에서 삶의 구원을 이루기 위해 소유 관계를 바르게 하는 데 관심을 갖게 되는 것이다. 그것은 가난한 자에게 공평한 소유를 돌리는 문제로 연결된다. 물론 모든 종교는 무소유를 통한 자유를 말하고 기독교도 그런 차원을 지니고 있지만, 기독교는 그 세계관과 인간관 때문에 다른 종교에 비해 소유가 가져오는 자유에 대한 감각이 그 기초부터 형성되어 있다고 봐야 할 것이다. 근대 서구의 물질 문명의 발전 역시 그런 영향과 무관하지 않다고 봐야 할 것이다.

한국 교회가 선교의 이름으로 수도(修道)보다는 전도(傳道)에 열을 올리게 된 것도 그런 배경과 무관하지 않은 것 같다. 국내 선교든 해외 선교든 한국의 기독교는 선교에 성공해서 오늘날 놀라운 성장에 성공했다. 그 문제는 소유가 가져다주는 자유와 맞물려 있는 것 같다. 다시 말하면 부당한 소유 관계로부터의 탈출을 영성의 기본으로 삼고, 그래서 물질 문제를 배척하지 않고 구원과 깊이 관련 있는 것으로 보는 기독교 전통이 부정적으로 작용하면 무소유의 전통이 약하게 되는 것이다. 자기를 비우는 전통이 약하다는 것은, 결국 외부적으로 팽창하는 것을 통해 살아 있음을 확인하는 문제로 연결된다. 만일 구약성서에 나오는 하비루들(땅의 사람들) 전통이나 신약성서에 나오는 예수의 가난한 자들에 대한 관심에 충실하다면, 소유가 가져다주는 자유를 중시하는 기독교의 영성이 약자들의 정치 경제적인 해방과 연관되어야 할 것이다. 그것은 역사 의식과 사회 정의에 투철한 쪽으로 발전하게 된다. 그러나 서구의 기독교 역사에서도 꼭 그렇게 된 것은 아니다. 교회는 자기 성장을 추구하게 마련이고 그런 외적인 성장을 통해 살아 있는 하나님을 확인한다는 것은 교회가 소유의 총 본산이 되어간다는 것을 뜻한다. 하나님의 축복을 받은 자로 재물과 권력의 꼭대기에 서게 되는 것이다. 교회는 영적인 차원을 강조하면서 사회 권력 구조에는 무관심했다. 그래서 서양 역사에서도 약자에게 평등한 권리를 인정하는 정치 경제적 해방이란 교회 바깥에서 시작되었다. 신본주의가 아닌 인본주의 전통에서 그런 비판적 시각이 나올 수 있었다. 그러므로 우리나라에 자유주의 신학이 아닌 근본주의에 가까운 신학을 지닌 기독교가 들어와 퍼졌다는 것은, 정치 경제적 해방에 무관심한 채 교회 자체의 부흥을 통한 하나님 나라의 확장밖에는 모르게 만들었다고 볼 수 있다.

기독교의 장점은 결국 소유가 가져오는 자유를 인식하기 때문에 세상의 부조리에 무관심하지 않은 영성을 지녔다는 데 있다. 다시 말해서 세상 참여적이라는 데 있다. 그러나 한국 교회는 여전히 영혼 구원을 강조하고 있다. 그러면서 세상 참여를 복음화로만 인식하려고 한다. 그런데 다른 한편으로는 매우 세속적인 물질주의의 행태를 보이고 있다. 영혼 구원의 강조는 신앙의 문제와 세상의 부조리의 문제를 별개의 것으로 보이게 만든다. 어차피 구원받을 것은 영혼이므로 세속 정치와 종교는 완전히 분리되어야 하는 것이다. 그것은 한국 교회가 아직도 성과 속의 이분법이 강하다는 것을 뜻한다. 성스러운 종교의 세계와 속된 세상 사이에 넘을 수 없는 강이 있어서 거룩한 하나님 앞에 세상은 머리를 숙여야 한다. 그러나 그 거룩함에는 진정한 초월이 없다. 거기에는 세속주의가 숨어 있다. 왜냐하면 교회의 사제는 평신도와의 거리에서 생기는 권력을 누리고, 다른 한편으로 성도들은 물질의 축복을 받아내기 때문이다. 성과 속의 이분법이 명백한 곳에서는 속된 인간은 성스러움 앞에 머리를 숙이는 대신 물질을 얻어낸다. 거기서 희생되는 것은 사회 정의에 대한 감각이다. 개인의 물질적 욕망을 신에게 청원하고 실현을 보장받는 쪽으로 가기 때문이다. 만일 기독교가 소유가 주는 자유에 무관심하지 않았다면, 그것은 소유가 없어 허덕이는 약자에 대한 배려를 갖는다는 것을 의미한다. 영혼 구원이 아닌 삶의 구원에 대한 관심 때문에 물질적 조건의 문제를 영성의 기본 차원으로 깔고 있음을 뜻한다. 물질 조건에 대한 관심은 가진 자로 하여금 더 가지게 하고 모든 물질 획득을 하나님의 축복으로 정당화하는 것이 아니라, 가지지 못한 자에 대한 관심을 뜻하는 것이다. 그리고 그러한 약자에 대한 배려는 결국 자선을 베푸는 문제보다 가난한 자를 만드는 구조를 바꾸는 데로 관심을 갖게 한다. 그러나 한국 교회는 기독교의 세상에 대한 관심을 세속주의로 만들고, 죄의 깊이에 대한 고백을 이원론적인 영혼 구원의 문제로 바꾸어버렸다. 두 가지 명제, 곧 세상은 본래 아름답다고 하는 것과, 인간의 죄 때문에 세상은 깊이 부패해 있다고 하는 두 명제가 변증법적으로 통일되어 있지 않고, 두 명제가 각각 따로 놀면서 물질주의적인 영성을 만들어내는 쪽으로 이바지하는 셈이다.

이것은 기독교를 인간의 원초적인 권력 의지나 물질 욕망 쪽으로 끌어당겨 실현한 것이다. 그리고 서구 자본주의와 경영의 논리가 교회에 침투한 결과다. 흔히 학자들은 한국 교회의 물질주의 행태를 예부터 내려온 샤머니즘 때문이라고 본다. 기독교가 샤머니즘화되어 타락했다는 것이다. 거기에는 샤머니즘을 열등한 종교로 보는 인식이 깔려 있다. 그러나 물질주의적인 영성은 샤머니즘적인 기복 신앙과 무관한 것으로 봐야 한다. 샤머니즘적인 기복 신앙은 기본적으로 재앙을 물리치는 문제와 관련이 있다. 그것은 엄밀히 말해서 소유의 문제가 아니라 생존의 문제였다. 오늘날 생태론자들이나 에코 페미니스트들이 말하는 '생존의 관점'에 해당하는 것이 바로 샤머니즘의 세계관이다.6) 거기에는 자연의 리듬에 순응하고 자연 앞에서 겸허한 인간이 있었다. 물활론적인 세계관 때문에 만물 앞에서 조심스러움이 있었다. 그것은 자연적인 생존 욕구와 관련된 것이며, 탐욕스런 소유의 확충과 관련된 것이 아니다. 물질주의적인 영성이 아니다. 자연스런 생존 욕구와 관련된 기복 신앙은 불가피한 것이다.7) 사람은 살아야 하

---

6) "영적인 것은 모든 생명을 꽃피우는 사랑이며 만물에 담겨 있는 주술이다. 새로이 발견된 고대의 지혜는 만물을 감싸안은 이런 연결 관계에 대한 오랜 통찰로 이루어져 있었고, 이 연결 관계를 통해 힘없는 여성들이 힘을 가진 남성들에게 영향력을 행사할 수 있었다." Maria Mies and Vandana Shiva, 『에코페미니즘』, 창작과비평사, 2000, p.30.

기 때문이다. 우리나라 기독교의 물질주의적인 영성은 우리나라 전통의 샤머니즘과 관련된 것이기보다는 서구의 영향이라고 할 수 있다. 서구 기독교는 자연을 비신성화해서 자연에 대한 두려움을 없앴고, 그 대신 역사가 중요했다. 거기서 생존적 관점보다는 인위적인 역사 창조가 강조되었는데, 그것은 한국 기독교에서 생존을 넘어선 물질 소유가 모두 하나님의 축복인 것으로 정당화하는 쪽으로 발전했다. 역사 의식보다는 풍요로운 물질 축복의 관점으로 발전한 것이다. 그리고 기독교 윤리가 영향을 준 서구 자본주의 역시 한국 기독교에 영향을 주어 기업이 이윤을 늘리기 위해 존재하듯 교회가 성장하기 위해 존재하는 것처럼 되었다. 그것은 모두 소유가 주는 자유에 대한 기독교 영성의 감각이 부정적인 쪽으로 확대되어 물질주의적인 영성으로 인간의 탐욕을 충족시켜주는 방향으로 발전된 때문이었다. 교인의 숫자나 교회의 크기는 모두 물질적인 것이요, 그런 것을 통해 살아 있음을 확인하는 물질주의는 반드시 다른 것과 경쟁하게 되어 있다. 나쁜 의미에서의 물질성이란 상대에 대한 인격적 고려 없이 힘이나 숫자로 누르는 권력 의지를 가리킨다. 선교의 이름으로 이루어지는 자기 확대는 자신의 영향력을 확산시키려는 것이요, 거기에는 경쟁에서 남을 이기려는 권력 의지가 들어 있다.

가난하던 시절엔 물질주의적인 영성이 흠으로 보이지 않을 수도 있다. 그야말로 소유가 주는 자유라고 하는 기독교적인 단초가 물질주의 형태로 실현되는 것처럼 보일 수 있다. 구원이란 것이 여러 가지 형태의 자유라는 말로 바꾸어 말할 수 있다면, 자본주의적인 한국 기독교야말로 가난하던 민중에게 구원을 가져다주는 것처럼 보였을 수 있다. 그리고 만일 무소유에서 오는 자유

---

7) 현영학이나 서광선 같은 신학자들도 기복 신앙을 긍정한다. 참조. 현영학, 『예수의 탈춤』, 한국신학연구소, 1997, p.123 이하.

만 강조한다면, 그것은 민중에게 호소력을 지니기 힘들다. 가진 사람은 버림을 통해 자유를 찾을 수 있지만, 가진 것이 없어 살기 힘든 사람은 살기 위해서라도 가져야 하기 때문이다. 무소유를 통한 자유란 그런 면에서 엘리트주의로 빠질 수 있다. 소유가 주는 자유에 대한 인식이 희미했을 때는 무소유에 대한 강조는 민중과 동떨어진 것이었다고 봐야 한다. 조선시대 성리학에서 리(利)를 추구하는 것을 열등하게 보고 의(義)를 강조한 것이나, 용(用)보다는 체(體)를 우월하게 본 것은 종교적인 자기 수양의 원리로서는 좋지만 민중의 삶을 후덕하게(厚生) 하지는 못했다. 실학도 그런 점에서 소유가 가져오는 자유에 착안한 것이라고 할 수 있다. 아마 한국 기독교가 갑자기 부흥한 것은 기독교가 물질을 긍정하는 등 그 영성에 그런 민중의 삶을 구원할 원리가 들어 있기 때문이리라.

미국은 아직도 자유를 위한 중요한 길로 경제 발전을 꼽고 있다.[8] 그것은 그들이 아직도 소유의 세계에 갇혀 있다는 것을 의미하고, 한국 교회는 그 점에서도 미국을 철저하게 따르고 있다. 그러나 역시 종교는 무의 공간이 되어야 한다. 온 세상이 경제 논리로 돌아가고 과소비가 구조적으로 조장되는 세상에서, 종교의 역할은 무소유의 공간을 마련하는 데 있다. 그래야 소유를 위한 경쟁에 지친 영혼들이 교회에 와서 안식을 얻을 수 있고 근원적인 생명을 얻을 수 있을 것이다. 생명은 소유에서 오는 것은 아니기 때문이다. 그것으로 탈세상적인 모습을 보여주어야 한다. 그것은 기독교인들이 내면적으로 성숙해지는 결과를 가져올 것이다. 기독교는 어차피 세상에 대한 관심이 깊고 하나님이 바깥에 있기 때문에 탈세상적인 초월을 추구한다고 세상을 등진 채 내면에 침

---

8) 미국은 전통적으로 인간의 자유를 위한 두 개의 길을 제시하는데, 하나는 경제 성장이고 다른 하나는 종교적인 인권 의식이다.

잠하게 되지는 않을 것이다. 어떻든 교회가 전체적으로 전도보다는 수도하는 방향으로 기울어질 때 교인의 숫자를 세는 물량주의나 물질주의적인 영성을 벗어날 수 있을 것이다.

2. 기독교의 유일신론과 한국 교회의 권위주의

한국의 기독교는 권위주의적인 성격이 강한데, 그것은 한국 교회에서 매우 좋아하는 용어인 이른바 신본주의를 강조하고 인간주의를 배격하는 신학과 관련이 있다. 신본주의를 내세우면서 무조건적인 순종을 강조한다. 그것은 전능한 한 분 하나님을 믿는 신앙과 관련이 있다. 말하자면 유일신론인데 그 유일신의 삼위일체에 대한 인식이 분명하지 않은 채, 목회자들이 전능한 하나님을 중심으로 성도들을 모은다. 아마 그것은 초대 교회 당시 이단으로 찍혔던 군주적 유일신론에 가까울 것이다. 거기에는 엄밀히 말해서 십자가 신학이 없다. 물론 그리스도의 십자가를 말하지만 그것도 속죄하는 그리스도의 능력과 관련시켜서만 말한다. 그처럼 전능하게 베풀어주는 신에 대한 믿음은 교회 성장에 도움이 된다. 그러나 그런 종교는 권위주의의 산실이 되고 권력 공간이 된다. 군주적 유일신론으로 군주적인 권력을 지향하게 되는 것이다.

기독교는 한 분 하나님을 믿지만 독특하게도 삼위일체를 말한다. 삼위라는 것은 성부와 성자와 성령을 가리키는데, 각각 모두 실체요 그래서 성부 하나님과 성자 하나님과 성령 하나님을 믿는다고 해야 할 것이다. 그러나 그렇게 되면 삼신이 되니 성부와 성자와 성령은 같은 분이라고 믿는다. 그것이 삼위일체다. 그런데 기독교 역사에서 한 분 신이 세 위격을 갖는다는 교리는 사실 무능한 하나님을 인정하는 과정에서 생긴 것이다. 기독교는 말 그대로 예수 그리스도를 하나님의 아들로 믿고, 그 하나님의 아들이 곧 하나님이라고 믿으면서 형성되었다. 그러니까 하나님에게 아버지의 격도 있고 아들의 격도 있는 셈이다. 그런데 성자 하나님은 십자가에 달려 수난을 당하신 분이다. 말하자면 전능하지 않고 무능한 분인 셈이다. 우리를 위해 그랬다고 하지만 여하튼 그런 분을 하나님으로 믿었다는 것은 기독교가 하나님의 전능함을 유보하는 틈을 마련한 종교라는 것이다. 전능을 유보하는 것은 신학적으로 중요하다. 인간이 주체로 설 여지가 생기기 때문이다. 여하튼 그처럼 무능한 신을 인정한 상태에서 하나님의 전능함은 여전히 유지되어야 한다. 무능한 신은 신이라고 할 수 없기 때문이다. 그래서 성자와 성부는 각각 다른 실체가 된다. 다시말해서 성자가 수난당할 때 성부는 수난당하지 않는다는 것이다.9) 그처럼 성자의 수난을 말하면서 성부 수난을 막으려고 하는 것이 삼위 얘기다. 성부는 성자와 별개의 분이요, 그 위격이 다르다고 본 것이다. 성부와 성자와 성령의 삼위 얘기는 그래서 나온 것이고, 기독교는 그 세 위격의 일체를 통해 한 분 하나님을 믿지만 삼위 때문에 전능과 무능이 교차되는 하나님을 믿는 셈이다. 그처럼 삼위일체는 십자가에 달린 그 분을 하나님으로 믿는 데서 비롯된 얘기인 것이다.

기독교 역사에서 무능한 하나님의 모습이 가려질 때는 삼위일체 없는 유일신론이 강했다. 거기서 하나님의 아들은 사람 위에서 군림하는 영광의 그리스도에 불과하다. 정치 권력을 장악했던 중세 기독교에서 그리스도는 십자가의 그리스도가 희미해지고 하늘 높이 올라가 영광을 받는 금빛 찬란한 그리스도로 묘사되었

---

9) 물론 현대 신학에서는 성자의 수난을 곧 성부의 수난으로 연결시킨다. 십자가가 삼위일체 내부에 있다고 하는 몰트만의 얘기가 그런 것이다. 그러나 그것은 수난이 전달되는 것이다. 성부와 성자는 여전히 다른 실체다. J. Moltmann, 『삼위일체와 하나님의 나라』, 대한기독교 출판사, 1998, p.34 이하.

다. 인류 역사에서 천자, 곧 신의 아들들이 많았다. 로마 황제나 몽골 제국의 칸이나 그 밖의 수많은 제국의 통치자들은 유일신론을 통해 권력을 행사했다. 유일신론은 다양한 지방 신을 하나로 통일해서 보편적으로 권력이 미치는 왕국을 만드는 데 봉사했다. 다시 말해서 통치자는 하나의 신을 통해 하나의 왕국을 거느릴 수 있었던 것이다. 그리고 자기 자신을 신의 아들이라고 했다. 삼위일체 없는 유일신론은 정치적으로 권위주의 정권을 만드는 이데올로기 역할을 했다. 거기서 신의 아들은 전능한 신의 힘을 빌어 만인 위에 군림한다. 그러나 기독교에서 말하는 신의 아들은 신으로서 만인을 위해 죽는다. 그러니까 삼위일체를 안고 있는 유일신론은 언제나 무능한 하나님을 염두에 두게 된다.

그런데 우리나라 교회에서는 십자가에 달린 하나님을 무능한 하나님으로 인식하지 않는다. 그리스도가 우리를 위해 죽으셨다는 바울의 속죄론을 신앙의 바탕으로 삼고 있는데, 십자가의 문제를 그런 대속(代贖)으로만 풀면, 인간에게 죽임을 당한 하나님이 전능한 분으로 되돌아간다. 만인의 죄 값을 대신 치르고 인간을 죄에서 해방시킨 분이 되는 것이다. 게다가 그리스도의 속죄 사건은 단 한 번 일어난 사건으로 보니 결국 단번에 인류를 구원한 셈이다. 그런 기독론에는 무능한 하나님이 끼여들 틈이 없이 하나님의 전능하심이 계속 작용한다. 성부도 전능하고 성자도 전능할 뿐이다. 성자는 수난을 당했지만 그것은 인류를 단번에 구원하기 위한 것이다. 그렇게 되면 엄밀한 의미에서의 십자가 신학이 없어진다. 십자가 신학은 나의 죄를 용서한 강력한 은총을 말하는 것이기 이전에, 인간에 대한 희망 때문에 하나님이 전능함을 포기하고 수동적이 된 것을 뜻한다. 하나님의 수난(passion)의 본질은 하나님이 수동적(passive)이 되는 것이다. 그것은 인간에 대한 감성(passion) 때문이다. 그래서 인간의 영향을 입기 때문이다. 영향을 입는다는 것은 일방적 주체성을 상실했음을 뜻한다. 주권자인 신이 그 주체성을 유보하고 인간의 주체성이 등장한다. 인간이 자기 나름대로 이룩해나가는 주체적 역사가 있고, 그것이 죄의 역사라면 하나님은 그 때문에 고통을 당한다. 인간의 뜻 때문에 하나님이 뜻대로 안 되는 일을 당한다. 하나님의 당하심과 수난은 단순히 속죄를 위한 기획10)이기보다는, 자유로운 인간에 대한 희망 때문에 신의 일부가 되었다.11) 그것은 단한 번 일어난 사건이기 이전에 태초부터 신의 일부다. 인간의 주체성을 허락한 대가가 하나님의 주권의 유보요, 결국 하나님의 수난으로 연결되는 것이다. 그것이 십자가 신학이다. 그것은 인류사상사에서 볼 때 인간학이 등장하는 하나의 방식이었다. 신을 말하면서 동시에 인간을 말하고 신학 속에 인간학이 깊이 들어가는 방식이었다.

한국 교회에는 인간에 대한 하나님의 희망이라는 개념이 없다. 있어도 회개하고 교회로 돌아오기를 기다리는 희망일 뿐, 인간이 주체가 되어 이루어나가는 역사를 인정하지 않는다. 모든 것은 하나님의 섭리라는 인식이 강하다. 전능한 하나님만 알기 때문이다. 그래서 하나님이 인간의 희망이라고 할 뿐, 인간이 하나님의 희망이라는 말을 하지 않는다. 그리고 그래야 사람들이 교회에 모인다. 사람들은 주체적인 삶을 택하기보다는 은총을 얻기를 바라기 때문이다. 그것이 물질 축복의 은총이든 속죄의 은총이든.

---

10) 이것은 오리겐 이후 중세의 안젤름에 이르기까지 그리고 개신교 정통주의에 이르기까지 신의 전능함을 유지하면서 십자가를 말하는 방법이었다.
11) 사람은 자유롭기를 바란다. 그런데 기독교의 하나님도 사람이 자유롭기를 바란다. 하나님은 사람을 통해 자신을 실현하신다. 사람의 자유는 하나님이 자신을 실현하시는 길이다. 모자라서 사람을 통하는 것이 아니라 사랑이시므로 사람을 통한다. 사랑이란 타자를 통해 자기를 인식하고 타자를 자기의 한계로 삼는 것이다.

그런데 그것은 은총을 값싸게 만들 뿐이다.

삼위일체 없는 유일신론이 가져온 결과다. 오늘날 한국 교회에서 장엄한 삼위일체를 노래하지만 이미 상징적인 제의의 일부가 되었을 뿐이다. 사실 교회사에서 보면 삼위일체를 통해 교회는 신을 살아 계신 신으로 인식할 수 있었다. 생명이 없는 합리적 진리가 아니라 살아 있는 신이란 인간과 살아 있는 관계를 갖고 있는 존재임을 뜻한다. 살아 있다는 것은 살아 있는 관계를 맺는 것이요, 살아 있는 관계란 인간적인 관계를 뜻한다. 신은 살아 계시므로 사람과 인간적인 관계를 맺으신다. 신은 인간이 아니지만 인간적이다. 스토아철학에서 세상의 신적 원리로 여겼던 로고스를 기독교에서는 성자 하나님으로 보았는데, 로고스가 사람이 되었다는 것은 기독교의 신의 인간적인 측면을 극한까지 밀어붙인 것을 뜻한다.12) 사람이 된 로고스가 사람과 더불어 계심으로 사람과 인간적인 관계를 가지고 있었다. 기독교에서는 초대 교회 때부터, 그리스도가 신이 아니면 우리를 구원할 수 없지만 동시에 진짜 사람이 아니면 우리를 구원할 수 없다는 생각을 했다. 그런 것들이 삼위일체나 기독론 논쟁에 그대로 반영되는데, 사람이 아니면 우리를 구원할 수 없다는 것은 신이 인간과 인간적인 관계를 통해 인간의 모든 삶의 고난과 고통을 겪은 분만이 우리를 그 고난에서 구원해 낼 수 있다는 믿음이었다. 인간적인 관계를 우리는 상대(相對), 곧 서로 대하는 관계라고 이름을 붙이자. 하나님은 상대가 안 되는 나 같은 존재를 상대하신다. 그렇게 보면 전능과 무능이 교차하는 하나님이란 절대와 상대가 교차하는 하나님이라고 할 수 있다. 인간에 대한 하나님의 희망은 무능한 하나님의 모습으로 나타나는 데, 그것은 결국 상대하시는 하나님

---

12) 이 과정에서 많은 논쟁이 있었지만 결국 로고스가 사람이 된 것이라고 교회는 받아들였다.

으로 나타난다. 이 모든 것이 십자가 신학에서 이루어지는 일이다. 사람 때문에, 절대의 하나님이 상대의 하나님이 된다. 다시 말해서 상대란 인간에 대한 희망을 가리키는 말이다. 그것은 인간주의의 여지를 주고, 절대에서 군림하지 않고 상대하는 탈권위주의의 공간을 만든다. 무능과 상대는 절대와 전능의 신에게 생긴 균열이지만, 그 틈을 통해 신은 살아 계신 신이 된다.

인간을 상대하는 하나님이란 하나님이 타자를 통해 자기를 인식하는 것을 뜻한다. 신의 운동을 인정하는 것이요, 그런 점에서 정적인 실체 개념보다는 주체 개념이 기독교의 신에게 더욱 어울릴 수 있다. 기독교 초기에 변증의 필요성이 생겼을 때 당시 그리스 철학의 로고스 개념으로 신을 설명하려고 했는데. 그 영향으로 신을 앎 또는 지성(Intelleckt)으로 보는 쪽이 생겼고 그것이 조직적인 신학 체계를 가능하게 한 것도 사실이다. 그러나 기독교 전통 안에는 신을 앎보다는 의지로 설명하려고 한 어거스틴이나 둔스 스코투스 쪽의 전통이 강력하게 자리잡고 있는데, 신을 운동으로 파악하는 데는 그런 주의주의적인 전통이 큰 영향을 미쳤다고 봐야 하리라. 그것은 터툴리안 이후 서방 교회의 전통이기도 하다. 여하튼 신이 타자를 통해 자기를 인식한다는 것은 현대 철학에 비추어보면 어느 정도 헤겔적인 설명이지만, 오히려 헤겔이 기독교의 삼위일체에 영향을 입었다고 보는 것이 좋을 것이다. 이 세상과 사람은 하나님의 타자다. 하나님은 살아 계시므로 사람과 인간적인 관계를 맺고, 그래서 사람을 통해 자기를 인식하신다. 살아 있는 존재는 타자를 통해 자기를 인식한다. 그런 점에서 살아 있는 존재의 정체는 틸리히의 말대로 죽은 동일성이 아니라 다른 것들 속에서 자기 통일을 유지하는 것이다.[13] 타자와 부딪혀 그것과 섞이지 못하고 그것의 영향도 입지 않은 채 자

---

13) 틸리히(P. Tillich)는 죽은 아이덴티티가 아니라 유니티라고 표현한다.

기동일성을 유지하는 것은 살아 있는 것이 아니다. 타자를 부수고 자기동일성을 관철하는 것도 생생하게 살아 있는 것이 아니다. 타자를 겪어야 한다. 타자는 나에게 한계다. 세상이 하나님의 타자라면 세상은 하나님에게 한계를 주는 존재다. 그것을 우리는 타자를 '겪는다'고 표현할 수 있다. 말하자면 타자를 만나 이질적인 것을 겪으면서도 자기의 통일성을 유지하는 것이다. 겪는다는 것은 전능한 절대의 신에게는 해당되지 않는 개념이다. 더구나 타자를 겪는다는 것은 자기동일성이 파괴될 위험을 내포한다. 그것이 모두 삼위일체에서 성부와 성자의 관계를 놓고 생겨날 수 있는 문제들이다. 이런 문제는 신과 인간의 관계에서 뿐 아니라 신의 내부에서도 생긴다. 십자가 위의 무능한 신의 모습은 전능한 신에게 타자다. 성자는 성부에게 타자다. 그러나 그처럼 타자를 자신 안에서 겪기 때문에 하나님은 살아 계시다. 성자를 통해 성부는 자기를 확인한다. 삼위일체가 그처럼 신 안의 관계로 이해되면 하나님이 자기 자신 안에서 타자를 겪는 문제가 되고 그것이 기독교의 신과 로고스의 관계요 성부와 성자의 관계가 된다. 그러나 원래 삼위일체는 하나님이 세상을 구원하시는 역사로 말미암아 생겨난 개념이다. 그것을 경륜적 삼위일체(economic trinity)라고 한다. 성부가 성자라는 타자를 겪는 문제는 결국 신이 인간 세상이라는 타자를 겪는 문제에서 생겨난 사변이다.[14]

　결국 삼위일체란 무능한 신을 인정하는 과정에서 생겨난 개념이다. 무능한 신이란 그 개념에서 모순인데, 그것 때문에 기독교는 절대 초월의 하나님을 믿으면서도 인간학을 그 안에 품고 있다고 봐야 한다. 그러므로 무능을 겪는 전능한 신이라는 것이 옳

---

14) 그리스 철학의 영향이 큰 동방 교회에서 좀더 사변적인 내재적 삼위일체를 생각했는데, 오리겐 이후 니케아 종교 회의에 이르기까지 그랬다. 서방 교회에서 터툴리안은 경륜적인 각도에서 삼위일체를 말했을 뿐이다.

을지 모른다. 여하튼 기독교는 강한 유일신 종교이지만 그 신이 삼위일체의 신이므로 인간을 상대하고 따라서 인간의 영향을 입으며, 십자가는 몰트만의 말대로 삼위일체 내부에 존재하는 것이다. 더구나 기독교의 삼위일체는 성자와 성부가 동일한 본질임을 선언했다. 성부와 성자는 서로 타자이지만15) 같은 분이라는 것이다. 그것은 상대하는 신이 절대의 신보다 뒤떨어지지 않는다는 것을 함축하고 있다. 인본주의가 신본주의와 양립하고 인간학이 신학과 같은 비중으로 다루어져야 함을 함축한다.

그러나 우리나라 교회는 인본주의를 가장 경계할 것으로 말하니, 그리하여 강력한 권위주의의 장소로 교회를 만들고 있다. 신본주의는 결국 인간을 신의 수단으로 만들고 결국에는 교회의 수단으로 만들기 때문이다. 사람이 수단이 되는 곳에는 인권 의식이 생기기 어렵고 만인에 대한 만인의 투쟁이 있을 뿐이다. 그리고 힘에 대한 숭배가 있을 뿐이다. 스토아학파나 그리스 철학의 로고스론에 따르면 로고스는 신적인 이성이요 세상과 신의 접촉점이다. 그 로고스 덕분에 세상은 신의 뜻을 알고 세상의 법칙을 알고 또 도덕 법칙을 안다. 그러나 로고스는 그처럼 신이 세상과 접촉하는 부분이기 때문에 신성이 떨어진다. 그런 식의 사고 방식은 삼위일체 논쟁에서 성자가 성부보다 좀 떨어지는 신성을 지녔다는 이론을 등장시킨다. 세상과 접촉하고 세상의 일부가 되었기 때문에 성자의 신성이 약화된다는 것이다. 그러나 교회는 호모 우시오스를 통해 그런 이론을 배격했다. 그것은 예수 그리스

---

15) 호모 우시오스(동질론)는 성자가 성부의 타자가 아니라는 말이 아니다. 성자는 성부에게 이질적이다. 다만 성자는 신과 인간의 중간 존재가 아니며 그 신성이 떨어진 신이 아니며 성부와 똑같은 신성을 지닌 존재라는 것을 표현하기 위해 같은 본질이라는 말을 썼다. 그것은 단질론(모노 우시오스)을 반대했다. 성자가 성부의 타자임을 부인하는 군주론적인 유일신론을 배격한 것이다. 그리하여 기독교의 신은 타자성을 자기 내부에 지닌 존재가 된다.

도를 하나님의 아들이요 하나님으로 믿는다는 애기이지만, 세상이 하나님의 타자로서 하나님의 자기동일성에 필수적인 존재라는 세계관이 그 뒤에 깔려 있다고 봐야 한다. 중세 엑카르트 같은 사람은 신성(Gottheit)과 신(Gott)을 구분하여 신성은 우리가 영원히 접근할 수 없는 부분이라고 보았다. 그것은 매우 강력한 신비주의를 낳게 되는데, 교회의 주류가 될 수는 없었다. 동양에서 무극이 태극보다 우월한 것으로 보는 도교는 무극을 곧 태극(無極而太極)으로 보려는 신유학보다 좀더 세상에 대해 소극적이라고 할 수 있다. 신비주의는 여러 가지 장점이 있지만, 성과 속의 이분법에 빠지게 되면 비판적 지성의 통로를 막아 종교를 권력 기구로 만들 수 있다.

흔히 한국 교회의 권위주의를 유교적인 유산에서 찾는다. 그러나 조선시대 성리학은 한편으로 자기 수양적이고 자연 친화적이면서 다른 한편으로 매우 인문학적이요 인본주의였다. 그것은 하나의 거대한 도덕 형이상학이었으므로 성과 속의 이분법을 거부하고, 모든 존재가 유기체적인 연결 고리를 맺고 있다고 보았다. 물론 정치적인 위계 질서를 확립하고 그것을 도덕적인 원리로 정당화하는 면이 강했다. 그러나 그것은 근대 이전의 인간 사회에 모두 공통적인 모습이었다. 그리고 가부장제도 조선 성리학의 문제가 아니라 인류 전체의 문제였다. 성리학의 유기체적인 세계관이나 자기 수양의 내면성이 인간 사이에 존재하는 정치적인 권력 관계를 비판해내는 데 방해가 되었다고 할 수는 있으리라. 그러나 그런 점은 어느 정도 서구도 마찬가지였으며, 한국 교회의 권위주의나 가부장 제도가 조선시대의 유교 때문이라고 할 수는 없다. 오히려 기독교의 유일신론이 만든 절대적 하나님의 표상이 성과 속의 이분법을 강하게 만들면서 인본주의적인 측면을 배제하는 데서 기형적인 권위주의가 생겨났다고 할 수 있다. 그것은 소유에서 오는 자유와 맞물려 물질주의를 형성하고 군주적인 유일신이 전능한 힘으로 물질의 축복을 보장해주니, 결국 힘에 대한 숭배가 한국 교회의 권위주의 밑에 깔려 있는 셈이다. 물리적이거나 심리적인 힘을 숭배하면 권위주의를 만든다. 한국 교회는 영성을 주장하지만 영적인 힘이 아닌 물리적이고 심리적인 힘에 익숙해 있다.

한국 교회의 가부장적인 모습 역시 유교적 유산이라기보다는 성부 중심의 신관에서 비롯된 것으로 보아야 한다. 군주적 유일신론은 성부 중심의 신학이다. 성부나 성자라는 표현이 모두 남성을 가리키고 있지만 그 명칭은 시대적인 한계로 볼 수도 있다. 그런데 십자가 신학이 있으면 신학 안에 인간주의의 틈이 생기고, 그것은 인간 평등의 문제로 연결되며 여성과 남성의 동등성 문제가 제기될 가능성이 생긴다. 그러나 우리나라에서는 언제나 성부 중심이다. 앞에서 말한 군주적인 유일신론이라는 것이 성부 중심이다. 물론 어떻게 보면 우리나라 교회 신앙의 원형이 1907년대 부흥 운동에 있고 교회 성장이 부흥회를 통해 이루어졌다. 그것은 일종의 성령 운동이요 그런 점에서 성령 중심의 교회라고 할 수 있다. 그러나 부흥회도 십자가 신학이 없는 점에서 결국 성부 중심이다.16) 성자에게서 보이는 '상대하는 하나님'이나 성령에게서 보이는 '들어 있는 하나님'의 모습에서는 모성이나 여성의 모습이 보인다. 군림하여 위에서 베푸는 절대자가 아니라, 상대하여 영향을 입고 인간의 고통을 마음 아파하는 수난 받는 하나님이요, 피조물의 고통을 같이 겪는 하나님이기 때문이다. 그러나 성부 중심은 전형적인 가부장제의 모습이다. 그러므로 우리나라 교회의 권위주의나 가부장적인 모습은 유교 때문이라기보다는 서구 교회를 통해 들어온 신학 때문이라고 봐야 한다. 물론 조선시대

---

16) 양명수, 「부흥회에 관한 신학적 고찰」, 손규태 박사 은퇴 논문집, 2005.

성리학이 만든 정치 질서의 봉건적 측면을 제대로 청산하지 못했기 때문에 그 유산이 교회에도 그대로 남아 군주적 유일신론과 상승 작용을 일으켜 권위주의를 강화했다고 볼 수는 있을 것이다. 그러나 한국 교회의 권위주의의 주된 원인은 역시 기독교의 군주적 유일신론 자체 안에 있다고 봐야 한다. 도덕 형이상학에 기초한 조선의 유학보다는 종교적 유일신론이 훨씬 가부장적일 수 있다. 가장 큰 권위주의는 종교의 산물이기 때문이다. 종교의 하이에라키는 정치적 지배 이념이 산출되는 근원이 되기 때문이다. 말로 다할 수 없는 무시무시한 신비 앞에서 인간은 입을 다물고 다가갈 생각을 하지 못하게 된다. 그것은 모든 권위주의의 근원이 되고 정치는 종교를 모방한다. 다만 종교는 제의를 통해 상징으로 표현하기 때문에 그 권위주의가 드러나지 않고 언어화되지 않을 뿐이다.

3. 영적인 유물론과 한국 교인들의 열성

우리나라 사람들은 종교적 열정이 굉장히 많은 것 같다. 종교적 열정이란 직접적인 이해 관계가 없는 일에 헌신할 수 있는 힘으로 연결된다. 현대인들이 헌신이라는 것을 잘 모르고 자신의 개인적인 이득과 자기 실현에 민감한 것을 생각한다면, 여전히 우리나라 교인들의 헌신은 놀라운 현상이라고 할 수 있다. 시간도 많이 바치고 헌금도 많이 한다. 교회 안에서 이루어지는 모임도 많다.

그것은 교회라고 하는 공동체를 통해 자기를 확인하려는 집단의식 또는 공동체 의식으로 볼 수도 있다. 어쩌면 세분화되어 가고 개인주의화되어 가는 현대 세계에서 교회는 개인주의를 넘어

공동체를 만들 수 있는 장소가 되는지도 모른다. 그런 점에서 인간의 공동체성을 확립해주는 공간으로서의 교회는 중요한 역할을 한다고 할 수 있다. 모든 것이 합리적인 분석으로 채워져가는 세상 속에서 비합리적인 신앙 공동체는 생명력을 더해줄 수도 있다. 근대적인 합리성은 정의를 위해 기여하는 면이 있지만 유기체적인 생명의 끈을 일단 단절시키는 효과가 있기 때문이다.

그러나 개인의 존엄성이 확립되지 않은 상태에서 형성되는 공동체는 집단이기주의의 자리가 될 수도 있다. 한국의 교회 성장은 뚜렷한 개 교회주의에 의해서 형성되었는데, 어느 정도 개 교회 이기주의가 그 성장의 힘을 제공했다. 교회에 대한 사랑이 교회 이기주의가 되면 정신은 없고 육만 존재하게 된다. 어떤 공동체로서의 집단의 형성은 개인의 정체성 형성을 위해 필연적이지만, 집단이기주의는 죄의 모습이다.

사람은 자기가 속한 공동체를 통해 자기 정체를 발견한다. 공동체가 점차 커지면서 공동체를 하나로 묶기 위한 추상적 언어들이 등장한다. 보편 담론은 인류라고 하는 전체를 대상으로 하는데, 그때 문제는 한 개인을 전체에 묻히지 않게 할 수 있느냐는 것이다. 그것이 집단주의와 개인주의의 갈림길이기도 하고, 집단주의가 아닌 진정한 공동체 형성의 갈림길이기도 하다. 서양의 경우 대개 중세 말기에 이루어진 실재론과 유명론의 논쟁에서 개인을 지켜낼 가능성을 확보했다. 유명론 덕분에 서양은 중세의 보편 기독교주의의 집단성에도 불구하고 근대로 넘어오면서 개인의 존엄성을 법적으로 구체화할 수 있었다. 우리 한국에서는 정약용이, 성리학이 말하는 우주의 리(理)나 인류 보편의 성(性)이라는 개념을 반대하고 인간 본성을 각자의 기호(嗜好)로 바꾸어놓았을 때 개인의 존재를 뚜렷하게 드러낼 여지를 만들었다고 볼 수 있다. 그러나 우리의 주류적인 흐름은 여전히 집단을 통해 자기 지위를 확립하는 것이다. 그것은 교회 집단의 형성과 부흥에도 영향을 주었을 것이다.

그런데 우리 전통에 있던 공동체성은 서양의 보편 담론이 만드는 보편주의와는 다른 것이라고 봐야 한다. 그것은 개체가 살기위해 공동체를 형성하는 자연 공동체성에 가깝다고 해야 할 것이다. 반면에 서양의 실재론 같은 것은 유일신론과 연결되면 교회를 은총의 수단으로 만드는 효과를 가져온다. 물론 우리나라의 성리학은 서양의 실재론과 비슷한 성격을 지니고 있었고 거기서 개인은 전체를 향해 자신의 개성이 사라지는 것을 으뜸으로 여기고 있었다. 다시 말하면 개인이 끊임없이 자기 수양을 하면 개성이 사라지고 타자와 혼연일체가 되어 보편적인 존재가 된다는 것이다. 그런 면에서 보편이 우선하고 궁극적인 것이다. 그러나 기독교의 경우에는 그런 보편의 실재성이 유일신론과 결합되어 개인보다 집단과 전체가 우선한다는 것이 더욱 강화될 가능성이 생긴다. 개인은 신의 역사에 참여할 뿐이다. 인간이 이룩하는 학문과 모든 인식은 신의 자기 인식에 참여하는 것이고, 인간의 타인에 대한 사랑은 신의 자기 사랑에 참여하는 것이다. 그처럼 신이역사와 자연을 통해 자기를 실현하는 데에 인생의 의미가 있다. 다시 말해서 인간의 존재의 의미란 자신의 사랑의 역사를 실현해나가는 신의 역사에 참여하는 데 있다. 그런 식의 사고는 매우종교적이고 개인이 자기 자신을 초극하는 데 도움을 주지만, 거기서 개인은 엄밀히 말해서 우연에 지나지 않을 수도 있다. 인류는 반드시 존재해야 하지만 그 속의 어떤 개인은 꼭 존재해야 하는 것은 아니게 된다. 그것은 언제나 집단이 개인보다 우선한다는 철학을 품고 있다.

우리나라 교인들이 교회에 열심인 데에는 그와 같은 기독교의 특성이 강화된 데서 비롯된 것으로 보아야 한다. 그것은 우리 고유의 자연 종교성과는 다르다. 어느 민족이나 문명이 발달하면서 인간의 보편적인 특성과 구원의 방식을 찾는 보편 담론이 등장하게 된다. 우리나라에는 유교와 불교 같은 보편 담론이 들어왔고 신라나 고려는 그런 것을 통해 공동체의 보편 질서를 확립하였다. 조선시대에는 성리학이 그런 역할을 했다. 그런데, 서구와 달리 우리의 보편 담론은 유일신론과 연결된 것이 아니다. 중세의 기독교는 그리스적인 보편 담론이 유일신론과 연결되면서 민중에까지 침투할 수 있었다. 스토아학파의 로고스론 같은 것도 기독교에 흡수되면서 하나님의 뜻으로 바뀌고, 결국 교회에서 가르치는 하나님의 뜻을 따르는 것이 곧 로고스적인 우주 원리에 참여하는 것이 될 수 있었다. 기독교 신앙이라는 매개체를 통해 민중은 신에게 영광을 돌리는 일을 자신의 인생의 의미로 삼고 살 수 있었다. 그것은 개체가 보편에 참여하는 일을 의식 없이 수행하고 있었음을 뜻한다. 수도사들이나 지성인들은 의식을 가지고 개인을 극복하며 보편 세계에 참여하였지만, 민중들은 일상의 의례를 통해 그러한 변증법적인 자기 극복의 의식 없이 참여했다. 그러나 유일신에 대한 신앙심을 매개로 했기 때문에 소박하지만 자발적인 참여가 이루어졌다고 볼 수 있다.

그러나 우리의 보편 담론 예를 들어 조선의 성리학 같은 것은 유일신론과 무관한 도덕 형이상학이었다. 그것은 고매한 성리학자들에게 이상적인 삶을 제시하기는 했지만, 민중에까지 스며들었다고 보기는 힘들다. 소아를 버리고 대아를 찾는다거나, 인심을 버리고 도심을 좇는 것은 분명히 개인을 초극해서 우주와 하나가 되고자 하는 보편 담론의 특성을 지닌 것이다. 그러나 민중은 도덕 형이상학보다는 종교적 신앙을 통해 삶의 위로를 얻는 일이 더욱 시급했던 것 같다. 다시 말해서 성리학 같은 보편 담론은 종교적 신앙심으로 연결되지 않았기 때문에 민중에게까지 영향을 주기는 힘들었던 것 같다. 그러므로 조선시대 민중에게 개인을 넘은 보편성이란 마을 공동체 같은 자연 공동체의 성격을 강하게 가졌다고 보인다. 그것은 자연적 생명의 원리와 일치하는 것이었으며 추상적인 보편 질서의 성립과 연관된 것은 아니다. 거기에서는 개인이 그렇게 두드러지지 않지만 그렇다고 집단주의의 모습을 갖게 되는 것도 아니다. 결국, 개인을 보편에 흡수해 버리는 강력한 보편 담론은 우리에게는 거리가 먼 것이었다고 볼 수 있다.

그러나 인류의 보편적인 죄를 말하고 보편적인 구원의 방향을 제시하는 기독교의 보편 담론은 유일신과 연결되어 있어서 강력한 효과를 발휘할 수 있다. 사람 밖에 있는 신에 대한 신앙을 통하기 때문에 민중들이 쉽게 접근하게 된다. 그리하여 기독교는 우리 민족이 지니고 있던 자연 공동체성을 교회 집단주의 방식으로 강화시킬 힘을 지니고 있었다. 말하자면 영적인 차원에서의 집단주의가 탄생한 것이라고 할 수 있다. 처음에 우리나라에 기독교가 들어왔을 때 구원받은 자와 구원받지 못한 자를 나누는 경향이 강했는데, 그런 경향은 오늘날까지도 강하게 지속되면서 교회 집단을 형성하는 데 도움을 주고 있다. 그것은 교회에 다니느냐 안 다니느냐로 인간의 구원을 나누는 것이므로, 일종의 물질주의요 영적인 유물론이라고 할 수 있다. 영적인 유물론이란 하늘의 은총을 객관화하고 사물화할 때 나타나는 것인데, 결국 교회라고 하는 제도와 공간에 속함으로써 하나님께 속한 자가 되고 하나님의 뜻을 따르는 자가 된다는 것이다. 영의 문제가 사물화된 제도의 문제로 탈바꿈하게 된다. 그러면 개인의 주체적 의지가 약해지면서 구원의 공간에 가득 찬 기운에 의해 물질적으로 구원 사건이 벌어지게 된다. 서양에서 중세의 성례전적 세계관이 그런 역할을 했다.

생존적 관점에서 공동체성을 지니고 있었던 우리 민족은 기독교의 유일신론에 접하면서 구원받은 자의 집단 형성에 열심을 내게 되었다고 보인다. 그것은 집단을 통해 자기를 확인하는 정체성 확립의 방식이었다. 서양에서는 유명론의 견제가 있었던 반면에 우리에는 그런 개인주의의 기회가 없었던 상태에서 여전히 공동체를 통한 자기 확인이 중요했었다. 그것이 생존을 중심으로 한 자연적 공동체의 특성이다. 그러한 끈끈한 공동체성이 기독교 신앙으로 말미암아 배타적 공동체의 탄생으로 이어진다. 그것은 모두 민중 친화적이라는 공통점을 지녔다. 자연적 공동체도 민중적이지만 신앙 공동체도 지성이나 도덕적인 자기 수양을 요구하는 것이 아니었으므로 민중적이었다. 그런 점에서 한쪽에서 다른 쪽으로 옮겨가는 것이 가능했다. 기독교인은 한편으로는 교회를 통해 자기정체성을 확인하고 다른 한편으로는 비신앙자들을 동등하게 취급할 수 없는 부류로 분류했다. 그들은 도가 없는 사람들이요 일방적으로 전도의 대상일 뿐이다. 그것은 한국의 전통을 이교적인 것으로 부정하는 쪽으로 발전되었다. 기독교는 자기 안의 신을 찾는 것이 아니요, 따라서 비기독교인은 도에 대해 전혀 무지한 자들이 된다. 비신앙자들은 물리적으로 구원의 경계선 밖에 있고, 기독교인들은 교회라는 물리적 공간을 통해 구원의 방주 안에 있었다. 그리하여 영적인 집단주의는 상당히 배타성을 띠고 자기 확장을 계속해나갈 수 있었다.

교회는 초자연적인 실체로서 구원의 유일한 길이 되었다. 사실 신의 계시나 은총의 수단을 객관화하면 상당히 미신이 된다. 그것은 서양의 중세 역사에서 보이는 것이다. 토마스 아퀴나스는 중세의 학자답게 교회를 초자연적인 실체로 보았다. 다시 말해서 자연적인 이 세상이 신과 직접 만나는 것이 아니라 초자연적인 세계를 거쳐 만나게 되며, 그 초자연적인 세계란 바로 여러 가지

위계 질서로 구성된 교회라는 것이다. 그런 식의 사고 방식은 신과 인간이 직접 만나는 것을 방해함으로써 인간주의가 등장할 수 있는 가능성을 차단한다. 그런데, 그런 신학이 가능했던 것은 근대 과학이 발전되기 이전에 서구인들은 어떤 악마와 같은 세력이 세상에 가득 차 있었다고 믿었기 때문이다. 2~3세기 기독교 교회를 위협했던 영지주의는 물론이고, 영지주의를 물리친 교회 역시 사탄이나 악마의 존재로부터 자유롭지 않았다. 그것은 특히 배화교나 마니교 등 중동 지방의 이원론 신화에 근거를 둔 종교들의 영향을 받은 것인데, 비극적인 인간 상황을 설명하는 과정에 악한 힘도 선한 힘만큼이나 신적인 성격을 띠고 있다고 믿는 데서 비롯되었다. 그처럼 악마적인 세력을 실체론적으로 이해하고 있으면 가장 당면한 문제는 그 세력을 물리치고 그 세력으로부터 보호를 받는 일이 된다. 초대 교회의 세례나 성만찬 같은 것이 유물론적인 성격을 띠어서 이른바 영적 유물론이 탄생하게 된 데에도 그런 영향이 크다. 실체로서 물질처럼 존재하는 악마적인 힘을 세례의 물이나 성만찬의 포도주 등을 통해 실체적으로 물리치게 되는 것이다. 그리고 교회를 초자연적인 은총의 실체로 보는 것도 마찬가지다. 사탄이 실체적 세계를 이루고 있다면, 거기에 대항할 수 있는 세력도 물리적으로 형성되어 있어야 한다. 그것이 교회다. 중세는 그런 식으로 교회주의를 이룩했는데, 그런 초자연적인 영의 세계는 근대 과학이 발전되고 비마술화가 진행되면서 걷어치워졌다. 근대 인간의 자유는, 하나님과 인간 사이에 존재하는 사탄 같은 영적 세계를 걷어치우면서 가능해진 것이었다. 그에 따라 교회도 더 이상 초자연적인 은총의 세계이기를 그쳤다. 종교 개혁은 교회주의를 버리고 복음주의로 옮겨가서 신과 인간이 직접 만나는 길을 터놓았고, 계몽주의는 신까지도 걷어치워 인간 이외의 어떤 존재도 영적인 실체로 인정하지 않게 되었다. 사람이 당당해지고 역사의 주체가 되는 데는 그와 같은 탈종교의 과정을 거친 것이다. 그럼에도 불구하고 서구 기독교에는 근본주의나 보수주의를 중심으로 여전히 사탄적인 세력을 인정하는 흐름이 있다.

우리나라 교회는 서양 중세와 비슷한 교회주의가 강하다. 거기에 귀신론이 큰 역할을 한다. 교회에 공식으로나 비공식으로나 귀신론이 많이 자리잡고 있는데 그것은 위에서 말한 서구 이원론의 전통과 관련된 것이라고 봐야 한다. 그들은 한결 같이 성서에 근거를 두고 귀신론을 설명하고 있으며 『성경』 중에 나오는 사탄에 관한 얘기를 들고 나온다. 그들은 모두 사탄적인 영의 세력에 대항해 물리적으로 교회 공간을 구원의 방주로 생각하고 교회주의가 강화되는 데 이바지하는 셈이다. 그런 이원론은 우리나라 전통에서는 낯선 것이다. 샤머니즘은 물론이고 보편 담론으로 들어온 불교나 유교도 선한 세력과 악한 세력의 이원론이 아니다. 원래 기독교 교회도 선한 하나님을 믿기 때문에 그런 이원론을 받아들일 수가 없었으나, 워낙 세상의 악에 대해 깊은 인식을 하다 보니까, 원래 배척했던 이원론이 슬며시 들어와 신학에서도 상징적인 언어로 많이 쓰이고[17] 교회 신도들의 일상 생활을 실제적으로 지배하는 생각이 되었다고 보는 것이 옳을 것이다. 결국 우리나라의 교회주의를 강화시킨 귀신론은 서구 기독교의 산물이다. 서양에는 유독 악마나 사탄과 싸우는 얘기가 많다. 우리나라에도 귀신 얘기가 없는 것은 아니지만 그 귀신들은 전 도시를 멸망시키는 사탄적인 세력이라거나 우주적인 악한 힘으로 등장하는 귀신들이 아니다. 한 맺힌 혼이 죽어서 저승으로 가지 못하

---

17) 오리겐이나 아타나시우스 그리고 존재하는 모든 것은 선하다고 함으로써 악의 실체를 부정한 어거스틴도 사탄이라는 용어를 사용한다. 인간의 책임으로 돌리기 어려운 악의 문제를 표현하는 하나의 비유적 표현이었던 것이다.

고 구천을 떠돈다거나, 성리학에서는 사람이 죽으면 기가 흩어지는데 혼백 가운에 혼은 잠시 뭉쳐 있다가 흩어지는 것으로 보았다. 그런 점에서 조상 귀신을 말하기는 하였다. 그것도 얼마 후에는 흩어지는 것이다. 우주를 집어삼키고 인류를 파멸에 빠뜨리는 사탄이라고 하는 이원론적인 사상과는 거리가 멀었다.

영적인 유물론이나 귀신론 같은 것은 인간을 눈에 보이는 구원의 수단에 붙들어놓는다. 그렇게 되면 합리적인 도덕 의식이 발달하기보다는 종교 행사에 열심을 내느냐 아니냐에 따라 선과 악이 갈린다. 일단 영적인 세계를 인정한 이후에는 종교적인 선악은 항상 도덕적인 선악보다 우위를 차지하게 마련이다. 인류의 의식 구조 속에 아주 오래된 선악의 구조는 정함과 부정함의 의식이다. 부정 타는 행위는 공동체에 의해 큰 죄로 다스려졌는데, 개인의 도덕 양심이 분화되기 이전에 가장 강력하게 선악의 세계를 지배했다. 그것은 도덕적인 잘잘못의 문제가 아니라 신의 비위를 거스르는 문제와 관련된 것이다. 그만큼 종교에 사람을 붙들어놓는데 큰 힘을 발휘한다. 예배 참여나 헌금이나 사제에 대한 대우 등과 관련해서 금기 사항이 많아지고, 그 금기를 어기는 경우에는 반드시 벌을 받을 것 같은 느낌이 든다. 그만큼 인간의 자유로운 판단과 행위를 막는 것이다. 신을 이해할 때도 복음보다는 율법의 각도에서 이해한다. 다시 말해서 죄를 벌하는 신의 이미지가 강해진다. 기독교에서 말하는 죄는 신의 은총을 강조하기 위한 것이요, 따라서 죄란 결국 사랑하지 못하는 문제로 귀착되어야 하는 데, 한국 교회에서는 종교 행사에 대한 열심과 관련되어 죄를 이해한다. 그리고 우연을 우연으로 보지 못하고, 종교적인 게으름과 연결해서 인과 관계를 설정한다.

그렇게 되면 종교적으로는 열심이되 도덕적인 성숙과는 별개의 문제가 된다. 종교적인 열정 때문에 합리적으로 생각할 수 있는 가능성이 차단된다. 영적인 유물론에 빠져 있는 한, 생각보다는 신앙이 절대적으로 필요하다. 그래서 생각 없는 신앙이 강조되고, 생각하면 신앙이 뒤떨어지는 것으로 여겨진다. 종교가 경우에 따라 합리성 이상일 수 있지만 합리성 이하가 되면 안 된다. 그러나 지성의 희생을 강요하게 되면 비합리적인 행위를 너무나 당연하게 신앙적인 것으로 받아들이는 경향이 생긴다. 물론 근대적 이성이라는 것이 삶을 모두 설명할 수 없고, 분석하지만 통합하는 힘은 없는 것이 사실이다. 그런 점에서 단순 소박한 신앙이 삶이 활력소를 더해주는 요소가 있고, 신앙의 힘도 그런 데 있는지도 모른다. 그러나 신앙을 당연히 비합리적인 것으로 알면, 비판적 지성을 받아들일 여유가 없어진다. 신앙 안에 비판적 지성이 변증법적으로 통합되는 경험을 하지 못할 때, 교회는 사회 정의의 요구에 눈멀게 되고, 기존의 권력 체계를 정당화해주는 역할을 담당하게 된다. 정의의 문제에는 반드시 비판 이성이 필요한데, 그것은 신앙에 의해서 당연하게 주어지는 것이 아니다. 교회는 언제나 용서와 사랑을 강조하고 그것은 비판적 지성에서 생기는 것이 아니라 이른바 은총의 구조에서 생기는 것이다. 그러므로 정의의 문제는 대개 교회 바깥에서 먼저 제기하고 거기서 발전시켜왔다. 그럴 경우 교회가 그런 지성의 요구를 수용할 품을 갖고 있지 못하면 가장 보수적인 집단으로 전락하고 만다.

신앙이라는 것이 물론 지성과 이성에서 시작하는 것은 아니다. 그러나 한국 교회는 대체로 이성과 계시의 변증법적 통일에 취약하고, 따라서 결과적으로 생각 없는 신앙을 조장해왔다고 할 수 있다. 그 결과 신앙이 좋은 것과 도덕적인 성숙을 보이는 문제는 별개가 되었고, 사회 제도의 발전을 둘러싼 정의 문제에 관한 논의에서 매우 보수적인 집단이 되었다.

4. 맺음말

우리는 한국 교회의 특징을 주로 비판적인 시각에서 살펴보았다. 놀라운 부흥 뒤에 있는 권위주의와 세속주의 그리고 영적인 유물론과 교회주의와 배타주의 등을 한국 교회의 특징으로 꼽았다. 그리고 그러한 현상을 가능하게 한 원인을 서구 기독교 그 자체 안에서 찾아보았다. 서구 기독교의 특징적인 것이 어느 한 면으로 지나치게 강조되면서 한국 기독교의 특징이 되기도 하였다고 보았다. 어떤 사상이나 장점이 곧 단점이 될 수도 있다. 서구 기독교는 동양 종교에 비해 소유가 주는 자유에 빨리 눈을 뜨고 민감했지만, 그것이 결국 자기를 비우는 전통의 약화로 이어졌고, 그것은 한국 교회에서 수도보다는 전도가 강조되는 원인이 되었다. 기복 신앙이라고 비판받는 특징도 우리의 종교성보다는 서구 기독교에서 원인을 찾아야 할 것이다. 한국 교회의 권위주의와 가부장주의도 우리나라 유교보다는 기독교의 유일신론 때문이라고 우리는 보았다. 삼위일체가 유명무실해진 유일신론이 지독한 권위주의를 만들어냈다고 보았다. 그리고 교회주의와 배타주의가 강화된 배경이 된 원인으로 영적인 유물론을 들었는데, 그것은 우주적인 규모의 세력을 지닌 사탄을 얘기하는 서구의 이원론에서 건너온 것으로 보았다.

그 결과 한국 교회는 무소유의 영성이 거의 없고, 미국식 자본주의의 논리를 거의 뒤따라가는 집단이 되었다. 그것은 종교의 역할 자체를 부정하는 세속주의에 교회가 앞장섰음을 의미한다. 그리고 사회의 민주화나 남녀 평등 같은 인권 문제에서 심각한 문제 의식을 느끼지 못하고 가장 뒤떨어지는 수구 보수적인 집단이 되었다. 물론 민중 신학의 전통이 있지만 한국 교회 전통으로는 매우 작은 부분에 불과하다. 대개는 비판 이성을 신앙 안에 수용하지 못해서 기독교인들은 생각 없는 사람들이 되고, 좋은 신앙과 도덕적인 성숙과는 별개의 문제가 되었다.

그동안 한국 교회의 문제를 한국인들의 심성과 전통에서 생긴 것으로 말해왔지만 우리는 그렇게 보지 않는다. 오히려 우리 전통의 자리에서 기독교의 장점을 받아들인다면 한국 기독교가 건강해질 길이 보일 수 있을 것이다.

한국인의 윤리적 심성

최 봉 영

1. 논의에 들어가며

한국인은 오랫동안 하나의 문화 집단으로 살아오는 과정에 공동의 심성(心性)을 형성해왔다고 볼 수 있다. 우리가 흔히 한국인과 관련하여 다루는 일반적 주제들, 즉 '한국인의 성격', '한국인의 심리', '한국인의 국민성', '한국인의 가치관', '한국인의 역사 의식' 등은 한국인이 갖고 있다고 생각되는 공동의 심성을 전제로 하고 있다.

한국인이 갖고 있는 공동의 심성은 오랜 역사 과정에서 형성된 문화적 산물이다. 따라서 이러한 공동의 심성은 한국 문화에서 볼 수 있는 보편성과 특수성을 아울러 지니고 있다. 이는 한국어가 언어의 보편성과 특수성을 아울러 지니고 있는 것과 같다.

우리는 한국인이 갖고 있는 공동의 심성을 삶의 여러 측면들에 비추어 윤리적 심성, 예술적 심성, 정치적 심성, 교육적 심성, 학문적 심성, 과학적 심성 등으로 구분해볼 수 있다. 이 글에서 '한국인의 윤리적 심성'을 논하는 것은 '한국인'이 공동으로 갖고 있는 심성 가운데서 '윤리적인 것'만 구분하여 분석하고 설명하는 것을 뜻한다.

'한국인의 윤리적 심성'에 대한 논의는 세 개의 중심 낱말, 즉 '한국인', '윤리', '심성'에 기초하여 이루어진다. 그런데 이러한 논의에서 가장 논란이 되는 것은 '한국인'을 어떻게 규정하느냐다. 한국인이 하나의 문화 집단으로 살아왔지만 시대에 따라 살아가는 모습을 달리해왔을 뿐만 아니라, 오늘 함께 살아가는 한국인 또한 수천만 명에 이르는 가운데 각기 개성을 지닌 존재들로서 살아가기에, 우리가 공동의 한국인을 설정하고 논의하는 일이 결코 쉽지 않다. 따라서 우리가 '한국인의 윤리적 심성'을 논하기 위해서는 어떠한 방식으로 한국인을 규정할 것인지 정해야 한다.

이 글에서 나는 한국인을 '오늘을 살아가는 일상적 한국인'으로 규정하고, 이러한 한국인을 포착하는 방법으로 한국인이 일상으로 주고받는 말에 주목하고자 한다. 한국인을 한국인답게 만들어주는 것은 바로 한국인이 한국 문화를 만들어가는 수단이면서 과정인 동시에 그것의 내용을 이루는 일상의 말이라고 할 수 있기 때문이다. 따라서 이 글은 한국인이 일상으로 주고받는 말 속에 담겨진 윤리에 대한 공동 인식을 찾아내어 분석하는 방법으로 한국인의 윤리적 심성을 살펴보려고 한다.

나는 한국인의 윤리적 심성을 살펴보기 위해서 다음 두 가지 측면에서 분석과 설명을 시도하려고 한다.

첫째, 나는 윤리가 어떠한 뜻을 지니는지 알아보기 위해, 한국인이 윤리와 관련하여 주고받는 말들, 즉 인간, 인륜, 윤리, 도리, 도덕, 덕, 미덕, 부덕, 악덕, 예의, 염치, 체면 등을 분석하여 한국인이 윤리를 이해하는 전체적 맥락을 살펴보고자 한다.

둘째, 나는 한국인이 심성과 관련하여 주고받는 말들, 즉 성,

성질, 본성, 습성, 성품, 성격, 성깔, 성미, 흥미, 취미, 재미, 의미, 살맛, 죽을 맛 등을 분석하여 심성의 맥락을 살펴보고, 그것을 바탕으로 한국인이 설정하고 있는 윤리의 심성적 기초를 살펴보고자 한다.

그런데 한국인이 일상으로 주고받는 말 가운데 극히 일부를 분석의 대상으로 삼아 '한국인의 윤리적 심성'을 살펴보는 일은 연구의 방법이나 결과에 많은 한계를 지닌다. 분석의 대상으로 삼는 일상적 말의 범위가 매우 제한되어 있어 '한국인의 윤리적 심성'에 대한 전체적 개념 지도를 그리는 일이 쉽지 않고, 이로 말미암아 분석과 설명이 정밀하게 이루어지더라도 결과가 지니는 설득력이 떨어질 수밖에 없다.

그럼에도 '한국인의 윤리적 심성'이라는 지극히 포괄적 주제를 다루는 데에 더욱 효과적인 방법을 생각하기 어려운 점을 생각할 때, 이러한 시도 또한 일정한 가치를 지닌다고 할 수 있다.

2. 한국인이 말하는 윤리의 뜻

한국인이 일상으로 주고받는 말 속에 담겨 있는 윤리적 심성을 이해하고자 할 때, 우리는 무엇보다도 '윤리(倫理)'라는 낱말이 어떤 뜻을 지니고 있는지 살펴보아야 한다.

1) 윤리와 인륜

한국인이 말하는 윤리는 '인륜(人倫)의 도리(道理)'를 줄여놓은 말이다. 이때 인륜은 사람과 사람 사이에 존재하는 관계들을 말하고, 도리는 이러한 관계들이 놓여 있는 도덕적 이치를 말한다.

그런데 한국인은 사람을 '인간(人間)', 즉 '사람과 사람 사이에 존재하는 관계성'으로 이해하기 때문에 인륜의 도리는 곧 인간의 본질과 같다. 따라서 윤리는 인간의 본질을 이해하고 실천하는 일로서, 사람을 사람답게 만드는 핵심이다.

윤리가 인륜에 바탕을 두는 까닭에 윤리에서 말하는 나와 너는 관계성에 바탕을 둔 나와 너, 즉 '너에 바탕을 둔 나'와 '나에 바탕을 둔 너'로서 존재한다. 이런 까닭에 한국인이 인간을 윤리적 존재로 이해하는 것은 인간을 관계성에 바탕을 둔 존재로 이해하는 것과 같다. 이 때문에 사람들이 윤리를 강조하면 할수록, 그만큼 관계성을 강조하게 된다. 그 결과 조선시대처럼 인간을 오로지 윤리적 존재로 보려는 경우에는 관계성을 벗어난 인간의 모습을 모두 부당한 것으로 취급하는 일들이 빚어질 수 있다.

윤리가 인륜에 기초하여 성립하는 까닭에 인간 관계가 존재하지 않는 경우에는 윤리는 존재하지 않는다. 즉, 어떤 사람이 다른 사람들로부터 완전히 고립되어 살아가는 경우에는 인간 관계가 형성될 수 없기 때문에 윤리가 존재할 수 없다(無倫 상태). 또한 인간 관계가 존재하는 경우에도 도리에서 벗어나면 윤리는 존재하지 않는다. 즉, 어떤 사람이 다른 사람들과 더불어 관계를 맺으며 살아가더라도 올바른 인간 관계를 벗어나는 경우에는 윤리가 존재할 수 없다(不倫 상태).

그런데 윤리가 '인간 관계의 도리'라는 말은 윤리가 인간 관계 가운데서 이러한 관계와 저러한 관계를 구별하는 데 일차적인 뜻을 두고 있음을 말한다. 만약 모든 인간 관계가 하나로 통합되어 있다면 관계의 도리 또한 하나이기에, '인간(人間)' 또는 '인도(人道)'라는 낱말로 족했을 것이고, '윤리(倫理)'라는 낱말이 생겨나지도 않았을 것이다. 이런 점에서 윤리는 부모-자녀, 선생-학생, 남편-아내, 상사-부하 등과 같은 갖가지 인간 관계를 구별하고,

인간이 그것에 합당한 관계를 맺도록 이끄는 당위와 실천을 말한다. 윤리가 지닌 이런 성격을 잘 보여주는 것이 바로 유교의 오륜(五倫)이다. 맹자(孟子)는 가장 중요한 인간 관계를 다섯으로 구별하고, 그것의 성격을 규정하여 부자유친(父子有親), 군신유의(君臣有義), 부부유별(夫婦有別), 장유유서(長幼有序), 붕우유신(朋友有信)으로 말하였다. 오늘날 한국인이 사용하는 윤리라는 낱말도 유교의 인륜(人倫), 오륜(五倫), 윤서(倫序) 등에 뿌리를 두고 있다.

한국인이 부모-자녀, 선생-학생, 친구-친구 등과 같은 특정한 관계에 있는 이 사람(-부모)과 저 사람(-자녀)을 구분하는 것은 인간 관계의 성격이 어떠하냐에 따라 구별이 이루어질 수도 있고, 아닐 수도 있다. 예컨대 우리는 부모-자녀 관계에서 이 사람(-부모)과 저 사람(-자녀)이 서로의 도리에서 다른 점이 있다고 보기 때문에 부모와 자녀의 역할을 부자(父慈)-자효(子孝)로 구분하지만, 친구-친구 관계에서 이 사람(-친구)과 저 사람(-친구)은 서로의 도리에서 다른 점이 없다고 보기 때문에 이 친구의 역할과 저 친구의 역할을 특별히 구분하지 않는다. 또한 우리는 동일한 인간 관계에서도 과거에는 남편-아내 관계를 두고서도 이 사람(-남편)과 저 사람(-아내)이 서로의 도리에서 다른 점이 매우 많다고 보아서 역할을 엄격하게 구분하였지만, 요즘은 그렇지 않다고 보아서 구별을 줄이려고 한다.

2) 윤리와 도리

한국인이 '윤리'를 '인륜(人倫)의 도리(道理)'로 말할 때, 윤리의 핵심은 인륜 그 자체에 있다기보다는 그것의 바탕에 놓여 있는 도리에 있다. 왜냐하면 인간이 오로지 혼자서 살아가지 않는 한,

인간의 삶은 언제나 인류 속에서 이루어지는 데 반하여 이러한 삶을 윤리적으로 만들어주는 것은 도리의 자각과 실천에 달려 있기 때문이다.

한국인은 도리의 자각과 실천을 하나의 낱말로 묶어서 도덕으로 말한다. 이 때문에 한국인은 윤리적 삶, 즉 인류의 도리를 자각하고 실천하는 일을 그냥 '인류 도덕'이라고 말한다. 이러니 한국인은 윤리와 도덕을 같은 뜻으로 사용하는 일이 매우 많다.

한국인은 도덕을 도(道)와 덕(德)으로 구분하여 전체와 부분, 원리와 실천의 관계로 이해하는 경향이 강하다. 즉, 한국인은 도와 덕을 대비하여 우주에 있는 모든 사물을 도와 연관짓는 반면에 사물의 한 부류인 인간을 덕과 연관지어 설명하는 일이 많다. 예컨대 천도(天道)와 인덕(人德), 천리(天理)와 덕성(德性)을 대비하여 말하는 경우가 그것이다. 또한 한국인은 인간이 바탕하고 있는 전체적 원리를 도와 연관짓는 반면에 원리의 구체적 실천을 덕과 연관지어 설명하는 경향이 강하다. 예컨대 인도(人道)와 인덕(人德), 행도(行道)와 덕행(德行)을 대비하여 말하는 경우가 그것이다. 이런 까닭에 한국인이 말하는 도덕은 도에 바탕을 둔 덕, 즉 도의 원리에 기초하여 이루어지는 인간의 착한 생각과 행동을 말한다.

한국인이 윤리적 삶을 살아가는 것은 구체적으로 덕을 함양하고 실천하는 일에 달려 있다. 한국인은 윤리에 합당한 생각과 행동을 덕(德), 그렇지 않은 것을 부덕(不德)으로 말한다. 또한 한국인은 내면에 갖추어진 윤리적 성품을 덕성(德性), 밖으로 드러난 윤리적 실천을 덕행(德行)으로 말한다. 따라서 한국인은 인간이 윤리적으로 살아가기 위해서는 내면에 덕성을 길러서, 관계에서 말미암은 갖가지 일들을 덕스러운 방식으로 처리해야 한다고 생각한다. 한국인은 덕스러운 방식으로 일을 처리한 것을 미덕(美

德)으로, 그렇지 않은 것을 악덕(惡德)으로 말한다.

한국인은 덕을 함양하고 실천함으로써 훌륭한 사람이 될 수 있다고 생각한다. 이 때문에 한국인은 덕을 '크다'로 새겨서 '큰 덕(德)'으로 불러왔다.1) 한국인이 흔히 상대와 마주할 때, '덕분(德分)에 잘 살고 있습니다', '덕택(德澤)에 잘 지냅니다', '은덕(恩德)에 감사합니다'라고 말하는 것은 이런 이유에서다. '덕분에 잘 산다'는 것은 덕을 나누어주어서 잘 살아가고, '덕택에 잘 지낸다'는 것은 덕의 혜택을 끼쳐주어서 잘 지내고, '은덕에 감사한다'는 것은 덕의 은혜를 감사하게 여긴다는 뜻이다. 한국인이 윤리적으로 살아가는 일은 곧 더불어 덕을 주고받으며 살아가는 일을 말한다.

한국인이 윤리의 목적과 내용으로 삼는 덕은 인륜, 즉 인간 관계를 구성하는 관계의 층위에 따라 세 가지로 구분될 수 있다. 첫째, 모든 인간 관계가 두루 바탕으로 삼아야 하는 기본적인 덕이다. 공경(恭敬), 정직(正直), 신의(信義)와 같은 것을 들 수 있다. 둘째, 특정한 인간 관계에서 특별히 강조되어야 하는 덕이다. 부모와 자식 사이의 친(親), 친구 사이의 신(信)과 같은 것을 들 수 있다. 셋째, 특정한 인간 관계 속에서 이 사람과 저 사람에게 특별히 강조되어야 하는 덕이다. 부모의 자(慈)와 자녀의 효(孝), 형(兄)의 우(友)와 제(弟)의 공(恭)과 같은 것을 들 수 있다. 이들 세 층위의 덕들은 앞의 것과 뒤의 것이 서로 본말(本末)의 관계에 놓여 있다.

한국인이 덕을 제대로 실현하기 위해서는 관계의 층위에 따른 본말을 제대로 갖추어야 한다. 예컨대 부모의 자녀에 대한 자애(慈愛)는 부모-자녀 관계의 근본인 친애(親愛)에 바탕을 두어야 하고, 또한 친애(親愛)는 다시 모든 인간 관계의 근본인 공경, 정

---

1) 조선시대에 사용되던 『類合』, 『訓蒙字會』, 『千字文』 등의 文字書에는 德의 訓을 '크다'로 새겨서 '큰 德'으로 말하고 있다.

직, 신의에 바탕을 두어야 제대로 실현될 수 있다. 이런 까닭에 친애에 바탕을 두지 않은 자애는 올바른 덕이 될 수 없으며, 또한 공경, 정직, 신의에 바탕을 두지 않은 친애도 올바른 덕이 될 수 없다. 따라서 부모가 근본을 무시한 상태에서 말단인 자애에만 집착하게 되면, 부모의 관심과 애정이 도를 벗어나게 됨으로써 자녀를 버릇이 없는 사람, 의존적인 사람, 이기적인 사람으로 만들기 쉽다.

한국인이 덕을 바탕으로 윤리적 삶을 살아가는 기본 바탕은 염치(廉恥)와 체면(體面)의 구조로 되어 있다.[2] 염치와 체면의 구조에서 염치는 삶의 내면으로서 양심에 깃들어 있는 청렴함과 수치스러움을 말하고, 체면은 삶의 외양으로서 밖으로 드러난 면모를 말한다. 한국인은 인간 관계 속에서 내면인 염치와 외양인 체면을 제대로 차리는 것을 윤리적 삶으로 여긴다. 그런데 한국인이 염치와 체면을 차릴 때, 염치에 기초하여 설정한 행위의 기준이 의(義)이고, 의(義)에 기초하여 체면을 차려나가는 구체적 행위가 예(禮)다. 한국인은 예의(禮義)를 실천함으로써 윤리적 삶을 살아가는 사람을 체신(體身)과 체통(體統)을 제대로 세우는 사람으로 말한다.

한국인은 염치와 체면을 저버리는 일을 사이비 윤리나 반윤리로 생각한다. 예컨대 어떤 사람이 내면인 염치를 저버린 상태에서 외양인 체면만을 차리면 '겉치레'로서 허위, 위선, 허풍이 되어 사이비 윤리가 된다. 따라서 체면이 단순히 겉치레로서 끝나면, 예의(禮義)는 상황과 눈치에 의존하여 이루어지는 거짓된 형식에 지나지 않는다. 그러나 사이비 윤리는 비록 윤리의 내면이 없다고 하더라도, 형식에 대한 관심을 저버리지 않기 때문에 윤리적

---

2) 염치와 체면의 구조에 대해서는 최봉영, 『한국인의 사회적 성격(1)』(느티나무, 1994), 126-128쪽 참조.

삶을 완전히 포기한 것은 아니다.

반면에 어떤 사람이 체면과 염치를 모두 저버리면 반윤리가 된다. 반윤리를 나타내는 말에는 '안면몰수(顔面沒收)', '안면불고(顔面不顧)', '후안무치(厚顔無恥)', '철면피(鐵面皮)', '몰염치(沒廉恥)', '파렴치(破廉恥)' 등이 있다. '안면몰수'는 아예 체면이 없는 것처럼 생각하고 행동하는 것, '안면불고'는 체면을 돌아볼 여유를 갖지 못한 상태에서 행동하는 것, '후안무치'는 얼굴이 너무 두꺼워서 수치를 느끼지 못하는 것, '철면피'는 얼굴에 철갑을 깔아서 아예 수치를 느끼지 못하는 것, '몰염치'는 염치가 없는 듯한 상태, '파렴치'는 염치를 파괴해서 없어진 상태를 뜻한다. 이러한 반윤리 가운데서 가장 극단적인 형태가 '파렴치'다. 파렴치는 스스로 염치를 파괴해서 내면에 염치의 싹조차 남아 있지 않음을 말한다. 우리는 지극히 반인륜적인 범죄를 저지른 사람을 '파렴치범'이라고 하여, 죄인 가운데서도 가장 저질스러운 죄인으로 취급한다.

3) 윤리의 근거

한국인은 특정한 윤리 규범이 정당성을 갖기 위해서는 윤리적 삶의 주체인 낱낱의 개인 속에서 보편적 근거를 확보할 수 있어야 한다고 생각한다. 개인 속에서 보편적 근거를 확보하지 못하는 윤리는 집단의 특수한 규범으로 기능할 수는 있어도, 정당한 윤리가 되지 못하기 때문이다. 예컨대 조선시대에 많은 이들, 특히 양반 지배층은 가문의 지위에 따라 개인의 지위가 자동으로 정해지는 신분 제도를 윤리적인 것으로 보았다. 그러나 어떤 이들은 개인 속에서 신분 제도를 정당화할 수 있는 보편적 근거를 발견할 수 없다고 판단하여 신분 제도를 비윤리적인 것으로 보아, '왕후장상(王侯將相)에 씨가 따로 없다'는 주장을 폈다. 오늘날 우리도 마찬가지 이유에서 조선시대 신분 제도를 비윤리적인 것으로 보고 있다.

　한국인이 개인 속에서 보편적 근거를 확보하더라도, 그것을 윤리로 끌어들이는 것은 다른 것들에 대한 고려 속에서, 필요한 정도만큼만 이루어진다. 예컨대 오늘날 우리는 개인들에서 볼 수 있는 능력의 차이를 곧장 윤리로 끌어들여 유능한 사람과 그렇지 못한 사람을 구별하는 수단으로 삼는 것을 매우 조심스러워한다. 왜냐하면 개인의 능력만을 따지게 되면, 능력이 많은 사람과 그렇지 못한 사람들이 어울려서 살아가는 일이 매우 어려워질 수 있기 때문이다. 이렇기에 오늘날 우리가 정상인과 장애인을 구분하는 방식은 조선시대와는 큰 차이를 갖는다. 조선시대에는 정상인과 장애인을 엄격히 구분하는 것을 당연한 일로 보았기 때문에 장애인에 대한 배려가 매우 적었다. 장애인은 격리, 숨김, 배제의 대상으로 인식되어 강력한 차별 속에 놓여 있었다.

　한국인의 삶 속에서 윤리는 언제나 삶의 다른 측면들과 엮여 있다. 이런 까닭에 윤리가 다른 목적을 이루는 수단으로 이용되는 일도 많았고, 그 결과 개인 속에서 보편적 근거를 확보할 수 없는 것조차 윤리로 포장되어 강제되는 일이 많았다. 따라서 역사에 나타난 윤리의 실제적 모습은 올바른 윤리와는 큰 차이가 있었다. 특히 지배 집단은 권력의 획득이나 유지를 위해서 윤리를 수단으로 이용하는 일이 많았고, 이에 따라 윤리와 권력이 뒤섞여서 구분이 어려울 정도였다. 앞서 보았듯이 조선시대 양반 사대부들은 지배력을 강화할 목적에서 신분 제도를 윤리로 포장하여 자신들의 특권을 유지 또는 확대해나갔다. 즉, 양반 사대부들은 신분 제도를 모든 인간 또는 모든 백성이 따라야 할 지극히 당연한 윤리처럼 주장하면서 자신들의 이익을 관철해나갔다. 그 결과 윤리라는 이름으로 온갖 비윤리적인 일들이 벌어지게 되었다.

이러한 것은 오늘날에도 기본적으로 동일하게 이루어지고 있다. 특히 지배적 위치에 있는 사람들은 자신들의 이익을 관철하는 수단으로 윤리를 이용하려고 한다. 예컨대 이들은 성, 학벌, 지위, 자본, 인종 등에 따른 갖가지 차별과 억압을 윤리라는 이름으로 강제하려고 한다. 이렇기 때문에 '정직하게 살면 성공하지 못 한다', '윤리적으로 살면 손해본다', '윤리적으로 살아봐야 좋을 것 없다' 같은 윤리적 허무주의가 널리 퍼지게 되었다. 윤리적 허무주의는 윤리에 대한 동기를 허물어뜨림으로써 더불어 살아가는 일을 매우 어렵게 만들고 있다.

3. 한국인이 윤리를 정초하는 심성적 기초

1) 성과 본성

한국인은 성(性) 또는 성질(性質)이라는 낱말을 매우 포괄적으로 사용한다. 유형과 무형을 가리지 않고 모든 사물이 성 또는 성질을 갖고 있다고 본다. 이처럼 한국인이 성 또는 성질을 포괄적으로 사용하는 것은 물질, 생물, 인간 등을 낱낱으로 분리하여 바라보기보다는 전체 속에서 연관지어 바라보기 때문이다. 즉, 한국인은 물질의 성에 기초하여 생물의 성이 존재할 수 있으며, 생물의 성에 기초하여 인간의 성이 존재할 수 있다고 생각하여, 이들을 모두 성이라는 기초 위에서 바라본다. 이런 까닭에 성 또는 성질은 물질, 생물, 인간 등을 하나로 묶어주는 바탕 개념으로 사용되고 있다.

한국인은 성 또는 성질을 바탕 개념으로 삼으면서 본성, 습성, 성품, 성격, 성깔, 성미 등과 같은 낱말들을 사용하여 물질, 생물,

인간의 성이 지닌 특수성을 구분한다. 즉, 한국인은 물질의 성을 말하는 경우에는 단순히 성 또는 성질이라는 낱말만을 사용하고, 생물의 성을 말하는 경우에는 물질의 성에 본성과 습성이라는 새로운 개념을 끌어들여 생물의 성에 개별성을 부여하고, 인간의 성을 말하는 경우에는 생물의 성에 성깔, 성미, 성품, 성격이라는 새로운 개념을 끌어들여 인간의 성에 개별성을 부여한다.

한국인이 말하는 생명체의 성은 모든 생물에서 볼 수 있는 보편적 성을 뜻한다. 그런데 이러한 성은 낱낱의 개체들이 보여주는 개성들에 대한 경험으로부터 귀납된 개념이다. 왜냐하면 보편적 생명체가 존재하지 않는 상황에서 보편적 성을 경험하는 것은 근본적으로 불가능한 일이기 때문이다. 인간은 낱낱의 개체들이 보여주는 구체적 현상들로부터 보편적 성을 추론해낼 수밖에 없다. 그리고 이러한 것은 특정한 종류의 생명체가 지닌 특수한 성을 이해하는 경우에도 동일하게 해당한다. 이런 점에서 우리가 말하는 생명체의 성은 결국 '개성들로 드러나 있는 모든 실제와 그것의 바탕에 깔려 있다고 생각되는 모든 가능성'에 대한 귀납적 추론의 결과라고 말할 수 있다.

우리가 생명체의 성을 개성들의 경험에서 얻어진 귀납적 추론의 결과로 받아들일 때, 그것에 기준하여 개체들이 보여주는 특정한 생명 현상에 가치의 차이를 두어, 평가를 달리하는 것은 불가능하다. 왜냐하면 귀납된 개념인 성을 갖고서, 귀납의 바탕을 이루는 구체적 현상들에 대해 가치의 차이를 매기는 일은 논리적으로 모순이기 때문이다. 이는 우리가 자연수를 구체적 경험에서 얻어진 귀납적 추론의 결과로 받아들일 때, 1과 5, 7과 100 사이에 가치의 차이를 매기는 일이 논리적으로 불가능한 것과 같다.

그런데 우리는 낱낱의 생명체들이 보여주는 현상들에 가치의 차이를 매겨서 평가를 달리하고자 한다. 특히 우리는 인간의 생각과 행동들에 대해서는 더욱 그러하다. 왜냐하면 우리는 단순히 인간의 성을 지닌 존재로 머물러 있는 것이 아니라, 삶을 영위하는 주체로 살아가기 때문이다. 주체는 갖가지 생각이나 행동들에 가치의 차이를 매김으로써 주체가 지닌 목적, 의도 등을 명확하게 실현하고자 한다.

한편, 한국인은 낱낱의 생명체들이 보여주는 현상들에 가치의 차이를 매길 때, 평가에 본질적 확신을 부여하기 위해서, 본성과 습성이라는 개념을 끌어들인다. 본성은 생명체가 갖고 있는 본래의 성질로서 자신의 존재 이유에 해당하고, 습성은 생명체가 생명 활동을 펼쳐나가는 과정에 형성한 후천적 결과물이다. 생명체가 본성에 충실한 것은 존재 이유에 충실한 것이기 때문에 자체로서 근본적인 가치를 지니는 일이다. 그러나 생명체가 살아가는 구체적 과정은 습성에 따라 달라지기 때문에 본성과 습성이 부합하는 정도에 따라 가치 실현에 차이를 낳게 된다. 결국 우리가 본성과 습성이라는 개념을 사용하는 것은 낱낱의 개체들이 보여주는 현상들을 본래의 모습에 비추어 가치 판단을 내릴 때, 절대적 확신을 부여하려는 의도를 담고 있다.

비록 생명체의 본성이 존재하더라도, 우리가 그것을 파악하는 것은 오로지 현상적 경험에 기초한 귀납적 추론에 의존하는 까닭에 만약 현상적 경험에 기초하여 본성을 완벽하게 귀납해낼 수 있다면, 굳이 성과 본성을 구분할 필요가 없게 된다. 이는 자연수처럼 귀납적 추론이 완벽하게 이루어질 수 있는 개념의 경우에는, 자연수의 성과 구분되는 자연수의 본성을 따로 개념화할 필요가 없는 것과 마찬가지다. 결국 우리는 귀납적 추론으로 완벽한 개념화에 이르지 못하거나, 이를 수 없는 것들에 대해서 본성을 전제함으로써 가치 판단의 절대적 기준을 확보하려고 한다. 즉, 우리는 현상적 경험으로부터 성의 내용을 귀납적으로 완벽하게 추론해낼 수 없다는 것을 알고 있는 상황에서, 본성이라는 전제를 끌어들임으로써 개체들이 보여주는 낱낱의 현상들을 평가할 때, 판단의 기준에 절대적 확신을 부여하려고 시도한다.

우리가 생명체에 본성을 끌어들여 개체들이 보여주는 현상들에 가치의 차이를 두고자 하는 것은 특별히 인간의 본성에 대한 관심에서 비롯하고 있다. 우리는 개나 돼지의 경우에는 본성을 전제하는 경우에도, 본성과 습성의 차이를 엄격히 따지지 않는다. 반면에 우리는 인간의 본성을 전제함으로써 인간이 보여주는 생각과 행동들에 가치의 차이를 명확히 하려고 한다. 이 때문에 우리가 인간의 본성을 논하는 경우에는 본성과 습성 이외에도 성깔, 성미, 성격, 성품과 같은 낱말들을 끌어들여 논의를 한층 정밀하게 만든다.

우리가 인간의 본성을 전제하는 경우, 본성은 모든 인간이 보편적으로 지니고 있는 성질을 말한다. 따라서 인간의 본성이 전제되면, 그것에 기초한 연역적 추론을 바탕으로 인간의 전체적 속성은 물론이고 개인들이 보여주는 낱낱의 생각과 행동을 명확히 규정하는 일이 가능해진다. 즉, 우리는 인간의 본성을 전제함으로써 인간의 태어남과 삶과 죽음이 어떠한 성격을 갖는지 명확히 규정할 수 있을 뿐만 아니라, 삶 속에서 드러나는 개인들의 구체적 생각과 행동을 놓고 바람직한 것과 그렇지 못한 것, 충실한 것과 그렇지 못한 것 등을 명확히 규정할 수 있게 된다. 그 결과 우리는 심지어 어떤 사람을 눈앞에 앉혀 놓고서도 '이 사람은 사람도 아니다'라고 말할 수 있게 된다.

우리가 인간의 본성을 전제한 상태에서, 어떤 사람을 향해 '당신은 사람도 아니다' 또는 '당신은 사람 같지 않다'고 말하는 것은 윤리적으로 대단한 중요성을 지닌다. '사람도 아니다' 또는 '사람 같지 않다'고 부정하여 말하는 사람과, '사람이 아닌 것' 또는 '사람 같지 않은 것'으로 부정당하는 사람 사이의 관계는 사람인 것과 사람이 아닌 것과의 관계이기 때문에 인류의 범위를 벗어나 있다. 우리는 인류의 범위를 벗어난 것에 대해서는 개나 돼지 또는 심지어 돌이나 나무처럼 아무렇게나 다룰 수도 있다. 이 때문에 우리는 '사람을 사람이 아닌 것으로 부정하는 일'을 통해서 아무런 거리낌도 갖지 않은 채 상대를 비난, 공격, 살상할 수 있게 된다. 이처럼 인간은 본성을 전제하게 되면 강력한 신념을 가질 수 있기 때문에 그것에 따르는 위험성이 매우 큼에도 불구하고, 끊임없이 본성을 전제하는 일에 매달려왔다.

인간의 본성은 개인이나 집단에 의해 전제된 것이기에 어떻게 전제하느냐에 따라 내용이 달라진다. 개인이나 집단이 놓인 처지, 상황, 시대 등에 따라 인간의 본성에 대한 전제를 달리해왔음을 볼 수 있다. 이런 까닭에 역사적으로 인간의 본성에 대한 전제를 달리하는 사람들이 성선, 성악 등으로 갖가지 논란을 벌여왔다. 이 때문에 인간의 본성에 대한 전제가 의미를 갖기 위해서는 전제의 타당성과는 무관하게 그것을 참으로 받아들이는 개인이나 집단이 있어야 한다. 그리고 이러한 본성의 의미는 그것을 확신하는 집단의 크기가 크고, 신념이 깊을수록 더욱 강해진다.

2) 인간의 심성

한국인은 '인간의 성'을 인성(人性)으로, '인간의 성' 가운데서 '마음의 성'을 심성(心性)으로 말한다. 그런데 성(性)이라는 글자가 마음(心)과 생(生)으로 이루어진 것에서 알 수 있듯이, 성은 본래 '생명의 마음'이라는 뜻을 지니고 있으며, 이는 성이 마음과 상통함을 말해준다. 이런 까닭에 한국인은 인성과 심성을 거의 같은 뜻으로 사용한다. 그럼에도 한국인이 굳이 심성이라는 낱말을 사용하는 것은 심성(心性)과 심정(心情)을 구분하는 데 초점이 있다. 한국인은 인성 가운데서 마음에 갖추어진 성의 바탕을 심성으로, 구체적 사태를 통해서 밖으로 드러난 상태를 심정으로 구분하여 사용하고 있다.

한국인이 인성이나 심성이라는 개념을 사용할 때, 그것은 주로 본성에 바탕을 두고 있다. 즉, 한국인이 인성 함양, 인성 교육, 심성 계발, 심성 도야 등을 말할 때, 인성이나 심성은 본성에 바탕을 두고 있는 개념이다. 이 때문에 인성 함양, 인성 교육, 심성 계발, 심성 도야는 인간의 성이 갖고 있는 모든 가능성을 함양-교육-계발-도야하는 것이 아니라 인간의 본성만을 함양-교육-계발-도야한다는 뜻을 지니고 있다.

한국인이 인간의 본성을 전제하더라도, 그것을 경험하는 것은 오로지 개인의 개성들을 통해서다. 이런 까닭에 우리가 한국인의 본성에 대한 생각을 파악하는 것도 마찬가지로 한국인이 개인의 개성들을 파악하는 데 사용하는 개념들을 통해서 이루어질 수 있다.

한국인은 개인의 개성들을 파악하는 데 성질, 성품, 성깔, 성격, 성미 등과 같은 개념들을 사용한다. 즉, 한국인은 '성질이 유순하다', '성품이 착하다', '성깔이 사납다', '성격이 나쁘다', '성미가 까다롭다' 같은 방식으로 개인의 개성들을 파악한다. 그런데 이러한 낱말들 가운데 성질, 성품, 성깔, 성미는 일찍부터 사용되던 낱말이고, 성격은 서구어인 personality나 character를 번역하면서 사용되기 시작한 낱말이다.

한국인이 사용하는 성질, 성품, 성격, 성깔, 성미와 같은 낱말에서 성의 내용을 담아내는 것은 질(質), 품(品), 격(格), 깔(色), 미(味)다. 이들 가운데 질과 깔과 미는 감각적 경험에 바탕을 둔 개념으로서 질은 촉각, 깔은 시각, 미는 미각에 기초하고 있다. 반면에 품과 격은 추상적 분류에 바탕을 둔 개념으로서, 이들 모두 분류의 등급이나 구획을 뜻한다. 이런 까닭에 한국인이 개인의 구체적인 개성들을 표현할 때는 주로 감각적 경험에 바탕을 둔 성질, 성깔, 성미를 사용하고, 개성들을 일반화하여 비교할 때는 성품, 성격을 사용한다.

한국인이 인간의 성을 이해하는 방식은 감각적 경험과 직접적으로 연결되어 있는 성질, 성깔, 성미와 같은 낱말에서 한층 명확하게 드러난다. 즉, 한국인은 촉각에 바탕을 둔 감촉, 시각에 바탕을 둔 빛깔, 미각에 바탕을 둔 맛으로 인간의 구체적 성을 담아낸다. 그런데 이들 세 가지 가운데 감촉과 빛깔은 사물의 겉으로 드러난 모습에 대한 경험인 반면에 맛은 사물의 속을 이루는 내용에 대한 경험이다. 이런 까닭에 한국인이 인간의 성을 정밀하게 표현할 때는 내용에 대한 경험과 연관된 성미라는 표현을 선호한다.

한국인이 인간의 성을 이해하는 방식은 성미라는 낱말에서 잘 드러난다. 한국인은 흔히 '성미가 까다롭다', '성미가 온순하다', '성미가 마음에 들지 않는다'와 같은 말을 사용한다. 이때 성미는 글자 그대로 '성의 맛'으로서 개인이 지니고 있는 개성의 맛을 뜻한다. 한국인은 이러한 것을 바탕으로 삼아, 성의 다양한 측면들을 맛의 형태로 표현한다. 즉, 한국인은 '마음에 맛이 일어나는 것'을 '흥미(興味)', '마음이 맛에 이끌리는 것'을 '취미(趣味)', '마음이 강하게 맛을 느끼는 것'을 '재미(滋味)', '말이 맛을 지녀야 뜻을 이룰 수 있다는 것'을 '의미(意味)'로 말한다. 또한 한국인은 '마음이 어떤 일을 경험하는 것'을 '맛보다', '마음이 어떤 일에 친숙해지는 것'을 '맛들이다', '마음이 어떤 일에 익숙해서 일상처럼 받아들이는 것'을 '맛에 길들이다', '마음이 즐거운 상태에 놓이는 것'을 '살맛', '마음이 괴로운 상태에 놓이는 것'을 '죽을 맛'으로 말한다.

한국인이 인간의 성을 맛으로 파악하는 것은 본래 구미(口味), 즉 입맛에 바탕을 두고 있다. 인간은 입안의 미각에 기초하여 대상의 내용을 경험하면, 그것을 맛으로 느낀다. 맛을 뜻하는 한자 '미(味)'는 입을 뜻하는 '구(口)'와 무성한 나무를 뜻하는 '미(未)'가 합쳐진 낱말이다. 즉, 한자로 '미(味)'는 인간이 입으로 나무의 열매나 잎을 먹으면 맛이 발생한다는 것을 나타낸다.

한국인이 '먹고산다', '먹어야 산다', '먹기 위해 산다'고 말하는 것에서 볼 수 있듯이 미각(味覺)은 생존에 필수적인 감각이다. 인간은 시각, 청각, 후각의 경우에는 선천적 장애가 있어도 생존이 가능하지만, 미각의 경우에는 선천적 장애가 있으면 음식을 섭취하려는 동기가 생겨나지 않기 때문에 생존 자체가 불가능하다. 이렇기에 인간이 세상에 태어났을 때 가장 예민하게 작동하는 것이 미각이다. 영아는 미각에 기초하여 활발하게 음식을 섭취하기 때문에 생명을 유지할 수 있다. 그러니 흔히 '사람은 입맛을 잃으면 죽는다'고 말한다.

한국인이 인간의 성을 맛으로 파악하는 것은 사암(俟庵) 정약용이 생명의 본성을 기호(嗜好)로 파악한 것과 일맥 상통하다. 정약용은 생명체가 대상과 관계를 맺을 때, 좋아하고 싫어하는 것을 구분하는 본래의 기준을 갖고 있다고 말하면서, 그것을 기호로 불렀다.[3] 모든 생명체는 기호를 따라서 대상과 관계를 맺어나감으로써 생명 활동을 펼쳐나간다. 단지 생명체의 종류에 따라서 기호의 성격이 다른 것은 물론이고, 기호를 담아내는 방식 또한 다르기 때문에 생명 활동에 갖가지 차이를 빚어내게 된다.

정약용은 생명체가 갖고 있는 좋아하는 것과 싫어하는 것을 구분하는 능력을 주체성의 근거로 보았다. 즉, 그는 생명체가 대상

---

3) 정약용의 人性과 嗜好에 관한 논의는 『心經密驗』, 『中庸自箴』 등에 자세히 나와 있다. 특히 『心經密驗』 속의 「心性總論」에 잘 요약되어 있다.

과 관계를 맺을 때, 좋은 만남과 싫은 만남을 구분하여 좋은 만남으로 나아가고 싫은 만남을 멀리하는 것을 주체의 구체적 드러남으로 보았다. 그는 생명체의 주체성이 기호의 주체성에 비례하는 것으로 보고, 생명을 크게 초목, 금수, 인간으로 구분하고 기호의 성격을 설명하였다. 그는 초목에 속하는 벼는 물을 좋아하고 파는 닭똥을 좋아하는 기호를 갖고 있는데, 이는 본래부터 그렇게 생겨진 기호로 말하였다. 그는 금수에 속하는 꿩은 숲을 좋아하고, 노루는 들을 좋아하는 기호를 갖고 있는데, 이 또한 본래부터 그렇게 생겨진 기호다. 그러나 꿩과 노루는 벼나 파와 달리 눈앞에 있는 것을 두고서 이것과 저것을 구별하고 선택할 수 있는 기호를 갖고 있다. 따라서 금수는 초목보다 한층 높은 주체성을 발휘하게 된다. 반면에 그는 인간이 꿩이나 노루의 기호에 더하여 생각을 통해서 시비와 선악을 판단하고 선택할 수 있는 윤리적 기호를 갖고 있다고 말하였다.

정약용이 오로지 인간만이 윤리적 기호를 갖고 있다고 말한 것은 한국인이 일상적으로 말하는 것과 동일하다. 한국인은 비윤리적이거나 반윤리적인 생각이나 행동을 하는 사람을 보는 경우에 흔히 '개 같은 놈', '개돼지보다 못한 놈', '짐승 같은 놈', '짐승보다 못한 놈' 등으로 비난한다. 한국인이 이러한 비난을 하는 것은 개나 돼지와 달리 오로지 인간만이 윤리적으로 살아갈 수 있다고 여기기 때문이다. 이는 곧 한국인이 윤리의 근거를 인간만이 갖고 있는 '생각하는 마음'에서 찾아내는 것을 말한다. 즉, 한국인은 인간과 짐승이 동일하게 갖고 있는 몸, 감각, 지각에서 윤리의 근거를 찾는 것이 아니라, 인간만이 갖고 있는 생각에서 윤리의 근거를 찾는다.

인간이 갖고 있는 윤리적 기호는 마음의 소통을 통해서 '나'를 '너'로 확대하여 '나'와 '너'가 하나가 된 '우리'에 기준하여 너를 나처럼 생각하는 능력에 바탕을 두고 있다. 즉, 내가 배고픈 것을 싫어하듯이 너도 배고픈 것을 싫어할 것이기에, 내가 너를 배고프게 두지 않으며, 내가 거짓말 듣는 것을 싫어하듯이 너도 거짓말 듣는 것을 싫어할 것이기에, 내가 너에게 거짓말하지 않으려는 생각과 행동에서 윤리가 출발한다. 이렇기에 윤리는 마음의 소통을 통한 일치, 즉 동감(同感), 공감(共感), 동정(同情), 동심(同心)에 바탕을 두고 있다. 그런데 식욕이나 성욕처럼 감각하는 몸에 근거한 욕망은 개체의 몸을 벗어날 수 없는 까닭에 이기성을 근본으로 삼게 되어, 나를 너로 확대하여 하나의 우리를 만드는 것을 어렵게 만든다. 내가 먹는 밥이 너를 배부르게 할 수 없기 때문이다. 그리고 감각하는 몸을 벗어난 욕망들의 경우에도 이기성에 이끌려 개체적 관심사에 머무르게 되면, 나를 너로 확대하여 하나의 우리를 만드는 일이 어려워지면서 윤리로부터 멀어지게 된다. 이 때문에 인간은 윤리적 기호를 갖고 있음에도 불구하고 개처럼 또는 개보다 못하게 살아갈 수도 있다. 인간이 윤리적으로 살아가기 위해서는 윤리적 기호를 적극적으로 계발해야 한다. 즉, 우리에게 윤리의 참맛을 느낄 수 있는 학습과 교육이 필요하다.

4. 논의를 끝내며

나는 한국인이 일상으로 주고받는 말들을 분석하여 한국인의 윤리적 심성을 살펴보았다.

한국인은 인간, 인류, 윤리, 도리, 덕, 부덕, 미덕, 악덕, 예의, 염치, 체면과 같은 개념을 중심으로 윤리의 전체적 맥락을 설정한 가운데 성, 성질, 본성, 습성, 성품, 성격, 성깔, 성미, 흥미, 취미, 재미, 의미, 살맛과 죽을 맛과 같은 개념으로 윤리의 심성적 기초를 뒷받침하고 있음을 알 수 있었다. 우리가 이러한 논리들을 깊이 있게 연구한다면, 한국인이 윤리적으로 살아가는 데 도움을 줄 수 있는 것은 물론이고 윤리, 심성, 문화 등에 관한 이론을 구성하는 일 또한 가능할 수 있을 것이다.

한국인이 심성(心性)을 지닌 존재로서 살아가는 구체적 모습이 심정(心情)으로 드러남에도 불구하고, 논문의 주제가 심성에 관한 것이기에 심정에 관한 부분을 다루지 못했다. 한국인은 동정, 동심, 동감, 공감 등을 기초로 '나'를 '너'로 확대하여 '나'와 '너'가 하나가 된 '우리' 속에서 너를 나처럼 생각함으로써 윤리적 삶을 살아간다는 점에서, 심성에 대한 논의는 당연히 심정에 대한 논의로 연결되어야 한다. 이는 한국인이 살아가는 일상적 정(情)의 세계, 즉 물정(物情), 사정(事情), 인정(人情), 정세(情勢), 진정(眞情), 순정(純情), 무정(無情), 비정(非情), 고운 정, 미운 정 등에 대한 분석과 설명이 이루어져야 함을 말한다.

□ 참고 문헌

정약용, 『여유당전서』.
최봉영(1994), 『한국인의 사회적 성격(1·2)』, 느티나무.
_____(1997), 『조선시대 유교 문화』, 사계절.
_____(2000), 『주체와 욕망』, 사계절.
_____(2002), 『본과 보기 문화 이론』, 지식산업사.
_____(2005), 『한국 사회의 차별과 억압』, 지식산업사.
최상진(2000), 『한국인의 심리학』, 중앙대 출판부.

한국 예술의 고유성

민 주 식

1. 머리말

이 글은 지난 세기 동안 근대 학문의 수용과 정착 과정 속에서 핵심적인 과제로 논의되어온 '한국 예술의 고유성'이라는 문제를 재고함으로써, 이른바 '한국적인 것'이란 무엇인가에 관해 함께 생각해보는 계기를 마련하는 데 그 목적이 있다. 이러한 일은 한국 사람들의 생각, 즉 한국적인 생각들을 철학적으로 이론화하고, 이로써 한국적인 철학을 모색해나가는 기회를 제공해줄 수도 있을 것으로 생각한다.

여기에서 말하는 '고유성(peculiarity)'은 '정체성(identity)'이라는 의미와도 상통하는데, 사실 한국의 근대 학문은 한국 문화와 한국 사회의 정체성을 해명하는 데 주력해왔다고 해도 과언이 아니다. 미학과 예술 연구의 영역에서도 역시 한국 예술의 고유성과 정체성을 규명하는 일이 우선시되었다. 하지만 이 일은 우리역사의 운명과 맞물려 독특한 긴장감을 불러일으켰다. 예술에 대해 학문적 관심을 기울이게 된 출발점은 무엇보다도 기나긴 역사 속에서 우리의 삶에 지속적인 영향력을 행사해온 중국에 대하여, 그리고 근대기에 우리를 식민지로 지배했던 일본에 대하여, 한국 예술의 고유한 독자성을 인식하고 그것을 차별화하여 의미를 부여해야 한다는 절박한 요청에 기인한다. 열강들에 의한 서세동점의 격변하는 소용돌이 속에서 자주적인 역사 발전의 힘을 상실한 가운데 자신의 좌절감을 학문적으로 극복하는 길은 이러한 요구에 대한, 아니 명령에 대한 몰두와 헌신이었다.

포스트모더니즘 담론이 만연해 있는 근래에도 여전히 한국 문화의 정체성과 한국 예술의 고유성 규명이라는 근대적 과제로부터 우리는 자유롭지 못하다. 한편에서 글로벌리즘을 외치면서도 창작, 비평, 교육, 정책의 여러 면에서 아직도 여전히 '한국적인 것'이라는 기준은 강력한 가치 판단의 척도로 작용하고 있다. 대학에서 한국학과나 한국학부가 경쟁적으로 개설되고, '한국 현대 미술의 한국성 모색', '한국 근대 미술의 한국성'과 같은 명칭의 전시회와 '한국 예술의 자생성' 같은 연구서도 연이어 출간되고 있다.[1]

한국 예술의 고유성이라는 본 발표 역시 다분히 문제적 과제를 들추어내는 일에서 출발한다. 도대체 예술에서 한국적인 것, 한국성이란 무엇인가? 그간의 많은 논의들이 어쩌면 한국 예술을 맹목적으로 신비화시키거나 또는 전통이라는 닫힌 상자 속에 유폐시키는 우를 범한 것은 아닌가라는 생각을 떨쳐버릴 수가 없다. 지금 우리에게 중요한 것은 한국 예술의 닫힌 고유성에 더 이상 얽매이지 않고, 그 고유성 논의를 바탕으로 무한히 열린 한국 예술의 새로운 해석의 가능성을 펼치는 일이다.

---

1) 이인범, 「정체성 규명과 해석 가능성 모색의 사이 — '한국 예술'의 재담론화를 위한 소고」, 『미학예술학연구』 제13집, 한국미학예술학회, 2001년 6월, p.8.

여기에서 잠시 '고유성(property, Eigenschaft, propriété)'이라는 말의 의미를 생각해보도록 하자. 일반적으로는 본디부터 저만이 가지고 있는 성질을 가리킨다. 고유성이라는 개념은, 어떤 사물에 관한 다양한 규정 가운데, 그 사물의 가변적인 규정을 나타내는 '상태'와 구별하여 그 사물을 그 사물답게 하는 지속적 본질적 규정을 말한다. 이와 유사한 의미를 갖는 것으로 정체성이라는 개념이 있는데, 철학에서는 흔히 동일성(identity, Identität, idetité)이라고 부르기도 한다. 우리가 어떤 것이 변화한다고 하는 사실을 말할 때, 그 언명 가운데에는 그것이 변화함에도 불구하고 그 변화에 의해 흩어지지 않고 변화도 하지 않는 무엇인가가, 거기에 남아 있다고 하는 주장이 암묵리에 포함되어 있다. 왜냐하면 그것 없이는 어떤 것의 변화 자체가 성립하지 않는다고 말할 수 있기 때문이다. 그 '흩어지지 않고 변화하지도 않는 그 무엇'이 일반적으로 철학이 동일성을 문제로 삼을 때 기본에 놓인다. 고대 그리스에서 그 '무엇인가'를 궁극적으로는 부정한 헤라클레이토스와 또 달리 거기에서 동일성의 근원을 찾은 파르메니데스는 이 문제에 관해 사색한 전형적인 사례이기도 하다.

이렇게 볼 때 고유성이라는 말과 정체성(또는 동일성)이라는 말은 '변화하지 않는 지속적 본질적 성격'이라는 의미에서 중첩된다. 때로는 이러한 성질이 외부로 나타나는 점에 초점을 맞추어 '특색, 특성, 특질, 특징' 등으로 표현되기도 한다. 고유성과 정체성은 사물 그 자체의 존재 규정을 위한 개념이고, '특색, 특성, 특질, 특징'은 어떤 사물을 다른 사물, 즉 타자와 견주어 비교해볼 때 특별히 눈에 띄는 점과 성질을 가리킨다. '한국 예술의 특성'이라거나 '한국 고대 미술의 특색', '한국 음악의 특징' 등과 같은 논제는 곧 고유성과 정체성을 묻는 고찰을 가리킨다.

2. 예술 개념의 역사성

그렇다면 우리가 말하는 '한국 예술'이란 무엇인가? 이 문제를 해결하기 위해서는 먼저 예술 개념을 명료히 해둘 필요가 있다. 오늘날 우리들이 사용하고 있는 '예술(藝術)'이라는 용어는 실은 그리 오래된 말이 아니다. 적어도 근대 서구의 학문이 소개되면서 수용 정착된 개념이며, 엄밀한 의미에서 서구어의 번역어다. 예술이라고 하는 어휘 자체는 일찍이 고대 중국에서『후한서(後漢書)』의「안제기(安帝記)」나『진서(晋書)』의「예술전(藝術傳)」 등에서 찾아볼 수 있는데, 이 경우 학문이나 기예를 의미하였다. 그러나 현대어의 예술은 전통적으로 계승된 단어가 아니라 서구어의 art나 Kunst의 번역어로서 쓰여진 것이다.

고대 동양에서는 오늘날 우리가 의미하는 바와 같은 예술의 개념은 없었다고 할 수 있고, 예(藝)라고 하면 곧 예(禮)・악(樂)・사(射)・어(御)・서(書)・수(數)와 같은 '육예(六藝)'를 말하는 것이었다. 그러나 이 육예에는 그 의미를 확대해서 해석해볼 때 현대적 의미의 예술도 포함시킬 수 있는 소지가 있다. 예술의 참다운 의의는 손끝의 재주만을 요하는 기술 내지 기교의 습득이나 수련이 아니라, 예술을 통해서 교양을 쌓고 인격을 도야하며 인간에게 유익한 예술의 효용성과 함께 인생에서 즐거움(樂)을 얻는 것이다. 실로 우주의 자연 법리며 동시에 인생의 당위 법칙인 도(道)를 깨닫는다는 데 인생과 예술의 의의가 있다. 이런 의미에서 공자는 도에 뜻을 두고 이를 깨닫는 것을 유덕자(有德者)로서 취해야 할 최고의 과제로 삼았으며, 자애(慈愛)의 정신인 인(仁)에 의거한 윤리적・실천적 생활을 중시하는 가운데, 예(藝)로서 교양을 쌓는 보람있는 인생의 의의를 용인했던 것이다.

서양에서 고대인들은 먼저 아트를 리버럴 아트(liberal arts)와 조야한 아트(vulgar arts)로 분류했다. 중세인들은 이러한 고대의 예술 개념을 계승하고 기능술을 7가지로 분류했다. 즉, 리버럴 아트는 '학예(學藝)'를 의미하고 여기에 문법, 수사학, 논리학, 산술, 기하학, 천문학, 음악의 7과목을 상정하며, 여기에 대응하여 '기예(技藝. mechanical arts)'를 실용성에 근거하여 식량제조술, 직조술, 건축술, 운송술, 의술, 교역술, 전투술이라는 7가지로 상정했다. 그 후 르네상스 시대는 고대의 개념을 고수했으며, 계몽주의 시대에 근대적 의미에서의 예술(beaux-arts, fine arts)이라는 개념이 확립되었다. 이것은 바퇴(Ch. Batteux : 1713~1780)의 『하나의 동일한 원리로 환원되는 예술』(1747)에 기인하는데, 그는 여기에서 예술을 음악, 시, 회화, 조각, 무용 등으로 구성된 것이며, 이들의 공통된 목적은 자연을 모방하고 즐거움을 제공하는 것이었다. 결국 이렇게 해서 근대적 의미에서의 예술이라는 용어와 체제가 성립되었던 것이다. 그런데 인간의 여러 활동들 가운데 '미'를 규범이나 목표로 하고 있는 활동으로서의 예술이란 개념은 근대에 와서 이루어진 개념이다. 말하자면 예술과 미가 결합됨으로써 예술이란 곧 미의 추구라는 등식이 성립된 것은 근대적 사고의 소산이다.

　그렇다면 서양의 예술 개념, 즉 beaux-arts나 fine arts에 해당하는 동양의 개념은 존재하지 않았을까? 자연의 모방을 통한 미의 창출이라는 서양의 예술과는 거리가 있지만, 거기에 비교할 수 있는 체제로서는 '육예(六藝)'가 있고, 또 대표적인 것으로는 시(詩)・서(書)・화(畵) '삼절(三絶)'이라는 개념이 있다. 동양 회화를 대표하는 문인화의 개념은 본래 고대 중국에서 사대부들이 시, 서, 화 삼절을 근간으로 하여 전개해온 경지를 지칭한다.

　그렇다면 시・서・화라는 세 가지 예술의 영역을 넘어서서 그 밖에 음악이라거나 무용과 같은 장르들을 함께 포용할 수 있는 좀더 확장된 개념은 없었을까? 서화금기(書畵琴碁)라고 하여 동양에서는 당(唐)대 초기 7~8세기 무렵부터 문인들에 의해 서(書)·화(畵)·금(琴)·기(碁, 棋)라는 '사예(四藝)'가 아치(雅致) 있는 취미로서 널리 향유되었으며,[2] 이들 모두에 숙달한 사람은 박학다재한 군자로서 존중받았다. 현금(玄琴)과 바둑이 서화와 동일한 부류로서 취급을 받게 되었다.

실로 동양의 문인화는 어떤 의미에서 예술의 집대성이라고도 말할 수 있다. 즉, 시·서·화에다 '전각(篆刻, 印)'까지 한 폭의 그림 속에 있다. 이들을 일체로 생각하여 이해하고 감상하는 것이 올바른 문인화의 감상 방법이다. 그리고 이 네 가지에 빼어난 기량을 보이는 사람을 '사절(四絶)'이라고 부른다. 문인화란 동시에 화가며 서가이고 또 전각가며 시인이지 않으면 행할 수 없는 매우 높은 경지의 예술이며, 그런 만큼 보는 사람에게도 높은 수준의 감상안이 요구된다. 게다가 한 단계 더 나아가 '금(琴)'이라는 일절(一絶)을 덧붙여 '오절(五絶)'이라고 한다. 그것이 소위 중국에서는 칠현금(七絃琴)이고 우리나라에서는 거문고다.

예부터 오절을 갖춘 문인은 실제로 드물었다. 그러나 많은 문인들은 칠현금을 애호하였다. 설령 연주가 빼어나지 못하고 음률을 정확하게 이해하지 못하더라도, 문방서재의 벽에는 칠현금을 세워 장식해두고 항상 그것을 옆에 함께 하는 일이 문인으로서의 신분 상징(status symbol)이었고 그래서 문인의 예술 생활에 필수적인 도구였다. 문인의 정신 생활을 이해하고 또 향유하기 위해서 칠현금은 빠뜨릴 수 없었다. 문인화 나아가 문인 예술의 정수를 감상하기 위한 가장 적합한 장은 전통적으로 이를테면 서화회(書畵會)라고 불리는 '아회(雅會)'[3]였다. 아회란 교양 있는 문

---

2) 그 원류로서 위진(魏晉) 시대부터 지식인이 수련해야 할 교양으로서 「琴棋書畵」가 있고 그 필두에 칠현금(七絃琴)이 있었다는 사실에 주목할 필요가 있다.

인들이 함께 모여 서화를 감상하고 논하며 거문고의 연주를 즐기면서 친목과 사교를 도모하는 모임이다. 그래서 그 정경은 문인화의 중요한 화제(畵題)가 되기도 하였다. 그들은 옥내 혹은 옥외의 뜰이나 정원에서 그리고 풍광이 명미(明媚)한 자연 속에서 각기 서화를 가지고 와서 차를 끓이고(煎茶) 바둑을 두며 칠현금을 연주하였다.

지금의 우리들에게 부과된 과제 중의 하나는 한국 전통 예술의 영역과 범위를 어떻게 설정하는가 하는 것이다. 한국의 전통 예술에는 앞에서 열거한 동양의 전통적인 예술 장르 외에도 가사, 시조, 창, 판소리, 탈춤 그리고 그 밖에 줄다리기, 줄타기 같은 예술적 놀이와 같은 다양한 장르가 있다. 따라서 무엇을, 어디까지를 한국의 전통 예술이라는 개념 아래 포함시킬 것인가가 문제시된다. 즉, 무엇을 전통 예술의 하위 장르로 간주할 것인가라는 문제다. 여기에서 우리는 한국 전통 예술의 체계론이라는 거대한 미학적 과제에 직면하게 된다. 일찍이 독일의 미학자 립스는 "각 개별 예술의 수는 결국 끝이 없다"고 말한 바 있다. 그럼에도 불구하고 립스 자신은 예술체계표를 작성하였다.[4]

미학이 예술 그 자체의 사실에 입각한다고 할 때, 예술의 연구 대상이 무한히 많다고 해서 연구 자체가 애매하게 끝나서는 안 될 것이다. 우리는 서구의 근대적 예술 관념을 전제하면서 거기에 부합하는 우리의 전통적 예술 형태를 어떻게 포괄할 것인가라는 과제에 마주치게 된다. 구체적인 연구의 착수 방법은 우선 서양의 경우뿐만 아니라 동양에서의 예술 체계의 전개 양상을 고찰

---

3) '아회(雅會)'와 '아회도(雅會圖)'에 관해서는 송희경, 『조선 후기 아회도 연구』, 이화여대 미술사학과 박사 학위 논문, 2004가 있음.

4) Theodor Lipps, *Ästhetik, Die Kultur der Gegenwart*, Berlin und Leipzig, 1907, Ⅰ-6, S.374-375.

하여 그 결과를 종합해서 새로운 분류 원리를 마련하고, 이에 입각한 한국 예술의 체계를 세우는 일인데, 여기에서 요청되는 작업은 한국 민족이 전통적으로 향유해온 예술 종류의 명칭을 고전적 문헌에서 찾아내고 당시의 작품에 관하여 실증적 조사를 행하는 일이다. 그리하여 그 결과를 체계적으로 배열하여 '한국 전통예술의 체계'를 세워야 할 것이다.

3. 서구 예술 개념의 적용과 한계

이와 같은 문제 의식, 즉 예술의 개념과 체제에 관련하여 한국의 경우 서양과는 현격하게 구분되고 있음을 학문적으로 깊이 있게 인식한 사람은 고유섭(1905~1944)이다.[5] 일찍이 고유섭은 「조선 고대 미술의 특색과 그 전승 문제」(『춘추』 1941년 7월호)라고 하는 글에서 한국 미술의 전통적 특성을 논하였다. 그는 "조선에는 근대적 의미에서의 미술이란 것은 있지 아니 하였고 근일의 용어인 민예라는 것만이 남아 있다. 즉, 조선에는 개성주의적 미술, 천재주의적 미술, 기교적 미술이란 것은 발달되지 아니 하고 일반적 생활, 전체적 생활의 미술, 즉 민예라는 것이 큰 동맥을 이루고 흘러내려 왔다"[6]고 언급하였다.

여기에서 우리는 예술 개념의 문제와 관련하여 두 가지 점에 주목하게 된다. 우선 첫째로 그가 미술 일반을 크게 나누어 근대적 의미의 '미술'과 '민예'라고 하는 두 부류로 구분하고 있다는 점이다. 전자의 경우는 다름아닌 근대 서구에서 바퇴 등에 의해

---

5) 민주식, 「조선시대 민예의 미적 성격」, 『인문연구』 제10권 제1호, 영남대 인문과학연구소, 1988, pp.259-289.
6) 고유섭, 『한국미술사급 미학논고』, 통문관, 1963, p.5.

282 2005년 한국철학회 춘계학술대회

정립된 '아름다운 기술'이라는 의미에서의 서구어 beau-arts, fine arts 또는 schöne Kunst의 개념을 지칭하는 것[7]이며, 후자의 경우는 근일의 용어라는 표현으로부터도 짐작할 수 있듯이 당시 일본인 야나기 무네요시(柳宗悅) 등이 제출한 민예의 개념을 의미한 것이라고 생각된다. 이렇게 그는 미술 일반을 이분한 다음, 근대적 의미의 미술이 갖는 근본 성격을 '개성·천재·기교'라고 규정하고, 민예의 근본 성격을 '생활과의 연속성'에 있음을 강조하였다.

둘째로 주목할 것은 한국 미술의 전체 흐름이 근대 서구의 미술 개념과는 전혀 근본 구조를 달리하는 민예에 의해 이루어지고 있다는 견해다. 다시 말해 한국 미술의 역사를 서구의 beaux-arts의 개념에 입각해 본다는 것은 무의미하며, 이에 대한 올바른 이해를 위해서는 민예라는 개념의 틀에서 파악해야 한다는 것이기도 하다. 이러한 입장에서 그는 "민예로서의 미술은 계급 문화의 특수성보다도 일반 대중적 생활의 전체 호흡이 그대로 들여다보인다 하겠다. 고구려, 백제는 물론이고 신라의 미술도, 고려의 미술도, 이조의 미술도 모두 다 민예적인 것이다"[8]라고 함으로써, 한국의 전통 미술은 삼국시대 이래 예부터 줄곧 민예적인 것이었고, 그것은 생활 특히 일반 대중의 일상 생활과 불가분의 관계를 유지해왔다고 보는 것이다.

그렇지만 "고려조로부터 개성적 미술, 천재주의적 미술이라 할 중국의 문인화가 일부 유행되기는 하였으나 중국에서와 같이 뚜렷한 개성 문제, 천재주의가 발휘된 것이 아니요 다분히 이 민예적인 범주에 들어 있었고 개성적 요소, 천재주의적 요소는 극히 적은 특수 예를 이루었을 뿐이다"[9]라 하여, 중국의 문인화는 하

---

7) W. Tarkiewicz, *A History of Six Ideas*, Martinus Nijhoff, 1980, pp.17-23.
8) 고유섭, 『한국미술사급 미학논고』, 통문관, 1963, p.5.
9) 같은 책, p.5.

나의 예외로서 근대 서구의 미술과 공유할 수 있는 개성적이며 천재주의적인 성격을 지니고 있다고 보았다. 그러나 한국에서는 사정이 달라서 고려시대 이래로 한편에서 문인화가 유행되기도 했지만 개성과 천재성이 충분히 발휘되지 못하여, 다시 말해 문인화의 근본 정신이 충실히 정착되지 못함으로써, 한국 미술은 전체적으로 볼 때 민예의 범주에 속하게 되었다는 것이다. 그는 "이렇게 된 원인은 쵸닝(町人) 사회, 시민 사회가 형성되지 못하였던 데도 큰 이유의 하나가 있을 듯하다"[10]고 하여, 한국에서는 사회 구조가 근대 서구에서 형성된 시민 사회라거나 일본에서와 같은 쵸닝 사회와 같은 기반을 마련하지 못함으로써 문인화조차도 민예적인 범주로 화해버렸다고 한다.

따라서 그는 "조선의 미술은 민예적인 것이며 신앙과 생활과 미술이 분리되어 있지 않다. 그러므로 조선의 미술은 완전히 감상만을 위한 근대적 의미에서의 미술이 아니다. 그것은 미술이자 곧 종교이요 미술이자 곧 생활이다. 말하지만 상품화된 미술이 아니므로 정치한 맛, 정돈된 맛에서 항상 부족하다. 그러나 그 대신 질박함 맛과 둔후한 맛과 순진한 맛에서 우승하다"[11]고 한국 미술의 성격을 요약하고 있다. 이와 같이 그에 의하면 근대적 의미의 미술은 상품화된 미술이고 순전히 감상 위주의 미술로서 세련되어 그것은 정치와 정돈의 미를 지닌다. 이에 반해 민예는 종교나 생활 등과 분리할 수 없는 인간의 총체적인 삶을 기반으로 하는 미술로서, 질박·돈후·순진의 미를 갖는다.

이상과 같은 고유섭의 견해는 서구의 미술 개념이 한국의 전통 속에서 유효한 역할을 수행하지 못함을 지적하고, 한 걸음 더 나아가 한국의 전통 속에서 거기에 상응하는 현상을 개념적으로 구

---

10) 같은 책, pp.5-6.
11) 같은 책, p.6.

성해내기 위하여 새로운 용어를 제시했던 것이다. 다만 아쉽게도 기존의 민예라는 개념을 여기에 대입시켰지만, 여하튼 근본적인 문제를 제기했다는 점에 커다란 의의가 있다.

4. 한국 예술미의 특성

지난 세기 동안 한국미에 관한 논의가 국내외 인사들에 의해 다각도로 행해졌다. 아쉽게도 그러한 논의의 출발점에 선 사람은 한국인이 아니라 외국인이었다. 한국이 근대화 과정을 제대로 밟지 못했고, 또 아름다움을 탐구하는 미학이라는 학문을 비롯하여 미술사 연구가 서구 근대의 소산이라는 점을 생각할 때, 어쩌면 당연한 일이었을지도 모른다. 고유섭(1905~1944)과 박종홍(1903~1976) 같은 선학들이 한국 예술과 한국미의 연구에 착수한 것도 실은 이들 외국인의 활동에 자극을 받았던 데에서 연유했다고 보아도 좋을 것이다.

1920년대에 일본인인 야나기 무네요시(柳宗悅 : 1889~1961)의 『조선과 그 예술』(1922)과 독일인 안드레 에카르트(Andre Eckart : 1884~1971)의 『조선미술사(Geschichte der koreanische Kunst)』 (독문판 및 영문판, 1929)가 출간되었다. 야나기는 그가 서문에서 밝힌 대로 한국 미술에 대한 전문적인 고찰이 아니라 한국에 대한 일본의 통치에서 오는 공분(公憤)과 한국 예술에 대한 사모의 정으로 인해 한국과 한국 예술을 이해하고 그 특성을 밝혀보려고 했다. 이 책에 실린 논문 「조선의 미술」에서 그는 중국과 한국 그리고 일본의 자연 풍토와 그 예술을 비교 고찰하였다. 대륙의 산물인 중국 예술은 '의지'의 예술이고, 섬나라의 산물인 일본 예술은 '정취'의 예술이며, 반도의 산물인 한국 예술은 '비애'의 예술이라고 규정했다. 중국 예술은 장대한 형으로 나타났고, 일본 예술은 아름다운 색으로 나타났으며 한국 예술은 가느다란 선으로 표현되었다는 것이다. 대륙의 형태미는 강한 것으로, 섬나라의 색채미는 즐거움으로, 반도의 선의 미는 쓸쓸함으로 각각 다르게 저마다 타고난 특색들을 지니고 있다고 보았다. 그리고 고구려 고분 벽화의 천녀도(天女圖), 일본 호류지(法隆寺)에 소장된 입상 백제관음, 경주 석굴암의 석가상과 그 주위의 크고 작은 불상들, 봉덕사와 상원사의 범종에 양각된 비천도(飛天圖), 고려자기에 그려진 유음수금(柳陰水禽)과 운학(雲鶴)의 그림들을 모두 흐르는 선의 예증으로 들었다. 그리고 그는 "이 모든 아름다움은 비애의 미였다. 그들은 그들의 쓸쓸함을 털어놓는 멋을 미의 세계에서 찾았다"고 서술하였다.[12]

이 글이 발표된 후 한국미의 특성이 실로 '비애의 미'인가에 관해 한국 지식인들 사이에 반감이 일면서 커다란 파문을 불러일으켰다. 야나기가 한편으로 한국 미술의 우수성을 칭찬하고 있기는 하나, 실은 그것이 약자에 대한 강자의 연민에서 나온 표현이기 때문에 그것은 식민지 사관을 뒷받침하는 것으로 볼 수밖에 없다는 비판이 크게 대두되었다. 그러나 야나기는 1930년대 이후 조선의 민화나 목공예와 같은 예술을 논하면서 그 소박한 아름다움과 힘찬 생명성을 특징으로 지적하고, 그가 제시하는 미의 궁극적 이상인 소위 '민예미'의 전형으로 생각하였다. 실로 야나기의 한국미론은 이 후반기의 견해에 중점이 놓여 있다고 보아야 할 것이다.

에카르트는 카톨릭의 베네딕트 교단의 신부로서 한국에 19년간 체류하였는데, 서양인으로는 처음으로 본격적인 한국 미술사를 기술했다. 그는 극동뿐만 아니라 모든 문명 세계를 위해 한국

---

12) 柳宗悅, 「朝鮮の美術」, 『朝鮮とその藝術』, 柳宗悅全集 第六卷, 築摩書房, 1981, pp.89-109.

미술의 놀랄 만한 고귀한 중요성을 밝히려고 『조선미술사』(한국 판은 권영필 역 2003)를 썼다고 했다. 그는 식민지라는 당시의 특수 사정 속에서도 한국어를 즐겨 배우고 한국 문화에 심취해 전국을 여행하면서 문화 유적과 미술품을 조사했다. 한국 문화에 대한 폭넓은 관심을 가진 사람으로 해방 후 뮌헨대의 한국학 교수로 일했다. 그는 한국의 조각, 회화, 도자기, 범종, 탑파 등을 기술하면서 찬사를 보내고 있다. 특히 경주 석굴암을 보고 한국인이 "타고난 예술에 대한 민족적 재능과 미적 심미안을 소유하고 있다"고 강조했다. 한국 미술의 특성을 말하려면 중국과 일본의 예술에 비교하지 않을 수 없는데, 에카르트는 "중국의 과장되고 때때로 왜곡된 모형이라든가, 일본의 너무도 감상적이고 판에 박은 듯한 모형과는 달리 한국은 극동에서 가장 아름다운, 아니 차라리 가장 고전적인 예술 작품을 당당히 만들었다고 주장하는 것이 결코 과장이 아니다"라고 기술했다. 중국 여인의 전족과 일본의 분재에서 보는 대로 두 나라는 왜곡(deformity)을 미의 이상으로 삼지만 한국인에게는 그 같은 왜곡이 너무나도 낯선 것이다. 한국은 언제나 '미의 자연적 취향'을 보존해왔고 전성기에 그 자연적 취향을 고전적 취향으로 담아왔다는 것이다. 그는 결론부에서 한국 미술의 고유한 특성을 다음과 같이 서술하였다. "품위와 장대함을 함께 갖춘 어떤 진지함, 이념의 숨결들의 현현, 고전적이고 완벽하게 설계된 선의 작품, 단순하고 겸양스럽고 절제된 형의 해석, 그리고 그 같은 평온함과 중용은 헬라스의 고전 미술에서 볼 수 있는 것들이다." 그가 동양 3국의 예술을 비교해 우리에게 알려준 한국미의 특색을 한마디로 요약하면 그리스 고전주의 미술에 비교할 수 있는 단순성(simplicity)이다. 요컨대 그는 단순하고 소박하며 과장이 없다는 표현으로 한국미를 기술하였다.[13]

---

13) Andreas Eckardt, trans. J. M. Kindersley, *A History of Korean Art*,

한국 미술 연구에 커다란 계기를 마련한 사람은 고유섭이다. 그는 1930년대 초부터 한국 미술사에 관한 논문들을 정력적으로 발표하고, 일본 학자들의 한국 고적에 관한 기술들을 취사선택하면서 한국 미술의 창의성과 한국미의 독자성을 논했다. 그는 1940년에 발표한 「조선 미술 문화의 몇 낱 성격」이라는 글에서 첫째로, 한국인의 상상력 또는 구상력의 풍부함을 들었는데 이것은 한국의 건물이 수학적 할당에 의하지 않고 멋 부리고 있기 때문이라 하였다. 고유섭은 멋이란 '행동을 통해 나타나는 다양성의 발휘' 또는 '다양성, 다체성으로서의 기교적 발작'이라고 정의한다. 그러나 그 멋이 "무중심성, 무통일로서의 허랑성. 부허성이 많은 것에서 일종의 농조는 있을지언정, 진실된 맛이 적은 것이다"라고 지적하였다. 그는 둘째로 한국미의 구수한 특성을 들었다. 구수하다는 것은 순박한 데서 오는 큰 맛을 말하는 것이며, 얄궂고 천박하고 경망한 것의 반대다. 그리고 그는 한국미의 특징을 '질박, 담소, 무기교의 기교'라고 말한다.[14] 그는 1941년에 「조선 고대 미술의 특색과 그 전승 문제」란 글에서 구수한 큰 맛이라는 특성을 다시 풀이하여 '무기교의 기교, 무계획의 계획'이라고 설명하였다. 한국 미술은 작위적인 기교나 계획에 의한 것이 아니고 흙 냄새가 나는 예술이라는 것이다.[15]

1960년대에 접어들어 이블린 맥퀸(Evelyn McCune)의 『한국 미술사(The Arts of Korea — An Illustrated History)』(1962)가 호화 장정으로 간행되었다. 그녀는 선교사의 자부며 남편은 연희 전문 교수였는데, 그런 연유로 한국인의 생활에 깊이 파고들 수

London : Edward Goldston, 1929, pp.197-199.

14) 고유섭, 「조선 미술 문화의 몇 낱 성격」, 『한국미술문화사논총』, 통문관, 1966, pp.17-23.

15) 고유섭, 「조선 고대 미술의 특색과 그 전승 문제」, 『한국미술사급 미학논고』, 통문관, 1963, pp.3-13.

있었다. 이 책은 한국 미술의 연대기적 설명을 제시한 최초의 영문본인데, 여기에서 그녀는 한국미의 특징을 첫째로 한국인이 살고 있는 세계에 대한 깊은 감정을 나타내는 보수성과, 둘째로 자연에 대한 사랑으로 집약하고 있다. 그녀가 보기에는 한국이 중국보다도 시간의 변화가 느려서 옛 방식이 새 방식으로 대치되지 않고 있다고 한다. 또 국토에 대한 애착이 한국인 생활의 기본적인 모습으로 여겨진다는 것이다. 첫째의 보수성도 둘째의 자연에 대한 사랑으로 포섭될 수 있는데, 그것은 한국인이 모든 일을 집 밖에서 행하는 것과 밀접한 연관을 맺는다. 농민들은 '마당'에서 모든 일을 행하고 귀족들은 '정자'에서 손님을 만나고 사유하는 것이 보편적인 모습이다. 음악과 무용이 다 집 밖에서 행해지는데 그것은 아시아의 다른 민족보다 더욱 특징적인 것이라고 말했다. 맥퀸은 한국 미술이 정치적인 안정기에는 우아하고 세련되었고 전쟁기에는 조잡하고 주의를 기울이지 않은 양상을 보인다고 하였다. 그녀가 특히 주목한 점은 한국 미술이 세련과 조잡의 양극단에서조차도 '힘과 마음을 끄는 정직성'을 찾아볼 수 있다는 것이었다.

김원용은 한국인으로서 처음으로 1968년에 본격적인『한국 미술사』를 출간하였다. 그는 1973년에 쓴「한국 미술의 특색과 그 형성」에서 여러 사람들이 발표한 논문들이 한국미의 특색을 주로 고려조와 조선조에 염두에 두고 이야기했고, 특히 조선 도자기를 중심으로 한국미를 찾은 것에 대하여, "시대나 지역을 무시하고 한국 미술을 공식화해버리는 것은 불합리한 일이며, 설사 결론에서 그러한 통일된 공식이 나온다 하더라도 일단 지역적, 시간적인 분할 고찰이 앞서야 할 것이다"라고 지적하여 우리들에게 시대적 특색을 살피도록 촉구했다. 그리하여 그는 선사 시대는 '강직한 추상성', 삼국시대에서 고구려는 '움직이는 선의 미', 백제는 고구려보다 평화롭고 낙천적이고 여성적인 '우아한 인간미', 고신라는 '일종의 위엄과 고절한 우울'을 지니고 있으며, 그 공통된 성격으로 "세부보다는 전체적 인상, 냉철보다는 인간적 온화, 추상보다는 자연적 관조를 존중하는 한국적 자연주의를 그 바탕으로 하고 있는 것이다"라고 서술했다. 통일 신라 이후는 고신라적 미를 축으로 하여 '하나의 한국적 — 좀더 동남한적(東南韓的) 형'으로 한국적 미를 형성하였으며, 고려조는 '한국적인 무작위의 창의와 허점이 있는 따뜻한 인간미'가 스며 있고 조선조는 철저한 평범의 세계가 펼쳐졌다고 서술했다. 이 시대적 특색을 요약하여 한국 고미술의 특색이 자연의 조화를 그대로 받아들여서 재현하는 예술로서 나타났다고 말한다. 그리고 "그것은 대상을 있는 그대로 파악 재현하려는 자연주의요, 철저히 아(我)의 배제다"라고 서술하였다.16) 그는 『한국 미술사』에서도 "한국 미술의 바닥으로 흐르고 있는 것은 자연주의라고 할 수 있다. 물론 추상(抽象)과 편화(便化)가 전혀 없다는 것은 아니나, 삼국시대부터 조선조에 이르기까지 한국 미술의 기조가 되고 있는 것은 이 자연주의다"17)라고 서술한 바 있다. 그런데 그가 제기하는 자연주의라는 개념은 좀더 정확히 해야 할 필요가 있다. 그는 이 개념을 추상과 편화에 반대되는 개념으로, 또 대상을 있는 그대로 파악 재현하려는 개념으로 사용하고 있으며, '자연적 관조를 존중하는 한국적 자연주의'라는 말을 사용하고 있다. 대상을 있는 그대로 파악 재현하려는 개념의 자연주의는 리얼리즘이라는 말로 바꾸어 쓸 수 있고, 자연적 관조를 존중한다는 자연주의는 자연으로 돌아가자는 루소 식의 사상에서 사용되는 개념이다. 유럽의 자연주의가 자연과

---

16) 고유섭, 「조선 미술 문화의 몇 낱 성격」, 『한국미술문화사논총』, 통문관, 1966, pp.17-23.
17) 김원용, 『한국미술사』, 범문사, 1968, p.4.

인간의 화합을 이상으로 하는 경우일지라도 그것이 타자의 구별을 의식하는 것임에 반해, 동양의 자연주의는 나와 너의 구별이 없는 합일을 이상으로 삼고 있기 때문에, 김원용이 한국 미술의 기조를 이룬다고 주장하는 자연주의 개념을 좀더 명확하게 규정짓지 않으면 안 될 것이다.

고유섭이 39세에 요절한 이후 황수영, 진홍섭, 최순우 등 세 후계자를 배출했고, 이 세 사람은 한국 미술사 연구 정초에 큰 몫을 했다. 최순우(1916~1984)의 글들에 나오는 한국미의 특성에 관한 어휘들은 '순리의 아름다움', '간박 단순한 아름다움', '담담한 색감의 회화미' 등이다. 그의 글『우리의 미술』에서도 '온아와 간소미', '간박한 단순미', '질소미'라는 표현을 하고 있는데, 그의 다른 글을 참고해보더라도 그가 생각하는 한국의 아름다움은 '간소미'에 집중되고 있다.18)

그 후 독일의 미술사학자 디트리히 젝켈(Dietrich Seckel)은 「한국 미술의 몇 가지 특징들」(1977)이라는 논문을 발표하여 우리들의 주목을 끌었다. 그는 이때까지의 한국 미술의 연구들이 양식의 구성 요소라는 근본적인 수준에서 문제를 제기하지 못했다고 전제하고, "공허한 일반론이나 때때로 사과조의 작은 목소리로 발표되는 나르시시즘, 때로는 '인간성'이나 '자연주의' 같은 포괄적 표현 때문에 무의미하기도 했다"고 비판하였다. 그는 한국 미술만이 지닌 특유의 성과를 지적하고, 또 동아시아 세 나라의 미술을 비교해 한국 미술의 '증후적 현상'을 지적했다. 그는 한국 미술이 역사적으로 중국 미술과의 만남에서 크게 영향을 받았으나, 남의 것을 자기 것으로 소화하고 다듬어서 중국의 것과는 다른 방향으로 뻗어가는 '대립적 변이들(the opposing variants)'을 나타냈다는 점을 분명히 한다. 젝켈은 한국미의 특유한 성과로서,

---

18) 최순우, 「우리의 미술」,『한국미 산책』, 최순우 전집 제5권, 학고재, 1992, pp.58-59.

몸체와 부피보다는 면과 선이 강조되어 있는 그릇 위에 모자이크 기법을 구사한 고려의 상감청자를 동아시아에서 유래를 볼 수 없는 것이라고 높이 평가한다. 또 조선 회화가 중국 회화를 수용하되 언제나 그 원형에 도전하여 힘찬 양식상의 모험을 시도함으로써 대립적 변이를 뚜렷이 했다고 지적한다. 그리고 분청사기와 조선백자는 모두 다 자연 모방으로부터의 해방과 기존의 취향 기준으로부터의 해방이라고 지적했다. 고려청자가 가졌던 냉엄한 정밀성과 완성에 대한 귀족적 추구로부터 과감하게 벗어난 분청사기는 형식에 얽매이지 않는 한국 특유의 자연스러운 양식을 취했다. 조선 자기에도 서예적인 추상성에 대한 강한 취향을 가진 선적인 특징이 보이는데 "그 직선이나 팽팽한 곡선의 예각적 교차 같은 잘 알려진 증후들"이 오랫동안 잠재되었던 한국의 생명력이 백자를 통해 압도할 듯이 표현되어 있다고 서술하였다. 나아가 한국 회화, 특히 산수화는 중국의 유파를 따르되 뛰어난 방법으로 한국적인 수정을 가했다고 보았다. 그에 의하면 안견의 「몽유도원도」 같은 조선 초기 회화는 곽희의 양식을 이어나가되, 구도 전체에 흐르는 추상적인 인상과 자유스러운 시각 그리고 형태의 반복 등에서 어떤 변이성을 예고한다. 이인문의 「강산무진도」와 같은 작품에서 보는 대로 한국의 산수화는 바위들이 날카롭고 선적이며 도식적이지만, 붓의 감촉이 무리 없이 조화를 이루고 있다. 또한 김홍도의 「총석정」에서 보는 대로 각도 있는 묘선과 힘찬 윤곽 그리고 기하학적 추상성은 중국 산수화에는 없는 특징들이라고 지적하였다.[19]

1980년대에 이르러서는 종래 불상이나 도자기 등의 장르에 비

19) Dietrich Seckel, "Some Characteristics of Korean Art — Preliminary Remarks", *Oriental Art*, vol.23, Spring 1977, pp.52-61 : "Some Characteristics of Korean Art — Preliminary Remarks on Yi Dynasty Painting", *Oriental Art*, vol.25, Spring 1979, pp.62-73.

해 등한시되고 연구도 부진하였던 회화 분야에 관하여 안휘준은
『한국 회화사』를 출간하였다. 그는 우리 선조들이 중국 회화를
수용하는 데 무조건 받아들이지 않고 항상 한국적 취향에 맞는
것만 취사선택하여 선별적으로 수용하였으며, 그것도 항상 자신
들의 기호에 맞게 변형하여 표현하였으므로 한국적 화풍 형성의
토대가 되었음을 시대적 양식 변천을 통해 비교 분석하며 서술하
였다. 한국 회화를 통해본 한국인의 미의식은 야나기 무네요시가
말했듯이, 눈물을 쥐어짜는 '애상의 미'나 '비애의 미'가 아니라
"밝고 명랑하고 건강하고 풍류적이며 낭만적이고 해학적이라고
믿어진다"고 말하면서, "답답하고 번거로운 것을 피하고 시원한
공간적 여유를 추구하는 경향을 지니고 있어 어떤 의미에서는 천
진성이나 대범성을 띠고 있다"고 하였다.[20]

위와 같은 한국 미술에 관련되는 견해 외에도 다른 예술 장르
의 특질에 관한 분석과 논의가 있었다. 이를테면 한국 문학 분야
에서 한국 정부가 수립된 1948년에 조윤제가 『국문학사』를 집필
하고 그 책 서문에서 '은근과 끈기'를 언급하였다.[21] 조윤제는
『춘향전』과 『구운몽』을 은근과 끈기를 보여주는 예로 들고 있고,
고려조의 「가시리」에서는 한국 문학의 은근성을, 정몽주의 「단심가
」는 끈기성을 보여준다고 하였다.[22] 그 후 이희승이 멋의 예증으로
한복의 긴 고름이나 버선코와 신코의 뾰족함, 저고리 회장의 섶귀
의 날카로움, 그리고 고려자기 주전자의 긴 귓대와 한국 가옥의 추
녀 곡선을 들었다. 그는 멋이야말로 사물의 실용성을 떠나 통일을
깨고 균제를 벗어나는 한국미의 특색이라고 보았다.[23]

---

20) 안휘준, 「한국의 회화와 미 의식」, 『한국 미술의 미 의식』, 한국정신문화연구
원, 1984, pp.133-186.
21) 조윤제, 『국문학사』, 동국문화사, 1949, p.61, pp.74-75.
22) 조윤제, 「국문학의 특질」, 『국문학 개설』, 동국문화사, 1955, pp.468-499.
23) 이희승, 「멋」, 『국벙어리 냉가슴』, 일조각, 1954, pp.90-92.

조윤제는 이희승의 주장에 대해 다음과 같이 개진하였다. 이희승이 설명하는 '멋'이란 아름다움의 내용인데 아름다움의 내용을 설명해놓고 아름다움이 곧 한국예술의 특징이라고 하는 주장과 비슷한 진술이라는 것이 조윤제의 비판의 요점이다. 즉, 멋이라는 말은 우리 생활에서 쓰이는 예를 보아 '풍정, 흥취, 맵시, 재미, 참, 취미' 등의 뜻을 갖고 있는데, "한국의 문화 예술의 특징이 '풍정, 흥취, 맵시, 재미, 참, 취미'다 운운하는 것이 말이 되지 않는다"고 조윤제는 비판했다. 이에 맞서 이희승은 다음과 같이 반발하고 나섰다. 조윤제가 한국 문학의 특징으로 보는 '은근과 끈기', '애처로움과 가냘픔', '두어라와 노세'의 내용 설명이 어휘 주석에 머물고 있고, '은근'만 하더라도 그것이 한국 문학에만 있는 것이 아니라 동양 3국의 공통된 특색이 아닌가 반문하였다.

멋에 대한 논쟁이 있었던 1950년대 말에 이양하가 「코리언 오시어시티(Korean Otiosity)」라는 수필을 발표하였다. 이 수필은 한국인의 멋과 연관된 것이었다. 오시어시티라는 말에 대해 그는 다음과 같이 설명하고 있다. "커다란 갓, 넓고 기다란 두루마기, 기다란 담뱃대를 휘휘 내저으며 갈지(之) 자로 한 걸음 두 걸음 발을 옮겨놓는 걸음새, '천하는 태평춘이요 해는 길기도 하다', 이 옷의 부윤(富潤)과 노둔(老鈍), 고아(高雅)와 무력(無力)이 걸음새의 교만과 위엄, 여유와 방자 그리고 이 옷과 담뱃대가 암시하는 한가와 안일과 무위와 나태, 이곳이 곧 오시어시티요 이것이 곧 우리 조선 사람의 특질이다."[24] 멋이란 비스듬히 쓴 갓이나 여유 있는 걸음걸이에서 볼 수 있는 대로 흐트러짐이 없는 단정함에 대한 일탈로서 고유섭이 말한 '무계획의 계획' 같은 개념일 것이다.

조지훈은 1964년에 멋 이론의 체계화를 시도한 장편의 논문 「멋의 연구 — 한국적 미 의식의 구조를 위하여」를 발표하였다. 이

---

24) 이양하, 「코리언 오시어시티」, 『이양하 수필선』, 을유문화사, 1994, pp.37-40.

논문에서 조지훈은 멋의 미적 내용을 형태미, 표현미, 정신미로서의 멋으로 나누어 고찰함으로써 한국미의 특징을 탐구하는 데 우리에게 큰 길잡이가 되었다.[25]

그리고 한국의 문학과 예술의 전통을 하나의 개념으로 정리한다면 그것은 한(恨)이라고 말할 수 있다는 견해가 1960년 이후 대두되었다. 고려가요 「가시리」, 민요 「아리랑」, 정철의 시조, 허균의 「홍길동전」, 혜경궁 홍씨의 「한중록」, 김소월의 「진달래꽃」 등 모든 한국 문학에는 한국인의 한의 세계가 그려져 있다는 것이다. 그리하여 천이두는, 한국인의 한은 좌절과 결핍에서 유래하는 원한의 감정을 분풀이할 수 없는 무력한 자아를 자각하고 한탄으로 기울어지는, 상대적으로 소극적인 것으로, "다른 별개의 가치 체계로서의 멋과 슬기를 형성"했다고 하였다.[26]

국악 연구가 한명희는, 한국 음악의 특수성에 관하여 서양 음악보다 템포가 느리며 대부분 식물성 재질의 악기가 주류를 이루고 있기 때문에 드러나는 특성이 호흡 중심적 문화 토양에서 발효된 음악으로, 유장한 템포에 명상적이며 정적인 특수성을 지니게 되었고, 온화한 식물성 음색들이 우리 민족 고유의 심성과 일맥 상통한다고 지적하였다. 한국 음악에 스며 있는 몇몇 정서들이 "정악에서는 유장미와 정관미와 화평미로 나타났으며, 민속악에서는 파격적 미감과 질박한 미가 애련한 미감으로 나타났다"고 열거한 후, 결론적으로 한국 음악의 본질적 미 개념은 일탈에 뿌리박고 있다고 하였다. 다시 말해 한국 음악 미의 핵심은 '일탈의 미학'에 있다고 보았다.[27] 그것은 고유섭의 '무기교의 기교'나 젝

---

25) 조지훈, 「멋의 연구 — 한국적 미 의식의 구조를 위하여」, 『한국학 연구』, 조지훈 전집 제8권, 나남출판, 1996, pp.357-443.
26) 천이두, 『한의 구조 연구』, 문학과지성사, 1993, pp.12-52.
27) 한명희, 「한국 음악의 미적 유형」, 『미학예술학연구』 제9집, 한국미학예술학회, 1999, pp.29-39.

켈이 한국 미술을 두고 말한 '기교의 완벽에의 무관심'이라는 맥락과도 멀지 않다. 원숙한 상태에서 자연적으로 불거져 나오는 일탈 바로 그 자연성과 난숙성이 한국 음악 미의 원천인 일탈의 본질이요 미학이라고 하면서, 한국 음악의 공통적 미학은 곧 일탈의 미학이라고 하였다.

한국 무용에 대하여 채희완은 줄 당기기와 줄타기를 예술 속에서 노니는 경지로 해석하고, 그 예로서 줄타기의 명수가 일부러 미숙한 기량을 흉내내어 떨어질 듯하면서 줄을 타는 것에 줄타기의 진면목이 있다고 하면서 이러한 것이 일종의 파격 일탈이라고 하였다. 한국적 웃음은 이러한 파격 또는 일탈에서 비롯되고 이러한 푸근한 웃음이 한국적 신명의 한 특성을 이룬다고 하였다.[28]

한국 예술과 그 예술미의 특성을 추구했던 오늘날까지의 여러 견해들, 즉 야나게 무네요시의 '선의 예술'과 '비애의 미', 고유섭의 '무기교의 기교', 박종홍의 '무한한 내재미', 에카르트의 '고전주의적', 최순우의 '간소미'와 '순리의 아름다움', 김원용의 '자연주의', 조요한의 '해학미'와 '소박미', 조윤재의 '은근과 끈기', 이희승의 '멋', 이양하의 '오시어시티', 조지훈의 '멋', 천이두의 '한' 등의 개념들은, 근년에 이르러 다양한 연구 방법론이 한국 예술 연구에 적용되면서 한국 예술의 정체성 규명에 길잡이 역할을 하고 있다. 한국 예술의 특징을 찾는 고찰은 어느 한 사람의 통찰력에 의해 이루어질 수 없다. 더구나 오랜 시간에 걸쳐 충분한 진품들을 대비시켜 분석하지 못한 채, 한국 산천에 낯선 외국인들이 그들의 서재에서 한국미의 특징을 정당하게 해명한다는 일은 결코 간단한 문제가 아니다. 그러나 내부인들이 감지하지 못했던 점을 오히려 외부인들이 정확하게 지적할 수도 있다. 이런 점에서 볼

28) 채희완, 「전통 연행 속에 숨어 있는 미학적 단초」, 『미학예술학연구』 제9집, 한국미학예술학회, 1999, pp.41-50.

때, 타자의 시선 역시 한국 전통 예술의 성격을 규명하는 데 일정한 몫을 할 것으로 본다.

5. 비균제성과 자연순응성

앞서 살펴보았듯이 한국 예술과 그 아름다움에 관한 논의는 지난 세기 동안 국내외 인사들에 의해 다각도로 논의되었다. 그러나 대부분의 경우 전문적인 학술 연구라기보다는 논자의 직관적 판단이나 개인의 인상을 서술하는 데 그친 것이 아닌가 하는 생각이 든다. 대부분의 경우 논자들의 학문적 배경이 불투명한 경우가 많았다. 주로 미술 창작을 행하는 작가의 직관적 판단이라거나 또는 고고학자를 비롯한 인접 분야 전문가들의 개인적인 취향과 관심에서 한국 미술의 아름다움을 논한 것으로 여겨진다. 게다가 한국미론이라 해도 거의 모두가 한국의 미술, 즉 조형 예술을 대상으로 삼아 그 특질을 서술하는 것이었다. 요컨대 한국미론은 한국 미술사 연구의 부산물이라는 테두리를 크게 벗어나지 못했다.

조요한(1926~2002)은 그러한 연구자들과는 달리, 근대적 학문의 개념을 바탕에 깔고 이론적 체계적인 서술을 시도한 사람이다. 달리 말하면 그는 한국미의 논의를 철학적 미학적 연구로 선회시킨 사람이다. 그는 민족 해방과 더불어 대학 공부를 시작한 사람으로서, 일찍부터 우리 문화의 특징을 학문적으로 해명하는 데 관심을 지녔다. 그의 한국미에 관한 논의는 1999년에 출판된『한국미의 조명』29)에 포괄되어 있는데, 이 책은 1968년에 발표한「한국 조형미의 성격」으로부터 그 후 30년 동안 쓴 글들을 모아

---

29) 조요한,『한국미의 조명』, 열화당, 1999.

엮은 것이다. 앞 시대의 연구자들은 거의가 한국의 전통 미술을 중심으로 한국미론을 전개하였으나, 다시 말해 한국 '미술'의 특질을 논하는 것에 머문 감이 없지 않았다. 그렇지만 조요한의 경우 서구의 후마니타스 정신과 같은 그의 폭넓은 교양을 바탕으로, 한국미 논의의 연구 영역을 미술 분야만이 아니라 음악·무용·시가·조원 등 다방면에 걸쳐 폭을 넓혔으며, 또한 불교·유교·도교·무속 등 다양한 사상적 종교적 이념과의 연관 속에서 논하였다. 그리고 기존의 국내외 인사들의 연구를 충실히 수렴해가면서 자신의 논지를 체계화하였다.

『한국미의 조명』은 당시까지 선학들이 연구한 한국미에 관한 논의를 총체적으로 수렴하는 가운데 한국미의 기본 성격을 규정하고, 그 바탕을 이루는 원동력과 정신을 밝히려 했다는 점에서 무엇보다 의의가 있다. 다시 말해 그는 다양한 장르의 한국 예술과 그 아름다움에 대하여 그간 한국인과 때로는 외국인이 언급한 논의들을 충실히 검토하면서 자신의 미의 사색을 진전시켰으며, 한국미에 대한 단순한 인상이나 감상을 서술하는 식의 수필이 아니라 한국미의 논의를 어디까지나 서구의 근대 미학이라는 학문적 토대 위에 접목시킴으로써 한국 예술과 미학 연구의 기반을 마련하였다. 우리는 그가 제시하고 있는 한국미의 이원적 구조, 비교 연구의 시각, 예술 해석의 시도라는 세 가지 관점에 주목할 필요가 있다.

지금까지의 한국미에 관해 언급한 논자들은 거의 모두가 한국미의 원리를 일원적인 관점에서 조명하였다. 이를테면 한국미를 멋, 비애의 미, 자연주의 등과 같은 어느 하나의 개념으로 설명하였다. 이에 반해 조요한은 한국 예술의 성격을 기본적으로 '비균제성'과 '자연순응성'이라는 두 개의 축으로 규정하고, 양자의 원리가 역사적으로 공존하면서 서로 보완해간다고 보았다. 그가 말하는 비균제성은 일찍이 고유섭이 제시한 개념이고, 자연순응성은 김원용의 자연주의라는 용어를 수정 보완한 개념이다. 그의 설명에 따르면, 비균제성은 북방 유목민의 삶 속에서 형성된 무교적 영향에서 유래하는 것인데, 신나면 규칙을 무시하면서 도취하는 기질과 연관되어 있다. 가야금 산조에서 볼 수 있듯이 진양조와 중모리 같은 느린 장단에서 시작하여 자진모리와 휘모리 같은 빠른 가락에 진입하면 신들린 경지에 도달하게 되는데, 바로 이러한 예인들의 감성으로부터 발휘된다. 그리고 자연순응성은 남방의 농경 문화에서 유래하는 것으로, 지모신을 섬기면서 형성된 자연신의 숭배에 따라 항상 자연을 주격으로 생각하는 가치관의 발로다. 이러한 토대에서 '신바람'과 '질박미'라고 하는 한국 예술의 양대 특성이 형성된다는 것이다. 이처럼 한국미를 이원적 구조로 파악한 점은 의미 있는 지적이라고 생각된다. 서구 예술사의 전개를 줄곧 고전성이라는 단일 원리로 설명해오던 것을 20세기 초에 독일의 예술학자 빌헬름 보링거가 '추상과 감정 이입'이라는 두 개 원리의 변증법적 발전 과정으로 설명함으로써 예술사의 폭을 넓혔다는 평가를 받은 사실에 비교될 수 있다.

그가 비균제성을 한국 예술의 특성으로 간주했다고 해서 한국 예술에 균제성이 결여되었다고 본 것은 아니다. 그는 「금동용봉봉래산향로」나 「금동미륵보살반가사유상」 같은 미세한 기교와 정성들인 거의 완벽에 가까운 작품이 있음을 간과하지 않는다. 다만 균제성보다는 비균제성이 더욱 우세하다는 것이다. 한국 음악에서는 연주자의 개성적 표현이 어떤 범위 안에서 자유로이 허용되는데, 소위 농현(弄絃)적 특색이라는 것이 있다. 농현이란 동양 음악에서 음고(音高)의 흔들림으로 맛을 더해주는 것으로, 연주자의 감정의 표현 수단이 된다. 사물놀이나 각종 산조에서 흔히 볼 수 있는 특성이다. 그리고 성덕대왕신종에 표현된 향로를 받들고 유려한 천의를 날리는 비천상(飛天像)의 우아한 곡선미는 한국 미술의 특유한 농현미라 하였다. 이것은 중국 양식에서 벗어난 자유스러운 정취인데, 이 같은 농현미가 추사의 서체에도, 대원군의 묵란에도 또 오늘의 미술에도 흐르고 있다고 보았다.

그는 비교 연구라는 관점을 줄곧 의식하면서 한국미의 보편성과 특수성을 논하고 있다. 즉, 거시적인 관점에서 동서 예술의 대비를 논하고, 세부적으로는 한국·중국·일본 각 나라 예술의 특성을 논하는 가운데 한국미의 성격을 부각시키고 있다. 또한 한국미를 언급했던 일본 학자들과 서양의 연구자들의 견해를 항상 함께 고려하면서 자신의 입장을 서술하고 있다. 이것은 다양한 사고의 지평을 수렴하고 있는 그의 열린 학문의 자세를 보여준다. 그간 많은 한국인 학자들이 한국미의 고유성을 논하면서 민족적 정체성을 지나치게 강조하다 도리어 폐쇄적인 편향된 시각을 벗어나지 못한 경우가 적지 않았다.

특히 그는 한국의 정원미를 중국 및 일본의 경우와 비교하는 가운데, 중국 정원처럼 인공에 의하여 창조하는 것도 아니고, 일본 정원처럼 자연을 주택의 마당에 끌어들여서 주인 행세를 하는 것도 아니라고 말하면서, 한국 정원의 이상은 소박함으로 돌아가는 것이라고 지적하였다. 한국미의 세계는 이처럼 노자가 말하는 '소박한 상태로 돌아가는 것(復歸於樸)', 바로 그 위대한 자연미를 실현시키고 있다고 보았다.30) 그러면서도 중국에는 17세기에 이미『원야(園冶)』와 같은 원림 설계의 기술적 문제를 다룬 저서가 출간되고 있음을 지적하면서, 이 점에서 한국 정원은 한 발자국 뒤져 있다고 평하기도 하였다.

그는 평소 예술의 '해석'이라는 문제를 특별히 중요시하였다. 일부 미술사가들의 연대기적 서술과 건조한 실증적 연구를 비판

---

30) 조요한,『한국미의 조명』, 열화당, 1999, p.255.

하고, 그들의 문제 의식의 결여를 아쉬워했다. 나아가 딜타이와 가다머의 해석학을 집중적으로 거론하였으며, 예술 작품의 '현전화(現前化)'라는 한스 제들마이어의 해석으로서의 미술사학을 하나의 모범적인 사례로 평가하였다. 그의 저술은 그러한 학문적 목표를 염두에 두면서 몸소 행한 한국미와 한국 예술에 대한 해석이다. 앞서 거론한 바 있는 한국 정원미를 논한 글에서, 그는 비원을 비롯하여 소쇄원과 부용동 원림을 단순한 유적이라거나 볼거리로서가 아니라 한국미의 텍스트로서 받아들여 해석하고 있다.

6. 한국 예술 연구의 방향

이제 새로운 세기에 접어들어 전(全)인류적 시각에 입각한 한층 통합적이고 고차적인 미학이 요청된다. 그런 의미에서도 한국 미학 연구가 더욱 활발하게 이루어져야 할 것이다. 인간 문화의 다양성과 보편성이 함께 공존하고, 동서의 문명이 그리고 자연과 인간이 또 전통과 현대가 함께 공생할 수 있는 가치관에 입각하여 시대의 다양한 과제를 해결해야 한다. 기계 기술에 의해 상실된 인간성을 회복하고, 감성의 복권을 통한 인간 정신의 순화를 도모하며, 자연의 은혜에 대한 재인식을 바탕으로 환경 보전에 주력해야 한다. 한국 및 동양의 전통 속에서 이러한 문제 해결에 도움을 줄 수 있는 지혜를 찾아내야 한다.

현재 우리들은 동서의 학문과 문화의 상이한 전통을 어떻게 파악해갈 것인가 하는 새로운 과제를 마주하고 있다. 서구의 개념을 가지고 한국 또는 동아시아의 문화를 연구하는 데에는 아무래도 한계가 있기 마련이다. 개념은 사고의 장치다. 중화요리집에서 사용하고 있는 칼과 냄비와 접시 등을 사용하면서 된장 뚝배기와 같은 한국 음식 본래의 맛을 낸다는 것은 불가능하다. 혹시 만든다 할지라도 그것은 더 이상 한국 음식이라고는 부를 수 없을 것이다.

본시의 미학이라고 하는 학문은 서구 근대의 소산이며, 그것은 미와 예술 또는 감성적 인식을 주제로 하는 철학적 교과다. 그리고 현재 일반적으로 미학이라고 하면 서구 사회에서 형성되고 발전되어온 학문으로서 이해한다. 그런데 서구인이 생각하는 미나 예술의 개념이 반드시 동양인이 생각하는 그러한 개념과 일치하리라는 보장이 없다. 또 서구 사회에서도 미와 예술의 개념은 고정된 것이 아니라 역사적으로 변천을 되풀이하고 있다. 현재 우리들이 동양의 미학을 연구할 때, 서구어의 beauty나 fine art의 번역어로서 미나 예술의 개념을 주제로 하기보다는, 서구 사회에서 이들 개념이 수행해온 역할을 생각하면서 거기에 대응하는 한국 또는 동양의 개념을 발견하여 그것을 주제로 하는 편이 훨씬 유효할 것이다. 그 때문에 미나 예술이라고 하는 말 그 자체가 반드시 동양 미학의 주개념이라고는 잘라 말할 수 없다. 적어도 한국의 전통 사상 가운데서는 미나 예술의 가치와 현상이 독자적인 것으로서 자립적으로 파악되지 않고, 다른 가치나 현상과 깊은 관계를 갖는 것으로 간주되고 논해진 것이 보통이다. 특히 윤리나 도덕과 결부되었으며, 경우에 따라서는 이들에 종속되는 것으로서 간주되었다.

필자는 미와 예술과 감성적 인식이라고 하는 세 양상을 포괄하면서도, 동양의 미학의 특징을 나타내는 방법적 개념으로서 '풍류'에 주목한 바 있다.[31] 동양 사상에서 풍류는 많은 미학적 주제를 통합하는 것이며, 또 동양의 고전 미학을 역사적 전개 속에서 항상 의식해왔다. 풍류는 동아시아 미학의 토대가 되는 개념이라고

---

31) 민주식, 「풍류 사상과 미학적 의의」, 『미학예술학 연구』 제11집, 한국미학예술학회, 2000년 6월, pp.61-76.

말할 수 있다. 풍류와 관계되는 개념으로서는 아(雅)·속(俗)이 있고, 시·서·화가 있으며, 금(琴)·기(碁) 그리고 주(酒)·기(妓)가 있다. 또 자연·예술·인간·유희·취미가 있고, 나아가 미적 생활, 미적 삶의 방식이 있다.

동양에서는 학문을 일찍부터 인간이 사회 속에서 훌륭하게 삶을 영위해나가기 위한 방편으로 생각하였다. 실천을 우선적으로 생각하는 만큼 학문은 윤리나 교육의 영역과 깊은 관련을 맺게 된다. 공자·맹자 이래 동양 미학을 관류하는 인간 형성의 미학이라는 전통은 근대에 이르러 중국에서는 '미육(美育)'이라는 형태로 정착되기도 하였다. 이러한 윤리적 교육적 성격은 한국의 전통 속에서도 강하게 의식되고 있다. 서양에서도 미적 교육론 내지 예술 교육론이 있지만, 동양의 경우 미학 그 자체가 미육의 성격을 강하게 띠고 있는 만큼 이 부분의 활성화가 기대된다.

미학의 연구가 서양에서는 오랫동안 예술을 중심으로 하여 행해졌다. 예술 미학 위주로 진행되어 왔다는 말이다. 이런 맥락에서 볼 때 한국 미학의 연구 역시 한국의 전통 예술에 대한 고찰을 심화시켜나가야 할 것이다. 하지만 중요한 것은 결국 한국의 전통 '예술'이 무엇인가를 먼저 밝히지 않으면, 적어도 이에 대한 문제 의식을 바탕으로 삼지 않고서는 이러한 연구를 수행할 방도가 없다. 즉, 연구의 영역과 범위를 설정하지 않고서는 올바른 연구의 수행이 불가능하다는 말이다.

여기서 또 한 가지 고려해야 할 점은 최근 미학의 연구 방향이 예술 영역에 한하지 않고 한층 포괄적인 미적 영역, 즉 '인간 환경'에 관심을 기울이고 있다는 사실이다. 소위 '환경 미학(environmental aesthetics)' 또는 '생태학적 미학(ecological aesthetics)'이 바로 이러한 동향을 가리킨다. 19세기 이래 서구 미학의 전통이 어느 사이엔가 예술철학이라는 제한된 연구 영역에 제한되고 있었던 감이 없지 않다. 예술 이외에는 미학의 문제가 거의 다루어지고 있지 않았는데, 최근 환경 미학 내지 응용 미학(applied aesthetics)이라는 영역에서 예술 외적인 새로운 관심이 고조되고 있다. 예술 문제 자체도 부수되는 문화적 사회적 맥락과의 상호 작용 속에서 다루어진다. '미학과 일상 생활' 간에 또 '예술과 문화' 간에 생겨나는 교차 현상이 미학에 새로운 도전이 되고 있다. 철학적 교과로서의 미학은 이러한 도전들을 간과해서는 안 되며 오히려 이것들이 미학을 소생시킬 수 있는 가능성으로서 받아들여야 한다는 것이다.

또한 미학의 과제를 아름답게 인간이 산다고 하는 한층 고차적인 미적인 삶의 실현을 추구하는 일과 관련시켜, '사회 미학(social aesthetics)'이라는 방향을 제시하는 학자도 있다. 예컨대 미국의 미학자 벌리언트 같은 학자는 미학이 '아름답게 살아가는 것'에 관한 실천적 논의를 지향할 것을 주창한다.[32] 이런 관점에 선다면 우리 문화의 전통 속에 소중히 다루어온 예절이나 의식·의례와 같은 것도 실은 중요한 미적 의미를 내포하고 있다. 이런 점에서 볼 때 한국 미학의 방향을 생각하는 일이 실은 새로운 보편적 미학의 방향을 생각하는 일과 바로 직결되고 있음을 알게 된다.

7. 맺음말

한국 예술의 고유성이라는 문제는 타문화와 예술과의 비교 고찰을 통해 상호 관계가 해명됨으로써 비로소 '세계 예술' 속에 자

---

32) Arnold Berleant, "On Getting Along Beautifully : Ideas for a Social Aesthetics", in : *Aesthetics in the Human Environment*, ed., by Pauline von Bonsdorff and Arto Happala, International Institute of Applied Aesthetics Series vol.6, Lahti, Finland, 1999, pp.12-29.

리잡게 될 것이다. 그러나 비교 고찰이라는 방법론에 입각한 고유성 규명이 전제하고 있는 가정에 대하여 우리는 의구심을 떨쳐버릴 수 없으며, 그로 인해 고유성 규명은 다음과 같은 한계를 지니게 된다.

첫째로 '한국', '예술', '미술' 등과 같은 근대적 언설을 여전히 아무런 의구심 없이 받아들일 수 있는가 하는 문제다. 우선 '한국 예술'은 한국의 전통 예술 일반을 지시하기에 앞서 근대적 제도, 즉 민족국가주의라는 예술 제도가 만들어낸 관념 또는 인식 체계의 산물이라고 할 때, 그 고유성 해명이라는 과제는 역시 '한국'이라는 근대적 언설의 테두리 내에서만 오로지 의미를 갖기 때문이다. 더욱이 '예술'과 '미술'이라는 개념이 서구에서도 근대에 이르러 형성된 개념이므로, 그것을 우리의 전통 예술 문화의 틀로 받아들이는 것은 반드시 유효하다고 볼 수 없기 때문이다. 우리의 전통적인 삶의 세계는 실은 어떤 면에서 서구의 '예술'이나 '미술'의 개념에 의해 해명되기보다는, 그러한 개념으로 인해 오히려 상당한 부분 해체의 길을 걷기도 하고 또 해석이 닫혀버려 박제화되는 측면마저 없지 않다. 이를테면 미술 개념의 수용과 더불어 우리의 고유한 '시서화(詩書畵)' 개념은 아무런 내적인 필연성 없이 해체되었다. 산수화는 풍경화로, 화조화(花鳥畵)와 기명절지도(器皿折枝圖)는 정물화로 왜곡되고 말았다. 우리의 삶의 세계는 서구적 근대성에 의해 대상화되고 파편화되었다. 이런 관점에서 보자면 우리의 삶과 문화의 고유성 내지 정체성이 규명되었다기보다는 서구적 가치관에 의해 재편성되었다고 말하는 편이 옳을 것이다.

둘째로 '한국 예술'을 이루는 모든 구성 요소를 관통하는 불변하는 공통성에 대한 가정과 이념을 지금도 여전히 용인할 수 있는 것인가라는 문제다. 그러한 형이상학적인 한국 예술의 본질론을 통해 우리는 식민주의 대 탈식민주의, 제국주의 대 민족주의라는 근대적 구조 연관을 밝히는 데 일정 부분 기여할 수 있었다. 하지만 반면에 그러한 획일적이고 전체적인 틀을 벗어나는 그 밖의 다양한 해석 가능성이 닫혀졌음을 인정하지 않을 수 없다. 다시 말해 민족국가주의라는 층위에서 벗어나 예술 현상을 구성하는 숱한 그 밖의 층위들, 예컨대 장르, 시대, 계층, 환경, 양식, 젠더, 재료, 기법, 기능, 개성 등 다양한 층위들이 간과되고 단순화 획일화되는 관념의 편향성을 드러냈다. 식민주의의 극복이라는 목표 아래 오로지 주체성만이 신화화되고 마는 위험성을 드러냈다.

예컨대 우리는 일본 문화나 일본인과의 차별성을 성립해야 한다는 강박 관념으로 인해 그 밖의 해석 가능성들이 현저하게 차단되었던 사례를 마주치게 된다. 그 한 예가 해방 공간에서 가열되었던 '식민 잔재 청산'과 '민족 예술의 건설'의 논의에서 김용준(1904~1967)이 중심이 되어 전개한 민족예술론에서 발견된다. 민족 예술의 정체성을 확립하려는 의욕으로 가득 차, 그는 색채를 배제한 수묵화의 표현성만을 우리 회화의 순수 양식으로 받아들였다. 출발은 채색화를 지향해왔던 소위 일본화와의 차별성을 목표로 한 것이었지만, 그의 의도는 결과적으로는 고구려 고분벽화, 고려 불화, 민화 등으로 맥을 이으며 전개되었던 채색화의 전통을 우리의 삶의 현장에서 배제시키는 잘못을 범했다. 재료와 기법마저 정체성 논의를 위해 희생시킨 경우다. 더욱이 아이러니컬하게도 채색화라는 경향으로 대표되는 바로 그 새로운 일본화는 국가주의가 극성을 부리던 메이지 시대에, 서구 그리고 중국과의 차별성을 노렸던 오카쿠라 텐싱(岡倉天心 : 1862~1913)이나 페넬로사(E. Fenellosa : 1853~1908) 등 일본 국수주의 이데올로기를 표방하는 사람들이 일본적 특성으로 동일시해갔던 근대

미술 운동의 선상에 자리잡고 있다.[33]

고유성을 규명한다고 하는 우리의 과제가 여전히 근대 서구의 고착화된 예술 개념이나 이론에 근거하고, 또 '한국 예술'의 부동성을 전제하고 이념화한다면, 거기에는 상당한 위험이 수반될 것이다. 만일 그러한 유혹과 함정에 빠져 역사성을 간과하고, 예술의 현재성을 무시한 채 본질 물음을 되풀이한다면, 한국 예술은 모름지기 획일화, 관념화, 단순화의 길을 걷게 될 것이다. 한국 예술의 고유성 규명이라는 과제는 문제 설정 자체가 국가, 예술, 미술이라는 근대 제도가 낳은 언설임에 틀림없다. 그렇기 때문에 한국 예술의 고유성은 단순화, 획일화, 신비화, 형이상학화가 되기 십상이다. 풍요롭게 해석될 여지를 안고 있는 한국 예술이라는 생활 세계가 민족국가주의와 근대 예술 제도의 한계에 갇히고 말았다. 한국 예술의 고유성이라는 과제는 그 본질을 규정하거나 정의할 것이 아니라, 끊임없는 해석학적 질문과 대화를 통해 거듭나고 영원한 현재성을 향해 나아갈 때 그 해결의 가능성이 열릴 것이다.

□ 참고 문헌

고유섭, 『한국미술문화사논총』, 통문관, 1963.
_____, 『한국미술사 급 미학논고』, 통문관, 1963.
김원용, 『한국미술사』, 범문사, 1968.
민주식, 「조선시대 민예의 미적 성격」, 『인문연구』 제10권 제1호, 영남대 인문
　　　과학연구소, 1988.
_____, 「풍류 사상의 미학적 의의」, 『미학예술학 연구』 제11집, 한국미학예술
　　　학회, 2000년 6월.

---

33) 이인범, 앞의 논문, p.19.

송희경, 「조선 후기 아회도 연구」, 이화여대 미술사학과 박사 학위 논문, 2004.

안휘준, 「한국의 회화와 미 의식」, 『한국 미술의 미 의식』, 한국정신문화연구
　　원, 1984.

유종열, 『朝鮮とその藝術』, 유종열 전집 제6권, 축마서방, 1981.

이양하, 『이양하 수필선』, 을유문화사, 1994.

이인범, 「정체성 규명과 해석 가능성 모색의 사이 ─ '한국 예술'의 재담론화를
　　위한 소고」, 『미학 예술학 연구』 제13집, 한국미학예술학회, 2001.

이희승, 「벙어리 냉가슴」, 일조각, 1954.

조요한, 『한국미의 조명』, 열화당, 1999.

조윤제, 『국문학사』, 동국문화사, 1949.

_____, 『국문학 개설』, 동국문화사, 1955.

조지훈, 「멋의 연구 ─ 한국적 미 의식의 구조를 위하여」, 『한국학 연구』, 조지
　　훈 전집 제8권, 나남출판, 1996.

채희완, 「전통 연행 속에 숨어 있는 미학적 단초」, 『미학 예술학 연구』 제9집,
　　한국미학예술학회, 1999.

천이두, 『한의 구조 연구』, 문학과지성사, 1993.

최순우, 『한국미 산책』, 최순우 전집 제5권, 학고재, 1992.

한명희, 「한국 음악의 미적 유형」, 『미학 예술학 연구』 제9집, 한국미학예술학
　　회, 1999.

Arnold Berleant, "On Getting Along Beautifully : Ideas for a Social Aesthetics",
　　in : *Aesthetics in the Human Environment*, ed., by Pauline von Bonsdorff
　　and Arto Happala, International Institute of Applied Aesthetics Series
　　vol.6, Lahti, Finland, 1999.

Andreas Eckardt, trans. J. M. Kindersley, *A History of Korean Art*, London :
　　Edward Goldston, 1929.

Theodor Lipps, Ästhetik, Die Kultur der Gegenwart, Berlin und Leipzig,
　　1907.

Dietrich Seckel, "Some Characteristics of Korean Art ─ Preliminary Remarks",
　　Oriental Art, vol.23, Spring 1977 : "Some Characteristics of Korean
　　Art ─ Preliminary Remarks on Yi Dynasty Painting", Oriental Art,
　　vol.25, Spring 1979.

W. Tarkiewicz, *A History of Six Ideas*, Martinus Nijhoff, 1980.

제 3 분과
한국적 문화 현상

한국 사회의 유교적 전통과 가족주의
— 담론 분석을 중심으로

최 영 진

1. 머리말

  '회사를 가정처럼, 사원을 가족처럼.'

  우리가 흔히 접하는 이 광고문은 심각한 자기 모순을 내함하고
있다. 기업은 이윤 추구를 목적으로 하는 타산적 · 인위적 조직체며,
가정 내지 가족은 이해 관계를 넘어서 친애의 감정을 매개로 하는
자연적인 집단이다. 또한 기업은 공적 영역이며 가족은 사적 영역
이다. 사회 집단(social group)의 분류 방식에 의한다면 가족과 기업
은 게마인샤프트(Gemeinschaft) / 게젤샤프트(Gesellschaft), 1차
집단(primary group) / 2차 집단(secondery group)이라는 도식으
로 규정될 수 있다.[1] 이 두 집단은 정반대의 경향을 갖는다. 그러
므로 '회사=가정, 사원=가족'이라는 주장은 이질적이며 배타적인

---

1) 가족을 게마인샤프트로 분류하는 것에 대한 비판이 없는 것은 아니다. 이문
호, 「'조직'으로서의 가족 : 한국 가족주의의 전통과 근대화」, 2003, 학진 지원 과
제(KRF-2003-073-AM1002) 보고서 참조.

두 항을 동질화시키는 오류를 범하는 것이다. 이 광고문은 '부모가 능력껏 일해서 어린아이의 필요에 따라 분배해주고, 어린아이는 자라서 노동을 하면 노동력 없는 늙은 부모의 필요에 따라 분배해준다'는 가족의 일반 원리2)를 기업에 적용시키려는 것으로서, 사원들에게 회사에 대한 무조건적 희생을 강요하는 음모가 스며 있다고도 볼 수 있다.3) 기업은 고도의 합리성과 효율성을 기반으로 하는 조직으로서 전형적인 근대의 산물이다. 반면에 '사원을 가족처럼'이라고 말할 때의 가족은 이와 반대되는 속성을 지니고 있다는 점에서 전근대성을 갖는다. 한국 사회에서 기업이 가정과 동일시된다는 사실은 근대성과 전근대성이 혼재하고 있다는 하나의 예증이다.

역사의 발전 과정에서 '근대'는 전시대인 중세와 여러 가지 측면에서 이질적인 정신적 특징을 갖는다.4) 그러나 서구는 자기 원인과 자생력에 의하여 중세를 극복하고 근대를 창출함으로써 전근대와 근대는 연속성을 갖는다. 반면에, 대부분의 비서구권은 서구 제국주의 세력에 의하여 '강요당한 근대'를 맞는다. 특히 1세기만에 근대화를 성공적으로 성취한 동아시아는 근대를 이식할 수 있는 터전을 닦기 위하여 전근대를 부정하고 제거하는 작업을 선행하였으며, 이에 따라 전근대와 근대는 단절될 수밖에 없었다. 이를 상징적으로 말한다면 자족적 경제와 교환 경제, 농촌과 도시, 혈연적 공동체와 계약적 이익 사회의 단절이라고 표현할 수

---

2) 이숙인, 「유교 가족 원리의 공동체적 의미」, 『동아시아 문화와 사상』 제6집, 동아시아문화포럼, 2000, 35쪽.

3) 이승환, 「한국 '가족주의'의 의미와 기원, 그리고 변화 가능성」, 『유교 사상 연구』, 한국유교학회, 2004, 51–58쪽 참조.

4) 러셀은 '쇠약해가는 교회의 권위'와 '강대해가는 과학의 권위'를 근대가 중세와 구별되는 중요한 특징으로 거론한다(러셀 / 한철하, 『서양철학사』, 대한교과서(주), 1995, 660쪽.

있다.5)

그러나 인위적인 개폐가 가능한 제도와 달리 전통적 의식과 관습은 본질적으로 연속성을 갖는다. 특히 한국은 동아시아 한자 문화권 가운데에서도 전근대 사회의 지도 이념이었던 유교적 전통이 가장 강하게 작동하고 있는 사회로 인식되고 있다.6) 그 대표적인 실례로서, 한·중·일 3국 가운데 유일하게 한국에서 유교식 제사가 가정의 가장 중요한 행사로 시행되고 있는 현상을 들 수 있다. 우리에게 유교는 한갓 추상적인 관념이 아니라 일상적인 생활 속에서 끊임없이 부딪히는 경험적인 현실적 기제다. 사회과학계의 일각에서 '유교'를 키워드로 한국 사회를 분석하려고 시도하는 것은 바로 이 같은 이유 때문이다.7)

한국 사회의 유교적 전통 가운데 가장 구속력이 강한 것이 가족주의다.8) 한국의 가족주의적 사고와 행태는 찬양과 비난의 양

---

5) 이태훈, 「유교적 가족관과 시민적 가족관」, 『동양 사회 사상』 제2집, 동양사회사상학회, 1999, 163쪽 참조.

4) 최근 프랑스의 국립동양어문화대학과 사회과학고등연구원은 다음과 같은 프로젝트를 진행하고 있다. "<연구 주제 : 현대 한국 사회에서 유교적 전통과 가치 표방의 목적> 한국 사회는 아시아 국가들 가운데 유교적 의례주의가 가장 깊이 뿌리 내려 있는 사회이고, 엘리트 계층의 유교 및 일반 대중의 유교가, 중국 대륙에서 단절을 겪은 것과는 달리, 일정한 사회적 공간 내에서 여전히 그 소통 수단을 보존하고 있는 사회입니다. 따라서 저희들이 한국의 학자들과 공동 연구망을 구축하고 현재 연구 계획을 한국 사회로 확대시키고자 하는 것은 대단히 중요한 일이 아닐 수 없습니다. 이 연구 방문의 실현을 위해서 한국측 연구자들의 협력을 간절히 요청하는 바입니다." 이는 국제 학계에서 한국이 유교적 전통이 가장 강한 국가로 인식되는 하나의 예다.

7) 함재봉, 「유교 민주주의 자본주의」, 『전통과 현대』, 2000, 9쪽. 최영진·소현성, 「한국 사회학계의 유교 인식 유형과 그 문제점」, 『동아시아 문화와 사상』 제10호, 2003, 동아시아문화포럼, 12-24쪽 참조.

8) 가족주의는, 사회의 기본구성 단위는 개인이 아니라 가족 집단이며 가족 집단은 국가를 포함한 다른 어떠한 사회 집단보다 우선시 된다는 신념이다. 함인희, 「산업화에 따른 한국 가족의 비교적 의미」, 『한국 가족상의 변화』, 서울대

극단을 오가면서 오늘 우리의 삶을 지배하고 있다. 이 같은 문제 의식에서 한국 사회를 이해하기 위한 하나의 방법으로 유교 가족 주의의 본질과 이에 대한 담론들을 분석하고자 한다.

2. 유교적 가족주의의 본질

유교가 인간의 가장 기본적 공동체인 '가족'을 근간으로 하여 구성되어 있다는 사실은 의심할 여지가 없다. 이것은 유교 규범 의 원형인 오륜 가운데 제1조가 '부자유친(父子有親)'이라는 데에 서 확인할 수 있다. 그리고 공자가 유교의 최고 덕목인 인(仁)을 실행하는 기제로 '효(孝)와 제(弟)'를 제시한 것9)은 유교가 바로 가족 윤리를 기초로 하고 있다는 사실을 언명한다.

유교의 가족 윤리는 개인보다 가족 구성원들 사이의 관계성에 초점을 맞춘다. 앞에서 언급한 오륜 가운데 가족 관계를 규정한 '부 자유친'과 '부부유별(夫婦有別)'은 부모와 자식, 남편과 아내의 관계 를 규정한 것이다. 즉, 부모와 자식, 남편과 아내 각각의 규범을 말 한 것이 아니라 양자 사이의 규범적 관계성을 제시한 것이다.

이 같은 사고는 유교의 관계적 사유에 그 원형을 두고 있다. 이미 알려진 바와 같이, 유교적 사유의 기저를 이루는 것은 음양 론이다. 그 원류는 『주역』의 구성 요소인 음효 / 양효에서 찾을 수 있다. 음양은 본래 음지와 양지를 가리키는 문자다. 그러나 음 양 개념의 성립과 변용 과정을 검토해보면, 『주역』에서 음양은 구체적인 사물 또는 사물의 양상을 지칭하는 개념이라기보다, 대 대(待對) 관계에 있는 전 개념 쌍을 포섭하는 범주적 개념이라고

출판부, 2001, 25쪽.

9) 孝弟也者 其爲仁之本與(『논어』, 「학이」).

볼 수 있다. '음양'이라는 단어가 성립되기 이전부터 '대대' 관념은 존재하였으며, 음양은 대대 관념을 나타내기에 가장 적합한 용어로서 선택된 것에 불과하다. '대대'란 '서로 마주하며 기다린다'는 의미인데, 대대 관념을 표상한 최초의 매개체는 ―와 ――이라고 하는 기호다. 기호는 의미를 간이화(簡易化)·직관화·형상화하여 감성적 직관을 통하여 인식하게 하는 매개체다. 기호의 의미는 신호등의 적신호·청신호와 같이 항상 다른 기호와의 연관 아래에서만 결정되며, 기호로서의 기능도 그 상호 작용 속에서 비로소 생겨난다. 역학 사상에 대한 최초의 표현 매개체가 기호였다는 사실 자체가 상호 연관성이라고 하는 '관계'를 그 중심 과제로 부각시키기에 충분하다. 즉, ―과 ――은 상반적인 타자와의 관계에 의해서만 의미를 갖고 기능할 수 있는 관계성을 표상한다. 이것이 서로 반대가 되어야 감응하여 조화되어 하나가 된다고 하는 '상반응합(相反應合)'의 논리로서 『주역』에서 대대 관념의 원형이 된다.10)

음양적 논리는 자연과 사회 및 인간을 바라보는 세계관의 기저를 이루고 있다. 인간의 윤리적 규범도 '관계성'을 토대로 규정되기 마련이다. 가족 구성의 양대 축인 부모 / 자식, 남편 / 아내는 각각 독립된 실체로서 존재하는 것이 아니라 부자 관계, 부부 관계를 구성하는 항으로서 존재한다. 이것이 우리의 가족과 서구의 패밀리(family)가 구별되는 지점이다.11)

맹자가 "내 늙은 부모를 공경하는 마음으로 남의 부모를 공경하며, 내 자식을 사랑하는 마음으로 남의 자식을 사랑하면 천하

---

10) 졸저, 『원문으로 읽는 주역』, 민족문화문고, 2005, 12-14쪽.
11) 김태길, "우리들의 가족은 본래가 '하나'였고, 그들의 근대적 패밀리는 본래 '여러 사람의 모임'으로서 존재한다"(『유교적 전통과 한국 사회』, 철학과현실사, 2001, 171쪽).

를 손바닥 위에서 움직일 수 있다"[12]고 말한 바와 같이, 유교의 가족 중시는 방법론적 성격을 갖는다. 가족 내에서 형성되는 혈연적·자연적인 사랑과 배려를 타인에게 베풀라는 것이다. 가족 윤리는 그 자체가 목적이라기보다 사회 윤리의 실천을 위한 방법인 것이다. 그러나 '내 부모만을 공경하고 내 자식만을 사랑함(老吾老幼吾幼)'에 머물 때 유교의 가족공동체주의는 가족이기주의로 타락하게 된다. 이것은 유교의 영향만이 아니라, 가족이 본래 갖는 이중성에 그 근본 원인이 있다. 가족은 척박한 사회의 갈등과 소외로부터 벗어나 가족 구성원들의 정신과 육체를 보호해주는 애정의 공간이다.[13] 그러나 가족의 사적인 내적 통합성이 사회 전체의 공적인 통합성을 저해하며 공동선의 추구에 장애 요인이 되기도 한다.[14] 개인적 차원에서의 가족 중심적 태도와 행동은 사회적 차원에서 타가족 경시적 태도를 수반할 뿐만 아니라 배타적 이기주의를 조장하여 다른 가족과 갈등을 초래하는 '반사회성'을 갖는다.[15] 이것이 플라톤이 가족의 해체를 주장한 이유이기도 하다.[16] 유교는 이 점을 매우 경계한다. 혈연적인 사적 연줄망이 공적 영역을 침해하는 통로를 차단하기 위하여 이론적·제도적 장치를 구축한 것이 이상적인 유교 사회다. 선진 시대 정전제에서부터 나타나는 '선공후사(先公後私)'의 규범은 19세기까지 동아시아 유교 문화권에서 부동의 준칙이었다.[17] 성리학에서 주장하는 '천리지공(天理之公)'과 '인욕지사(人慾之私)'의 준엄한

---

12) 老吾老以及人之老 幼吾幼以及人之幼(『孟子』, 「梁惠王」 上).
13) 장경섭, 「열린 가족, 공공 가족」, 『동아시아 문화와 사상』 제5호, 2000, p.12.
14) 위의 책, p.15.
15) 위의 책, pp.16-17.
16) 강선미 외, 『가족철학』, 이화여대 출판부, 1997, 32쪽.
17) 김기현, 「유교 사상에 나타난 공과 사의 의미」, 『동아시아 문화와 사상』 제9호, 2002, 52쪽.

구별과 '존천리 거인욕(存天理 去人慾)'의 수양론이 그 단적인 예다. 주자는 그 심성론적 근거로서 인심도심설(人心道心說)을 구축하였다. 역사상 가장 전형적인 유교 사회를 창출했던 조선조는 이를 법으로 제도화시켰다. 과거 시험에서의 상피 제도와 다양한 형법의 제정 등이 그것이다.[18]

여기에서 한 가지 짚고 넘어가야 할 문제는, 유교에는 공동체주의적 요소와 함께 개인의 주체성과 자율성 그리고 인간의 존엄성을 중시하는 전통이 강하게 자리잡고 있다는 사실이다.[19] 『논어』에서 "하늘이 나에게 덕을 낳아주셨다"[20]고 공자가 말한 것은 '나'가 도덕의 주체임을 자각한 고백이며,[21] "인을 이루는 것은 나에게서 유래하니 남에게서 유래하겠는가"[22]라는 구절은 유교의 최고 덕목인 인이 바로 나 자신에게 달려 있음을 주장한 것이다. 이 같은 입장은 "하늘이 명한 것을 성이라고 하며, 성을 따르는 것이 도라고 하며, 도를 닦는 것을 교라고 한다"[23]는 『중용』 첫 문장에 대한 주자의 주석에서 확인될 수 있다.

"사람들은 자기에게 본성이 있는 것은 알지만 그것이 하늘에서부터 나오는 것은 알지 못하며, 일에 도가 있는 것은 알지만 그것이 본성에서부터 유래하는 것은 알지 못하며, 성인이 가르침을 주신 것은 알지만 그것이 내가 본래 가지고 있는 것에 근거하여 재제(裁制)하는

---

18) 진희권, 「조선시대 법 제도를 통해 본 공사관」, 위의 책, 85-97쪽.
19) 이좌용·최영진, 「가족과 개인」, 『윤리 질서의 융합』, 철학과현실사, 1996, pp.172-174 참조. 이것을 드베리는 자유주의적 전통이라고 부른다(드베리 저, 표정훈 역, 『중국의 자유 전통』, 이산, 1998 ; 정재현, 「유교의 공동체주의와 현대관리 사상」, 『유교 문화 연구』 제1집, 2000, pp.74-77 참조).
20) 天生德於予(『論語』, 「述而」).
21) 유승국, 『동양 철학 연구』, 1985, 근역서재, pp.105-108 참조.
22) 爲仁由己 而由人乎哉(『論語』, 「顔淵」).
23) 天命之謂性 率性之謂道 修道之謂教(『中庸』 1章).

줄은 알지 못한다."24)

주자는 유교의 도덕률과 규범이 자신의 선천적 본래성에 기초
하여 정립되며 그 본성은 천이라는 절대적 존재에 근거한다고 주
장한다. 여기에서 인간은 외적인 권위에서부터 탈피하여 자신의
판단에 의하여 행위할 수 있는 자율적 존재로 정립된다.25)

3. 효의 현재성

유교적 가족 공동체는 부 / 자 간의 깊은 관계성(父子·有親)과
그 규범인 '자(慈)' / '효(孝)'를 기축으로 한다. 그 가운데에서도
자녀가 부모를 사랑하고 보살피며 배려하는 '효'를 기반으로 한
다. 유교는 효를 기초로 가족 이론을 만들고 그 위에 정치 이론을
만들어 하나의 체계를 세운 것이다.26)

사회학자 이태훈의 분석에 의하면, '가(家)'를 표현하는 서구의
언어들이 일관되게 공간성을 중심으로 이해되는 반면, 유교의 가

---

24) 蓋人之己之有性 而不知其出於天 知事之有道 而不知其由於性 知聖人之有敎
而不知因吾之所固有者裁之也.
25) 유교는 공자 이후 도덕률이 인간의 내면 세계에 근거함을 주장하는 맹자와,
禮라는 외재적인 규범에 근거하여 인간의 선천적 본성을 교정해야 한다는 순자
의 두 입장으로 분화된다(拙稿, 「繫辭傳에 있어서의 善의 성립 근거」, 『성대 논
문집 인문과학』 제19집, 1989, pp.20-23 참조). 맹자의 경우는 개인의 자율성과
주체성이 강조되는 반면에 순자에게게서는 상대적으로 개인의 자율성보다 군주
의 권한을 강조하는 전체주의적 성향이 강하다(성태용, 「순자의 성론」, 『순자
사상의 본질과 철학사적 위상』, 1995년도 동양철학연구회 추계학술발표회 논문
집, pp.3-9 참조). 주자학에서 『맹자』를 사서의 하나로 존중함에 따라 순자 학설
의 일부가 주자학에 수용되기는 하였으나, 맹자의 입장이 유학의 주류를 이루게
되고, 양명학에 이르러 맹자적 요소가 한층 강화된다.
26) 加地伸行 저, 김태준 역, 『유교란 무엇인가』, 지영사, 1999, p.61 참조.

족은 시간성을 중심으로 규정된다.[27) 이러한 유교의 가족에 대한 관념은 생사관에서 여실하게 드러난다. 유교의 생사관은, 공자의 "삶을 아직 알지 못하는데 어찌 죽음을 알겠는가"에 대한 다음과 주석에서 잘 나타난다.

"낮과 밤은 기의 밝음과 어둠이고, 삶과 죽음은 기의 모임과 흩어짐이다."[28)

유교에서는 삶과 죽음을 밤/낮과 같이 자연의 필연적인 변화현상으로 규정하는 동시에, 본질적 동일성을 갖는 것으로 본다. 즉, '기'라는 동일자의 두 측면 — '모임과 흩어짐' — 으로 보는 것이다. 그러므로 죽음은 '무화(無化)'가 아니라 '무형화(無形化)'에 불과한 것으로 기의 원초적 동일성은 연속된다. 그리고 기의 연속성을 매개로 생명도 연속한다. 다음과 같은 주석에서 이 같은 생명관의 전형을 볼 수 있다.

"나의 이 몸은 조상이 남긴 몸이며 조상의 기는 흘러서 나에게 전해지니 없어진 적이 없다. … 사람의 기가 자손에게 전해지는 것은, 나무의 기가 열매에 전해지며 이 열매가 전해져서 다 없어지지 않으면 나무를 낳고 이 나무가 비록 말라서 없어져도 오히려 기가 여기에 분명히 있는 것과 같다."[29)

---

27) 이태훈, 「가족의 시간성과 가정의 공간성」, 88면. family를 라틴어 famulus에서 유래하며 '하인'을 의미한다는 주장도 있다. 이 어원은 여성이나 아이, 그리고 하인이라는 가족 구성원이 가장인 남성의 소유로 간주되는 것을 의미한다(리사 터틀/유혜련 외, 『페미니즘사전』, 동문선, 1986, 156쪽).

28) 晝夜者 氣之明晦也 死生者 氣之聚散也(輔慶源, 『論語集註大全』).

29) 吾之此身 卽祖考之遺體 祖考之氣 流傳於我 而未嘗亡也 … 人之氣流傳於子孫 如木之氣 傳於實 此實之傳不泯 則其生木 雖枯毀無餘 而氣之在此者 猶自若也(『論語集註大全』, 「八佾」 小注).

조상의 기는 자손 대대로 이어지며 조상의 몸은 자손의 몸으로 살아 움직인다. 나의 몸은 바로 나의 부모·조부모를 거쳐 수백 대 조상의 몸으로 소급되며, 앞으로 무한하게 자손의 몸으로 남게 된다. 즉, 개체의 생명은 소멸되지만 '조상-나-자손'으로 이어지는 가족의 생명은 연속한다. 여기에서 생명의 유한성에 대한 문제, 즉 죽음의 문제가 극복될 수 있는 단초가 마련된다.[30] 이것이 유교에서 횡적(공간적)인 부부 관계보다 종적(시간적)인 부자 관계를 중시하는 이유다.[31]

삶과 죽음, 조상과 자손의 연속성이 상징적으로 연출되는 장이 바로 제례(祭禮)다. 제사는 향을 피우고 술을 부어서 조상의 혼백을 부르고 음식을 대접하면서 자손과 조상이 마주하는 과정을 상징적으로 연출하는 것이다. 자손은 제사를 통하여 내 생명의 근원인 조상의 모습을 보고 그 목소리를 들으며 바로 여기에 나와 함께 존재함을 확인한다.

유교의 효 관념은 바로 이와 같은 생사관·가족관에 기반을 둔 것이다. 율곡이 효도를 '생사지도(生事之道)', '사장지도(死葬之道)', '제지지도(祭之之道)'라는 3단계로 나누어 설명한 것이 그 단적인 예다.[32] 율곡은 '신체발부는 부모에게서 받은 것'이라는 『효경』의 명제, 곧 내 몸은 바로 부모가 남기신 몸이라는 사실에 대한 분명한 인식이 효의 출발점이라고 강조한다. 자식의 몸은 본래가 부모의 몸이기 때문에 부모와 자식은 한 몸이며, 한 몸이기 때문에 사랑은 필연적이다. 이 원초적 사실을 부인하고 물욕에 엄폐되어 자신의 몸을 자기의 소유로 알 때 '한 몸', '사랑'이라

---

30) 加地伸行, 앞의 책, 43, 57-58쪽 참조.
31) 한국인에게 자식은 자기라는 유한성을 후손이라는 무한성에 의탁시키는 가장 중요한 대상이 되어 있는데, 이 점을 한 미국학자는 재미있게 관찰하고 있다 (송복, 『동양적 가치란 무엇인가』, 생각의 나무, 1999, 183쪽).
32) 율곡, 『성학집요』, 「효경장」.

는 부자 간의 본래적 관계가 파괴될 수밖에 없다. 한방에서 몸이 마비되는 것을 '불인(不仁)'하다고 표현한다. 불인, 즉 마비된 사람은 자신의 신체에 가해지는 고통을 느끼지 못한다. 우리는 일반적으로 타인의 고통에 대해서는 무감각하지만 내 자식과 부모의 고통에 대해서는 민감하지 않을 수 없다. 그들은 바로 나와 한 몸이기 때문이다. 이 사랑이 자식을 향할 때 '자(慈)'가 되며 부모와 조상을 향할 때 '효'가 된다. 요컨대, 효란 본래가 나와 한 몸인 부모(조상)의 몸을 내 몸으로서 사랑하는 것이다. 율곡이 효도를 살아 계실 때 섬기는 것뿐만이 아니라 장례와 조상에 대한 제례까지 포함시킨 이유가 여기에 있다. 나의 몸은 부모를 매개로 조상에게 무한히 소급되기 때문이다.

이 같은 유교적 효는, 현대 한국 사회에서 박제화된 전시대의 덕목이 아니라 우리가 일상 생활에서 부딪히며 경험하는 현재적 규범이다. 정부에서는 효행 문화를 계승하고 장려하기 위하여 '효행장려지원법'을 제정하고,[33] 전문가에게 효 문화 실천을 위한 방안을 연구시킨다.[34] 어버이날이 되면 어김없이 대중 가수들의 효 콘서트가 열리며,[35] 기업들은 효 마케팅에 열을 올린다.[36] 효에 관한 여론 조사는 우리 사회에 효 문화가 살아 있음을 다시 한 번 확인시켜준다.[37] 그리고 사회가 해체되는 위기를 극복할

---

33) 「효행장려법 국회 제출」, 『중앙일보』(2005. 5. 4).
34) 보건복지부는 이대 사회학과의 조성남 교수에게 '고령화·정보화 시대의 신 효 문화 실천 방안 연구'를 의뢰하였다. 그 결과 노인의 소외 현상이 두드러지게 나타났으며 그 해소 방안으로 대화와 관심이 무엇보다 중요한 것으로 진단되었다(「이대 조성남 교수 '대화·관심으로 소외감 덜 수 있다」, 『중앙일보』, 2005. 2. 20).
35) 「하춘화 효 콘서트」, 『중앙일보』(200. 4. 26).
36) 「KT 어버이날 시내외 전화 첫 5분 무료」, 『조선일보』(2005. 5. 6), 「대우증권, 미스터랩 '효 나눔' 상품 판매」, 『조선일보』(2005. 4. 27).
37) 「초중학생 68% '부모에게 장기 기증」, 『중앙일보』(2005. 4. 19).

수 있는 대안적 규범으로 효가 제시된다.[38] 『중앙일보』와 경기문화재단이 공동으로 효 의식을 조사한 결과 한국은 유교 국가 가운데 효 사상이 가장 내면화된 사회며,[39] 가족 유대가 여전히 강력한 것으로 나타났다. 이에 근거하여 조사자는 "일과 놀이, 정치와 교육 현장 등 중요한 삶의 현장에서 야기된 문제와 갈등을 해결할 수 있는 출발점에 효를 내세우자"고 주장한다.

효의 기능적인 측면은 '죽음'의 문제와 연계하여 모색될 수 있다. 인간의 자연사(自然死)는 성장 과정과 역순을 밟아 진행된다. 다른 동물들과 달리, 인간은 일정 기간 타자의 도움 없이는 생존할 수 없는 것과 같이 — 공자가 3년상을 주장한 이유가 여기에 있다 — 죽음의 과정 또한 타자의 도움을 요구한다. 자식의 효는 자기를 낳아주고 자신의 능력으로 살 수 있을 때까지 생존하게 보살펴준 부모가 죽음에 이르는 과정을 책임지는 것이다. 이 같은 관점에서, 사회학자 송복이 효의 사회적 기능을 노인 복지 차원에서 주장하는 것은 타당성을 인정할 수 있다. 그는 노인이 유기된 상황에서는 가족에 최고 가치를 부여할 수 없기 때문이 가족 제도의 유지 자체가 위협받게 되며, 이는 사회 해체를 재촉하게 된다고 말한다.[40] 서구에서 가족의 대체 제도로서 사회 복지 제도를 발전시켰으나, 오히려 가족 해체 요인으로 작용하여 사회 해체의 위기를 고양시키는 경우가 많다. 그러므로 가장 개인주의가 팽배한 서구 사회에서도 가족의 책임성이 전례 없이 강조된다.

---

38) 「'효 의식 조사' 험악해져가는 세상 문제 해결 출발점은 효」, 『중앙일보』(2005. 2. 10).

39) 서울과 경기 지역 남녀 1000명을 대상으로 조사한 결과 '부모 봉양은 자식의 책임이자 의무라는 데에 동의하는가' 86%, '효도를 해야 집안이 잘되며 가족의 결속이 강화된다' 80%, '부모가 배우자보다 중요하다' 51% 동의하는 등 효의 가치를 매우 높은 것으로 평가했다(위의 책).

40) 송복, 『동양적 가치란 무엇인가』, 생각의 나무, 1999, 180쪽.

국가 또는 공식적인 어떤 기구도 가족을 대체할 수는 없다는 것이다. 그는 다음과 같은 결론에 도달한다.

"전통과 현대 어느 사회든 효가 아니면 '가족 가치'는 재생산되지 않는다. … 효가 아니면 높은 이혼율, 제로 출산 등 심각한 해체 위기에 놓인다. 그리고 사회는 날로 위협적인 분열 현상을 드러낸다. 효가 사회 통합의 지름길이며 사회 발전의 지름길이 되는 것이다."[41]

효를 근간으로 하는 유교의 가족 윤리는 빛과 아울러 그늘을 드리우면서[42] 지금 우리의 현재를 지배하고 있다.

4. 한국의 산업화와 가족주의의 강화

1960년 한국은 국민소득 78달러의 세계 최빈국이었다.[43] 그러나 2005년 세계은행의 통계에 의하면 우리는 국민소득 1만 2030달러로서 49위, 경제 규모(GN) 5764억 달러로서 세계 11위다. 불과 50년도 채 되지 않는 기간 동안 100배 이상의 경제 성장을 이룩한 것이다. 이 같은 수치는 한국의 압축적 근대화·산업화를 상징적으로 보여준다.

우리가 앞에서 고찰한 가족주의는 자급 자족적인 농촌 경제가 만들어낸 보편적 이념이라고 볼 수 있다.[44] 그러므로 산업화·도시화가 진행되면 가족주의는 약화되고 해체되기 마련이다. 김태

---

41) 송복, 위의 책, 182쪽.
42) 이숙인, 앞의 논문, 53-54쪽 참조.
43) 함재봉, 앞의 책, 20쪽.
44) 이태훈, 「유교적 가족관과 시민적 가족관」, 169쪽.

길은, 1960년대 근대화라는 이름으로 산업화가 추진하자 미국식 개인주의가 본격적으로 수용되었으며 도시화에 따르는 사고 방식과 생활 양식의 변화에 의하여 가족의 존재 이유가 감소하고 나와 가족을 '하나'로서 의식해야 할 조건이 사라졌거나 약화되었다고 진단하였다.[45] 그러나 이러한 진단은 피상적인 고찰에서 나온 것에 불과하다. 실증적인 조사 연구에 의하면, 산업화가 오히려 기족의 유대 및 결속을 강화시키는 것으로 나타났다.[46] 한국 사회에서 일어난 최근의 산업화 과정은 조선시대에 이미 제도화되었던 가족 중심의 가치관에 의하여 저해된 것이 아니라 오히려 촉진되었다는 데에 그 특수성이 있다는 것이다.[47] 함인희는 「산업화에 따른 한국 가족의 비교적 의미 : 변화와 관계의 역동성」이라는 논문에서 다음과 같이 주장한다.

1. 도시 지역의 주거 시설 미비로 먼 친척과의 동거가 이루어짐에 따라 자연히 상호 작용하는 친족의 범위가 농경 사회보다 확대되는 결과를 가져왔다. 특히, 도시화로 인한 이농 이후의 적응 과정에서 친족의 중요성이 더욱 증가되었다. 농촌 지역의 친족 유대가 산업 현장으로 전이되고 친족은 노동자와 근대화된 산업 조직을 매개하는 새로운 기능을 담당하는 동시에, 가족이 위기에 처했을 때 가족을 지원하는 역할도 유지되었다.
2. 급격한 사회 변동 과정에서 전통적 공동체가 분해되고 사회 구조적 분화가 진행됨에 따라 발생하는 불안과 충격을 해결하는 데에 가족주의적 가치 지향성이 문화적 자원으로 활용되어 강화되었다. 해방 이후 극심한 사회 혼란과 생존이 위협받는 상황에서 가족 이외의

---

45) 김태길, 앞의 책, 98-99쪽.
46) 함인희, 「산업화에 따른 한국 가족의 비교적 의미」, 『한국 가족상의 변화』, 서울대 출판부, 2001, 24쪽.
47) 박영신, 「한국 사회의 변동과 가족주의」, 『역사와 사회 변동』, 사회학연구소, 1987, 277-278쪽(함인희, 위의 책, 26면쪽서 재인용).

보호막이 거의 전무하였기 때문에 직계 가족 중심의 연줄망에 기초한 사회 조직 원리 및 가치관이 오히려 강화된 것이다.

3. 한국의 기업 경영 전략에서 가족 공동체적 이미지를 연상시킴으로써 노사 관계의 융합과 일체를 강조하는데, 사주는 가부장적 온정주의에 입각한 가장으로 부각되고 조직의 운영도 합리주의·개인주의에 입각한 직무 중심이 아니라 전통적 가족주의에 입각한 유사 공동체로서의 직장을 중심으로 이루어진다.

근대화=산업화라는 공식에 입각해볼 때, 전근대 사회의 산물인 가족주의가 산업화를 촉진시키고 산업화가 가족주의를 강화시키는 상호 관계성은 기존의 이론 틀로서 설명하기 어려운 한국 사회의 특수한 현상이라고 할 것이다. 이 점에서, 한국의 가족을 근대적 합리성이 강하게 내포된 2차 집단으로 규정하는 이문호의 관점을 검토해볼 필요가 있다. 그는 조선시대의 법전과 사대부 가문의 가훈을 분석하여 다음과 같은 결론을 내린다.

"한국 유교 가족의 특성은 정치적 권력을 목적으로 결합되면서 결속력이 강화되었고 예를 강조하면서 가족의 행동 양식이 공적으로 형식화되어 갔다. 이로 인해 목적 합리성과 행동 규범의 공식화라는 2차 집단, 즉 근대 조직의 특성을 지니는 한국적 가족주의가 발생하였고, 한국 사회는 근대화 과정에서 흔히 생각하는 '문화적 지체' 현상을 겪지 않았다. … 이렇게 볼 때 한국의 근대화는 전통의 붕괴가 아니라 오히려 전통이 확대되는 과정이었다. 겉모습은 물론 달라졌다. 그러나 이것은 한국인의 마음속 깊이 내면화된 가족주의의 전통이 새로운 '옷'을 입고 나타난 것이다. 유교적 가족주의에서 발생한 '지식은 권력'이라는 표상은 교육열과 교육 계급 사회를 만들었고, 형식 지향적 사고는 대량 생산 체제와 관료 조직을 발전시켰다."[48]

---

48) 이문호, 앞의 책, 26쪽.

이 주장은, 한국의 가족주의가 산업화=근대화 과정에서 소멸되지 않고 오히려 강화 내지 확산되는 이유를 한국의 유교적 전통 가족이 갖는 2차 집단적 성격에서 찾고 있다. 이 주장은 유교 자체가 갖는 근대성과 전근대성에 대한 다양한 논의를 필요로 한다. 다만 한 가지 분명한 것은, 가족주의가 근대적 산업화의 장애 요인으로 간주하는 서구적 근대화 이론이 더 이상 한국 사회를 분석하는 준거가 될 수 없다는 사실이다.[49]

5. 결론 : 단절과 연속

'회사를 가정처럼, 사원을 가족처럼'이라는 표어는, 상반되는 성격을 '가족=1차 집단'과 '기업=2차 집단'을 동일시하는 오류를 범한 것이다. 이 표어가 타당성을 갖추기 위해서는 가족이 기업 원리에 의해서 작동되든지, 아니면 기업이 가족 원리에 의하여 작동되어야 한다. 이문호의 결론은 전자의 경우며, 함인희의 주장 3은 후자의 경우다. 앞에서 언급한 바와 같이, 유교는 가족 윤리와 사회 윤리를 일치시킨다. 『대학』에서 "'효(孝)'는 군주를 섬기는 근거이고 '제(弟)'는 어른을 섬기는 근거며 '자(慈)'는 대중을 이끄는 근거다"[50]라는 구절은 바로 이 점을 말한 것이다. 이 글에서 '효·제·자'라는 가족 윤리가 국가 통치의 규범으로 규정된다. 동시에 가족은 순수한 사적 영역이 아니라 공적인 성격을 짙게 갖고 있다. 즉, 국가와 가족은 상호 침투되는 것이다. 이것은 국가, 나아가 우주를 하나의 가족으로 보는 유교의 세계관을 토

---

49) 가족주의 내지 유교를 근대화의 장애로 보는 견해는, 유교학자인 현상윤의 『조선유학사』에도 나타난다(현상윤, 『조선유학사』, 현음사, 2000, 7-9쪽).
50) 孝者所以事君也. 弟者所以事長也. 慈者所以事中也(『대학』 9장).

대로 한 것이다. '천하일가(天下一家)'라든가, 『주역』에서 천지수화(天地水火) 등 자연물을 상징하는 8괘를 부모 형제에 유비시키는 것51) 등이 그 전형적인 예다. 가족과 기업을 동질화시키는 의식 내면에는 이 같은 유교의 전통이 자리잡고 있는지도 모른다.

약 1세기 전, 한국의 지식인들은 동도서기론과 문명개화론의 대립 속에서 주체적으로 근대화를 추진하였다. 그러나 제국주의 세력에 의하여 근대화는 좌절되고 식민지로 전락한다. 전시대의 지도 이념이었던 유교는 망국의 주범으로 매도당하고 일제는 식민지 통치에 불리한 전통적 가치관과 관습을 미개한 것으로 낙인찍었다. 해방 후 서구 문화를 선진적 모델로 받아들이면서 전통과의 단절은 더욱 심화된다. 그러나 우리가 앞에서 검토한 바와 같이, 유교적 전통은 근대화 과정에서 새로운 옷을 입고 재생산된다. 유교는 지난 반세기 동안 근대화=산업화의 추동 세력일 뿐만 아니라 현대 사회의 규범으로 재규정된다.52)

한국의 가족주의적 전통에 대한 평가 또한 여기에서 크게 벗어나지 않는다. 유교에 내함되어 있는 가족주의는 가부장적 권위주의와 남존 여비적 질서를 바탕으로 한 보수적 규범 체계로 비판받아왔다. 전통 사회에서 유교적 규범이 위계적 질서를 재생산하고 억압적 구조를 고착화시켰던 사실을 부인할 수 없다. 이러한 유교적 전통은 정치적 / 경제적 필요성에 의하여 이용되기도 하였으며,53) 현재에도 일정 부분 잔존하고 있는 것이 현실이다. 그러나 한국의 근대화를 추동시킨 유교적 전통 가운데 핵심은 가족주의며, 산업화와 가족주의가 함수 관계에 있다는 사실이 경험적

---

51) 정병석, 「유가의 생명관」, 『동아시아 문화와 사상』 제4호, 2000, 60쪽 참조.
52) 조용헌, 「유교와 규범」, 『조선일보』(2005. 3. 14), 안성규, 「사화의 교훈」, 『중앙일보』(2005. 1. 25).
53) 이승환, 「한국 가족주의의 의미와 기원, 그리고 변화 가능성」, 『유교사상연구』 제20집, 2004, 52–60쪽.

으로 입증되고 있다. 뿐만 아니라 파편화·원자화된 개인의 상실 감과 공허감·소외감 그리고 사회의 분열을 극복하기 위해 자유주의와 공동체주의 조화가 시도되는 이 시점에서, 역사적으로 가족을 중심으로 공동체주의를 실현했던 전통은 우리에게 하나의 바람직한 모델을 제공할 수 있다.[54] 이 같은 관점에서 우리는 다음과 같은 목소리에 귀를 기울일 필요가 있다.

"서구가 노인들을 양로원에서 벗어나게 할 방법을 찾고 있는 이 순간에도 개도국의 신흥 중산층은 더욱더 양로원을 고집한다."[55]

서구적인 사회 복지 제도의 발전만으로는 노인 문제를 근본적으로 해결할 수 없다면 비서구적 전통에서 해법을 모색해야 한다. 이 같은 관점에서 효에 기반을 둔 유교적 가족주의는 그 대안 가운데 하나로서 적극적으로 재검토되어야 할 것이다.

약 1세기 전, 미개한 조선을 개화시키기 위한 근대화 프로젝트가 시작된 이후 한국 가족의 형태와 기능 그리고 윤리는 많은 변화를 겪어왔다.[56] 그리하여 오늘 우리는 전통적 가치관과 서구적 가치관의 충돌, 세대간·남녀 간 갈등 등으로 사회가 분열되는 위기감을 심각하게 느끼고 있다. 근대화 과정에서 가족주의가 강화되는 가운데에서도 이혼율의 증가[57]와 낮은 출산 등으로 가족

---

54) 졸고, 『유교 사상의 본질과 현재성』, 성대 출판부, 2002, 67쪽.
55) Glnanne Brownelldhl, 「특명, 지구 고령화 탈출구를 찾아라」, 『뉴스위크』 제633호(2005. 1. 18).
56) 이정덕 외, 『한국의 근대 가족 윤리』, 신정, 2002, 참조.
57) 부부 사이의 애정에 기초한 가족보다 각자의 역할 수행에 충실한 가정이 오히려 안정적이며, 한국의 이혼율은 상대적으로 높지 않다는 견해도 있다(힘인회, 앞의 논문). 이 주정에 의거한다면 '夫婦有別'이라는 유교의 가족 윤리가 가족을 안정시키는 기제로 작용할 수 있다.

해체가 가속된다. 여기에서 전통과 근대의 '단절 / 연속'이라는 역사 발전의 이중주가 다시 확인된다. 이 시점에서 우리는 유교적 전통을 재조명하여 그 부정적 요소를 제거하고 긍정적인 요소를 추출하여 생산적인 규범으로 재구성해야 한다. 그리고 이를 기반으로 탈근대를 기획해야 한다. 우리가 유교적 전통에 기반을 둔 한국 사회의 가족주의 담론을 검토하는 이유가 바로 여기에 있는 것이다.

프랙탈의 관점에서 본 한국 문화와 영화의 분석

박 성 수

1. 문제의 설정

한국 영화를, 좀더 넓은 한국 문화라는 맥락 안에서 그 특징적인 면을 고찰한다고 하는 것은 그 준거가 되는 한국 문화에 대한 철학적, 미학적 성격에 관한 설득력 높은 준거 담론들을 찾아보기가 힘들다는 일반적인 곤란함 이외에도 또 다른 난점이 존재한다. 가장 먼저 들 수 있는 난점은, 영화라는 것이 시기적으로 여러 예술 장르 중에서 비교적 늦게 수입되어 사회적으로 반성의 대상이라는 지위를 얻게 된 것이 최근이라는 사실에 있다. 달리 말해서 한국 문화와 연관시켜서 이루어진, 영화에 관한 담론들이 별로 축적되지 않는 상태에 있기 때문에 일반화된 논의가 가능하기에는 조건이 충족되지 못한 측면이 있다. 물론 다른 면에서 본다면 현재 한국 영화에 관한 분석들이 상당하게 진행되고 있는 것이 사실이기는 하지만, 그것은 대중 문화에 대한 비판적 분석이라는 한국 문화 전반의 논의와는 약간 어긋난 관심사에 의한 것이다. 즉, 한국 문화의 역사적 정체성의 이론적 확보라는 지향보다는 대중 문화가 현대 문화 전반의 주도적인 또는 지배적인 구성 부분이 되는 과정을 통해서 담론의 대상이 되었다는 것이다. 서양에서도 영화가 이론적인 분석의 진지한 대상으로서 제도적인 인정을 받은 것은 1970년대부터라고 할 수 있다. 우리나라에서는 그런 진입이 이루어진 지 채 20년도 되지 않은 것으로 여겨진다. 결국 영화가 문화적 분석의 주요한 대상으로 등장하게 되는 것은, 앞서 말한 대중 문화의 확장과 사회 전반에 대한 침투가 전제되는 것인데, 이러한 것을 가능하게 했던 요인이 바로 한국 문화라는 관점에서 영화에 접근하는 것을 복잡하게 만드는 요인이기도 하다. 즉, 소수에 의한 지적이고 무엇보다도 정신적인 생산물로서의 문화라는 개념이 사회 구성원의 삶의 양식이라는 의미로 확장되는 과정에서, 거의 자동적으로 (대중) 문화 그리고 그 주요한 요소의 하나인 영화가 내포하게 된 두 가지 측면이 한국 문화의 고유한 성격에 대한 고찰에 일정한 한계로 작용하게 된다는 것이다.

첫째, 영화를 포함하는 대중 문화는 현대 사회에서 상품의 형태를 매개로 하는 것이 일반적이다. 대중 문화가 상품의 형태로 소비된다는 사실이 한국 문화의 일부로서의 영화에 대한 이론화를 어렵게 하는 까닭은, 자본주의의 세계화 전략과 그에 따른 효과는 한 나라의 대중적 문화 상품의 고유성이란 것을 불가능하게 만드는 조건으로 작동할 수 있기 때문이다. 자본과 상품의 이동이 자유로워진 현재, 상품으로서의 대중 문화는 이전의 민족국가의 테두리에 의한 진입 장벽을 거의 느끼지 못할 정도로 유통되고 소비된다. 따라서 한 나라의 특성을 그대로 유지하는 대중적 문화 상품이라는 것은 상당히 찾기 힘든 경우라고 할 수 있다. 그런 상품 중의 하나인 영화에서 문화적 고유성이나 특성을 추출하는 일은 더욱 어려운 맥락을 구성하게 된다. 둘째, 영화의 한국적 고유성에 대한 접근을 어렵게 만드는 다른 측면은 영화가 그어떤 문화적, 미적 현상보다도 집단적인 기술적 생산물이라는 특징을 강하게 보여준다는 점에서 연원한다. 현재 영화에 사용되는 기술의 수준은 지역적으로 거의 평준화 경향을 보여준다고 할 수있다. 더군다나 기술이라는 것이 특정한 민족적 국가적 특성을 보여주거나 그런 구별을 함의하는 것이 아니기 때문에 기술에 바탕을 둔 예술이자 문화로서 영화에서 그 자체로서 우리 것의 특징을 추출하는 것은 어려운 일이다. 더군다나 우리 문화에 관해 일반적으로 알려져 있는 것은 전통 문화의 규정들이 대부분이다. 이런 규정들을 영화에 직접적으로 적용하는 것에는 상당한 무리가 따르게 된다.

이런 조건에서, 우리 문화의 특성을 일정하게 규정하고 그런 규정을 통해서 영화라는 대중적 문화 현상을 우리의 것으로서 해석 가능하게 만들어줄 가설적인 틀이 필요해진다. 이 글에서는 이러한 작업 가설로서 소위 프랙탈 미학이라는 개념을 사용하기로 한다. 이 글에서 사용될 프랙탈 미학은 실질적으로 프랙탈 이론으로부터 체계적으로 연역된 미학적 규정을 뜻하는 것이 아니라, 최근 한국 문화에 관한 가설적 담론으로 제기되어 한국 문화에 대한 별개의 해석을 가능하게 하면서 다른 한편으로는 기존의 한국 문화 규정에 제기되었던 개념들을 프랙탈의 관점에서 재해석하는 시도를 지칭하는 것이다. 간단히 말한다면 현대에 수행된 자연과학적, 철학적, 사회적 시점들 중 일부를 채택하여 그것을 통해 전통 문화를 해석하고 그러한 해석을 다시 현재의 문화에 피드백시키는 과정을 프랙탈 미학은 내용으로 담고 있다.

2. 프로그램으로서의 프랙탈 미학

심광현은『프랙탈』과『홍한민국』에서 프랙탈 미학이라는 새로운 관점으로 한국 문화의 규정을 적극적으로 제안하고 있다.[1] 프랙탈 미학이라는 것은 근대적인 의미에서의 미학 개념에 상응하는 것은 아니다. 예들 들어 예술 작품이라든지 또는 창작자에 초점을 맞추는 미학적 시도가 아니라 좀더 일반적인 문화적 실천 전반에서 이루어지는 미시적이고 불확정적인 작용을 총체적 대상으로 삼고 있다. 이것은 첫째로 문화 개념 자체의 확장이 가져온 결과를 수용하려는 것인데, "삶의 양식이라는 넓은 의미의 문화 개념은 문화 층위의 다양성을 인정하고 어느 특정한 계층이나 집단 또는 개인의 문화 취향을 잣대로 삼기보다는 다중의 문화 취향 차이를 존중한다는 점에서 문화민주주의가 요청되고 있는 오늘의 시대 정신과 부합"한다는 점에서 출발하고 있다.[2] 사회 구성원의 잠재된 역능 전반을 발전시키고 활성화시킨다는 관점에서 삶의 다양한 양식들을 문화라고 부르는 것이다. 둘째로 탈근대의 사상에서 그 기본적인 사유의 모티브를 찾아내려는 프랙탈 미학은 탈근대 사상이 보여주는 탈경계의 포괄성을 지향한다. 이러한 포괄성에서는 체계적 이론의 내적 정합성보다는 이론들과 개념 간의 횡적 연대를 통한 확장을 강조하게 되는 측면이 있는데, 이는 프랙탈 미학에서도 추구되는 점이다.[3]

---

1) 심광현,『프랙탈』, 현실문화연구, 2005 ;『홍한민국, 변화된 미래를 위한 오래된 전통』, 현실문화연구, 2005.
2) 심광현,『프랙탈』, p.154.
3) 프랙탈 미학은, 과학상의 프랙탈 이론, 복잡성의 과학, 퍼지집합론 그리고 얀초 등에 의해 전개된 자기 조직화 과정의 우주론과 생물학에 바탕을 두고 탈근대 철학을 해석한 결과로 나온 것이다. 이러한 결과를 다시 고전적인 미학의 논의와 연관시키는 작업도 동시에 수행한다. 앞의 책, p.266.

이 미학적 프로그램에서는 들뢰즈가 매끈한 공간에 대해 규정을 내리면서 사용했던, 만델브로트의 프랙탈이 핵심적인 내용으로 등장한다. 폰 코흐 곡선이나 시에르펜스키 스폰지의 예에서 나타나듯이, 프랙탈은 "차원수가 분수 또는 비정수인 집합 또는 차원수가 정수면서 방향이 연속적으로 변주되는 집합을 가리킨다. 가령 선분을 3등분해 중앙부를 그 길이를 한 변으로 하는 정삼각형의 두 변으로 바꾼다. 다음에는 이렇게 해서 생긴 네 개의 선분에 대해 똑같은 조작을 반복한다. 이와 비슷한 관계를 유지하면서 이를 무한히 반복한다. 이렇게 해서 생긴 선분은 곡선이 된다."[4] 유한한 길이의 선분으로 시작된 이 같은 폰 코흐의 곡선은 차원수가 1을 넘어서지만 2차원의 평면에는 미치지 못한다. 그것은 $1.261859(\log4 / \log3)$ 차원의 공간을 표상한다. 시에르펜스키의 스폰지 역시 마찬가지다. 그것은 차원수가 2.7268로서 "면(2차원)과 입체(3차원) 사이에 '포함'되게 된다."[5] 이러한 관점에서 소위 프랙탈 미학에 소용되는 특징들은 다음과 같이 요약될 수 있다.

"프랙탈 공간은 유클리드 공간처럼 텅 빈 것이 아니라 연속적으로 변주하면서 스스로 생성되는 공간이다. 또 패치워크 같은 비정형적인 조각들의 모음이라고 할 리만 공간을 생성하면서 동시에 연속적으로 그 사이를 주파하는 자기-조직하는 공간이기도 하다. 여기에 자기 복제와 반복이라는 특성이 추가되어야 할 것이다. 프랙탈이 자기-조직하는 생태계의 생성 원리이자 작동 원리가 될 수 있는 이유가 여기에 있다. 스스로 끊임없이 주름 접기와 펴기를 반복하면서 자기 복제를 수행하고 연속적인 변주를 통한 비정형적 자기 조직화의 과정이 바로 프랙탈인 것이다."[6]

---

4) 질 들뢰즈 / 펠릭스 가타리, 『천 개의 고원』, 김재인 옮김, 새물결, 2001, pp.928-929.
5) 같은 곳.

이런 경로로 한국 문화에 접근해가는 첫 걸음은 자연 경관의 문제다. 문화의 특색 규정에 자연적 요소를 관여시킨다는 것은 물질적 요인의 결정성을 주장하는 것이 아니라, 주체와 객체 또는 사회 구성원과 자연적 환경을 서로 대립하는 독립적인 요소로 여기지 않고, 프랙탈한 운동 속에서 주름 접기와 펴기를 통한 사이 공간의 변주로 파악하려는 시도를 뜻하는 것이다. 한국의 지리적 경환은 우뚝 솟은 커다란 산도 없고 광활한 평야가 펼쳐져 있는 것도 아니다. 구불구불한 능선과 오밀조밀한 지형 배치가 프랙탈의 특성을 아주 특징적으로 보여주고 있다. "우리의 자연 경관은 그 자체가 다른 나라에 비해 프랙탈 차원이 월등히 높고 그에 따라 다양성과 변화무쌍한 측면을 품고 있다. 우리의 자연 경관에서 형성되는 문화 역시 다양하고 변화무쌍하며 프랙탈하다. 우리가 우리의 자연과 전통 문화 속에서 찾아내려는 생태 미학 역시 역동성이 강한 프랙탈 생태 미학일 수밖에 없다."[7] 이런 관점에서, 우리의 자연과 문화를 말할 때 보통 언급되는 소박한 자연미라는 것은 지금까지와는 다르게 해석된다. 마치 앞서의 코흐 곡선 같은 것이 단순한 규칙을 통해서 만들어지듯이 우리 문화와 풍광은 실제 특별한 개성과 화려함, 웅장함이라는 것을 보여주지 않는 듯하지만, 그러한 소박미는 프랙탈의 효과라고 보아야 한다. "우리는 바로 이 점에서 소박미의 비밀을 이해할 수 있게 된다. 불규칙하고 울퉁불퉁한 공간이나 형태에서 풍겨나오는 소박미가 프랙탈 질서를 가질 경우, 그것은 단순한 규칙 몇 개만으로도 해독될 수 있다. 그래서 '프랙탈한 소박미=단순미'라는 공식이 성립한다."[8]

---

6) 『프랙탈』, p.29.
7) 심광현, 『홍한민국』, p.79.
8) 같은 책, p.57.

한국의 전통 문화에 대해서 빈번하게 언급되는 풍류도 프랙탈의 관점에서 재해석된다. 풍류라는 것 자체가 주체와 객체를 분리하지 않고 그것들 간의 감응과 묘응을 함축하는 것이고 이때 자연 경관과 인간은 서로의 연장인 듯한 인터페이스를 형성하는 것이다. 그래서 "풍류심에 입각한 향수자나 창작자가 바라보는 자연 경관은 분리되어 조작 가능한 외적인 기하학적 공간과 대상이 아니다. 그보다는 분리 불가능한 위상학적 공간 안에서의 과정적 흐름과 같은 것이다."9) 물론 이런 경관과 인간의 상호 접힘은 동북아 문화의 전반적인 특징이라는 공통성을 드러내는 것이지만, 다른 면에서는 한국의 경관이 보여주는 극단적인 프랙탈 현상에 근거해서 심광현은 이 점을 독특하게 강조된 한국 문화의 특성으로 간주하고 있다. 이 점은 건축에 관한 해석에서도 다시 등장한다. 일견 중국이나 일본의 건축에 비해서 왜소하고 남루하게 여겨질 수 있는 한국 전통 건축은 다른 관점에서 파악된다. 건축물의 외관이 갖는 조형미를 강조하는 중국이나 일본의 건축과 달리 우리의 전통 건축은, "사용자가 공간 내부에서 생활하면서 보고 느끼는 미적 체험에 초점을 맞추고 있다." 앞에서 프랙탈 미학을 규정하면서 열거되었던 특징들의 발견이 한국의 전통 건축에서 찾아져야 한다는 것이다.

"… 우리 전통 건축을 살필 때 주시해야 할 점은 사용 주체-건물-주변 경관의 인터페이스라고 확신하게 되었다. 중요한 지점은 주변 경관과 특별한 조화를 이루며 탁 트인 시각과 생기 순환을 보장할 수 있는가의 여부다. 주변 공간과의 시각적 조화와 생기의 획득을 위해서는 산과 언덕의 형세, 물과 바람의 양과 흐름, 식생의 다양성과 방위 등을 포함한 주변 공간의 특성을 잘 이해해야 한다."10)

---

9) 같은 책, p.73.

회화에 대한 재해석 역시 마찬가지다. 일반적으로 서양의 고전 회화와 비교했을 때 한국의 일부 전통 회화가 보여주는 통일적 구도의 취약함, 다양한 시점의 공존,11) 대상에 대한 재현에서 미시적 시점과 거시적 시점의 겹쳐짐, 그림 전체 구도의 시점과 그림 내 인물의 시점의 병치, 근대 서양의 입체파에서 볼 수 있는 평면성의 획득 등을 모두 프랙탈의 관점에서 풀어내고 있다. 결국 심광현이 제안한 프랙탈 미학이라는 것은 체계화된 것이 아니고 따라서 어떤 때는 주체와 객체의 대극 경향에 대한 반테제로서 이해되기도 하고, 또 다른 경우에는 정수로 표현되는 차원들의 "사이-존재"라는 점이 강조되기도 하고, 때에 따라서는 유동적인 흐름에 방점이 놓이기도 한다. 어쨌든 궁극적으로는 무시되거나 부정적으로 평가되던 한국 문화의 항목들을 오히려 주요한 특징으로 재해석한다는 지향을 취하고 있는 것은 사실이다.12)

---

10) 같은 책, p.174. 안동의 병산서원에 대한 분석, 그리고 좀더 일반적인 전통 건축의 이론화 부분을 이 글에서 살피는 일은 불가능하다.

11) 예를 들어 단원의 「씨름」에 나타나는 여러 시점의 공존을 프랙탈 배접 관계라고 부른다. 여기서 배접이란 전통 중국화나 한국화에서 한지에 먹으로 그림을 그리고 이를 액자로 만들 때 뒷면에 한지를 여러 겹으로 바른 뒤 나무판에 고정시키는 것을 말한다. 이렇게 되면 뒤에 댄 한지들에 원래 그림이 일정하게 스며들게 되는데 이는 그대로의 복사는 아니다. 그래서 "이렇게 상호 침투적이면서도 각층이 자율적으로 다양한 변주를 수행할 수 있는 것"을 배접 관계라고 부른다. 같은 책, p.358, 주 29 참조.

12) 그래서 심광현은 일종의 추정이기는 하지만, 한국의 문화적 특성이 현재의 대중 문화에 담겨져 표현됨으로써 발생한 현상으로서의 한류 열풍의 "미학적 핵심"을 프랙탈한 흥의 미감에 있다고 본다. 그에 따르면 영상물이나 대중 음악 같은 장르야말로 주체의 집단적인 참여를 요구하는 흥의 미학이 가장 효과적으로 발휘될 수 있는 장르라는 점에서 한국 문화의 프랙탈한 성격이 가장 잘 반영되어 있고, 이것이 근대와 탈근대를 혼용한다는 일반적인 관심과, 동양과 서양을 절합시키고자 하는 아시아적 관심을 성취 가능한 형태로 제시함으로써 대중 문화 현상에서 일정한 긍정적 수용을 가능하게 만든다는 것이다. 같은 책, pp.123-124 참조.

3. 영화의 분석 ― 「복수는 나의 것」의 프랙탈한 인과성

이러한 한국 문화 해석을 바탕으로 두고 한국 영화의 특징을 살펴보기로 하자. 어차피 극도로 다양한 측면을 가지고 있는 대중 문화 현상 그리고 영화 문화를 전반적인 수준에서 일괄적으로 논한다는 것은 불가능하다. 따라서 여기서는 프랙탈 미학과 관련지을 수 있는 측면을 몇 편의 영화에 한정시켜서 다루어보는 것에 제한된 논의만을 하기로 한다.

「복수는 나의 것」은 이해하는 데 무리가 따르는 영화는 결코 아니다. 영화의 전체적인 흐름은 그냥 보고 있으면 전체적으로 파악된다. 그렇지만 이야기를 이끌어가는 마디마디의 연결 자체가 그렇게 자명한 것은 아니다. 물론 이 영화는 일종의 블랙 코미디의 장르에 속하는 특성을 가지고 있기 때문에 마디 연결의 생략이 커다란 거부감을 낳지는 않는다. 왜냐하면 코미디는 우리의 일상 체험과 유리되는 낯설음 자체를 장르적 구성 요소로 가지고 있기 때문이다.[13] 다시 말해서 코미디라는 장르에서 낯설음이나 파편성 같은 것은 장르 자체의 요소로 인지되기 때문에 관객은 현실 공간과 내러티브 공간을 애초부터 분리시켜서 수용하는 경향을 보여주고, 그렇기 때문에 유기적 연결의 부재나 낯선 인과성이 영화 이해에 그다지 장애로 여겨지지 않는다는 것이다. 따라서 인과 관계의 파편성이나 상식적인 연결로부터의 이탈을 내러티브 진행에 대한 충격이나 진지한 돌출 따위로 간주하지는 않게 된다. 그러나 「복수는 나의 것」의 경우에는 이러한 코미디의 요소로 완전하게 환원시킬 수 없는 측면을 가지고 있는데, 그것은 영화가 보여주고 있는 리얼한 잔인함에 의한 효과와 전체 에

---

13) Frederic Jameson, "The Existence of Italy", *Signatures of the Visible*, Routeledge, 1990, p.211.

피소드 관련자들의 이어지는 죽음이다.14) 누나의 신장 수술을 받게 하려고 유괴 사건을 벌이고 이어서 누나의 자살, 유선의 죽음, 이어서 영미와 류의 죽음, 팽 기사 가족의 음독 자살, 장기밀매단 가족의 몰살 그리고 한국 무정부주의자 동맹에 의한 동진의 살해 등. 과장한다면 일종의 나비 효과처럼 번지는 죽음들의 묘사에서 상처와 피범벅은 리얼한 구체성으로 표현된다. 그렇기 때문에 전체적인 줄거리 이해의 용이성과 이야기 마디의 생략이란 것은 다시 반성의 대상이 될 수 있다.

정성일이 지적했듯이, 유선이 울고 있는 사진을 찍기 위해서 류는 유선의 목걸이를 빼앗는다. 그리고 사진을 찍을 때 그 목걸이는 류의 팔에 걸려 있었다. 그런데 나중에 화면에 나오는 그 폴라로이드 사진을 보면 유선의 목에 바로 그 목걸이가 걸려 있다.15) 이러한 불일치를 어떤 식으로 판단하든 간에 영화가 보여주는 것과 보여주지 않는 것 사이에는 중대한 불균형이 있음의 단서로 해석될 수 있다. 정성일의 뛰어난 분석을 들어보자.

"페이드는 설명을 괄호 친다. 그때마다 우리는 알아서 알았다 치고, 넘어가야만 한다. 생략은 점점 과감해지고, 설명은 점점 늘어난다. 「복수는 나의 것」은 빼먹고 넘어가는 것이 많은 영화다. 반대로 지루한 설명이 반복되는 장면이 많은 영화다. 또는 그것을 미덕으로 여긴

---

14) 이런 점에서 벤야민이 말하는 바로크 독일 비극에서 음모자(intriguer : 플롯을 꾸미는 자로서의 연출자, 즉 감독이라고 할 수도 있을 것이다)의 양면적 모습을 이 영화에서 찾아볼 수 있다. "그런 경우가 있다하더라도 드물게만 사변적 미학은 진정한 조크와 잔인함 사이의 친화성을 고려했다. 어른들이 충격을 받을 때 아이들은 웃는 것을 본 적이 없는 사람들이 있을까? 그렇게 어린아이처럼 웃는 것과 어른들의 충격 사이에서 사디스트가 오락가락하는 것이 음모가가 보여줄 수 있는 것이다. Walter Benjamin, *The Origin of German Tragic Drama*, John Osborne 옮김, NLB, 1977, p.126.
15) 더 나아가 어떤 장면에서는 실제로 붐마이크의 끝자락이 나왔다가 사라진다.

다. 류(와 영미)가 동진의 딸 유선을 유괴하는 장면은 빼먹지만, 동진에게서 돈 가방을 빼앗는 장면은 장소를 옮겨가며 그 과정을 보여준다. 류가 장기 밀매 사기에 말려들어 수술하는 장면은 빼먹지만, 물에 빠져죽은 유선을 부검하는 장면은 꼼꼼하게 (복부를 가르는 데까지 보여준 다음) 들려준다. 또는 장기밀매단 가족을 죽이는 장면은 꼭 챙긴다. 팽 기사가 자해극을 벌이는 장면은 보여주지만, 팽 기사 가족이 음독 자살을 벌이는 과정은 빼먹는다. 여기에는 원인과 결과의 비대칭이 존재한다."[16]

원인과 결과의 비대칭은 다른 식으로 말한다면, 정성일이 이 영화를 일종의 징치적 비평의 대상으로 삼고 있는 한에서, 이 영화가 선형적 인과성이라는 고전적 기준에서 볼 때 일종의 결여나 부재를 드러낸다는 것이다. 그리고 이 부재가 인과성의 다른 형태인 구조적 인과성을 지향하게 만들고 있다는 것이다. 선형적 인과성 또는 표현적 인과성에서 구조적인 과정으로의 이행은 원인과 결과의 경험론적인 대응이 불가능해지는 상황에서 요구된 것이었고, 정성일의 「복수는 나의 것」의 독해는 이 점에 초점을 맞추고 있다. 다시 말해서 원인과 결과의 대응이 불확실해지는 상황에서 구조적 인과성으로의 이행은 불철저한 이행일 뿐이라는 것이다. 알튀세의 구조적 인과성 또는 중층 결정이라는 것이 일종의 우연과 결정론의 합성이라고 본다면, 그리고 이 영화가 바로 그 두 측면을 함께 드러내고 있는 것이라면, 정성일은 그것이 결국은 결정론에 대한 유보적 인정 이외의 것이라고 볼 수 없다는 것이다. "그러니까 원인과 결과 사이에 어떤 중재자가 들어온다. 이때부터 「복수는 나의 것」은 현실에서 실재의 영역으로 넘어오는 대신 원인이 괄호 쳐진 환상의 형식으로 후퇴하기 시작

___

16) 정성일, 「<복수는 나의 것> 비판론(1)」, 『씨네21』, http://www.cine21.com/index/magazine.php?mag_id=9138.

한다. 그럼으로써 이 영화를 지배하는 것은 하드보일드가 아니라 절대적 필연성에 사로잡힌 목적론의 세계다. 또는 신비주의가 서술 과정을 장악하고, 그 안에서 인과 관계는 중재자를 절대자의 자리에 끌어올려 그의 내재적 결정을 따른다."[17] 말하자면 구조적 인과성에서 경제적 심급의 결정이 결국은 중층 결정의 모든 효과를 제거해버린다는 말이 된다. 영화의 초반에 류가 소변을 보고 있을 때 장기밀매단이 스티커를 붙이고, 류가 누나를 묻을 때 뇌성마비 장애인이 나타나고, 동진이 류의 아파트에 갔을 때 옆방에서 류의 사연이 낭독되는 방송이 들리고, 동진이 냇가에 가서 돌을 집어드는 곳이 류의 누나가 묻혀 있는 곳이고 등.[18] 우연의 일치가 필연을 만들어내고 있다.

그러나 구획 설정의 문제가 남아 있다. 정성일처럼 선형적 인과성과 구조적 인과성을 한데 묶고 이후의 탈구조주의적인 인과성의 전면적인 해체를 다른 하나로 묶을 것인지, 아니면 심광현이 프랙탈 미학에서 시도하듯이, 선형적 인과성 / 구조적 인과성+탈구조주의적 인과 개념이란 대비로 볼 것인지의 문제다. 심광현의 관점에서는 구조적 인과성이라는 것이 어떤 식으로든 인과성의 고전적인 형태를 보존하려는 측면이 있었던 것은 사실이지만, 이미 중층 결정 등의 개념화는 원인과 결과의 대응 관계로는 설명할 수 없는 우연과 미시성의 영역을 끌어들인 것이고 알튀세에서 탈구조주의로의 이행은 일종의 연속성을 가지고 있는 것이다. 따라서 자기 조직화, 창발성, 미시 권력 등과 같은 개념은 중층 결정에서 예견되고 함축되어 있었다고 할 수 있다. 실제로 「복수

---

17) 정성일, 「<복수는 나의 것> 비판론(2)」, 『씨네21』, http://www.cine21.com/index/magazine.php?mag_id=9137.

18) 정성일은 이런 숙명적인 필연성을 일종의 스탈린주의라고 부르며 영화에서 정치적으로 동의할 수 없는 부분이라고 말한다. 앞의 글.

는 나의 것」에서 앞에서 열거된 것과 같은 숙명적인 일치는 지배적인 효과를 갖고 있지 못하다. 정성일의 비평과는 달리, 그런 일치들은 원인과 결과의 비대칭 또는 번져나가는 우연적 효과들 속에 파묻히고 있으며, 코미디 장르의 동요 효과로 상쇄되어버리는 경향을 갖는다.19) 그렇기 때문에 마지막 장면에 한국 무정부주의자 동맹원들이 느닷없이 등장하는 것을 두고 영화가 구조에서 벗어나지 않으려고 버티는 것이라는 정성일의 해석은 그다지 설득력이 없다. 지나치게 자의적인 해석이다. 동맹원들의 등장은 영화 전체를 흔들어놓는 이질성의 갑작스러운 침입이다.

4. 「복수는 나의 것」 ― 프랙탈한 공간 구성

이는 단순히 내러티브에 대한 해석상의 이견이라고 할 수만은 없다. 왜냐하면 이 영화가 보여주는 이미지 특히 영화적 공간의 구축은 스탈린주의적인 규정성(리얼리티 효과의 창출)보다는 프랙탈의 특성(벡터의 작용과 그것의 노출)이 지배적이기 때문이다. 이 영화에서 공간이 구축되는 방식들 또는 카메라를 통한 시

---

19) 다시 벤야민에 기대어 이러한 우연과 필연의 관계를 보자. 그는 결정론과 숙명성은 다른 것이라고 말하면서 후자를 이렇게 설명한다. "자연 법칙과 일치하는 일종의 유형에 사건들이 따라갈 필요는 없다. 즉, 기적도 아주 쉽게 바로 이런 숙명감을 환기시킬 수 있다. 그것은 사실들의 불가피성에 연원하는 것이 아니다. (…) 왜냐하면 이때 모든 의도적인 것이나 우연적인 것은 너무나 강렬해졌기 때문에 복잡성은 자신의 역설적인 격렬함으로 이 … 행위가 숙명에 의해 야기된 것으로 드러내기 때문이다." Walter Benjamin, 앞의 책, pp.129-130. 이런 관점에서 본다면 열거된 결정론적 혐의를 받는 요소들은 우연성의 강화에 기인한 숙명에 대한 느낌이라고 해야 할 것이다. 상대적으로 거시적인 인과 요소들은 그 "사이"에 내재하는 복잡성에 대한 감각 또는 높은 퍼지 귀속도로 바꾸어 생각할 수 있다.

각 공간의 구성 방식은 그 하나 하나에서 그다지 예외적인 것은 없다. 결국은 일상적인 영화 관람에서 다 본 적이 있는 공간들이다. 그러나 이 영화에는 그런 공간 구성 중에 특별히 집요하게 반복적으로 사용되는 것들이 있다. 크게 보아서 두 가지를 말할 수 있다. 첫째는 광각 렌즈를 사용한 원근감의 과장과 그에 따른 공간의 왜곡이다. 다른 하나는 시점 쇼트에 대한 강박적인 준수가 있다. 이 두 가지는 영화적 공간의 구성에서 상당히 어긋나는 측면들을 가지고 있다.

먼저 광각 렌즈로 구축된 공간을 보기로 하자. 이런 공간들은 영화 전체에 포진되어 있다. 영화의 초반부에 류가 일하고 있는 공장 내부 장면부터가 그렇다. 원근감이 지나치게 과장되어서 내부 공간은 실제보다 엄청나게 멀리까지 배치되어 있는 것처럼 보인다. 그러나 후경에 위치한 인물이 전경으로 접근하는 데에는 몇 걸음이면 가능하다. 또 놀이터에서 영미가 줄넘기를 하는 장면에서도 고무줄을 잡고 있는 류와 누나는 서로 마주보고 있는 것인데, 마치 둘 다 카메라 쪽으로 약간 방향을 틀고 서 있는 듯이 보인다. 특정 장면에서 전봇대는 구부러지듯이 기울어져 보인다. 이렇게 왜곡된 공간은 고전 회화와 바로크 회화를 비교하면서 뵐플린이 말했던 역동적 공간을 상기시킨다.[20] 바로크 회화의 양식적인 특징 중의 하나로 말해지는 단축법은 원근감의 과장으로서 광각 렌즈를 통해 구성된 공간과 유사한 성격을 보여준다. 이런 구성은 그 과장을 통해서 지점의 배치보다는 지점들 간의 운동성 또는 벡터가 강조되는 공간이다. 2차원의 평면적 이미지로 구성되는 3차원적 공간감의 구성에서 단축법은 프랙탈의 정도가 훨씬 높은 것이라고 할 수 있을 것이다. 광각 공간이 함축하는 벡터적

---

20) 하인리히 뵐플린, 『미술사의 기초 개념』, 박지형 옮김, 시공사, 1994, 제2장 「평면성과 깊이감」, 113-175쪽 참조.

요소의 강조와 실체적 분리감의 제거, 고정 좌표 설정에 대한 저항 등이, 벤야민이 바로크 비극의 특성 중의 하나로 들고 있는, 내러티브적 시간적 자료를 공간의 동시적인 조형성으로 바꾸는 것과 연관된다면,[21] 그리고 그것이 시간적 진행을 공간적인 미분의 방법에 종속시키는 것이라면[22] 앞에서 말한 인과성의 일정한 해체는 광각 공간 구성과 일정한 상동성을 지니는 것으로 이해될 수 있을 것이다. 이런 공간 구성은 벤야민이나 들뢰즈가 말한 것과 같은 어떤 지배적이거나 규정적인 원리도 발견할 수 없는 세계, 그래서 그 세계를 설명하기 위해서 끊임없이 가설적인 원리를 상정하고는 폐기해야 하는 상황으로서의 바로크적 상황의 구현일 수 있다. 원리들을 지속적으로 산출해낸다는 것, 그러한 원리들 간에 어떤 논리적 연결이나 종속 관계가 존재하지 않는다는 것은 원리들이 총체화의 기제라기보다는 파편적 단위로서 기능한다는 면을 내포한다. 총괄적인 최고 원리란 존재하지 않기에 문제에 봉착하면 임기응변 식의, 그러나 강력한 사유의 산물인 새로운 원리가 만들어진다. 이러한 사유의 절차는 어떤 면에서 벤야민도 비슷한 방식으로 바로크적 글쓰기에 대해서 말하고 있는 특징이다.

"폐허 속에 널려 있는 것들, 매우 의미 깊은 파편들, 찌꺼기들 등은 실제로 바로크적 창작의 최선의 자료다. 왜냐하면 엄밀한 목적 이념도 없이 지치지 않고 기적을 기대하면서, 파편 조각들을 끊임없이 쌓아올리는 것, 강화(intensification)의 과정을 위하여 상투적인 것을 반복하는 것이 바로크 문학에서는 흔한 작업이기 때문이다."[23]

---

21) Walter Benjamin, 앞의 책, p.81.
22) 같은 책, p.92.
23) 같은 책, p.178. 이는 「복수의 나의 것」이라는 영화를 바로크적인 미학으로 재단하려는 의도에서 말하는 것은 아니다. 단지 정성일의 분석을 매개로 해서

이처럼 바로크적인 이미지를 떠올리게 만드는 광각의 공간 구성과 대비되어 마찬가지로 집요하게 사용되는 것이 시점 쇼트의 강박성이다. 여기서 시점 쇼트의 강박성이라고 말하는 것은, 특정 화면에서 그 화면의 시각적 주체가 암시적으로나 명시적으로 관련되는 경우에 그 시점 주체의 현실적 높낮이를 정확하게 맞추려는 경향을 말한다. 카메라가 낮은 시점에서 거리를 바라본다. 그럴 경우 다음에 나오는 그 화면의 시점 주체는 낮은 위치에 있거나 앉아 있다. 이런 시점 쇼트 자체가 낯선 것은 아니다. 거의 모든 영화에서 사용되는 것이기 때문이다. 그러나 이 영화에서는 그것이 반드시 준수된다. 심지어는 누워 있는 시체를 바라볼 때의 쇼트/리버스 쇼트의 구성이 엄격하게 준수된다. 즉, 시체를 바라보는 시점 쇼트에서 카메라는 아래쪽을 비스듬히 향하면서 주체가 보고 있는 장면을 보여준다. 컷이 되고 다음 리버스 쇼트는 아래쪽에서 앞선 장면의 주체를 보여준다. 보통 대화 장면에서 기본적으로 사용되는 쇼트 각도의 함축이 이제는 전혀 시점 주체가 될 수 없는 시체에도 적용되고 있는 것이다. 고전적으로 허구적인 영화 공간의 일관성을 만들어내서 내러티브를 통한 관객의 주체화를 수행하는 방식이 과도하게 기계적으로 반복됨으로써 오히려 낯선 효과를 만들어낸다. 이는 상당히 고전적인 쇼트 구성 방식이 전체적인 맥락에서는 거꾸로의 효과를 낳는 것이고, 내러티브 전개에서 지나치게 우연적인 일치의 강조는 바로 이러한 측면에서도 목적론적 세계관의 도입이 아니라 우연이라는 숙명의 강화로 귀결된다.

공간 구성의 지배적인 두 방식은 고전적인 공간 구성과 전면적인 차이를 강조하는 광각 구성과, 고전적인 쇼트 구성의 집요한

관점을 조정할 경우 이 영화가 프랙탈 미학에서 제출되는 개념이나 범주들에 적합할 수 있는 성격을 보여준다는 것을 지적하는 것에 한정된다.

준수에 의한 구성이라고 할 수 있는데, 이 두 가지의 구성은 이 영화에서 각각이 그 자체로 갖는 성격보다 이 두 구성이 함께 사용된다는 면에서 프랙탈한 성격을 강화시킨다. 전통 회화에서 심광현이 크게 범주화시킨 이질적 시점의 병치나 그런 시점의 역동적인 배치는 움직이는 이미지로서의 영화에 그대로 적용되지는 않는다. 이미 쇼트 각각이 기술적인 장치에 의한 것이기도 하지만, 정지된 이미지의 미적 특성은 프레임 이외의 요소에서 찾기는 힘들기 때문이다. 그렇지만 일정한 지속을 가진 쇼트들의 연속적인 시간적 배치로서의 영화에서도 위에서 말한 것과 같은 이어지는 반복을 통해서 같은 효과를 만들어낼 수 있다. 특히 영화야말로 시점을 강하게 수반하는 시각성을 불가결한 것으로 포함하는 이상, 단축법에 의한 왜곡된 공간과 주관적 시점의 강박적인 배치의 절합은 프랙탈 미학의 기본적인 성격을 충분히 드러내고 있다.

5. 「취화선」— 이미지의 프랙탈

노만 브라이슨은 동북아시아의 전통 회화와 서양의 회화 사이의 차이를 지시적 요소의 잔존과 소거라는 점에서 찾아내고 있다. 서양화에서는 "오일 페인트를 주로 소거적(erasive) 매체로 여긴다. 그것이 가장 먼저 지워야 할 것은 그림 평면의 표피다. 즉, 표피의 가시성은 기본적인 테크닉의 일관성을 위협할 수도 있는 것이다."[24] 즉, 서양의 재현적인 이미지에서는 바탕과 형상의 이분법적인 관계가 성립하고 이 관계에서 바탕은 주된 형상을 위해

---

24) Norman Bryson, *Vision and Painting, The Logic of the Gaze*, Yale University Press, 1983, p.92.

서 언제나 하위 기능에 복속되어야만 한다. 그렇기 때문에 완성된 회화에서 그런 결과를 낳은 작업 과정 자체는 비록 엄밀한 분석적 시선에는 부분적으로 나타날 수 있다 하더라도 궁극적으로는 가시화되지 않아야 하는 흔적이다. 특히 색채에 더하여 다른 색채가 칠해졌을 경우에 생산 과정 자체의 흔적은 재구성하는 것이 시각적으로 불가능하다. 생성 속에서의 이미지가 원래 위치해 있었던 그 자체의 시간, 지속, 실행, 물질성 등은 다 사라지게 된다.[25] 이에 반해서 동북아시아[26]의 일정한 회화 작품에서는 그 작품이 만들어지는 과정 자체에 대한 지시적 표시(deitic marker)가 뚜렷하게 현존한다. 붓질의 흔적, 되먹임의 가시성, 붓의 흐름에 따라 그대로 남아 있는 먹의 유동성, 마무리 터치에서 붓 자체의 갈라지는 형상의 잔존 등은 과정적 작업과 작품의 이항적 분리라는 것을 약화시키게 만든다.

"생산 작용의 작동이 지속적으로 그 흔적들의 언저리에서 전시된다. 즉, 이 전통에서 노동하는 몸은 항상 드러나고 있으며 이는 서양에서 오직 퍼포먼스 예술에서만 적용되는 측면에서 판단되는 것과 똑같다."[27]

다른 식으로 표현한다면 창작 과정과 작품의 두 계기가 따로 분리되지 않고 그 작품 속에 함께 공명하고 있으며 이는 이분화된 두 차원으로서가 아니라 그 사이의 차원에서 작동하고 있다는 것이다. 이 점에서는 심광현이 말하고 있는, 서양 회화에 대비한 동양 회화의 좀더 프랙탈한 측면이 다시 지적되고 있는 것이라고

---

25) 브라이슨은 즉흥성에 기반한 피카소의 그림이라도 역시 이러한 논리에서 벗어나지 않는다고 말하다.
26) 물론 브라이슨은 중국과 일본의 회화만 언급하고 있다.
27) Norman Bryson, 앞의 책, p.92.

할 수 있다.[28)

「취화선」이 이러한 회화 작품, 즉 수묵화를 그 작가와 함께 다루고 있다고 할 때 여기에 회화와 영화의 관계가 다시 추가된다. 이 관계는 중요하다. 회화를 다루는 영화라는 면에서 그것은 이미지를 다루는 이미지의 성격을 갖기 때문이다. 이미 회화나 화가를 다룬 많은 영화에서 이 관계는 일찍부터 중요성을 획득해왔다. 예를 들어 크라카우어는 회화에 관한 영화에서 두 가지 측면이 미학적인 것과 관련됨을 지적하고 있다. 첫째, 관객이 영화를 통해서 회화와 만난다는 체험이 일으키는 미적인 독특함은 그것이 회화의 작품 자체를 물질적 실체로 드러낸다는 사실에 있다. 삶의 실질적인 공간에서, 예를 들어 전시회에서 작품을 만나는 것과 달리 영화의 이미지 안에서 작품을 만나는 것은 그것의 물질성을 강조하는 마주침과 닮은 것이라는 말이다. 이럴 경우에 앞에서 브라이슨이 말했던 흔적의 담지자로서의 표피의 소거라는 것이 상당히 약화된다. 작품 자체의 물질성이 부각되는 것은 영화 속에서는 표피가 강화되어 나타나기 때문이다.[29) 그러나 다른 한편으로는 다른 대상들을 찍을 때처럼, 조명이나 촬영 각도가 자유로울 수 없는 면도 있다. 그것은 회화 작품이 영화의 훨씬 자유로운 가변성에 대해서 일정하게 저항하는 것으로서 움직이는 이미지에 제한을 가하기 때문이다. 예를 들어서 회화 작품의

---

28) 특히 흔적의 지시성은 좀더 세부적으로 겸재와 중국 회화의 차이를 드러내는 데에서도 작용한다. 겸재 회화에 대한 김용준의 해석을 요약하면서 작업 과정의 물질적인 몸의 특성을 이렇게 말하고 있다. "중국의 화선지와는 달리 묵색의 운염이 자유롭지 못하고, 지면이 미끄러워 속력 있는 선조(線條)를 운용할 경우에만 100% 효과를 낼 수 있는 조선 장지(壯紙)의 특성이 겸재의 직선준법을 탄생케 한 배경이라고 한다." 심광현, 『홍한민국』, p.169.

29) Siegfried Kracauer, *Kino : Essays, Studien, Glossen zum Film*, Karsten Witte 엮음, Suhrkamp, 1974, p.56. 참조.

완전한 측면 또는 그와 가까운 각도에서의 촬영은 회화의 이미지를 불가능하게 만든다.[30] 바로 이렇게 거꾸로 작용하는 두 가지 미학적 고려는 회화 이미지를 다룬 영화 이미지를 어느 한편으로 환원시킬 수 없도록 만든다. 이러한 이미지에 대한 존재론적인 위치 설정은 프랙탈 미학이 선호하는 용어로 단순화시킨다면 퍼지 귀속도를 높이는 것이라고 할 수 있다.

「취화선」의 이미지 자체를 보기로 하자. 촬영 감독도 말했고 그 영화를 본 사람들도 동의했듯이, 이 영화에서 한국의 자연 경관을 보여주는 장면에서 관객들이 느끼게 되는 것은 저런 곳이 우리나라에도 있다는 놀라움 또는 이미 본 경관에 대한 새로운 재발견이라고 할 수 있다. 개펄을 보여줄 때 그것은 아름다움이라고 일반적으로 표현할 수도 있지만, 기계적 촬영 장치에 의한 이미지임에도 불구하고 부각되는 고도의 추상화된 평면성이기도 하다. 이는 전통 회화 중 일부가 보여주었던 원근감과 평면성의 프랙탈한 배치라고 했던 것을 기술적인 세밀한 재현과 추상성의 배치로 다시 보여주는 것이다. 이는 프랙탈한 소박미의 전형적인 사례라고 할 수 있다.

「취화선」의 이미지 중에 가장 빈번하게 보게 되는 것이, 프레임 속의 프레임 또는 프레임 속의 프레임 속의 프레임으로의 확장이다.[31] 이러한 프레임 사용이 보여주는 프랙탈적인 역동성은

---

30) 같은 곳.
31) 프랙탈 공간이라는 것은 연속성이 깨지는 특이점이 엄청나게 많은 공간이라고 한다면, 한국의 전통 건축이 그 자체의 형태가 아니라 건축 내부에서 끊임없이 자연 공간을 수용하면서 거꾸로 자연 지형에 다층적으로 문화 코드를 부여하는 인터페이스를 강조하고 있다는 점에서 프랙탈의 강도가 크다고 할 수 있다. 그리고 이는 "문턱에서 밖을 내다보면 담장과 마루와 창호지문들이 겹쳐지"면서 중층의 프레임을 만들어낸다. 이런 면에서 「취화선」에 나오는 프레임 속의 프레임은 중층의 시각이며 "접힌 곳에 펼친 공간이 겹쳐 있고, 펼쳐진 공간에는 반드시 접힌 공간이 숨어" 있음을 보여준다. 심광현, 『홍한민국』, p.181.

다음과 같이 접근해볼 수 있다. 우선 내러티브 전개와의 순기능만을 본다면 프레임 속의 프레임은 이 영화의 특징인 에피소드 중심의 처리가 낳는 이야기의 산만함을 상쇄할 용도를 가질 수 있다. 그렇지만 좀더 근본적으로는 상반되는 두 극단의 공존이라는 방향에서 파악될 수 있다. 그것은 앞에서도 말한 미시적인 세부성과 소략함의 추상성이다. 다중적으로 프레임화됨으로써 우리가 보고 읽어야 할 이미지 정보는 과도하게 증가한다. 설령 바깥쪽의 프레임이 어둠으로 덮여 있는 경우라 할지라도 내부 프레임에서는 일종의 이미지 압축이 일어나기 때문에 효과는 마찬가지다. 그러나 다른 한편으로 이 영화에서 다중 프레임이 주로 에피소드의 전개와 결부되어 있는 쇼트에서 집중적으로 사용된다는 점에서 다중 프레임을 사건의 진행과 관련해본다면, 내부 프레임이든 외부 프레임이든 직접적 사건의 공간으로서의 기능을 하지 않는 프레임은 일종의 여백으로 작동한다. 이렇게 본다면 다중 프레임은 시각적 정보의 압축적 과잉과 여백이라는 과소의 교차적 공존이라고 할 수 있을 것이다. 그렇게 때문에 화면은 아름답지만 드라마는 빈약하다는 「취화선」에 대한 일부 평가는 이 영화의 이미지 자체가 규정하는 양 측면이라고 보아야 할 것이다. 이런 교차적 공존은 결국 색채와 같은 이미지의 즉물성에 집중하도록 만든다. 브라이슨 말하는 흔적의 지시성과 이미지의 자체적 완결성이 함께 시각에 주어진다는 것이다. 세부적 질감의 색채는 우리로 하여금 마치 대상의 세계를 만질 수도 있을 듯한 만족감을 제공한다.

몇 가지 분석을 시도해보았다. 프랙탈 미학은 아직은 일종의 미학적 강령 또는 프로그램의 성격을 갖고 있다고 할 수 있다. 그것은 체계화된 미학적 논의라기보다는 대상에 대한 시선의 확장이라는 성격을 가지고 있다. 그것이 지향하는 주요한 기능적 측면은 전통적인 것과 근대 또는 탈근대적인 것 사이를 절합시키려는 것이고 그것이 지향하는 현실적 측면은 전통과 현대의 우리 문화에 대한 적극적 해석이다. 여기에서 다룬 영화적 측면은 그런 프로그램이 가질 수 있는 긍정적인 분석의 사례들이라고 할 수 있다. 그리고 다른 면에서는 프랙탈 미학의 지나치게 일반적인 그래서 강령적인 성격을 완화시켜보려는 시도에 해당한다.

□ 참고 문헌

심광현, 『프랙탈』, 현실문화연구, 2005.
_____, 『흥한민국, 변화된 미래를 위한 오래된 전통』, 현실문화연구, 2005.
정성일, 「<복수는 나의 것> 비판론(1)」, 『씨네21』, http://www.cine21.com/index/magazine.php?mag_id=9138.
_____, 「<복수는 나의 것> 비판론(1)」, 『씨네21』, http://www.cine21.com/index/magazine.php?mag_id=9137.
질 들뢰즈 · 펠릭스 가타리, 『천 개의 고원』, 김재인 옮김, 새물결, 2001.
하인리히 뵐플린, 『미술사의 기초 개념』, 박지형 옮김, 시공사, 1994.

Frederic Jameson, "The Existence of Italy", *Signatures of the Visible*, Routeledge, 1990.
Norman Bryson, *Vision and Painting, The Logic of the Gaze*, Yale University Press, 1983.
Siegfried Kracauer, *Kino : Essays, Studien, Glossen zum Film*, Karsten Witte 엮음, Suhrkamp, 1974.
Walter Benjamin, *The Origin of German Tragic Drama*, John Osborne 옮김, NLB, 1977.

문화 기술(CT)의 철학적 기초*

여 명 숙

1. 문제 제기

문화 기술, 곧 CT(Culture Technology)는 IT, BT, ET, NT, ST 등과 더불어 21세기 한국을 먹여 살릴 핵심 산업 기술의 하나며, 우리나라 사이버 문화의 산물이자 그 발전을 위한 가이드라인으로서 사이버 문화와 밀접한 관계를 맺고 있다. 하지만 현재 CT는 이미 기초 정책으로 문화, 교육 및 산업계의 각종 분과에서 작동하고 있음에도 불구하고 CT가 무엇인지 아는 일반인은 극히 드물고, 핵심 인력조차 CT의 취지와 성향에 대해 몇 개의 연접문으로 말할 수 있을 정도일 뿐 그것의 정의가 무엇이라고 딱 잘라 말하기 어려운 실정이다. CT의 윤곽을 정확하게 그리지는 못하더라도 그것이 현재 학계와 산업계 모두에게 유용하고 앞으로도

* 본 논문은 한국과학기술원(KAIST) BK21사업단 지원에 의한 연구 보고서입니다. 지원에 감사드립니다.

사회적으로 유익한 패러다임으로 작동할 가능성이 충분히 있다면, 적극적으로 CT의 모양새를 다듬는 일이 요구된다. 거기에서 반성적 학문으로서 철학의 일차적 역할을 찾을 수 있고, 그 다음으로 분과 학문으로서의 철학의 기여는 CT를 구성하는 한 분과인 디지털 인문학을 통해서 성취될 수 있을 것이다.

CT는 무엇보다도 그 출생에서부터 디지털 기술과 계산주의라는 두 개의 키워드에 기초해 있으므로, CT의 철학적 문제들은 통상적인 사이버 문화에 대한 철학적 논의들의 범위를 크게 벗어나지 않는다. 무엇보다도 계산주의적 존재론과 가치론에 대한 반성이 요구되는데, 구체적인 사이버 문화 현상 속에서 모순을 일으키는 개념들이 계산주의적 관점에서 무리 없이 설명되는 과정을 보임으로써 CT의 이론적 완성도를 평가해볼 수 있을 것이다.

본 논문은 다음과 같이 철학적 긴장을 일으키는 물음들에 초점을 맞추고 있다. 첫째, CT에 기초한 문화 산업은 과거 아도르노의 문화 산업 비판으로부터 자유로운가? 우리나라 사이버 문화에 내재된 이중 규범의 근원은 무엇인가? 둘째, 만약 CT가 산업적 접근과 문화적 접근 간의 대립이 낳은 결과라면 그것은 새로운 학적 패러다임이 아니라 모순된 단어의 조합이며 소모적인 정책 트랜드에 지나지 않는 것인가?

첫 번째 질문이 야기하는 긴장은 쌍방향 대화 가능성을 주된 특질로 하는 디지털 미디어의 본성에 주목해볼 때 비교적 쉽게 해소될 수 있을 것이다. 문제는 후자의 질문인데, 이는 CT의 정체성을 근원적으로 흔들어놓는 것이기 때문이다. 면밀한 상황 분석을 위해서는 이중 규범의 파장이 가장 크게 일고 있는 사이버 문화 현상에 주목할 필요가 있다. 본 논문은 '게임 아이템 현금 거래'와 '사이버 결혼'을 중심으로 이중 규범이 작용하는 맥락을 드러내고, 그러한 모순 구조는 단순히 자본주의 경제 논리에서 비롯된 것이 아니라 가상성 개념을 둘러싼 인식적 오해에서 비롯된 것임을 밝히고자 한다. 이러한 과정에서 계산주의 존재론을 표방하는 CT와 사이버 문화의 정합성을 확인한 뒤, 문화를 토대로 한 기술이자 문화를 살찌우는 기술로서의 CT 정체성을 확보할 수 있을 것이다.

2. CT란 무엇인가?

1) CT의 태동과 체계화[1]

지난 천 년 동안 인류 역사에 가장 큰 영향을 미친 사건이 금속 활자의 발명이라는 통계 보도가 있고,[2] 이에 대한 대구(對句)로서 금속 활자 이상의 파장으로 다음 밀레니엄을 이끌 사건은 디지털 기술의 등장이라는 시각에 많은 사람들이 공감한다. 두 기술은 모두 지식의 민주화에 기여했다는 점에서 공통된다. 전자가 소수 지배층의 벽장 속으로부터 지식을 꺼내와 일반인들에게 이성의 사용법을 알려주었다면, 후자는 지식에의 접근을 가로막는 시간과 공간 및 물질적 제약 조건으로부터 사람들을 해방시켜주었다. 특히 디지털 기술의 독특한 속성 때문에 단순히 지식에 접근하는 방법만 변화한 것이 아니라 인간과 세계에 대한 다양하고

---

1) 현재 시점에서 문화 기술(Culture Technology) 개념의 탄생 및 체계화 과정에 대한 설명의 핵심 아이디어는 원광연 교수의 강의(문화기술론_KAIST 2005 봄 학기)와 강연(ADADA 2004 Keynote Speech_이화여대 주관, 제2차 Asia Digital Art and Design Association Conference, 2004년 10월 8~10일)에서 제시된 통찰들을 토대로 한 것임을 밝힌다.

2) McLean, Va.(1999). "Who mattered most in this millennium?", *USA TODAY*. Dec 23, 1999. p.17A.

새로운 관점까지 가능해졌으므로, 미래를 예비하는 모든 활동에 디지털 기술을 빼놓을 수 없게 된다.

미래를 계획하기 위해 과거를 읽다보면 하나의 의문이 제기된다. 왜 우리는 서구보다 100여 년이나 앞선 인쇄 기술을 가졌음에도 불구하고 첫 번째의 영예를 독일에게 넘겨주어야 했는가? 청주 고인쇄박물관의 고증 자료에 의하면, 『직지』를 찍어낼 당시 우리 인쇄 기술자의 전문성과 생산성은 뛰어났으며 자부심이 강하고 수준 높은 전문가 그룹을 형성하고 있었다고 한다. 『직지』가 『성경』보다 사회적 인지도가 떨어지는 콘텐츠였던 것은 사실이지만, 더 근원적인 차이는 서구에서는 인쇄 기술을 산업화하여 새로운 문화를 창출해낸 반면, 우리는 단지 보관을 목적으로 기술을 사용하도록 한계를 지었다는 사실에서 찾아볼 수 있다. 기술, 문화, 산업이라는 다각도에서 인쇄술을 해석한 것이 아니어서 소중한 발명을 선취해놓고도 세계 문화사에서 사장시켜버리게 된 것이다.

디지털 미디어의 등장 역시 금속 활자만큼 사회적 파장이 큰 사건이라면, 그것에 대해서도 단순히 산업, 기술 혹은 문화적 각도 중 어느 한쪽에서만 접근할 것이 아니라 이들 모두 균형 있게 포괄할 수 있는 접근이 요구되는데, 그러한 모색 과정에서 이름 붙여진 연구 방법론이 바로 CT다. "CT적인 접근"이란 [그림-1]에서 보듯 산업-기술-문화를 동시에 고려한 굵은 화살표의 축으로 현상을 분석하고 미래를 예측하는 방법론을 일컫는다. CT적 접근법을 따르는 문화 산업 기획자는 굵은 화살표가 가리키는 정육면체의 꼭지점에 해당하는 사회적 요구를 찾고 그에 맞는 서비스를 창안하는 것을 목표로 한다.

CT, 곧 'Cuture Technology'라는 용어는 1994년 일본 나고야에서 열렸던 '세계도시산업회의'에서 원광연 교수(KAIST)가 처음

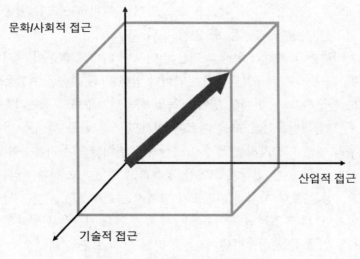

문화/사회적 접근

산업적 접근

기술적 접근

[그림-1] CT적 접근 방법론3)

공식적으로 제안하고 사용한 말이다. 당시 CT는 학술적인 차원에서 '문화 예술 활동에 대한 계산학적 접근'과 산업적인 차원에서 '예술의 표현력을 증대시키고 문화 활동 및 문화 산업을 발전시키는 데 필요한 기술'로 정의되었다. 여기서 "기술"은 단순히 이공학적 기술을 의미하는 것이 아니라 디자인, 인문사회학, 예술 분야의 지식과 노하우를 포함한 새로운 형태의 복합적인 기술을 지칭한다. CT는 21세기의 예술과 문화 산업을 위해서는 기존의 학문 체계와 개별 과학적 접근법은 한계가 있으므로 과학 기술-인문 사회-예술 및 디자인 분야의 연계와 소통에 의한 연구가 필

---

3) 원광연 · 여명숙 · 이중식(2005), 『CT의 통신 산업에의 활용성에 관한 연구』, KAIST 가상현실연구센터 주관, 한국통신경영연구소 지원. p.3.
　굵은 화살표의 방향이 구체적으로 무엇을 지칭하는지를 놓고 많은 논란이 있을 수 있다. 또한 문화, 산업, 기술 세 요소의 최대치를 구하는 방법론도 아직 표준화되어 있지 않아 특정 작업에 대한 평가 기준도 분명치 않은 실정이다. 하지만 이는 계산주의적 관점에서 열려 있는 문제이고 모든 디지털 창작 과정이 만족시켜야 하는 규정과 방향에 대한 새로운 통찰이라는 점에서 중요하다.

요하다는 인식 아래 생겨난 연구 패러다임이며, 더 좁게는 학제적 연구에 기반한 문화 상품 생산 기술 혹은 문화 산업 기술이라고 정의할 수 있다.

이후 CT의 정체성에 대해 2000년 중반까지 디지털문화예술연구회를 중심으로 논의되어 왔고, 2001년 청와대 국가경제자문회의에서 "차세대 성장 산업"으로, 국가 전략 기술 분야 공청회에서 "국가 전략 기술 분야"로 채택되었으며, 같은 해 6월을 기점으로 문화관광부의 각종 정책에 반영되면서 국내 대학교의 정식 과정으로 채택되었다. 2001년 서울대에 국내 대학 최초로 "CT 복합 과정"이, 2002년 KAIST에 "CT학제 전공" 대학원 과정이 개설되었고, 2005년 9월부터는 KAIST에 "CT대학원"이 설립, 운영되고 있다.

일관된 정책 수립과 행정 지원을 위해서는 문화-기술-산업을 연결하는 체계적인 분류법이 요구되는데, 아래 그림은 현재까지 정리된 CT의 개념 지도다. 현대의 문화 산업은 기술 의존도가 매우 높으며 따라서 현재의 기술만 가지고는 문화 산업이 필요로 하는 기술을 바로 공급하기 어렵다. 즉, 현재의 분과 학문 / 기술과 문화 산업 사이에는 소통하기 힘든 틈(gap)이 존재하고, 이렇게 비어 있는 공간을 채울 기술이 바로 CT다. 이 공간을 크게 응용 기술과 기반 기술로 나누었을 때, 각 범주에 해당하는 세부 기술들이 CT의 세부 항목이 된다. 즉, CT는 '문화 콘텐츠 창작 기술', '생활 문화 기술', '디지털 디자인', '문화 원형 기술'이라는 네 개의 응용 기술과 '미디어공학', '예술 표현 기술', '디지털 문화 이론'이라는 세 개의 기반 기술로 구성된다. 그림에서 보듯 CT 공간에서 각 그룹이 차지하는 영역의 크기와 위치는 그 기술 그룹의 상대적 중요도와 기술의 활용 영역 및 기술 상호 간의 연계성과 중첩성을 나타낸다.

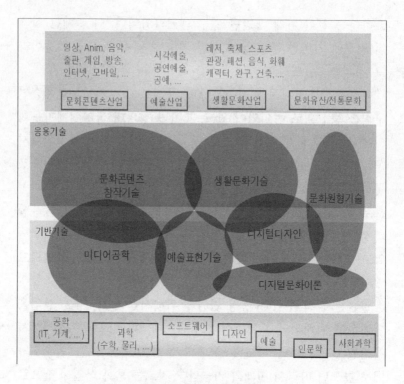

영상, Anim, 음악,
출판, 게임, 방송,
인터넷, 모바일, ...

시각예술,
공연예술,
공예, ...

레저, 축제, 스포츠
관광, 패션, 음식, 화훼
캐릭터, 완구, 건축, ...

| 문화콘텐츠산업 | 예술산업 | 생활문화산업 | 문화유산/전통문화 |

응용기술

문화콘텐츠
창작기술

생활문화기술

문화원형기술

기반기술

미디어공학

예술표현기술

디지털디자인

디지털문화이론

| 공학
(IT, 기계, ...) | 과학
(수학, 물리, ...) | 소프트웨어 | 디자인 | 예술 | 인문학 | 사회과학 |

[그림-2] CT의 대분류표[4]

2) 아도르노의 문화 산업 비판을 넘어서

관련 논의들의 함축을 떠올려보면 CT의 일차적인 목적은 경쟁
력 있는 문화 산업을 창출해내는 데 있다. '문화 산업'이라는 용어

---

4) 원광연·여명숙·이중식(2005), 『CT의 통신 산업에의 활용성에 관한 연구』,
KAIST 가상현실연구센터 주관, 한국통신경영연구소 지원, p.13. 7개 그룹 각각
에 대한 정의 및 세부 분류는 『CT 중장기 발전 계획』에 자세히 수록되어 있다.
철학이 개념의 학인 이상, 위 도표에 기술된 범주화의 타당성을 검토하는 일에
관심을 기울여야겠지만, 그것은 또 다른 논문을 구성할 만큼 방대한 작업이고
현재까지 진행된 범주화에 대해서는 별로 논란이 일지 않으므로, 여기엔 간략히
CT의 대분류표만 소개한다.

는 아도르노가 『계몽의 변증법』에서 처음 사용한 것으로 지성사에서 항상 부정적인 시선을 받아왔다. 아도르노에 따르면 문화의 본래적 기능은 인간성의 고양과 비판 능력의 함양에 있는데, 획일화된 대량 생산 방식으로 작동하는 문화 산업 때문에 문화 본래의 기능은 잊혀지고, 대중들은 독점 자본주의에 길들여지는 지경에 이르게 되었다고 한다. 대중 매체를 통해서 진보적인 사상을 펼치거나 획일화에 반대하는 예술을 실험하는 것은 원천적으로 불가능하게 되었으므로 아도르노에게 문화 산업은 '대중 기만으로서의 계몽'에 지나지 않는 것이었다.

아도르노는 에세이 「대중 음악에 대하여(On Popular Music)」에서 대중 문화의 세 가지 특징을 지적함으로써 예술품이 지닐 수 있는 아우라가 대중 매체에 의해서 어떻게 사라지게 되는지를 밝힌다. 아도르노에 따르면 첫째, 대중 음악은 표준화되어 있고 그 표준화 정도는 아주 구체적인 부분에까지 미쳐서 결국 음악 간의 차이를 없애고 만다. 하나의 음악적 표현이나 가사가 성공을 거두게 되면 그것은 어김없이 상업적 목적 안으로 함몰되어버린다. 하지만 신중하게 짜여져 있는 예술적인 음악들은 전체와 부분이 조화를 이루고 있기 때문에 일부분의 삽입으로도 전체가 훼손된다는 것을 극명하게 보여준다. 둘째, 대중 음악은 수동적인 음악 감상을 조장한다. 단조로운 노동으로부터 벗어나 단조로운 도피처에 순응하는 것이므로 상상의 기쁨도 미지 세계에의 참여를 도모해주지도 못한다. 셋째, 대중 음악은 마치 사회적 접착제 같은 역할을 해서 사회 현상 유지에 큰 역할을 한다. 현실 세계에서 일어나는 억압이나 착취에 대한 사실을 잊거나 그러한 것에 쉽게 복종하는 심리 상태를 만들어낸다.[5]

---

5) T. W. Adorno, "On Popular Music", *Studies in Philosophy and Social Science*, 9, 1941, pp.17-48. 원용진(1996), 『대중 문화의 패러다임』, 한나래출판, pp.138-139.

그렇다면 CT는 사이비 쾌락(pseudo pleasure)을 더욱 강화하기 위한 기술 개발과 연구의 패러다임에 지나지 않는다는 말인가? 달리 말해서 아도르노가 비판한 문화 산업의 속성들이 사이버 문화에는 적용되지 않고, 사이비(pseudo)가 아니라 진정한 쾌락을 가져다주며, 나아가 각 개인의 자유를 더욱 강화시킬 수 있는 장치가 될 수는 없을까? '콘텐츠와 미디어의 관계' 그리고 '유비쿼터스 환경에서 소통의 본질'에 대한 검토를 통해 이 문제에 대한 답변을 모색해볼 수 있겠다.

먼저 디지털 미디어는 콘텐츠와 미디어의 관계를 과거의 것과 전혀 다른 방식으로 구성한다는 점에 주목할 필요가 있다. 아도르노가 지적한 문제는 콘텐츠의 생산자가 바로 미디어의 소유자며 정보의 소비는 일방향으로만 이루어진다는 사실이었다. 미디어의 경제적 가치가 콘텐츠의 경제적 가치보다 훨씬 우위를 차지하므로6) 미디어를 소유할 수 있는 자본가와 지배 계급의 목소리가 콘텐츠에 실리는 것은 당연한 일이고 대중들은 이에 무방비 상태로 노출된다는 지적은 분명 일리가 있다.

하지만 기존의 아날로그 미디어에 디지털 미디어가 추가되고 더 나아가서 아날로그 미디어를 디지털 미디어가 대체하면서 경제적 가치 면에서 종래의 역학 관계를 근본적으로 바꾸어놓고 있다. 컴퓨터, 인터넷, 휴대전화, 디지털 전광판, 시디롬, 디지털 텔레비전을 지칭하는 디지털 미디어의 무제한 복제와 전송성 그리고 콘텐츠 무관성이 콘텐츠의 가치를 더 높게 만들었다. 콘텐츠와 디지털 미디어는 상호 의존도가 클 뿐만 아니라 독립적으로는

---

6) 일상적으로 콘텐츠와 미디어는 그릇에 담기는 내용과 그릇의 관계처럼 명확히 구별되는 것으로 인식된다. 시, 소설, 음악, 연극, 무용, 바둑, 주식 정보, 스포츠 등의 콘텐츠는 실제 공간, 종이, 인쇄물, 옷, 애드벌룬, 라디오, 텔레비전, 전화, 필름 등의 전통 미디어에 저장될 때 그 매핑 관계가 분명하고, 전통적인 미디어와 콘텐츠의 경제적 가치를 비교할 때 미디어의 가치가 훨씬 크다.

존재 의미가 없는 상황으로 진화하고 있다.

콘텐츠와 디지털 미디어가 융합하여 만들어낸 새로운 형태의 콘텐츠／미디어를 "디지털 콘텐츠"라고 정의하는데, 융합 방식에 따라 그 파급 효과도 달라진다. 우선 컴퓨터 게임, 인터랙티브 소설, 인터랙티브 영화 등 종래의 아날로그 미디어로는 서비스 불가능했던 새로운 형태의 콘텐츠 장르가 출현했다. 또한 미디어 측면에서도 미디어 포털, B2B, P2P, 경매／역경매 등 전혀 새로운 비즈니스 모델의 출현을 보게 되었는데, 특히 역경매는 디지털 미디어가 등장하기 전엔 상상할 수도 없었던 비즈니스 모델이다. 수요자가 상품의 가격을 제시하고 공급자가 입찰하는 방식으로 소비자의 가격 결정권을 극대화한 것이다. 디지털 콘텐츠가 더 성숙되어 문화의 핵심적 일부가 되면 사회 모든 구성원이 콘텐츠 생산자가 되는 상황이 벌어진다. 사이월드와 각종 블로그는 그 좋은 예다. 쌍방향 미디어는 일상 생활 용품(commodity)이 되고 콘텐츠는 넘쳐난다. 여기에서 아도르노가 우려한 지배 이데올로기의 음모는 찾아보기 어렵다.

또한 '모든 것을 융합, 연결, 무선화, 스마트화, 사이버화'하는 디지털의 속성은 소통(communication)의 본질에 대하여 다시 생각하게 만든다. 계산주의에 기초하여 CT가 그리는 우리의 생활 세계는 유비쿼터스 컴퓨팅 환경이다. 주변 환경이 디지털화되어 감에 따라 우리 주위를 둘러싸고 있는 인공적／자연적 환경은 점차로 컴퓨팅／네트워크／센싱 기능을 갖춘 "정보 공간"이 되어가고 있고, 이 상황을 인간을 중심으로 한 정보 공간들의 동심원으로 개념화할 수 있다.

개인을 둘러싸고 있는 정보 서클을 디지털화하는 데 원리적인 제약은 없다. 염려해야 할 것은 소통의 부재가 아니라 오히려 소통의 극대화로 인한 혼란이다. 내 가방 속의 노트북, 휴대폰, 열쇠

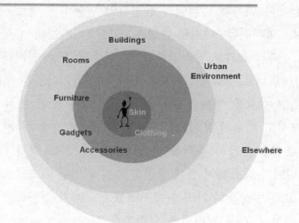

생활환경

[그림-3] Information Circles

*원광연 · 여명숙 · 이중식(2005), 『CT의 통신 산업에의 활용성에 관한 연구』, KAIST 가상현실연구센터 주관, 한국통신경영연구소 지원, p.19. 이 그림의 저작권은 원광 연 교수에게 있음.

고리와 만년필이 자기들끼리 소통하고 나아가 가방이 놓인 장소 에 따라 시시각각 나에게 다른 정보를 제공해주는 시나리오는 언 제라도 실현 가능하다. 아도르노가 진정한 예술이라고 평가한 낭 만주의 시와 음악을 감상하며 삶의 의지를 북돋우는 정도가 아니 라, 인간성의 고양과 감정의 순화를 야기하는 정보의 패턴을 아 예 나의 주변 환경 속에 집어넣고 사물과 내가 직접 소통할 수도 있게 된 것이다.

만약 아도르노가 살아 있어 지금의 디지털 미디어 기술의 눈부 신 발전 상황을 목격했다면 뭐라고 말했을까? 여전히 문화 산업 이면에 감추어진 야만적 이데올로기를 비판하고 대중들을 계몽 의 신화로부터 구출해내는 일에 그의 지성을 쏟아부었을까? 아니 면 첨단 디지털 기술을 활용하여 자신의 사상 세계를 영상화한 작품을 SIGGRAPH 2005[7])에 출품했을까? 이제 첫 걸음을 떼기 시작한 디지털 문화 산업에 대해서 아도르노 식의 비판론을 적용하는 것은 적절치 못한 것으로 보인다. 조작적 이데올로기를 고분고분 받아들이던 계급은 사라졌고 대중 자신이 생산의 주체이고 소비의 주체가 되었기 때문이다. 하지만 새로운 주제에 대한 집중과 비판 의식이 요구된다. 그것은 인간을 닮은 기계들과 편재된 정보 통신 장치 속에서 겪게 될 인간 소외 문제가 염려되기 때문이다.8) 궁극적으로 "프랑크푸르트학파의 비판 이론은 두꺼운 문화적 외피를 뚫고 들어가 우리 시대의 야만성을 폭로하고 비판하는 것"9)이므로, 디지털 문화 속에 잠복해 있을지도 모를 비인간적 요소를 들추어내는 일은 여전히 CT의 철학적 과제로 남는다.

3. 우리나라 사이버 문화와 이중 규범의 딜레마

우리나라는 국가 성장 동력의 핵심으로 게임 산업을 지목하고, 게임 산업 진흥 중장기 계획(2003~2007년) 아래 총 1500억 원의 국고를 지원하여 2007년까지 10조 원 규모의 게임 시장 만들기를 목표로 하고 있다. 실제로 많은 전문가들이 콘텐츠와 첨단 기술이 접목된 게임 산업을 가리켜 IT 혁명을 완결시킬 핵심 산업으로 전망하고 있으며, 이에 정부 차원에서도 게임을 미래 전략 산

---

7) SIGGRAPH는 컴퓨터그래픽과 인터랙티브 테크닉 기술의 최신 동향과 그러한 기술을 이용한 문화 산업과 예술 작품 전시 및 각종 연구 발표가 이루어지는 세계 최대 규모의 학회로서 매년 여름 미국에서 열린다.
8) 기계 문명 속에서 인간 소외 문제는 본고 5장에서 다시 언급될 것이며 별도로 방대한 논의를 필요로 하는 주제이므로 여기서 더 진전된 논의는 생략하겠다.
9) Willem van Reijen(1986), 『비판으로서의 철학』, 이상화 역(2000), 서광사. 중에서 옮긴이의 말, p.6.

업으로 육성하여 게임 강국의 위치를 선점하고자 빠르게 대응하고 있다는 사실은 매우 고무적으로 들린다. 그러나 다른 한편으로, 게임이 어떻게 국가 규모의 전략 산업일 수 있는지에 대한 우려의 목소리도 크며, 그 의구심의 근원에 대한 성찰이 요구된다. 수시로 사회면을 장식하는 '게임 중독' 현상에 대한 보고와 게임으로 비롯된 민・형사 사건은 소위 '사이버 문화'를 확장된 현실 문화가 아니라 일종의 '반(反)문화'로 보게 만든다.

대표적인 온라인 게임인 「리니지2」는 '2003년 대한민국게임대상'에서 대통령상(대상)을 수상했다. 그러나 다른 한편으론, '한국판 히키코모리'가 생겨나고 청소년 일탈은 물론 일부 장년층의 가정 파탄 원인으로 작용한다고 보는 등, 심각한 사회 병리에 대한 반성을 요구하는 민 / 관 연구소의 보고서가 넘쳐난다. 성공한 게임일수록 더 깊은 사회적 문제를 일으키는 이 아이러니컬한 현실을 어떻게 처리할 것인가? 하나의 제안은 우리나라 사이버 문화의 이중 규범 속에 내재된 존재론적 전제의 오류를 분석함으로써 돌파구를 모색해보는 것이다. 본고에서는 이중 규범이 첨예화된 사이버 문화 현상 가운데 '게임 아이템 현금 거래'와 '사이버 결혼'을 중심으로 이러한 행위가 사회적인 일탈 행동인지 아니면 자아와 세계의 확장이라는 새로운 문화인의 경험 양식인지 살펴보겠다.

1) 게임 아이템 현금 거래

다음과 같은 경우를 상상해보자. 리니지 유저 김 군이 아이템 판매업자 장씨로부터 다량의 공격 무기구와 방어구들(게임 아이템의 종류)을 구입하는 대가로 현금 300만 원을 지급했다. 그러나 김 군이 인수받은 아이템의 대부분은 해킹을 당한 것이었고, 그 장비를 이용하여 공성전을 성공적으로 치르려던 그의 계획은 수

포로 돌아갔다. 결국 김 군은 전투에서 참패했고 주위의 혈맹원들에게까지도 큰 타격을 안겼다. 전투에서 패배한 결과 2억 아덴 어치의 아이템 손실을 입었으며, 본의 아니게 다른 혈맹원들에게 피해를 입혔다는 자괴감과 자기 캐릭의 추락한 위상을 떠올릴 때마다 망연해지는 등 정신적 충격까지 감안하면 피해 상황은 훨씬 더 심각한 것이었다. 김 군은 이 모든 일의 근원은 처음부터 아이템 사기를 친 장씨 때문이라는 생각이 들었다. 우선 급한 대로 현금 300만 원을 돌려받고 기타 피해 보상도 받을 생각으로 장씨를 서울경찰청 사이버수사대에 고발했다. 수사대는 장씨로부터 고의적인 장물 판매 의도를 확인할 수 없으므로 사기 사건이라고 볼 수 없고, 따라서 이 사건에 더 이상 경찰이 관여할 일이 아니라고 잘라 말했다. 설상가상으로 김 군은 게임 회사측으로부터 ID가 삭제되고 회원 자격이 영구 박탈되었다는 소식을 들었다. 이유는 게임 아이템을 현금 거래해서는 안 된다는 약관을 위반했기 때문이라고 했다. 김 군은 자신이 애써 키운 캐릭과 수많은 시간과 공을 들여 수집한 아이템의 가치에 대해서 항변했지만, 회사측은 투명 망토든 캐릭이든 게임 내에 존재하는 모든 것은 게임사의 소유물이므로 현금 거래로 인한 질서 문란은 충분한 강제 탈퇴 이유가 된다는 말만 되풀이했다.

  이는 몽상가의 한가한 이야기가 아니다. 국민의 절반이 한 개 이상의 온라인 게임 아이디를 갖고 있는 IT 강국, 바로 우리나라의 평범한 이웃과 가족 구성원의 이야기다.[10] 어느 현직 경찰의 수사 협조 공문[11]은 게임 아이템이 실물 경제에서 차지하는 비중과

___

10) '네이버 지식인' 검색 사이트에 들어가면 수백 건의 아이템 현금 거래 실제 사례와 각종 사고 사건 및 피해 상황 내역을 읽을 수 있다.
11) 각종 아이템 거래 사이트와 '네이버'의 게임 관련 게시판에 공지되었던 글이다.

  그들의 수법은 일단 아이템 매니아 또는 아이템 베이에 글을 올린 후, 매수자가 나타나

그로 인한 사회적 문제의 심각성을 입증해주고 있다. 머지않아 KBS-2TV「공개 수배 사건 25시」에서 은행 강도의 실물 사진과 사건 현장의 물리적 위치에 대한 정보 대신, 게임 속 PK(player killing) 현장과 접속자들의 아바타 이미지 및 IP 주소를 방송하는 상황을 상상하는 일은 어렵지 않다. 조금 더 상상력을 발휘하여 아바타 뒤의 실질적인 행위 주체가 사람인지 로봇인지 아니면 소프트웨어 에이전트인지를 구분해야 할 경우를 떠올려볼 수 있다. 이때 상벌 문제와 관련된 논의는 매우 복잡한 양상을 띠게 되며, 교착 상태에 빠진 매듭을 풀기 전에 더 이상의 상상은 불가능해진다.

투명 망토는 누구의 것인가? 현재의 물권 개념으로는 해결하기 어려운 문제지만, 중요한 것은 날이 갈수록 아이템 거래가 심화되고 있는 현상이다. 리니지의 경우 게임 속 화폐 단위인 아덴의 시세는 100만 아덴이 현금 1만 5000원으로 환산된다. 지금도 아이템 거래 사이트에 들어가면 마치 증권 사이트처럼 개당 몇 만 원짜리부터 수십만 원대의 아이템 거래 내역과 가격 변동이 실시간으로 중계되는 현황을 볼 수 있다. 성능 좋은 '투명 망토'를 비롯하여 공격 기구인 '+10 싸울아비장검'은 현금으로 1000만 원을 호가하는 고급 희귀 아이템이고, 군터서버 '포세이든님' 캐릭터의 경우는 수억 원대로 유저들 사이에선 부르는 게 값이라고 한다. 현재 성업중인 수십여 아이템 사이트 중 간판 업체격인 '아이템베

<hr />

면 전화 통화 후, 타인의 주민등록증 및 주민등록등본 사본을 팩스로 보내주어 믿게 한 후, 돈을 입금하면 돈을 인출 후, 바로 잠적해버리는 수법입니다.

현재 확보된 대포 통장의 명의자는 이창*, 손상*, 신정*, 최형* 등 4명입니다. 2004년 6월부터 2004년 11월 25일 사이에 혹 위 명의자에게 돈을 입금하여 피해를 당한 적이 있는 분들은 인천 남동경찰서 형사계(전화 : 469-5004, 0330)로 연락주시고, 피해 당한 자세한 상황 및 연락처에 대해서는 sdladydgh@hanmail. net으로 작성, 보내주시면 피해 진술에 갈음하겠습니다.

인천 남동경찰서 형사계 임형사 전화 : 032-469-5004, 469-0330.

이'는 판매자와 구매자 간의 안전 거래를 성사시켜주는 대가로 총 거래 금액의 5%를 커미션으로 받고 있으며, 일일 수수료 매출만 4000여 만 원, 연매출 4000억 원대의 시장을 형성하는 등, 가히 실물 경매 업체에 버금가는 규모의 사업이라고 볼 수 있다. 더욱이 경쟁 관계에 있는 여타 아이템 거래 사이트의 총 매출까지 합하면 아이템 시장은 이미 1조 원대가 넘는 시장으로 성장했다.[12]

사정이 이러하다면 재산 범죄상의 재물 개념에 온라인 게임 아이템이 포함될 수 있는지 여부를 법적인 측면에서 좀더 면밀하게 검토해보지 않을 수 없다. 재물성 여부를 평가하는 기준은 유체성설과 관리가능성설로 나누어진다.[13] 유체성설에 의하면 재물이란 일정한 형체를 갖고 외부 세계에서 일정한 공간을 점하고 있는 물질을 말한다. 그러나 투명 망토는 비록 사이버 공간에 형체를 갖고 공간을 점하고 있지만, 현실 공간에서는 찾아볼 수 없는 가상 형체에 불과하므로 법적인 보호망으로부터 제외된다.

그렇다면 관리가능성설에서 보면 어떤가? 현행법은 관리 가능한 동력 중 물리적으로 관리 가능한 자연 에너지(전력, 수력, 풍력)만을 재물로 인정하나, 다른 나라에서는 사람이나 우마의 힘까지 포함하는 경우도 있다. 관리 가능성만을 놓고 보면 게임 아이템도 원리적으로 관리 가능한 것임에 틀림없지만 현재는 동력이라는 범주에 속하지 않는다는 이유로 역시 법적으로 보호되지 못한다. 이렇게 현재는 재물로서 인정되지 못하지만, 관리가능성설의 해석 방식에 따라 게임 아이템의 재물성이 원리적으로 법적 근거를 확보할 수 있다면, 그 다음 문제는 아이템의 소유권과 관련하여 제기된다. 투명 망토는 누구의 것인가?

---

12) 아이뉴스24, 2004년 4월 26일자, 국순신 기자 작성. http://news.inews24.com/php/news_view.php?g_serial=114032&g_menu=020500.

13) 『2004 대한민국 게임백서』, 문화관광부 / 한국산업개발원. pp.819-828.

대부분의 게임 약관에 의하면 아이템이나 캐릭터의 소유권은 게임 사업자에게 귀속된다고 명시되어 있다. 공정거래위원회는 이용자가 돈과 시간을 들여 아이템을 얻었다 하더라도 실상 게임은 게임 사업자가 프로그램에 정해놓은 데 따라 이루어져 지적 부가 가치나 창작성을 더하지는 못한다며 게임 사업자에게 저작권과 소유권을 귀속시켜야 한다고 밝혔다. 이에 따라 게임 사업자는 약관을 통해 아이템과 캐릭터에 대한 이용자들 간의 현금 거래 금지를 더욱 강화하고 나섰다. 그러나 게임 이용자들은 자신들이 직접 아이템을 '사거나 노동의 대가로서 얻은' 것이고, 캐릭을 '키워'왔기 때문에 자신들의 소유물이라고 주장한다.

게임 이용료가 월 2만 7000원인데 그 칼을 얻으려면 꼬박 3개월이 걸린다. 그건 정직한 노동에 의한 물질 획득이다. 하루 10시간씩 3개월간 PC 앞에 쪼그리고 앉아 노가다 뛰어서 만든 아이템을 현금 몇십만 원에 팔고 말고 하는 것은 시장, 상대 유저 그리고 내가 결정할 일이지 게임 업자가 개입할 문제가 아니다(광고기획자, 27세 남성).

내가 갑부가 되기까지는 많은 희생을 감수해야 했다. 몬스터들을 때려잡느라 연속적인 밤샘 끝에 영양 실조로 쓰러지기도 했고, 급기야 학교를 휴학하기도 했다. 그러나 희귀 아이템과 화려한 액세서리로 무장한 나에게 모두가 흠모의 눈길을 보낼 때의 기쁨이란 경험해보지 않고는 말할 수 없는 것이었다. 나의 환심을 사기 위해 명품 액세서리 ― 게임 속의 아바타 장식용 아이템 ― 를 구입하려고 거액의 현질을 하는 남성 유저들도 많았다(대졸, 25세 여성).

아이템 지속을 유지시키는 주체가 회사이므로 물건이 없어졌을 경우 손해 배상 가능성을 약관에 명시한다면 회사로서는 잠재적인 부채가 되는 것이고 주가가 떨어질 것이다. 즉, 서비스 중단으로 인한 손해 배상 사건을 고려하면 자본주의 논리에 맞지 않으므로 현 상태를 절대로 변화시키지 않으려고 할 것이다(S 게임사 대표, 34세 남성).

천재지변이 아닌 이유로 게임사가 서비스를 갑자기 중단하고 그동안 키워온 캐릭과 아이템에 대한 아무런 보상도 해주지 않는다면 성난 유저들이 게임사 업주에게 폭행과 테러를 감행할 여지가 충분히 있다(회사원, 29세 남성).

온라인 게임의 경우 유저들의 게임 내 활동 방식이 게임 아이템의 부가 가치를 결정짓는다는 항변이다. 그러한 과정에서 지적 창의성을 발휘하여 게임의 내적 역동성을 이끌어가는 주체는 유저들이지 게임 업주가 아니기 때문이다. 여기서 '프로그램' 개념에 대한 분석이 요구된다. 컴퓨터 프로그램 보호법은 '프로그램'을 "특정한 결과를 얻기 위하여 컴퓨터 등 정보 처리 능력을 가진 장치(이하, "컴퓨터"라 함) 내에서 직접 또는 간접으로 사용되는 일련의 지시·명령으로 표현된 것"이라고 정의하고 있다. 아이템 소유권 논쟁은 바로 이러한 지시와 명령에 대응하는 코드들이 시스템의 행동을 결정하는 정도(degree)와 관련하여 제기된다.

컴퓨터의 모든 행동이 프로그래머의 예측을 결코 벗어날 수 없는 경우, 통상 그 프로그램의 제작자가 곧 프로그램 소유권자라는 이해엔 무리가 없다. 모니터에 그래픽 이미지로 표상된 아이템의 개수는 정해져 있고 각각의 게임 내 기능들은 당연히 원래의 코드로 환원 가능하다는 점에서, 아이템들은 프로그램 제작자의 소유물이다. 그런데 중요한 것은 아이템은 그 자체로선 가치가 없고 유저들의 활동에 따라 경제적 가치를 지니게 된다는 점이다. 유저들은 제작자에게 매월 일정 금액의 입장료를 지불하고 특정 사이버 공간에 들어가 그곳에 있는 아이템들을 임대해 쓴다. 임대한 각종 물품들을 이용해 다양한 활동을 하고 거기서 창출된 가치를 현실 세계의 자신을 위해서 쓰기 위해 현실의 화폐와 맞

바꾼다. 이것은 마치 군주라는 가상 인격체로 활동할 때 배운 전략이나 인간 관계법을 현실에서 유용하게 쓰는 것이 전혀 문제되지 않는 것과 마찬가지 경우다. 아이템들은 고스란히 사이버 스페이스에 남겨져 있다. 온라인 게임이 도박처럼 원래부터 불법적 행위라면 이 모든 것은 무의미한 논의들일 것이다. 그러나 다시 말하지만 「리니지2」는 대통령상을 수상한 작품이다.

현행 법체계를 유지하면서도 탄력성을 가지고 아이템 논쟁에 대한 해결책을 모색할 수 있을지 아니면 사이버 법의 독자성을 주장하면서 전면적으로 다른 법리를 구성해야 할 것인지는 법 이론가들이 결정할 문제이지만, 중요한 것은 무엇보다도 이 모든 문제의 매듭을 형성하고 있는 기초 개념인 가상 현실의 본성에 대한 이해가 선행되어야 한다는 사실이다.

2) 사이버 결혼

"사이버 결혼"이 지칭하는 현상으로 '게임 행위의 일종으로서 캐릭터끼리 특별한 관계 맺기', '사이버결혼소개소를 통해서 현실 배우자 찾기', '자기 내면의 또 다른 자아를 탐색하는 방법으로 가상의 인격끼리 맺는 특별한 약속 관계' 등 여러 가지를 들 수 있지만, 그 중에서도 사회적으로 문제가 되는 것은 세 번째다. 즉, 현실에서 각각 배우자를 두고 있으면서도, 온라인으로 다른 사람과 사이버 결혼을 한 경우다. 이때 오프라인으로는 만나지 않는 것을 원칙으로 한다. 이에 대해 두 인격체 간의 신성한 배타적 결합 관계를 파기한 것으로 간주하여 책임을 물어야 할지, 아니면 육체적 접촉 없이 대화의 즐거움을 공유할 만한 상대를 따로 두고 있는 것일 뿐 도덕적으로 아무런 문제도 없다고 볼 것인지를 놓고 의견이 분분하다.

실제로 최근 중국 하얼빈에서는 한 중년 여성이 2년간 자신 몰래 다른 여자와 사이버 부부의 연을 맺고 가상의 아이까지 키워온 남편을 중혼제로 고소한 사건이 있었다.[14] 남편은 이혼을 거절하였지만 법원에서는 여성의 편을 들어주어 이혼 청구가 받아들여졌다. 화면에 전개된 문장들이 일반 부부들이 나누는 대화 내용과 다르지 않은 사실을 목격한 아내의 정신적 고통은 현실에서 남편의 외도로 인해 겪게 되는 고통의 무게와 다르지 않다고 해석되었기 때문이다. 이에 비해 우리나라의 경우 민법 840조 6호 '결혼을 계속할 수 없는 중대한 사유'에는 인터넷 중독과 관련하여 경제적 파탄이나 폭력, 외도 등 현실 세계에서 뚜렷하게 확인 가능한 사유만 포함될 뿐 사이버 결혼은 이혼에 이르는 중대한 사유로 간주되지 않는다. "남편은 실제 결혼 생활은 저와 했지만 마음은 다른 곳에 있었다"는 호소가 세계 최고의 인터넷 인프라를 자랑하는 우리나라에선 외면되는 아이러니컬한 현실을 어떻게 해석해야 할까?

이러한 상황은 두 가지 믿음에 기인하는 듯하다. 첫째, '몸과 마음은 분리될 수 없다. 즉, 하나의 자아만 존재한다. 설령 다중 자아를 인정하더라도 주된 자아는 몸에 귀속되므로 특정 아바타나 ID 배후의 인물과 실질적인 육체적 접촉이 없는 한 결혼 관계의 신의를 배반했다고 볼 수는 없다.' 둘째, '가상 현실은 현실의 무게를 지니지 않는 것, 엄밀히 말해서 실재하지 않는 것이다. 실재하지 않는 것에 대해 이혼 사유가 될 만한 고통의 원인이라고 말하는 것은 불합리하다.' 실상 이 두 믿음은 밀접하게 연관되어 있고 상호 보완 관계를 이루지만 문맥에 따라 강조되는 요소가 다르므로 정치한 반론을 위해서는 구분하는 것이 좋다. 하나는

---

14) 미디어 다음, 2005년 3월 4일 10시 32분 뉴스 http://feature.media.daum.net/foreign/article00774.shtm.

행위 주체의 속성에 대한 것이고 다른 하나는 그 주체가 관계하는 대상 혹은 사건의 존재론적 지위와 연관된다.

첫 번째 믿음은 일견 그럴 듯해보이나, 그것의 타당성 여부는 마음과 육체의 관계, 인격과 자아의 차이 및 정체성의 기준 등에 대한 복잡하고 세밀한 분석을 요하는 문제로서 간단하게 논의하기는 어려운 일이다. 하지만 계산주의 심리 이론에 따르면 사이버 문화 현상을 설명할 만한 하나의 일관된 관점을 구성해볼 수는 있다. 계산주의에 따르면 인간의 행위는 본질적으로 정보 행위다. 현실 세계에서 일어나는 육체적, 심리적 사건들은 모두 정보 처리 과정으로 바뀌고, 정보를 효율적으로 처리하는 에이전트로서의 역할만 할 수 있으면 행위 주체가 될 수 있다. 행위자가 반드시 심리적 속성이나 물질적 속성을 가져야 한다는 것이 요구되지 않는다. 따라서 사이버 스페이스에서 오직 암호(code)로만 식별되는 ID 같은 것에도 인격이나 인격의 대행자로서의 지위를 부여할 수 있다. 인간뿐만 아니라 지능형 로봇이나 소프트웨어 에이전트도 인격으로 간주된다. 인격의 정체성은 정보를 수용하고 보존, 산출, 전달하는 다양한 기능에 따라 규정되는 것이다.

사람들은 현실 세계에서 육체와 정신을 지닌 인격체로 행위하면서 동시에 사이버 스페이스에서 육체적 속성을 지니지 않은 인격체로 행위할 수 있다. 이 인격체들은 육체적 접촉을 가질 수 없지만 물리적 제약을 받지 않기에 오히려 더 원활하고 효과적인 정보 소통 행위를 일으킬 수 있다. 나는 현실 세계의 나의 성격과 다른 성격을 지닌 정보인으로 사이버 스페이스에 참여할 수 있고 원한다면 수십 개의 다른 인격으로 자아를 표출할 수도 있다. 사이버 스페이스 속에서는 이 모두가 가상 공동체의 일원으로 받아들여진다. 염려스러운 것은 소위 인격의 파탄과 분열 상태라고 불리는 인식과 실천에서 행위의 온전한 주체가 되지 못하는 경우다. 하나의 자아에 대한 신화는 바로 이런 염려에서 싹튼 것이다. 다중 자아의 수만큼 다중 인격의 존재를 인정한다면 이런 염려를 벗어나기 힘들 것이다. 자아와 인격 간의 다른 매칭 방식은 없을까?

인격 정체성에 대한 좀더 유연한 접근법은 인격을 하나의 견고한 통일적 자아가 아니라 분절된 자아들의 집합으로 이해하는 것이다. 자아의 여러 다른 부분들은 인격을 구성하는 요소들이지 그 자체 완전한 인격이 아니다. 한 인격체를 특징짓는 주된 자아는 없고 환경에 따라 상대적으로 잘 적응하는 자아가 인격의 전면에 드러난다. 다중 인격에서 오는 혼란은 인격과 인격의 충돌이 아니라, 여러 자아들 중 어떤 것이 자신의 정체성을 유지하기 위해 굳건한 장벽을 쌓고 이질적인 다른 자아와의 교류를 허용하지 않기 때문에 발생한다고 볼 수 있다. 이런 인격과 자아의 개념을 받아들인다면 자신의 인격을 이루는 자아의 여러 부분들이 서로 역할을 바꿔가며 다른 인격을 이루는 자아들과도 자유롭게 교류할 수 있는 길이 열린다.

문제가 되는 것은 다중 인격이나 다중 자아 자체가 아니라 자아들의 통합을 이루지 못하는 분열 상태다. 분절된 자아들이 통합을 일으키지 못해서 야기되는 인격 부조화의 상태가 문제다. 수업 시간에 졸다가 퍼뜩 잠에서 깨어난 중학생이 교사를 몬스터로 착각하여 흉기를 휘두른 사건은 인격 부조화 상태를 잘 드러낸다. 사이버 결혼에 대한 시선이 곱지 않은 이유도 같은 맥락에서 해석해볼 수 있다. 결혼의 본질이 인격체와 인격체 간의 상호 배타적인 소유를 약속하는 것인데, 다중 자아의 실현은 한 개인에게 현실 배우자로서의 인격과 가상 배우자로서의 인격 간의 부조화를 가속화시킬 가능성이 높다는 염려에 기반하고 있다. 설령 다양한 경험의 중요성을 이해하는 현실 배우자의 동의 아래 다른 인격체와 사이버 살림을 차린 경우라 하더라도 상황은 달라지지 않는다. 결혼의 신성한 약속이란 육체뿐만 아니라 육체에 대한 언어 표현의 배타적 소유까지도 포함하는 것인데, 부부만의 은밀한 대화를 사이버 연인과도 즐겼다는 것은 이미 한쪽과 맺은 약속의 고의적 파기이기 때문이다. 경험주의의 극단적 사례인 스와핑이 현재의 결혼 제도에 위협이 되기 때문에 도덕적으로 나쁜 것이 아니라, 결혼의 본래적 가치와 모순된 심적 상태를 만들어 낼 가능성이 있기 때문에 비난받는 것과 같은 이유다. 앞에 예시된 중국인 남성은 다중 자아를 가졌다는 사실 때문이 아니라, 부부 관계에 있는 다른 인격체를 고의적으로 유기한 사실(표현의 정도를 넘어선 언어 행위가 증거) 때문에 패소한 것이다.

이제 두 번째의 믿음을 가진 사람들의 주장에 대해 살펴보자. 이런 입장의 핵심은 가상의 연인과 가상의 아기는 "말 그대로 가상에 불과한데" 이를 이혼 사유로 삼는 것은 소설책의 주인공이나 화면 속의 영화 배우를 연모한다고 시기하는 것처럼 유치한 행동이라는 말이다. 하지만 즉각적인 반대 논변도 가능하다. HMD와 전자 감응 장치가 내장된 바디슈트를 입고 사이버 섹스를 한 경우는 어떤가? 인간 성감의 90%는 대뇌의 상상이고 단지 10%만이 신체적 접촉으로 이루어진다고 한다. 그렇다면 가상 현실이야말로 플라톤의 『향연』에서 사랑의 여사제 디오티마가 언급한 "에로틱한 충동에 사로잡혀 상승하는 영혼"을 올바르게 인도할 존재론적 승강기가 아닌가? 현전감과 몰입의 강도에서 가상 현실이 현실과 다르지 않거나 현실을 능가할 정도라면 가상 현실 경험은 진정한 (genuine) 경험이라고 보아야 하지 않을까? '말 그대로 가상성 …' 주의자들을 더 근원적으로 반박하기 위해서는 가상성(virtuality)과 가상 현실(VR)의 본질에 대한 논의가 요구된다. 이에 대해서는 4절에서 체계적으로 다루기로 하고, 이러한 시각에 대한 반례로서 다중 자아를 가지고 사이버 공간과 현실 공간을 들락거리며

무리 없이 일상 생활을 영위해나가는 N 세대의 생활 방식을 검토
해볼 필요가 있다.15) 여기서 소위 '정신분열증'이나 '중독'이 내포

15) 근데, 오늘두 사냥하기 싫어서 마을에 있는 그 문 앞에 앉아 있는데, 걔가 숙~ 지나가
잖아. 너무 좋아서 미치겠더라구. 오늘두 만났는데, 얼굴 너무 깜찍하고 귀여워 죽겠는
거 있지. 걔두 은근히 나한테 관심이 있는 것 같아. 밀크하고 앉아서 얘기하고 있는 중에도
걔가 주변에서 왔다갔다하는 걸 보면, 혹시 나한테 말 걸고 싶어서 저러는 거 아닐까 해서
두근두근해.

걔를 만난 건 우연히 사냥용 아이템 사다가 일어난 일이야. 있는 순정 다 받쳐서 학교
수업도 빼먹고 죽어라 하고 노가다 뛰어서 벌어온 아이템을 다 갖다 바쳤는데두 밀크는
나랑 같이 다니면서 날 무시하는 거야. 그리고 결국은 나랑은 성격이 잘 안 맞는다고 날
버린 거 있지?

밀크한테 실연당하고 술에 취해서 눈물을 흘리면서 주절이 주절이 하고 있는데 데니스
가 내가 맨날 앉아 있던 그 자리에 죽치고 앉아 나를 몇 시간째 기다리고 있었던 거야.
얼마나 짠~하던지.

내가 워낙 갑부여서 나랑 라앤하고 싶은 사람은 많았거든. 그런데 별로 내 스타일도
아닌 그 동글동글한 애한테 마음이 간 건 걔가 순정파인 게 넘 멋져 보였던거 같애. 나두
실연당해서 마음이 아프던 차에 걔두 8년 동안이나 사귀던 애한테 차인 게 동정이 되었고
무엇보다도 마음이 통하니까. 그러면서 화이트데이에 사탕이랑 화선지에 붓글씨로 직접
쓴 시를 선물 받으면서 좀 색다른 매력이다 싶어 사귀게 되었어.

잠빗발 좋은 사람들은 때려도 안 죽어. 진짜 없는 사람들은 한 대 맞고도 그 자리에서
죽고. 라앤들도 철저히 자본의 논리에 따라서 행동해. 새로 나온 머리띠를 못 사주면 무능
하고 능력 없는 애인이 되기 때문에 초초 노가다를 뛰어서라도 사다 바치게 되어 있지.
나야 워낙 갑부니까 뭐든지 살 수 있지만, 아뭏튼 라앤한테 그런 선물을 받으면 진짜 옷을
받는 것만큼 기쁜 건 이루 말할 수 없어. 근데 난 피곤한 몸을 가지고 나를 매일 밤 기다리
며 앉아 있는 걔가 정말 부담스럽고 싫었어.

헤어진 후, 언젠가 한번 내 주변에 와서 불빛으로 하트를 숙숙숙숙~ 멋지게 그리더니
"행복하나?"고 묻는 거야. 그래서 "응" 그랬더니, 하트를 한 번 더 그리고 사라졌어. 그건
멋졌다. 그리고 그 이후론 한 번도 안 만났고(학원강사, 25세 여성).
(※밑줄 부분은 게임 속의 사물이나 사건을 지칭하는 말임.)

수년째 라그나로크 게임을 하며 오프라인 길드 모임에도 참가하는 P양이 친
구들에게 자신의 라앤('라그나로크' 속의 애인)이었던 데니스와의 인연에 대해
서 말한 내용이다. 게임에 대해 전혀 문외한이 들었다면 현실과 비현실을 오락
가락하는 분열증 환자의 이야기로 들릴 것이다. 그러나 온라인 게임을 한 번이

하는 부정적인 요소는 찾아보기 힘들다. 소위 '사이버 세대'에겐 가상 공간과 현실 공간의 구분은 무의미하다. 그들에게 중요한 것은 다양한 경험을 압축적으로 할 수 있는 놀이 마당이다. 게임은 많은 사람들과 대화하며 인간 관계를 넓히고 자아를 성장시켜 가는 삶의 방식이지 단순한 오락이 아니다. 유저들은 자신이 속한 게임 속 커뮤니티 구성원들과 강한 연대감을 유지하면서 사회생활을 하고 있고, 커뮤니티 생활은 현실에까지 이어져 물리적인 현실 세계와 유기적으로 뒤얽힌 또 하나의 문화를 형성하고 있다.

4. 가상실재론(Virtual Realism)

현전감과 몰입의 강도에서 가상 현실이 현실과 다르지 않거나 현실을 능가할 정도임에도 불구하고, 여전히 가상 현실 경험은 진정한 경험이 아니라고 말하는 사람들이 있다. 이들은 가상 현실이 '말 그대로 가상(假想)적인' 것 아니냐고 말하면서 그것의 실재성을 극구 부인하는데, 여기가 바로 최종적으로 밀도 높은 철학적 분석이 요구되는 지점이다. 어찌하여 'virtual'의 의미가 우리말에서 '가상(假想)'으로 번역되었으며, 그 용어의 모순적 사용에도 불구하고 불투명한 지칭 상황이 계속 유지되는가? 현재 IT 기술과 밀접한 관계를 맺고 있는 가상성(virtuality) 개념과 양립 가능하면서도 철학사에서 논의되어온 실재성(reality)의 무게

라도 해본 사람이라면 P양은 사이버 공간과 현실 공간을 넘나들며 '밀크'라는 ID의 남성과 교제하다가 실연당하면서 '데니스'라는 ID의 남성을 사귀게 되었지만, 현실에서 그의 삶의 방식이 맘에 안 들어 헤어진 상태라는 것을 쉽게 이해한다. 학교 생활에 각종 아르바이트를 하느라 몸이 지친 상태면서도 PC방 모니터 앞에 앉아 그녀의 접속을 기다리고 있다는 사실이 싫어져서 헤어졌지만, 사이버 공간에서 데이트하던 시절의 추억들은 여전히 즐겁다는 이야기다.

를 담보하는 가상 현실의 정의를 내릴 수 있는가? 이제 '말 그대로 가상성 …'이라는 표현이 함축하는 존재론적 오류들을 분석함으로써 반(反)계산주의자들(anti-computationalism)의 반박을 물리치고, 과연 CT가 새로운 학적 패러다임으로서 자리매겨질 수 있는지 검토해보자.

1) '가상성'의 어원과 일상적 용법

가상 현실에서의 '가상(virtual)'이란 말은 사전적 의미에서 볼 때, '사실상으로는 그렇지 않지만 본질 또는 효력에서 존재하는(being in essence or effect, not in fact)'이라는 뜻을 지니고 있다.16) 이 단어는 중세 철학의 용어인 'virtualis'에서 비롯된 것으로 'strength' 혹은 'power'를 뜻하는 'virtue'에서 유래한다. 스콜라철학에서는 가상적인 것이 '실제로(actually)' 존재하는 것이 아니라 '잠재적으로(potentially)' 존재하는 것으로 보고 있다. 이 점은 'virtual'이라는 용어를 존재론과 관련해 논의한 중세 철학자 둔스 스코투스(Duns Scotus)의 언급에도 나타나 있는데, 그는 한 사물의 개념은, 그 경험적인 속성들을 '형상적으로(formally)'가 아니라 '가상적으로(virtually)' 그 사물 내에 포함하고 있다고 주장했다.17) 이 가상적 특질들은 후천적인 경험을 통해 알려지지만

---

16) Hypertext Webster Gateway : "Virtual" from Webster's Revised Unabridged Dictionary(1913).

17) 스코투스에 의하면 존재(being)는 'formal concept' — 여기서 'formal'은 중세 용어로서 '超越的인', '形相的인', '可知的인'이라는 뜻을 지닌다 — 에 의해 규정되는 것이 아니다. 모든 대상들은 필연적인 속성 혹은 효력을 지니고 있다. 대상이 마음속에 개념을 산출하는 힘(virtue)을 지닌다면, 하나의 개념 — 속성을 가리키는 술어 — 은 주어진 대상 속에 가상적으로 포함되어 있다.

Wolter, Allan(1962), *Philosophical Writings : John Duns Scotus*. New York : Bobbs-Merrill. pp.25-26., 177f. 182.

그 자체 경험적 관찰과 독립적으로 존재하는 어떤 것이다. 스코
투스의 말에 따르면 가상적인 것들은 아직 감각 기관을 통해 포
착된 것은 아니지만, 감각 가능한 것들로 세계의 어딘가에 존재
하는 것이다.18)

　현재 정보 처리와 관련하여 널리 사용되고 있는 '가상적'이란
용어는 컴퓨터공학에서 비롯되었지만, 일상적으로 그 어원적 의
미와 모순 없이 활용된다. 컴퓨터 과학자들은 컴퓨터의 주기억
장치(Main Memory)의 용량이 부족하여 하드디스크와 같은 보
조 기억 장치를 램(RAM)처럼 이용할 때, 가상 기억 장치(Virtual
Memory)라는 말을 사용한다. 즉, 실질적인 하드웨어의 한계를
넘어서서 메모리가 존재하는 것처럼 컴퓨터가 작동하는 방식을
두고서 하는 말이다. 그 후 1986년 VPL사의 창업자인 레이니어
(Jaron Lanier)는 가상 현실(Virtual Reality)라는 용어를 만들어
냈고 서로 상충되는 것처럼 보이는 두 단어의 조합 때문에 논란
을 몰고 왔다. 그 와중에 이와 유사한 의미를 지닌 용어들이 여러
개 만들어졌고, 가상 현실 개념 자체도 변화해왔지만,19) 현재 우

(4원소의 개념으로 설명되는) 지구상의 모든 존재들은 4원소들을 적어도 '가
상적으로(virtuliter)' 지니고 있다. Harris, C.(1994). *Duns Scotus : The Philo-
sophical Doctrines of Duns Scotus.* Bristol : Thoemmes Press. p.103.
18) 중세 이후 스코투스의 방식으로 '가상적'이란 용어를 사용한 예는 드물다.
대부분의 사람들은 그 말을 현실화될 수 없는 허구적인 것이나 가공적인 것을
뜻하는 말로 사용했다. 이 말을 경험 가능성의 측면에서 다시 사용하게 된 것은
18세기 초 광학 분야였다. 당시의 과학자들은 빛이 대상에 비칠 때 나타나는
반사 영상을 가상적인 것이라고 불렀다. 또한 입자물리학에서 입자의 운동을
예측할 때 '가상 속도', '가상 운동'이란 표현을 사용했으며, 20세기에 들어서는
양자역학에서 소립자의 기묘한 행태를 묘사하기 위해 이 용어를 종종 사용했다.
물리학자들은 아원자 현상을 직접적으로 관찰할 수 없지만 소립자의 존재가 정
교한 측정 장치를 통해 간접적으로 확인될 수 있기 때문에 그것을 비존재가 아
니라는 뜻에서 가상적 존재라고 불렀다.
19) Myron Krueger가 논쟁의 여지가 있는 'Virtual Reality' 대신 'Artificial

리가 사용하고 있는 가상 현실의 개념은 가상 현실을 구현하는 특정한 기술 체계, 그리고 이러한 기술적 환경 내의 인간 활동을 묘사하는 독특한 경험 양식 둘 다 의미하고 있다.[20] 바로 이 경험 양식에 철학적 논의의 주제가 될 만한 새로운 실재 개념이 함축되어 있다.[21]

경험 양식으로서의 가상 현실을 다룰 때 일단 경험의 내용으로서의 가상 현실, 즉 '가상현실감'과 그것을 일으키는 대상인 가상 현실, 즉 '가상 현실 자체'를 나눌 필요가 있다. 왜냐하면 가상 현실을 인공적으로 만들어낸 감각적 경험 내용, 즉 인공현실감으로 간주한다면 그러한 내용을 만들어내는 대상이 어디에 있으며 또한 무엇인가 하는 의문을 제기할 수 있기 때문이다. 인과적 실재론을 따른다면 가상현실감을 일으키는 대상은 마음속에 있거나 마음 바깥에 있을 것이다. 그 대상이 마음속에 있는 것이라면 가상 현실은 가상현실감과 같은 것이 되고 만다. 그러나 가상 현실

Reality'라는 용어를 제안한 이후 한동안 VR 연구가들은 특정한 프로젝트와 관련된 좁은 의미로 이 개념을 사용했다. 예를 들어 MIT나 North Carolina대학의 연구진들은 'Virtual Environment'라는 말을 선호했고, NASA와 같은 군사 방면에서는 'Synthetic Environment'를 사용했다. 한편으로, Warren Robinett가 사용한 'Synthetic Experience'나 Washington대학의 Human Interface Technology Lab.에서 사용한 'Virtual World'처럼 넓은 의미로 사용한 유사 용어들도 등장했는데, Howard Rheingold의 저서 *Virtual Reality* (1990)가 나온 이래 'Virtual Reality'가 표준적인 용어로 자리잡았다. Heim, Machael(1998), *Virtual Realism*, Oxford : Oxford Univ. Press. p.6.

20) 하임(Heim)은 이를 좁은 의미의 VR과 넓은 의미의 VR로 구분한다. Heim, Michael(1998), Virtual Realism. Oxford : Oxford Unv. Press. p.6.

21) 가상 현실은 어떠한 존재 양상을 갖는가? 가상 현실은 말 그대로 실재하지 않는, 공상적 대상에 지나지 않는 것인가? 가상 현실이 실제 현실만큼 인간 행위에 객관적 영향력를 끼친다면, 그것을 단순히 가공적인 것으로 치부할 수 있겠는가? 가상 현실이 어떤 식으로 존재한다면 물리적 대상처럼 객관적으로 실재하는가 아니면 마음이 만들어내는 관념의 한 형태인가? 가상 현실이 물리적인 것이나 심리적인 것이 아니라면 그것은 어디에 어떻게 존재하는가?

이 반성적 경험으로서 환상이나 상상처럼 우리의 마음 스스로가 만들어낸 것인가?

가상 현실의 한 형태인 가상 은행(Cyber Bank)을 예로 들어보자. 그것은 실제의 은행이 표상된 형태이지만 지각 표상처럼 외부의 대상과 관련되어 있다. 가상 은행은 나의 의식 작용과 독립하여 외부에 존재한다. 가상 은행을 단지 의식 속에 드러나 있는 현실감과 같은 것으로 간주한다면, 내가 그 은행과 접촉하지 않을 때 어떻게 다른 사용자들이 이들을 통해 합법적인 금융 행위를 펼칠 수 있는지 설명하기 어렵다. 다수의 사용자들이 다른 장소에서 동시에 접촉할 수 있는 가상 현실은 주관적이고 사적인 심적 내용물과 달리 객관적이고 공개적인 현실이다.

그렇다면 가상 현실(자체)은 물리적 세계에 있는 객관적 현실의 한 종류인가? 실제 현실이 공간의 한 부분을 점유하고 있듯 가상 현실이 컴퓨터 화면이나 메모리 혹은 통신 선로 속에 존재한다고 볼 수 있는가? 가상 현실은 일상적인 물리적 대상처럼 시공간 속에 자기동일성을 지닌 실체로 존재할 수는 없다. 가상 현실은 의식 내의 표상에 대응하는 단일한 형태로 외부 세계에 존재하는 것은 아니다. 그것은 가상 현실을 구현하는 물리적 요소들에 부가된(얹혀진) 상태로 분산되어 있고 사용자의 의도에 따라 통합된 현실로 드러난다. 가상 현실은 물리적 사물처럼 견고한 현실이 아니다. 물체는 관찰자의 의식이 향하고 있지 않더라도 시공간에 존재할 수 있지만 가상 현실은 사용자의 의식이 향하고 있을 때만 지속되는 현실이다. 또한 그것은 통신망으로 연결된 물리적 조건 중 하나라도 결여되면 금방 사라져버리는 현실이다. 심리적 조건과 물리적 조건에 의존하고 있는 가상 현실의 이러한 특징은 물리적 사물에 적용되는 실재성의 기준을 충족시키지 못하는 것으로 보인다.[22]

가상 현실이 공간 속에 일정한 장소를 차지하고 있지 않고, 시간의 경과에 불변하는 경험 대상으로 존재하지 않는다는 점에서 물리적 실재는 아니다. 그렇다면 물리적 실재가 아니면서 객관적 세계에 존재하는 방식이 무엇인가? 현실 개념이 전적으로 물리적 사물과 사건에 대한 일상적 경험과 밀착되어 있다면 가상 현실은 말 그대로 진정한 현실이 아니다. 그렇다면 '가상 현실'은 한때 '인공 지능'이 그렇게 여겨졌듯 잘못 조합된 용어인가?23) 가상 현실이 물리적 시공간에 존재하는 현실이 아니면서도 현실이라고 불릴 수 있는 근거를 찾기 위해서는 우리가 일상적으로 이해하고 있는 '가상', '현실', '실재'에 대한 새로운 각도의 조명이 필요하다.

2) 가상성 · 현실성 · 실재성

가상 현실이라는 조어가 '가상'과 '현실'라는 서로 상충되는 개

---

22) Nagel은 물리적 실재성을 판정하는 것으로 다음과 같은 기준들을 들고 있다. i) 공개적으로 관찰 가능한 것. ii) 확립된 과학적 법칙에 의해 지지되는 것. iii) 과학자들의 공동체에 의해 받아들여지는 것. iv) 이론적 인과 법칙과 경험적 인과 법칙이 연결되어 있어야 할 것. v) 경험에서 불변적인 내용이 있어야 할 것. 이 기준을 따른다면 가상 현실의 실재성을 특히 위협하는 것은 경험 대상의 불변성을 강조하는 부분일 것이다. Nagel, E.(1961), *The Structure of Science*, New York : Harcourt. Chap. 6.

23) 이 물음은 한동안 철학자들에게 심각한 논쟁을 불러왔던 '인공 지능은 지능인가?'라는 질문을 연상시킨다. '인공 지능'의 성립 여부가 '지능'에 대한 우리의 이해에 달려 있었듯이, 가상 현실의 실재 여부는 우리가 '현실'이라는 개념을 어떻게 이해하고 있는가에 달려 있다. 인공 지능의 논쟁에서 얻게된 수확은 우리가 그동안 잘 모르고 있었던 '지능 일반'에 광범위한 반성을 촉발시킴으로써 '자연 지능'과 '인공 지능'이 결합된 '종합 지능'의 가능성을 열어놓았다는 것이다. 마찬가지로 가상 현실의 논쟁을 통해 우리는 시공간의 제약에 묶여 있던 경험의 영역을 확장시킴으로써 미래의 삶을 향상시킬 새로운 세계관과 인간관의 형성을 기대해볼 수 있을 것이다.

념의 조합으로 여겨지는 것은 'reality'를 '실재'가 아니라 '현실'이라고 번역했기 때문이다. '현실'은 복잡하고 모호한 개념이지만 대체로 시공간에서 직접적으로 지각 가능한 대상이나 사건 혹은 그것들에 대한 경험을 가리킨다. 이에 비해 실재는 현실보다는 넓은 개념이다. 실재 중에는 현실화된 실재도 있고 현실화되지 않은 실재도 있다. 이 점에서 'virtual reality'는 '가상적 실재'로, 'actual reality'는 '현실적 실재'로 번역하는 것이 타당하다고 여겨진다. 흔히 가상 현실의 상대 개념으로 '실제 현실'을 사용하고 있는데 아마도 'actual reality'를 '현실적 현실'이라고 번역하는 데서 오는 혼란을 피하기 위해서일 것이다. 그러나 '실제 현실'에 상응하는 정확한 영어 표현은 'real reality'다. 이것은 중복적 표현일 뿐만 아니라 여기서 'real'은 'virtual'과 대립되는 수식어가 아니다. '가상 현실'과 '실제 현실'은 이미 우리의 언어 관습에 따라 굳어진 용어지만, 학문적(특히 존재론적) 논의를 위해서는 조심스럽게 사용해야 한다.

지금까지 위에서 살펴본 것처럼 가상 현실의 'virtuality(가상성)'는 'reality(실재성)'와 대비되는 것이 아니라 'actuality(현실성)'와 대비되는 개념이다. 가상성은 현실성과 더불어 사물의 두 존재 방식이다. 가상적인 것은 아직은 시공 속에 '현실화(actualization)'되지 않았지만 어딘가에 잠재(subsist)하고 있는 것이다. 그러다가 어떤 계기를 만나면 시공 속에서 현실화된다.

가상적인 것을 종종 가능적인(possible) 것과 같이 취급하는데, 현실화의 가능성이 풍부하다는 점에서 그렇다는 것이지 엄밀히 말해 이 둘은 같지 않다. 가능적인 것은 단지 시공 속에 존재하지 않을 뿐 현실적인 것의 속성을 그대로 지니고 있는 것이다. 이에 비해 가상적인 것은 현실적인 것의 속성을 그대로 지니고 있지 않다. 가능적인 것이 현실 세계에 존재하게 되는 과정과 가상적인 것이 현실 세계에 존재하게 되는 과정은 다르다. 가능적인 것은 그 자체 변화 없이 실현(realization)되지만 가상적인 것은 현실화되는 동안 주어진 조건에 따라 변용의 과정을 겪는다.[24]

가상 현실(정확히 말해 가상 실재)은 감각 가능한 또는 상상 가능한 사물이 가상화된 것이다. 가상화는 역동적 통합의 과정인 현실화의 반대 과정이며, 이 가상화 과정에 컴퓨터의 정보 처리 기능과 인간의 의도가 함께 참여한다. 따라서 가상 현실은 실제 현실과 똑같은 속성을 지니지 않는다. 현실 세계의 공간적, 시간적 척도에 따라 규정되는 양적인 속성과 질적인 속성들이 다른 형태로 바뀌는 것이다. 실제의 현실을 가상화시키는 방법은 가상화의 수준과 정도에 따라 여러 가지다.

예를 들어 글을 써서 텍스트로 만드는 과정도 일종의 가상화다. 문자로 씌어진 소설은 작가의 생각(기억)이 가상화된 것이다. 작가의 생각은 그대로가 아니라 다른 형태로 텍스트상에 보존된다. 독자는 텍스트의 읽기를 통해 작가의 생각을 현실화시킨다. 그러나 독자의 지적 배경, 읽을 때의 물리적, 심리적 상황에 따라 현실성의 정도는 제각기 다르게 나타난다. 문자 대신 광의의 텍스트라 할 수 있는 도형, 그림, 녹음, 영화로 표현해도 마찬가지다.[25] 가상 현실로서의 하이퍼텍스트(hypertext)는 현실 세계에 있는

---

24) 가능성과 현실성의 관계는 순수하게 논리적인 관계다. 이에 비해 가상성과 현실성의 관계는 구체적인 생성의 과정이 개입되어 있다. 가상성의 개념은 아리스토텔레스의 잠세태-현실태론에서 말하는 잠세태(potentiality)의 개념과 흡사하다. 씨앗이 자라 나무가 될 때, 씨앗 속에는 어떤 의미에서 이미 나무가 가상적으로 존재하고 있다. 그러나 그 가상적인 것은 나무가 될 수 있는 규정(determination)이나 성질이지 나무 자체는 아니다. Lévy, Pierre(1998), *Becoming Virtual : Reality in the Digital Age.* trans. by Robert Bononno. New York : Plenum Press. p.24.

25) Lévy, Pierre(1998), *Becoming Virtual : Reality in the Digital Age.* trans. by Robert Bononno. New York : Plenum Press. pp.47-50.

여러 종류의 텍스트들이 다시 한 번 가상화된 것이다.

가상 현실은 사용자들이 사이버 스페이스에 참여하고 있는 동안 각자의 지각 내용에 대응하는 객관적 대상으로 존재한다. 그리고 사용자의 참여가 없더라도 그것은 사이버 스페이스 속에 디지털화된 패턴으로 존재한다. 가상 현실의 경험이 물리적 사물에 대한 경험과 달리 고정적이지 못한 이유는 그것을 구현하는 물리적 환경과 통신망을 통해 개입되는 사용자들의 의식적 활동에 민감하게 반응하기 때문이다. 가상 현실이 물리적 조건과 심리적 조건에 깊이 의존하고 있다는 사실은 가상 현실을 위한 독특한 실재론을 구성하는 근거가 될 수는 있겠지만 그 실재성을 부정하는 논거가 될 수는 없다.[26] 왜냐하면 그러한 조건에 따라 달라지는 가상 현실(감)의 가변성을 가상 현실(자체)로부터 합법칙적으로 설명할 수 있기 때문이다. 마치 물리적 사물에 대한 현상을 원자 수준에서 설명할 수 있는 것과 마찬가지로 가상 현실의 현상은 정보 차원에서 설명할 수 있다. 물리 세계의 경험적 인과 법칙이 소립자를 다루는 이론적 인과 법칙과 연결되어 있듯 사이버 스페이스의 경험적 인과 법칙 역시 비트를 다루는 이론적 인과 법칙과 연결되어 있다. 이 점에서 가상 현실의 실재론은 과학적 실재론과도 정합한다고 볼 수 있다.

3) VR은 가상(假想) 아닌 가상(可象) 현실

가상 현실은 '가공의' '가짜의' 현실이 아니다. 가상 현실은 주관

26) 하임은 가상 현실의 실재론을 가상실재론(virtual realism)으로 명명하고, 이것이 näive realism과 network idealism의 양면성을 지니고 있다고 말한다. 여기서 network idealism이란 Berkeley 식의 주관적 관념론이 아니라 일종의 객관적 관념론을 지칭하고 있는 듯하다. Heim, Michael(1998), *Virtual Realism*, Oxford : Oxford Unv. Press. p.39.

적 경험의 대상일 뿐만 아니라 객관적 경험의 대상이며 그러한 경험을 일으키는 존재론적인 근거를 가지고 있다. 가상 현실은 의식에 포착된 표상 상태 그대로 우리와 직접적이고 인과적인 상호 작용을 일으킨다는 점에서 실제 현실보다 더 실재감을 가져오는 현실일 수 있다. 사용자가 처한 물리적, 심리적 환경에 따라 펼쳐지는 다양한 현실화의 가능성은 가상 현실을 불안정한 현실로 만드는 부정적인 측면도 있지만 오히려 현실 세계를 다양하고 풍부하게 만든다는 긍정적인 측면을 부각시키게 만든다. 이 점에서 가상 현실의 'virtual'을 '가상'이라고 번역한 것도 문제가 있다고 생각된다. 이것을 한자로 표현할 때 '가상(假想)'이라고 표기하여 본래의 뜻과는 전혀 거리가 먼 '가짜의', '꾸며낸 이야기'라는 오해를 불러일으키기 십상이기 때문이다. 우리나라에서 VR이 '가상 현실(假想現實)'로 표기되어 통용된 것은 신문 기자들이 초창기 일본어 번역을 그대로 들여온 데서 비롯되었다고 한다. 그리고 그 후로 계속 이런 한자어의 뜻에 즉해서 해석되어 왔다.

그러나 현재 일본 VR학회에서는 가상 현실(假想現實)이라는 번역이 오해의 소지가 많아 그런 번역을 더 이상 쓰지 말고 카타카나로 표기해야 한다고 명시하고 있다.[27] 그리하여 IT 검색어 사전은 물론 IT 관련 연구소에서 나온 문서들이나 웹 매거진의 경우 모두 VR을 카타카나로 표기하거나 적어도 한자와 병기하고 있다. 잘못된 번역은 그 용어가 비중 있게 쓰이는 모든 문맥을 혼란 속에 빠뜨리는 근원이 되므로 빨리 수정되는 것이 바람직하다. 하나의 제안은 '가짜의', '거짓된' '마음속에 있는'이라는 뜻이 강하게 풍기는 '가상(假想)'이라는 번역보다는 오히려 '가능적인', '잠재적인', '마음과 독립된'이라는 뜻을 살릴 수 있는 '가상(可象)' 혹은 '가상(可像)'이라는 표현을 사용하는 것이다. 이러한 번역은

---

27) http://www.vrsj.org/main.html.

'virtual'의 본래적 의미를 살리면서도 우리말에서는 전혀 한자음의 변경이 일어나지 않고, 또한 일본어로 음독하더라도 거의 변화가 없으므로([kasougenjitsu]에서 [kazougenjitsu]로 약간의 자음 변화만 있음), 혼란을 최소화하면서도 한자어 문화권에서 통용되기에 적절한 번역이라고 생각된다.[28]

이상의 논의를 토대로 하여 가상 현실 개념에 대한 부정 명제와 긍정 명제를 다음과 같이 기술해볼 수 있다.

가상 현실은
- 하드웨어나 컴퓨터에 기반한 통신 장비가 아니다. 물질이 아니다.
- 상상적 이미지나 꿈 또는 환각이 아니다. 마음이 아니다.
- 경험 내용이 일방적으로 전달되는 미디어가 아니다. 단순한 도구가 아니다.
- 모의나 복제된 현실이 아니다. 허구가 아니다.

그러나 가상 현실은
- 디지털 기술에 의해 추상화된 물질이며 객관화된 정신이다.
- 미디어이자 그 자체가 메시지가 되는 궁극의 미디어(the ultimate media)다.
- 실제 현실(actual reality)과 더불어 확장된 세계를 구성하는 실재 (reality)의 한 양태(mode)다.

---

28) 같은 한자 문화권이더라도 VR의 중국어 표현은 "虛拟現實[xunixianshi]"이다. '虛拟'는 '붕붕 떠다니는', '형체를 잡을 수 없는'이라는 의미로 쓰여 '假想'처럼 부정적인 뉘앙스는 없다고 한다.

종합해볼 때, VR의 적절한 번역어는 '가상 현실(假想現實)'이 아니라 '가상 현실(可象現實)'이며, '가상 현실(可象現實)'이란 '사이버 스페이스 내에 존재하는 사물들과 행위자들 및 그들 간의 상호 작용으로 이루어지는 사건들'이라고 정의 내릴 수 있다. 여기서 말하는 행위자의 범주에는 자연인은 물론이고 정보 처리 주체로서의 각종 소프트웨어 에이전트와 인공 생명도 포함된다. 이러한 정의는 현재 기술공학 분야에서 뿐만 아니라 영상 산업, 인문사회학, 예술, 법, 경제 제도를 망라한 문화 일반에서 정합적으로 통용될 수 있다는 점에서 학제적 연구를 위한 초석으로 역할하고, 따라서 용어상의 혼란에서 빚어지는 소모적인 논쟁들을 일축시킬 수 있을 것이다.

5. 맺음말

지금까지의 논의가 "사이버 스페이스에 무엇이 존재하는가?"에 답하는 과정이었다면, 다음 논의는 "무엇이 존재해야 하는가?"라는 질문을 중심으로 전개되어야 할 것이다. 그것은 정보동심원(I-Circles)의 몇 번째 외곽까지 디지털화하는 것이 바람직한지에 대한 당위적인 물음이며, 여기서 CT의 가치론이 요구된다.

예컨대 디지털 아트는 언제 어디서든 액세스해서 볼 수 있지만 고흐의 그림은 아무리 고화질의 모니터를 통해 보더라도 작품의 질이 공감되지 않는다. 이 경우 태양의 이글거림을 묘사하는 데 실린 붓 자국의 힘이 느껴지도록 VR 기술을 개발하는 것이 옳은 일인지, 아니면 원리적인 장벽을 인정하고 인공화 불가능한 것은 오히려 그것만의 영역을 더욱 강조하는 것이 더 CT의 이념에 부합하는 것인지에 대해 숙고해볼 필요가 있다.

다시 게임 논의가 제기된 맥락으로 돌아가보자. 어떻게 게임이 국가가 지원하는 전략 사업일 수 있는가? 한마디로 답한다면, 이제 게임은 사실 더 이상 장난이 아니기 때문이다. '게임 중독'이라는 용어도 그 지시 대상이 너무 불분명하여 『정보통신윤리백서』에서 처단하고자 하는 단골 악역을 더 이상 감당해낼 수 없게 되었고, 무겁게 삐걱거리던 윤리 백서의 자리엔 억제되었던 표현 행위들과 오락이 대신 자리잡고 있다. 즐겁게 살기, 재미있음이야말로 일상을 지배하는 보편적 가치가 된 바로 이 시점에서 게임 산업이야말로 "IT 혁명을 완성시킬 핵심 산업"이 될 수 있는 것이다.

그러면 어떤 게임을 하고 싶은가? 기계와 인간이 벌이는 게임인가? 인간이 기계가 되는 게임인가? 그 게임을 지배하는 최고의 법칙이 무엇이길 바라는가? 우리는 무엇이 되고 싶은가? 우리는 정보 혁명 이전엔 무엇을 바랐었나? 물음이 다시 우리 자신을 향해 돌아오면 휴머니즘이 CT의 근본 이념이라는 생각이 더욱 또렷해진다.

□ 참고 자료

여명숙(1999), 『사이버스페이스의 존재론과 그 심리철학적 함축』, 이화여대 박사 학위 논문.
원광연 · 최혜실 · 이태숙 · 강명식(2003), 『문화 산업의 새로운 패러다임 구축을 위한 제안』, 예술공학표현연구소 주관, 문화관광부 지원 연구보고서.
원광연 · 윤완철 · 임창영 · 최혜실 · 김계원 · 김해윤(2004), 『CT 중장기 발전 계획』, 서울예술대 주관, 한국 문화콘텐츠진흥원 지원 연구보고서.
원광연 · 여명숙 · 이중식(2005), 『CT의 통신 산업에의 활용성에 관한 연구』, KAIST 가상현실연구센터 주관, 한국통신경영연구소 지원 연구보고서.
원용진(1996), 『대중 문화의 패러다임』, 한나래출판.

윤응기(2001), 「온라인 머드게임 속의 아이디, 아이템 현금 매매에 관한 의견」, 사이버수사대 연구 학술 논문 웹사이트 http://www.cybercrime.go.kr/data/data_04_2.html?id=8&kind.

Heim, Michael(1993), *The Metaphysics of Virtual Reality*, Oxford University Press. 『가상 현실의 철학적 의미』, 여명숙 역(1997), 책세상.

Jay, Martin(1984), *Adorno*, Cambridge : Harvard University Press. 『아도르노』, 서창렬 역(2000), 시공사.

Lessig, Lawrence(1999), *Code and Other Laws of Cyberspace*, New York : Basic Books. 『코드 ─ 사이버공간의 법 이론』, 김정오 역(2000), 나남출판.

van Reijen, Willem(1986), *Philosophie als Kritik*. 『비판으로서의 철학』, 이상화 역(2000), 서광사.

Vogel, Herold(2001), *Entertainment Industry Economics*, Cambridge University Press. 『엔터테인먼트 산업의 경제학』, 현대원 역(2003), 커뮤니케이션북스.

Wolf, Michael J.(1999), *Entertainment Economy*, New York : Random House. 『오락의 경제』, 이기문 역(1999), 리치북스.

『2004 대한민국게임백서』, 문화관광부 / 한국산업개발원.

Harris, C.(1994). *Duns Scotus : The Philosophical Doctrines of Duns Scotus*. Bristol : Thoemmes Press.

Heim, Michael.(1998). *Virtual Realism*. Oxford : Oxford Univ. Press.

Koepsell, David R.(2000), *The Ontology of Cyberspace*, Chicago : Open Court.

Lévy, Pierre.(1998). *Becoming Virtual : Reality in the Digital Age*. trans. by Robert Bononno. New York : Plenum Press.

_____(2001). *Cyberculture*. trans. by Robert Bononno. Minneapolis : University of Minnesota Press.

Nagel, E.(1961). *The Structure of Science*. New York : Harcourt.

Wolter, Allan.(1962). *Philosophical Writings : John Duns Scotus*. New York : Bobbs-Merrill.

경찰청사이버테러대응센터 웹사이트 http://ctrc.go.kr/main.jsp.

한국문화관광정책연구원 웹사이트 http://www.kctpi.re.kr.

일본가상현실학회 웹사이트 http://www.vrsj.org/main.html.

KBS 문화포럼 제7회, 「문화도 상품이다!」, 2004년 1월 9일 방송.

KBS 문화포럼 제9회, 「IT로 이루는 문화 강국」, 2004년 1월 23일 방송.

KBS 2TV 추적 60분, 「은둔형 외톨이 실태 보고」, 2005년 4월 13일 방송.
KBS 2TV 추적 60분, 「죽음의 덫, 게임 중독」, 2005년 9월 28일 방송.

필자 소개

■ 김 여 수

미국 하버드대 철학과에서 철학 박사 학위를 받았다. 성균관대, 싱가포르대, 서울대에서 철학과 교수를 지냈으며, 지금은 경희대 NGO대학원 원장으로 있다. 한국철학회 회장, 세계철학회(FISP) 집행위원 및 부회장, 유네스코 본부 철학윤리국장, 유네스코 한국 위원회 사무총장을 역임했으며, 지금은 인문사회연구회 인문정 책연구위원장, 문화재 제도분과위원장 등으로 활동중이다. 저서 로는 『철학입문』, 『근대화 : 그 현실과 미래』 등이 있다.

■ 홍 윤 기

베를린 자유대에서 철학 박사 학위를 받은 뒤, 지금은 동국대 철학 과 교수로 있으며, 사회와철학연구회 회장, 참여사회연구소 발행 『시민과 세계』 공동 편집인으로 있다. 주요 논문으로는 "Dialektik-Kritik und Dialektik-Entwur", 「철학 콘텐츠 실태 조사 및 수준 향상 방안」, 「글로벌 네트워크 시대의 국가와 민족」, 「하버마스의 언어철학」,「변증법의 타당성 근거의 재정립 : 사회화용론을 통한 진리 이론적 변증법 파악」,「시민은 어떻게 애국하는가?」,「시민 민주주의론」,「비판적 사고와 인성」,「한국 자본주의의 경제적 에토스와 대중의 노동 문화」,「다민족연방-민족공동체로서 '연성국가'」,「민주적 공론장에서의 담론적 실천으로서 '진보-보수-관계'의 작동과 그 한국적 상황」,「독일 윤리 교육의 실태와 추이 — 윤리 교과에 대한 교육 의식의 사회적 · 정치적 변천을 중심으로」 등이 있으며, 공저로는『디지털 시대의 인문학, 무엇을 할 것인가?』,『21세기 한반도 어디로 갈 것인가?』 등이 있으며, 역서로는『아름답고 새로운 노동 세계』(울리히 벡),『이론과 실천』(하버마스),『힌두교와 불교』(베버) 등이 있다.

■ 김 상 봉

독일 마인츠대에서 칸트의『최후 유고』에 대한 연구로 철학 박사학위를 받았으며, 그리스도신학대 종교철학과 교수, 문예아카데미 교장을 역임했다. 지금은 전남대 철학과 교수로 있다. 저서로는『자기 의식과 존재 사유 — 칸트철학과 근대적 주체성의 존재론』,『호모 에티쿠스 — 윤리적 인간의 탄생』,『나르시스의 꿈 — 서양 정신의 극복을 위한 연습』,『도덕 교육의 파시즘 — 노예 도덕을 넘어서』 등이 있다.

■ 홍 원 식

고려대에서 철학 박사(동양철학) 학위를 받은 뒤, 북경대 방문교수를 거쳐 지금은 계명대 철학과 교수로 있으면서 동양 사상 전문 저널인『오늘의 동양 사상』 발행인 겸 편집주간을 맡고 있다. 저서로는『한국 근대의 철학』 등이 있고, 역서로는『중국철학사』 등이 있다.

■ 양 명 수

프랑스 스트라스부르대에서 신학 박사 학위를 받은 뒤, 지금은 이화여대 신학대학원과 기독교학과 교수로 있다. 저서로는『녹색 윤리』,『근대성과 종교』,『호모 테크니쿠스』,『어거스틴의 인식론』,『기독교사회정의론』,『욥이 말하다 — 고난의 신비와 신학』이 있으며, 역서로는『해석의 갈등』,『악의 상징』,『인간 현상』,『원함과 행함』등이 있고, 논문으로는「폴 리쾨르의 해석학과 신학」,「헤겔의 법철학과 형벌 신학」,「칸트의 이성 종교」,「생명에 관한 몇 가지 생각」등이 있다.

■ 최 봉 영

한국학중앙연구원 한국학대학원에서 문학 박사 학위를 받은 뒤, 지금은 한국항공대 교수로 있다. 저서로는『한국 사회의 차별과 억압 — 존비어 체계와 형식적 권위주의』,『본과 보기 문화 이론』,『주체와 욕망』,『조선시대 유교 문화』,『한국 문화의 성격』,『한국인의 사회적 성격(1)・(2)』등이 있다.

■ 민 주 식

서울대 미학과 대학원 석사 과정을 마치고 일본 도쿄대 미학예술학 전문 과정에서 문학 박사 학위를 받았으며, 1984년부터 영남대 교수로 있다. 논문으로는 "Aesthetics of Human Cultivation", "Fengliu, Aesthetic Way of Life in East Asian Culture",「조선시대 지식인의 미적 유토피아」,「풍경의 미학 — 풍경미의 구조와 원리」,「물의 표정 — 미학의 과제로서의 물」등이 있으며, 저서로는『아름다움, 그 사고와 논리』,『그리스 미술모방론』, 역서로는『비교 미학 연구』,『미학사전』,『미술의 해석』등이 있다.

■ 최 영 진

성균관대 유학과를 나온 뒤 동 대학 동양철학과에서 철학 박사 학위를 받았다. 공주사대, 전북대 조교수를 거쳐 지금은 성균관대 유학/동양학부 교수로 있으며, 한국사상사학회, 한국주역학회 회장으로 있다. 저서로는『유교 사상의 본질과 현재성』,『조선조 유학사상사의 양상』등이 있다.

■ 박 성 수

고려대에서 철학 박사 학위를 받았고 지금은 한국해양대 교수로 있으며『문화과학』편집위원으로 있다. 저서로는『디지털 영화의 미학』,『들뢰즈』,『영화 이미지의 미학』등이 있고, 역서로는『정신분석학 개요』,『프로테스탄티즘의 윤리와 자본주의 정신』,『뇌는 스크린이다』등이 있다.

■ 여 명 숙

이화여대에서 철학 박사 학위를 받은 뒤, 미국 스탠퍼드대 철학과 및 언어정보연구소(CSLII)에서 박사후 연구원을 지냈으며, 지금은 한국과학기술원(KAIST) 가상현실연구센터(VRRC) 연구원으로 있다. 주요 논문으로는「사이버스페이스의 존재론과 그 심리철학적 함축」등이 있다.

2005년 한국철학회 춘계학술대회

철학의 눈으로 한국의 오늘을 본다

초판 1쇄 인쇄 / 2006년 4월 15일
초판 1쇄 발행 / 2006년 4월 20일

■

엮은이 / 한 국 철 학 회
펴낸이 / 전 춘 호
펴낸곳 / 철학과현실사
서울특별시 서초구 양재동 338의 10호
전화 579—5908~9

■

등록일자 / 1987년 12월 15일(등록번호 : 제1—583호)

■

ISBN 89-7775-580-8 03160
*잘못된 책은 바꾸어 드립니다.
*지은이와의 협의에 따라 인지를 생략합니다.

값 15,000원